MICHAEL EHLERS

RHETORIK

Die Kunst der Rede im digitalen Zeitalter

BOOKS4SUCCESS

Alesja Ehlers

Ellis Ehlers

Liv Freya Ehlers

In dankbarer Erinnerung
meinem größten Vorbild:

Klaus Ehlers

Covergestaltung: Holger Schiffelholz
Gestaltung und Satz: Bernd Sabat, VBS-Verlagsservice
Herstellung: Daniela Freitag
Redaktionelle Mitarbeiter: Thomas Meyer und André Held
Lektorat: Claus Rosenkranz
Druck: GGP Media GmbH, Pößneck

ISBN 978-3-86470-569-4

Bibliografische Information der Deutschen Nationalbibliothek:
Die Deutsche Nationalbibliothek verzeichnet diese Publikation in der
Deutschen Nationalbibliografie; detaillierte bibliografische Daten
sind im Internet über <http://dnb.d-nb.de> abrufbar.

BÖRSEN MEDIEN
AKTIENGESELLSCHAFT

Postfach 1449 • 95305 Kulmbach
Tel: 09221-9051-0 • Fax: 09221-9051-4444
E-Mail: buecher@boersenmedien.de
www.books4success.de
www.facebook.com/books4success

INHALT

Vorwort von Rolf H. Ruhleder 11

TEIL 1

WER ETWAS ZU SAGEN HAT, SOLLTE REDEN KÖNNEN 13

KAPITEL 1: Rhetorik. Die Kunst der guten Rede 15

KAPITEL 2: Was ist Kommunikation? – Kommunikationsmodelle im Vergleich 22

Friedemann Schulz von Thun – Vier Seiten einer Aussage 27

Paul Watzlawick – Fünf Axiome 30

Paul Grice – Maximen der Kommunikation, oder auch: Lesen Sie zwischen den Zeilen 34

Das Eisbergmodell 39

KAPITEL 3: Die Rolle der Rede in Zeiten der Überinformation 45

KAPITEL 4: Der rhetorische Werkzeugkoffer 54

TEIL 2

PROFESSIONELLER AUFTRITT UND SICHER REDEN 57

KAPITEL 1: Wie Joschka Fischers Rhetorik eine Friedenspartei vom Kriegseintritt überzeugte 59

KAPITEL 2: Die Grundlagen der Rhetorik: Das macht einen guten Redner aus 63

Vorbereitung (Technikcheck, Publikum und Thema, Veranstalter) 63

Lampenfieber ... 71
Auftreten ... 78
Standort einnehmen ... 81
Der Einstieg ... 84
Einleitungen für eine Rede ... 88
Nutzbarer Inhalt („What's in it for me?") ... 91
Einbeziehen der Zuhörer ... 93
Einfühlungsvermögen ... 95
Blickkontakt ... 96
Gestik und Mimik ... 99
Mundart ... 102
Atem-, Stimm- und Sprechtechnik ... 103
Lautstärke und Modulation ... 106
Pausentechnik ... 108
Hilfs- und Präsentationsmittel zum freien Reden ... 110
Das Ende: Der letzte Eindruck bleibt ... 115

TEIL 3

STEUERUNG UND FÜHRUNG DURCH ANGEWANDTE RHETORIK 119

KAPITEL 1: Mit Worten führen ... 121
KAPITEL 2: Führungsmodelle im Vergleich ... 125
Das Harzburger Modell ... 125
Das St. Galler Management-Modell ... 128
KAPITEL 3: Eine Führungskraft muss führen – aber wie? ... 134
Motivation durch zielführende Kommunikation ... 135
Mit den fünf Motivationstypen nach Prof. Dr. Werner Correll Menschen richtig einschätzen ... 137

Delegieren will gelernt sein ... 148
Das Verhältnis von Stressstabilität und Einfühlungsvermögen 154
Professionell Feedback geben und nehmen ... 158
Das Mitarbeitergespräch ... 162
Regeln für die Konferenz mit Führung und Ergebnis ... 166
Führen mit Fragetechniken ... 173

TEIL 4

RHETORIK IM ZEITALTER DER LÜGEN 181

KAPITEL 1: Ist das „Comet Ping Pong“ Zentrum eines Kinderpornorings? ... 183
Die größten Lügen aller Zeiten ... 184
Arten von Fake News ... 187
Wie subjektive Wahrheiten entstehen ... 189
So erkennen Sie Fake News ... 191

KAPITEL 2: Alles erstunken und erlogen? ... 193
Warum wir so oft lügen ... 195
Sind gute Lügner erfolgreicher? ... 197
Methoden, um einen Lügner zu entlarven ... 199
Hat das Internet uns zu einer Pinocchio-Gesellschaft verkommen lassen? ... 203
Die Rolle der Lüge in einer Geschichte ... 205

TEIL 5

KOMPETENZ UND MACHT DURCH SPRACHE 207

KAPITEL 1: Politische Kommunikation ... 209

KAPITEL 2: Rhetorik aus dem Weißen Haus ... 213

KAPITEL 3: Framing – Wie Sprache unser Denken beeinflusst 233

KAPITEL 4: Faire vs. unfaire Dialektik 239

Auszüge aus Schopenhauers Kunstgriffen der Eristischen Dialektik 240

Der schlechte Ruf der Rhetorik 243

Lernen Sie unfaire Angriffe abzuwehren 247

KAPITEL 5: Methoden für die erfolgreiche Debatte 253

KAPITEL 6: Regeln für das Interview 258

TEIL 6

DER ÄSTHETISCHE ASPEKT DER RHETORIK 263

KAPITEL 1: Wie die Rhetorik verschwand (und trotzdem immer da war) 265

KAPITEL 2: So sieht der ideale Satz aus 269

KAPITEL 3: Rhetorische Stilmittel 274

KAPITEL 4: Humor: Interview mit Eva Ullmann 278

KAPITEL 5: Semiotik – Die geheime Welt der Zeichensysteme 289

Interview mit der Semiotikerin Charlotte Hager 294

TEIL 7

DIE ZUKUNFT DER KOMMUNIKATION – VIRTUELLE RHETORIK 305

KAPITEL 1: Wie die Digitalisierung unsere Kommunikation verändert hat 307

KAPITEL 2: Die *Cambridge Analytica*-Debatte 310

KAPITEL 3: Maschinensprache: Wie Social Bots uns beeinflussen ... 313

KAPITEL 4: Der Wunsch nach Authentizität: Immersiver Journalismus ... 318

KAPITEL 5: Virtual Reality: Neue Ethik für neue Welten? ... 321

KAPITEL 6: Instant-Messenger, Calls und Co – So gehen Sie mit modernen Kommunikationsmitteln um ... 326

TEIL 8

VERHANDELN UND VERSTEHEN AUF HÖCHSTEM NIVEAU ... 333

KAPITEL 1: Der Verkäufer im Wandel der Zeit ... 335

KAPITEL 2: Im Internet ist alles billiger – Verkaufen im digitalen Zeitalter ... 339

KAPITEL 3: Wie Verhandlungen funktionieren ... 344

Welcher Verhandlungstyp sind Sie? ... 344

Das Harvard-Verhandlungskonzept ... 345

Die drei Phasen der Verhandlung ... 347

Reizformulierungen ... 348

KAPITEL 4: Überzeugungstechniken: Verhandlungsgeschick durch anwendbare Psychologie ... 350

KAPITEL 5: Ein Einwand ist kein Vorwand ... 361

KAPITEL 6: Der Pitch – Die Sonderform der Überzeugungsrede ... 363

TEIL 9

MENSCHEN LESEN – MENSCHEN GEWINNEN 369

KAPITEL 1: Die faszinierende Welt der Körpersprache 371

KAPITEL 2: Mikroexpressionen 377

KAPITEL 3: Wahrnehmen und Steuern von Körpersprache ... 383

KAPITEL 4: Distanzzonen 387

KAPITEL 5: Was der Händedruck über uns aussagt 391

TEIL 10

HELDENGESCHICHTEN – DIE WELT DES STORYTELLINGS 399

KAPITEL 1: Warum wir Geschichten lieben 401

KAPITEL 2: So funktionieren Geschichten 405

Das macht eine gute Geschichte aus 406

Die Heldenreise 407

Archetypen 411

KAPITEL 3: Corporate Storytelling 415

KAPITEL 4: Multimediales Storytelling 423

TEIL 11

DER WIRTSCHAFTSFAKTOR RHETORIK 427

DANK 435

ANHANG: FUSSNOTEN 439

VORWORT VON ROLF H. RUHLEDER

Im Jahr 1989 – ich war damals Marketingleiter der Harzburger Akademie für Führungskräfte – fasste ich einen für mich bedeutsamen Entschluss: Ich gründete mein eigenes Management Institut in Bad Harzburg. Seit über 30 Jahren bin ich nun schon als Keynote-Speaker sowie Rhetorik- und Verkaufsdozent tätig. In dieser Zeit schulte ich über 500.000 Teilnehmer in mehr als 3.500 Seminaren und Großveranstaltungen. Jahrzehnte, in denen sich viel verändert hat. Doch etwas ist stets gleich geblieben: die Regeln der Rhetorik und insbesondere wie man eine gute Rede hält. Sie haben sich seit Jahrhunderten kaum verändert. Noch immer ist es wichtig, vor dem Publikum Sicherheit auszustrahlen, Begeisterung zu entfachen und Spannungsbögen zu kreieren. „Ein Dichter wird geboren, ein Redner wird gemacht." Schon Cicero hatte diese altrömische Weisheit erkannt. Anders verhält es sich hingegen bei der Verhandlungskunst. Hier haben wissenschaftliche Forschung und Veröffentlichungen von Experten dazu geführt, dass wir heute über eine Vielzahl von intelligenten und rhetorisch klugen Verhandlungsmöglichkeiten verfügen.

Wir leben heute im Zeitalter der Kommunikation. Die Digitalisierung ist eine der weitreichendsten Veränderungen, die die Menschheit je erlebt hat. Die rhetorischen Methoden für einen souveränen und sicheren Auftritt mögen zwar unverändert geblieben sein, doch die Zeit blieb währenddessen nicht stehen. Die Techniken der Rhetorik können wir nicht neu erfinden. Wir können sie aber an unsere Zeit anpassen. Mein langjähriger Schüler Michael Ehlers ist der erste Trainer, dem dies auf beeindruckende Weise gelungen ist. Er hat es gewagt, die Rhetorik und die Besonderheiten der Kommunikation in diesem Zeitalter auf gleicher Ebene zu betrachten. Dass er die richtige Person dazu ist, beweist ein Blick auf seine bisherigen Veröffentlichungen, mit denen er sich als hervorragender Experte zur digitalen Kommunikation positioniert hat. Nur wenn wir in der Lage sind, unsere schnelllebige Umwelt zu verstehen, können wir auch zielgerichtet kommunizieren. Beide Themen – das Verständnis und die Anwendung – gehen in diesem Buch Hand in Hand. Besonders lesenswert ist es durch seine Abstimmung auf die tägliche Praxis. So fungiert es mit seinen zahlreichen Ratschlägen aus der angewandten Rhetorik einerseits als Nachschlagewerk, das in keinem Bücherregal fehlen sollte, und andererseits ist es mit seinen vielen kurzweiligen Geschichten, aber auch intensiven Analysen ein sehr unterhaltsames Buch. Die Aussagen zur Körpersprache sind hochinteressant und lassen sich sofort umsetzen. Alles in allem: ein Buch, das Ihnen als Leser sofort einen großen Nutzen bringt.

Mittlerweile habe ich einen unzählbaren Fundus von Rhetorikbüchern im Regal stehen. Dieses Buch von Michael Ehlers wird darin einen besonderen Platz einnehmen. Er ist ein fantastischer Trainer. Ich durfte in den letzten 30 Jahren mehr als 100 Trainer kennenlernen und ausbilden. Keiner von ihnen konnte sich so gut präsentieren und überzeugen wie Michael! Dies zeigt sich besonders durch die Rolle, die er inzwischen auf dem Aus- und Fortbildungsmarkt eingenommen hat. Sein Engagement, seine herzliche Art und sein fachliches Wissen haben ihn zu einem der Startrainer Deutschlands gemacht. Ganz herzlich gratuliere ich ihm zu dieser Leistung, denn immerhin sind mehr als 50.000 Trainer auf dem deutschen Markt im Einsatz. Sein Einfühlungsvermögen und besonders die humorvolle Art, wie er sich in jedes Seminar einbringt, sind einmalig. Lieber Michael Ehlers: Machen Sie weiter so!

TEIL 1

WER ETWAS ZU SAGEN HAT, SOLLTE REDEN KÖNNEN

KAPITEL 1
Rhetorik.
Die Kunst der guten Rede

Timmendorfer Strand, 2001

Nervös stand ich mit meiner Frau (wir waren frisch verheiratet) im Fahrstuhl des Maritim Hotels. Plötzlich betrat er den Fahrstuhl: mein Rhetoriktrainer. Mein Herz schlug sofort bis zum Hals. Aber ich merkte sofort, dass mein Trainer für die nächsten drei Tage nicht nur einer der besten Startrainer seiner Zeit, sondern auch ein großartiger Gastgeber war. Er begrüßte uns beide auf herzlichste Art und vermittelte dabei ein besonderes Willkommensgefühl. In diesem Moment bekam ich eine erste Vorstellung davon, dass Rhetorik vermutlich mehr ist als Fragetechniken, Redestruktur und Einwandbehandlung …

Schleswig-Holstein, Kreis Plön, 1987 und Folgende …

Ich komme aus einem politischen Haushalt und habe bereits mit 15 Jahren begonnen, mich politisch zu engagieren. Mein Vater und meine Mutter haben sich von Anfang an auch vor uns drei Kindern – von denen ich das jüngste bin – viel über Politik unterhalten. Meine Neugier war schnell geweckt. Und so war es auch klar, dass ich eher früher als später der Jugendorganisation der von mir und meinen Eltern favorisierten Partei beitreten würde.

Ich war schon immer jemand, der sich mit Worten durchsetzen musste. Mein Vater arbeitete als ehemaliger Bauer nach der Pleite des eigenen Hofes im öffentlichen Dienst. Meine Schulkameraden waren oft noch in der elterlichen Landwirtschaft aktiv, was bei ihnen in einer entsprechenden körperlichen Stärke resultierte. Ich dagegen war – wer mich heute kennt, braucht jetzt Phantasie – eher drahtig und schmächtig. Was mir an Muskelmasse fehlte, musste ich mit großer Klappe und Humor wettmachen, was so weit gut funktionierte. Ich war nahezu jedes Jahr Klassensprecher und im letzten Jahr sogar Schulsprecher. In dieser Funktion durfte ich am Ende der Schulzeit meine erste Rede halten. Vorher stand allerdings noch der obligatorische Schulstreich auf dem Programm. Der fiel entsprechend unserer ländlichen Prägung etwas derber aus. Tatsächlich ließen wir es wirklich krachen. Um vier Uhr morgens trafen wir uns an der Schule. Gleich vier Traktoren standen auf dem Schulhof. Drei davon luden ganze Hänger voller Mist vor dem Haupteingang der Schule in Schönberg/Holstein ab. Auf dem Gipfel des ansehnlichen Misthaufens befestigten wir ein Schild: „Das habt ihr uns in all den Jahren beigebracht!" Der vierte Traktor platzierte mithilfe eines mächtigen Frontladers ein paar ebenso mächtige Findlinge in der Einfahrt des Lehrerparkplatzes. Vielleicht können Sie sich vorstellen, was los ist, wenn man deutsche Schulmeister dazu zwingt, ihre Morgenroutine zu ändern, und sie dazu noch mit einem Berg stinkenden Kuhmists begrüßt.

Wir waren recht stolz auf uns und begossen den Erfolg mit einigen Frühstücksbieren. Selbst in diesem Zustand fiel uns allerdings auf, dass nicht alle Lehrer gleich auf die Provokation reagierten. Die eine Hälfte der Lehrkräfte nahm unseren Streich ziemlich gelassen. Die andere Hälfte reagierte deutlich emotionaler. Meine Deutschlehrerin brach sogar in Tränen aus. Sie war erschüttert ob der Frechheit der jungen Leute. Unser Hausmeister, der den ganzen Tag damit beschäftigt war, den Mist aus den Fluren zu wischen, erst recht. An die Konsequenzen unseres Streichs für den armen Mann hatten wir natürlich nicht gedacht. An dieser Stelle also eine späte, aber ehrlich gemeinte Entschuldigung.

Wir fanden uns am nächsten Morgen mit unserer Heldentat in der örtlichen Zeitung auf der Titelseite wieder. Dann kam die Abschlussveranstaltung und meine Aufgabe als Schulsprecher war es, die

Abschlussrede zu halten. Es war ein Horrorszenario für mich. Jetzt musste ich vor die gesamte Lehrerschaft und die Schulfreunde treten. Einige Lehrer und besonders meine Deutschlehrerin Frau Cordt zeigten mir überdeutlich ihre Abneigung. Der Misthaufen war gar nicht gut angekommen. Ich legte mit meiner Rede nach: „Sie haben alle studiert und leider wenig Einblicke in das wahre Leben Ihrer Schüler. Denn wenn Sie sich mit unserem Alltag beschäftigen würden, dann hätten Sie auch unseren Schulstreich richtig verstanden. Ein größeres Dankeschön können Ihnen die drei Klassen mit den vielen Bauernkindern gar nicht machen. Jeder Landwirt weiß, dass es den Mist als Dünger braucht, damit es anschließend eine ordentliche Ernte gibt. Wenn Sie sich über den Gestank aufregen, vergessen Sie nicht, dass der gute Dünger dabei hilft, dass Sie für Ihr leckeres Frühstücksbrötchen nur wenige Pfennige zahlen müssen. Wir wollten mit dem Schulstreich einfach zeigen, dass wir dankbar sind. Dankbar dafür, hier an dieser Schule die Düngemittel für unsere berufliche Zukunft von Ihnen erhalten zu haben. Wir waren nicht immer die leichtesten Schülerinnen und Schüler. Sie waren nicht immer die leichtesten Lehrkräfte. Aber heute stehen wir hier. Wir mit unseren Abschlüssen und Sie mit der Genugtuung, wieder ein paar junge Menschen auf das Leben da draußen vorbereitet zu haben." Meine Deutschlehrerin weinte wieder. Diesmal vor Rührung. Anschließend drückte sie mich etwas zu lange und etwas zu herzlich.

Auch wenn der Text, den ich mithilfe meines schlauen Vaters in weiser Voraussicht auf die Folgen unseres Streichs geschrieben und dann abgelesen habe, sicher gut war, konnte ich keine Sekunde am Rednerpult genießen. Noch schlimmer wurde es später in meiner politischen Jugendorganisation. Inzwischen im Beruf angekommen, hatte ich viel Freude daran, mit meinen Genossen ordentlich Rambazamba zu machen. Wir veranstalteten zahlreiche Partys und mieteten zu Silvester sogar ein ganzes Schloss, um mit zwei Livebands der Landbevölkerung in Abendkleid und Smoking ein gutes Fest zu liefern. Der Erfolg blieb nicht aus: *Partys & Politics* hat funktioniert und wir gewannen enorm viele neue Mitglieder. Unser Ortsverband wurde der größte im Landkreis und wir gründeten weitere. Daraus wuchsen auch Ambitionen, für den Kreisvorstand zu kandidieren. Raten Sie mal, wem diese Idee so gar nicht gefiel? Richtig – den damaligen Amtsinhabern. Es kam zum Showdown. In der Kreisversammlung wurden alle Karteileichen ausgegraben, die irgendwie noch stimmberechtigt waren. Mein Kumpel Stefan und ich waren dagegen strategisch ziemlich unbewaffnet. Alle sprachen in den Bewerbungsreden mehr oder weniger frei. Selbstbewusst notierte ich mir also ein paar Stichworte und dachte: „Das mache ich schon." Weit gefehlt. Die über 100 Zuschauer, Kameras und besonders die Scheinwerfer holten mich komplett aus meiner Mitte. Ich stammelte irgendetwas Sinnbefreites vor mich hin und wir verloren die Abstimmung trotz der guten Arbeit, die wir geleistet hatten. Das sollte uns eine Lehre gewesen sein. Zwei Jahre später waren wir sowohl rhetorisch als auch strategisch bereits so hochgerüstet wie die UdSSR im Kalten Krieg und wir nahmen den Kreisvorstand im Handstreich. In der Zwischenzeit hatte ich mein erstes Rhetorikseminar an der *Hermann-Ehlers-Akademie* in Kiel besucht. Ein junger Student zeigte uns dort, wie man eine freie Rede hält. „SO EINFACH IST DAS ZU ERLERNEN?", war meine Erkenntnis am Ende des Trainings. Ich bin mir sicher, hier wurde der Samen für meine spätere Zukunft als professioneller Redner und Rhetoriktrainer gesät.

Während meiner vierjährigen Bundeswehrzeit absolvierte ich zudem eine neunmonatige Ausbildung in Methodik und Didaktik. Die Ausbildung zum Ausbilder bei der Bundeswehr war großartig. Ich hatte viele Vorbilder, die sich Mühe gaben, den Unterricht und die praktischen Unterweisungen für die Soldaten spannend zu gestalten. Unterhaltsam. Das war meine Welt. Vor allem die Ausbildung zur Führungskraft, die ich in Münster und am Starnberger See erhielt, sorgte dafür, dass mich das Thema Rhetorik in seinen Bann zog. Als ich nebenberuflich in den Vertrieb einstieg, konnte ich mit diesen Fähigkeiten sofort punkten. Später in der freien Wirtschaft lernte ich sehr schnell etwas, das zu meinem Grundsatz wurde, der heute immer noch gilt: „Mache deine Mitarbeiter stark! Sie dürfen dich in jeder Hinsicht übertreffen. Arbeite mit klugen, wissbegierigen und fleißigen Menschen zusammen und lass dich selbst nur von den Besten ausbilden."

So kam ich also schließlich 2001 zu Rolf H. Ruhleder. Er war schon damals der „Rhetorik-Papst", hoch angesehen, der Grandseigneur der aufkeimenden Trainerszene, Dauergast in den TV-Talkshows. Er war außerdem der teuerste Trainer Deutschlands! Und jeden Betrag wert. Sein Seminar und der Trainingsansatz überzeugten mich von der ersten Sekunde an. Alles, was ich bis dahin über Methodik und Trainingsdidaktik gelernt und erlebt hatte, wurde übertroffen. Stil- und humorvoll leitete er seine Teilnehmerinnen und Teilnehmer an. Jeder bekam individuell Feedback. Für mich war klar, ich muss sofort viel Geld verdienen, denn dieser Mann sollte mich ausbilden. Bereits in der ersten Seminarpause nahm er mich zur Seite und fragte mit strengem Blick, was ich denn auf dem Seminar wolle? Meine Antwort „Rhetorik lernen" überzeugte ihn nicht. „Weshalb sind Sie hier? Reden können Sie auf jeden Fall schon." Ich antwortete wahrheitsgemäß, dass ich gehört hätte, dass er der Beste sei, und ich von ihm lernen möchte. Ein sanftes Lächeln glitt über sein Gesicht und er sagte einfach nur: „Gute Entscheidung. Aber passen Sie auf, dass Sie die anderen im Seminar nicht gleich in Grund und Boden reden." Und dann traf mich eines seiner berühmten Zitate, welche heute zwei ganze Generationen von Trainern gerne rezitieren (mich eingeschlossen): „Denken Sie immer daran: Perfektion weckt Aggression." Ich habe mir das und vieles Weitere in den zahlreichen Seminaren hinter die Ohren geschrieben. Rolf H. Ruhleders Buch *Rhetorik & Dialektik* habe ich stets in meinen Seminaren empfohlen und werde es auch weiterhin tun. Es ist inzwischen in der 17. Auflage erschienen. Da es meine Zeit als professioneller Trainer begleitete, werden Sie es als Quellenangabe häufig in diesem Buch finden. Bereits 2006 kam der Leiter eines großen Verlages auf mich zu und fragte, ob ich nicht selbst ein Buch über Rhetorik schreiben möchte. Ich lehnte ab. Ich hatte einfach keine Lust, ein Buch zu schreiben und dieselben Tipps zu geben, wie sie schon zahlreiche andere vor mir gegeben haben. „Wenn ich ein Buch über Rhetorik schreibe, dann will ich, dass es etwas wirklich Neues ist", war lange Zeit meine Antwort.

Heute halten Sie ein solches Buch in Ihren Händen. Über Rhetorik. Von mir. Was ist passiert? Zwischen 2012 und heute habe ich vier Bücher veröffentlicht. Neben dem Gemeinschaftsprojekt *SALES CODE 55* des *Club 55 – European Community of Experts in Marketing & Sales*, dessen Präsident ich heute sein darf, war es der Topbestseller *Der Fisch stinkt vom Kopf*, den ich unter meinem „Speaker-Pseudonym" Hein Hansen geschrieben habe und den es jetzt bereits in der sechsten Auflage gibt. Ein Buch über Motivation und Führung aus der Sicht eines Fischverkäufers. Ferner mein Erstlingswerk *Kommunikationsrevolution Social Media*, worin ich als erfahrener Anwender einen Blick auf die digitale Revolution werfe, sowie zuletzt *Herzlich willkommen im Datengefängnis*. Die Tageszeitung *Frankenpost* betitelte mich nach einem Vortrag in einem Artikel als „Der Big-Data-Dolmetscher". Das gefiel mir gut. Denn genau das war der Zweck dieses Buches: unser hochkomplexes Zeitalter auch denjenigen Menschen nahezubringen, die sich nicht jeden Tag mit der Thematik beschäftigen können. Als ich mit diesem Buch fertig war, saßen der Content Manager meines Unternehmens, André Held, und ich zusammen und unterhielten uns, worüber wir noch alles hätten schreiben können. Trump wieselte bereits durch die Medien und wir regten uns über die Rhetorik der Populisten in Europa auf. „Es hat sich wirklich etwas verändert in der Kommunikation, schon weil sich die Wahrnehmung der Menschen verändert." Mit diesem Satz war die Idee für dieses Buch in der Welt. Die logische Konsequenz aus meinem bisherigen Leben als Trainer, Berater und Autor ist, dass wir ein großes Buch schreiben und die Rhetorik ins digitale Zeitalter transportieren. An den alten Techniken hat sich wenig bis gar nichts verändert. Eines allerdings hat sich dank des „Information Overload" ganz sicher verändert: Menschen in Führungspositionen, Persönlichkeiten des öffentlichen Lebens und alle, die eine Botschaft transportieren wollen, müssen sich wieder mehr mit Rhetorik auseinandersetzen, um zu verstehen, wie sie unter diesen Umständen ihre Botschaften formulieren können. Um diese Zusammenhänge aufzuzeigen und erste Tipps für die Anwendung zu geben, ist dieses Buch entstanden!

Vielen lieben Dank an alle, die dieses Projekt möglich gemacht haben. Ich habe im Schlussteil dieses Buches noch eine Extraseite für die Danksagungen reserviert. Aber bereits an dieser Stelle und ganz besonders aber möchte ich Ihnen danken, Rolf H. Ruhleder! Es ist mir eine große Ehre, dass Sie das Vorwort für dieses Buch geschrieben haben. Es bedeutet mir sehr viel.

Ihnen, liebe Leser, danke ich natürlich auch. Ich wünsche Ihnen viel Spaß auf der Reise durch die Rhetorik im digitalen Zeitalter. Wenn Sie nur halb so viel Spaß beim Lesen haben wie ich und mein Team beim Schreiben, Interviewen und Recherchieren, dann werden Sie das Buch, genau wie wir, sicher lieben lernen.

Ihr
MICHAEL EHLERS

KAPITEL 2

Was ist Kommunikation? – Kommunikationsmodelle im Vergleich

„Der Mensch ist die Krone der Schöpfung. Intelligent. Beweglich. Emotional. Liebend. Schaffend. Kreativ. Was für ein wunderbares Wesen. Leider kann er sprechen …"

Michael Ehlers

Sämtliche Lebewesen auf diesem Planeten tragen ein geniales Kommunikationssystem in sich. Auch der Mensch. Oft ist es jedoch beim Menschen so, dass Umstände wie familiäre Prägung, Umwelt, Schule, Ausbildung oder Studium dieses intuitiv funktionierende System irgendwie angreifen. Wie gut diese Systeme in der Natur funktionieren, möchte ich Ihnen anhand des „Wood Wide Web" zeigen.

In kaum einem anderen Land dieser Welt haben Wälder einen tieferen Einfluss auf Kultur und Leben seiner Bewohner als in Deutschland. Die mythische Verehrung des alten deutschen Waldes mit seinen Buchen- und Eichenbeständen findet sich in zahlreichen Werken aus Literatur und Kunst wieder. Und die Verehrung des Waldes ist aktuell wie nie. Wir lieben den Ausflug ins Grüne und genießen an warmen Sommertagen den Aufenthalt im Schatten der Baumkronen. „Waldbaden" oder, ganz modern, Shinrin-Yoku ist auf dem Weg, der neueste Trend zu werden. Bäume produzieren Sauerstoff, sind die grünen Lungen unserer Erde. Wälder liefern uns Baustoff und Feuerholz und dienen uns gleichzeitig zur Erholung. Angesichts dieser großen Bedeutung, die der Wald für uns hat, wissen wir noch ziemlich wenig über das

Leben der Wälder und der Bäume. Obwohl der Wald seit Jahrtausenden die deutsche Landschaft und Kulturgeschichte prägt, haben wir bislang nur rudimentäre Erkenntnisse von dem komplizierten Zusammenspiel in seinem Inneren und von seiner Funktionsweise. Wussten Sie beispielsweise, dass Bäume miteinander kommunizieren können?

Vom „Wood Wide Web" zum brillanten Redner

Erst um das Jahr 2010 herum setzte sich unter Wissenschaftlern im Zusammenhang mit pflanzlichem Verhalten mehr und mehr die Sichtweise durch, dass die Bäume im Wald ein intelligentes und lebendiges System bilden und in der Lage sind, miteinander zu kommunizieren. Einer breiten Öffentlichkeit wurde diese ganz neue Sichtweise durch das Buch von Peter Wohlleben, *Das geheime Leben der Bäume*, bekannt. Ganze Wälder verfügen über ein weitverzweigtes, unterirdisches System von Wurzel- und Pilzgeflechten, die auch als „Wood Wide Web"[1] bezeichnet werden. In regelmäßigem Austausch liefern Pilze dem Baum Stickstoff und Phosphor, wofür dieser Zucker aus der Fotosynthese abgibt. Durch diesen faszinierenden Austausch sind Bäume in der Lage, sich gegenseitig zu unterstützen und sogar Familien- und Freundschaftsbeziehungen einzugehen. Ein unterirdisches Netz aus Wurzeln und Fäden, das den kompletten Waldboden durchzieht, ermöglicht den Bäumen, Informationen über den Zustand anderer Bäume aufzunehmen. Wie geht es den Nachbarn? Sind sie gesund oder krank? Ist ihre Baumkrone ordentlich ausgebildet oder kämpfen sie noch immer mit dem wasserarmen letzten Sommer? Wer gesund ist und viel Energie hat, versorgt damit die schwächeren Artverwandten in seiner Umgebung. Eigentlich ist es verwunderlich, dass uns diese Entdeckung so sensationell vorkommt. Denn schließlich sind Bäume Lebewesen. Und alle Lebewesen kommunizieren.

Wale übertragen ihre Gesänge per Schallwellen, wobei jede Art andere Frequenzen zu nutzen scheint. Vögel zwitschern und Menschen reden miteinander. Das biologische System auf der Erde ist ein Wunderwerk der Kommunikation. Sie ist wahrhaftig überall und überall ist

Kommunikation. Jedes Lebewesen ist von Anfang an dazu in der Lage – nicht nur Menschen und Tiere, sondern auch Pflanzen und Bakterien. Sogar Viren, die noch nicht einmal als Lebewesen gelten, können kommunizieren.[2] Neuerdings bringen wir selbst Maschinen bei, ganz ohne unsere Beteiligung miteinander zu kommunizieren. Noch aber ist der Mensch zweifelsohne die Spitze der Kommunikationsevolution.

Aus diesen wenigen Beispielen können Sie bereits ersehen, dass die Natur über großartige Kommunikationsmodelle verfügt. Auch der Mensch, als Teil der Natur, verfügt über große, leider oft verborgene Fähigkeiten auf dem Feld der Kommunikation. Menschliche Kommunikation entwickelte sich seit den ersten Anfängen immer weiter. Und sie wird sich im weiteren Verlauf der Menschheitsgeschichte immer weiter entwickeln. Das ist das Großartige. Leider entwickeln sich die Menschen nicht immer genauso großartig weiter. Nicht von alleine zumindest. Beispiele dafür erlebe ich in meinen Coachings und Trainings immer wieder. Aber ich erlebe auch, wie sich diese Entwicklung in jedem Menschen wieder anschieben lässt.

Die Natur hat jedem von uns die Fähigkeiten mitgegeben, die wir als guter Kommunikator benötigen. Was uns daran hindert, diese Fähigkeiten auszuspielen, sind oft unsere inneren oder die äußeren Rahmenbedingungen. Faktoren wie familiäre Prägung oder das Publikum, das uns einschüchtert, können uns daran hindern, unsere Redekunst zu entfalten. Aber genau dafür gibt es die Lehre der angewandten Rhetorik. Sie werden beim Lesen dieses Buches Werkzeuge kennenlernen, die Ihnen helfen, diesen Herausforderungen zu begegnen. Dabei ist es egal, wie Ihre individuellen Voraussetzungen sind. Ob Sie Talent haben. Oder ob Sie ein Trauma aus Ihrer längst vergangenen Schulzeit mit sich tragen. Mit den Werkzeugen, die ich Ihnen in diesem Buch an die Hand gebe, werden Sie unabhängig von „Talent" und „Prägung" zu einem brillanten Kommunikator und Redner.

Es ist mir zunächst ein wichtiges Anliegen, mich zum Beginn einem Thema zu widmen, ohne das es keine Rhetorik geben würde. So wie wir seit Jahrhunderten die Welt erforschen und vermessen, um sie besser zu verstehen, beschäftigen wir uns auch mit der Erforschung der zwischenmenschlichen Kommunikation.

Aber was ist Kommunikation? Nehmen Sie sich an dieser Stelle gerne etwas Zeit und überlegen Sie für sich: Wie definiert sich Kommunikation?

....

....

....

Gar nicht so einfach, oder?

Wir könnten beispielsweise sagen: „Wenn wir uns unterhalten, dann kommunizieren wir!" Aber natürlich wäre das zu kurz gegriffen. Kommunikation ist ein höchst komplexes Konstrukt, das aus verschiedensten Blickwinkeln betrachtet werden kann. So legt ein Kommunikationswissenschaftler völlig andere Maßstäbe an als ein Psychologe – und ein Medienwissenschaftler nähert sich dem Thema verständlicherweise mit anderen Methoden als ein Neurophysiologe.

Gerade weil unser Alltag von Kommunikation bestimmt ist, fällt es der Wissenschaft schwer, eine eindeutige Definition zu finden. Was unter Kommunikation zu verstehen ist, kommt auf unseren Zugang zum Thema an. Kommunikation ist beispielsweise einerseits die Unterhaltung mit einem anderen Menschen, meint aber andererseits auch „das einseitige Rezipieren von Werbeinhalten über Massenmedien".[3] Kommunikation findet also sowohl *face to face* mit anderen Personen statt als auch ganz alleine vor dem Fernseher. Durch diese verschiedensten Zugänge sind im Laufe der Kommunikationsforschung zahlreiche Methoden, Begriffe und Modelle entstanden. So viele, dass wir uns zwangsläufig beschränken müssen. In diesem Buch konzentriere ich mich auf zwischenmenschliche Kommunikation, die auf Produktion und Rezeption von Sprache und/oder Mimik und Gestik ausgelegt ist. Auch dieser Teilbereich eröffnet unterschiedlichste Betrachtungs- und Herangehensweisen.

Kommunikation, in unserem Sinne, bedeutet den Austausch und die Übertragung von Information und ist durch verschiedene

Eigenschaften definiert. Sie ist gleichzeitig intentional, partnerorientiert und symbolisch. Dass es kompliziert sein kann, erkennen Sie daran, dass es auch nicht-intentionale Kommunikation gibt. Dazu gehört beispielsweise unwillkürliche Mimik oder Gestik. Wir lernen diese Mikroexpressionen später kennen. Aber unser erstes Begriffstrio entwirren wir am sichersten anhand von Beispielen. Bitte folgen Sie mir in die Welt der Rhetorik:

Beschimpfen wir – wild mit dem Mittelfinger gestikulierend – über den Gartenzaun hinweg unseren Nachbarn, weil er während der Mittagsruhe Rasen mäht, so ist dies eine intentionale, partnerorientierte und symbolische Handlung.

Intentional bedeutet, dass das Verhalten mit einer Absicht (Intention), einer Erwartung und einem Ziel verbunden ist. Würden wir, anstatt zu meckern, wutentbrannt Dinge durch unsere Wohnung werfen, wäre dies bezogen auf unser Lärmproblem zwar intentional, weil wir uns davon versprächen, dass es uns danach besser ginge. Es entstünde aber keine Kommunikation mit dem Nachbarn.

Partnerorientiert heißt, dass wir mit einem Gegenüber interagieren. Dieses Gegenüber ist natürlich der Nachbar. Ein nicht-partnerorientiertes Handeln wäre also, den röhrenden Rasenmäher entspannt seine Arbeit machen zu lassen, während man selbst intentional vor Zorn in sein Kissen bisse. Die Folge: Es entstünde keine Kommunikation.

Symbolisch meint, unter Verwendung eines bestimmten Zeichensystems zu kommunizieren. Diese Zeichen bilden bereits eine gemeinsame Sprache, die wir uns mit dem Nachbarn teilen. Beleidigen wir ihn, versteht er uns. Die Beleidigung lässt sich weiter in verbale (Sprache) und nonverbale (Mimik, Gestik)

Kommunikation einteilen. Selbst wenn wir nicht schreien und ihm *nur* schmähend mit dem Mittelfinger winken: Der lästige Nachbar wird unsere Intention – nämlich auszudrücken, dass wir mit der Wahl seines Zeitvertreibs gerade gar nicht einverstanden sind – mit sehr hoher Wahrscheinlichkeit verstehen.

Kommunikation ist natürlich komplizierter, als in diesem sehr vereinfachten Beispiel dargestellt. Tatsächlich ist sie hochkomplex und bietet deshalb zahlreiche Gelegenheiten für Missverständnisse. Um sie besser zu verstehen, versucht die Wissenschaft, Kommunikation in bestimmten Regelsystemen festzuhalten. Indem sie unterschiedlichste Kommunikationsvorgänge analysiert und diese in Modelle einordnet, macht sie Zusammenhänge sichtbar.

Um in der Praxis zu bestehen, benötigen wir zunächst eine theoretische Basis, die wir zu Beginn des Buches erarbeiten werden. Keine Sorge. Sie müssen das Kapitel nicht auswendig lernen. Es einmal zu lesen reicht völlig aus, um anschließend alle Inhalte des Buches deuten zu können. Mit den folgenden Modellen werden Sie einen ganz neuen Blick auf Kommunikation bekommen und am Ende über eine deutlich größere Vielfalt an rhetorischen Werkzeugen verfügen.

Friedemann Schulz von Thun – Vier Seiten einer Aussage

Zum absoluten Grundlagenwissen gehört heute das Kommunikationsmodell von Friedemann Schulz von Thun. Es ist zugleich das jüngste Modell, das ich Ihnen vorstelle. Es stammt aus dem Jahr 2002 und besticht durch seinen ausgesprochen praktischen Ansatz. Schulz von Thun ist ein bekannter deutscher Kommunikationswissenschaftler, der sich mit seinem Modell unter anderem auf Paul Watzlawick bezieht. Auch dessen Dialog-Modell wird Ihnen im Laufe des Kapitels noch begegnen.

Das Modell von Schulz von Thun ist ein sogenanntes „Encoder-/Decoder-Modell“. Die Grundannahme ist, dass wir in der zwischenmenschlichen Kommunikation eine Nachricht auf vier verschiedenen Ebenen senden und wahrnehmen. Der Sender spricht mit „vier Schnäbeln“ und der Empfänger hört analog mit vier Ohren. Schulz von Thun erstellt in seinem Modell ein Kommunikationsquadrat. Jede Seite des Quadrats steht für eine unterschiedliche Kommunikationsebene.

Um diese vier Seiten zu veranschaulichen, kommen wir wieder zurück zu unserem geschätzten Nachbarn, den wir zufällig auf der Straße treffen. Er erzählt uns, dass er zuletzt immer wieder Schwierigkeiten hatte, am Abend einen geeigneten Parkplatz zu finden. Daraufhin bieten wir ihm an, dass er gerne nach Absprache den freien Platz in unserem Hof benutzen kann.

Einige Tage später rufen wir ihm zu: „Dein Auto steht hier!“ Wie lässt sich diese Aussage nach dem Modell von Schulz von Thun nun interpretieren?

Sachinhalt

Eine Sachinformation wird ausgetauscht. Der Sender teilt Daten und Fakten.

- Wir teilen dem Nachbarn mit, dass sein Auto auf unserem Hof steht.

Selbstoffenbarung

In einer Aussage geben wir auch immer etwas von uns selbst preis. Dies kann sowohl bewusst als auch unbewusst geschehen.

- Wir freuen uns, dass der Nachbar zum ersten Mal unser Angebot, im Hof zu parken, angenommen hat. Je nach Tonfall kann auf dieser Ebene aber auch das genaue Gegenteil gemeint sein.

Beziehungsaussage

Wie stehen Sender und Empfänger zueinander? Wie jemand angesprochen wird, spiegelt die Beziehung der beiden wider. Handelt es sich um eine höher gestellte Respektsperson oder kommunizieren wir auf Augenhöhe? Sind wir gut oder schlecht miteinander gestellt?

- Der Verzicht auf eine Anrede und die Benutzung von „Dein" weisen darauf hin, dass wir auf Augenhöhe kommunizieren, den Bundespräsidenten hätten wir vermutlich anders angesprochen.

Appell

Im Normalfall wollen Sender mit ihrer Aussage den Empfänger beeinflussen. Sie wollen ihn dazu bringen, etwas zu tun oder nicht zu tun, zu denken oder zu fühlen.

- Wir können mit dieser Aussage also auch meinen: „Fahr deine Karre weg oder ich mach das selbst!"

Jede „Sendung" besteht aus diesen vier Ebenen. Passen sie widerspruchslos zusammen, könnte man doch annehmen, die Kommunikation sei gelungen. Doch unerfreulicherweise gibt es nicht nur vier Möglichkeiten, eine Aussage zu tätigen, sondern auch vier Möglichkeiten, diese aufzunehmen. Der Kommunikationswissenschaftler Schulz von Thun beschreibt dies mit den „vier Ohren" (Sachohr, Selbstoffenbarungsohr, Beziehungsohr, Appellohr). Dass die Intention des Senders nicht der Wahrnehmung des Empfängers entspricht, erleben wir jeden Tag. Die Interpretationsmöglichkeiten einer Nachricht sind die Grundlagen zahlreicher kommunikativer Missverständnisse. Was, wenn wir den Nachbarn eigentlich loben wollten, er aber Kritik wahrnimmt? Die Folge wäre eventuell ein kleiner oder größerer Nachbarschaftsstreit. Ärgerlich, aber meist nicht wirklich schlimm. Störungen in der Kommunikation sind aber auch Auslöser unendlich vieler größerer und großer Probleme auf unserer Welt. Doch professionelle Kommunikation kann erlernt werden. Hilfsmittel, um unsere

Aussage mit der gewünschten Intention an den Mann zu bringen, gibt es viele. Sie werden sie in diesem Buch lernen.

Paul Watzlawick – Fünf Axiome

Das zweite Kommunikationsmodell, das sich mit der Theorie unserer Verständigung beschäftigt, ist Paul Watzlawicks Modell der fünf Axiome. Der Österreicher war Kommunikationswissenschaftler, Psychotherapeut, Psychoanalytiker, Soziologe, Philosoph und Autor. Kein Wunder, dass er bei dieser Bandbreite nach Lösungsansätzen für Kommunikation suchte. Ähnlich wie Schulz von Thun ging es Paul Watzlawick um die Ursachenforschung von kommunikativen Störungen, die er in seinem Hauptwerk niederschrieb.[4] Der Begriff Axiom meint dabei schlichtweg einen Grundsatz. Diese fünf Grundsätze sollen menschliche Kommunikation bestimmen und zugleich erklären, wie eng verbale Kommunikation mit Emotionen und Beziehungen verknüpft ist.

1. Axiom

> *Man kann nicht nicht kommunizieren, denn jede*
> *Kommunikation (nicht nur mit Worten) ist Verhalten.*
> *Und genauso wie man sich nicht nicht verhalten kann,*
> *kann man nicht nicht kommunizieren.*

Kommunikation ist immer ein Verhalten. Verdeutlichen wir dies an unserem Nachbarn: Auf dem Heimweg von einem Fußballspiel sitzen wir im Bus und sind angefressen, da unser geliebter Verein mal wieder verloren hat und der baldige Abstieg droht. In diesem Moment sehen wir unseren Nachbarn einsteigen und merken schon von Weitem, dass dieser maßlos gut gelaunt ist. Das Allerletzte, was wir in diesem Moment wollen, ist eine Unterhaltung mit diesem Kerl! Also drehen wir unseren Kopf zur Scheibe und blicken starr hinaus mit dem festen Plan der Kommunikationsvermeidung. Aber natürlich kommunizieren wir dadurch bereits. Schließlich offenbaren wir mit unserem Verhalten – indem wir die Arme verschränken und uns mit gesenktem, wütendem Blick wegdrehen, dass wir sauer sind und kein Interesse an einem Gespräch haben. Würde unser Nachbar diese Signale richtig wahrnehmen, hätte er uns im Folgenden sicherlich nicht angesprochen.

2. Axiom

Jede Kommunikation hat einen Inhalts- und einen Beziehungsaspekt, wobei Letzterer den ersten bestimmt.

Das zweite Axiom von Watzlawick beschreibt den Zusammenhang von Inhalt und Beziehung einer Aussage zwischen Kommunikationspartnern. Es legt dar, dass jede Mitteilung des Senders zunächst eine inhaltliche Ebene aufweist, aber zugleich Ausdruck der emotionalen Verbindung von Sender und Empfänger ist. Diese beiden Aspekte hat Schulz von Thun ebenfalls dargestellt. Während wir unsere Hecke schneiden, sehen wir den Nachbarn, wie dieser seine Fensterläden streicht. Wir sagen zu ihm: „Das ist eine neue Farbe. Ist das Grün?"

Diese Aussage vermittelt auf der einen Seite eine Information: Wir stellen fest, dass die Farbe an den Fensterläden unseres Nachbarn neu ist. Mit unserer Nachfrage sprechen wir aber auch den Beziehungsaspekt an. Dazu nehmen wir verschiedenste Mittel wie Mimik, Gestik oder Tonfall zu Hilfe. Zum Beispiel können wir die Frage belustigt stellen, um zu verdeutlichen, dass wir die neue Farbe gar nicht schön finden. Wir können aber auch Erstaunen ausdrücken, weil die grüne Farbe wunderbar mit den Geranien auf der Fensterbank harmoniert.

3. Axiom

Die Natur einer Beziehung ist durch die Interpunktion der Kommunikationsabläufe seitens der Partner bedingt.

Das dritte Axiom von Paul Watzlawick klingt zunächst kompliziert. Der Satz bedeutet jedoch lediglich, dass jede Kommunikation aus einer Ursache (Reiz) und einer Wirkung (Reaktion) besteht. Jemand zeigt ein Verhalten und ein anderer reagiert darauf. Watzlawick stellte diesen Vorgang in einer Verhaltenskette, einem Kreislauf dar, der keinen Anfangspunkt hat.

Wir sind beim Nachbarn zum Abendessen eingeladen und diskutieren nach einiger Zeit. Er sagt: „Du hörst mir ja gar nicht zu!“

Wir antworten: „Ich höre nur nicht mehr zu, weil du immer so laut redest!“

Er sagt: „Aber ich rede nur so laut, weil du mir nicht mehr zuhörst.“

Diese Diskussion dreht sich im Kreis. Vor allem in partnerschaftlichen Beziehungen ist dieses Phänomen keine Seltenheit. Watzlawick spricht in diesem Zusammenhang von konstruierten Wirklichkeiten, die wir uns schaffen. In der Kommunikation mit unserem Gegenüber „legen [wir] beispielsweise auf bestimmte Ereignisse besonderen Wert und betrachten diese gewissermaßen als Ursache und Auslöser für weitere Ereignisse, die für uns darauf folgen. Wenn wir nun eigenes Verhalten mit dem Verhalten anderer entschuldigen oder erklären, können hieraus Interpunktionsstörungen entstehen. Unser Gesprächspartner beziehungsweise unsere Gesprächspartnerin sieht aber umgekehrt eeventuell sein oder ihr Verhalten nur als Folge unseres Handelns.“[5]

Paul Watzlawick beschrieb dieses Axiom besonders schön in seinem paradoxen Sachbuch *Anleitung zum Unglücklichsein* durch die Geschichte mit dem Hammer: „Ein Mann will ein Bild aufhängen. Den Nagel hat er, nicht aber den Hammer. Der Nachbar hat einen. Also beschließt unser Mann, hinüberzugehen und ihn auszuborgen. Doch da kommt ihm ein Zweifel: Was, wenn der Nachbar ihm den Hammer nicht leihen will? Gestern schon grüßte er ihn nur so flüchtig. Vielleicht war er in Eile. Aber vielleicht war die Eile nur vorgeschützt, und er hat etwas gegen ihn. Und was? Er hat ihm nichts angetan; der bildet sich da etwas ein. Wenn jemand von ihm ein Werkzeug borgen wollte, er gäbe es ihm sofort. Und warum sein Nachbar nicht? Wie kann man einem Mitmenschen einen so einfachen Gefallen ausschlagen? Leute wie der Kerl vergiften einem das Leben. Und dann bildet der Nachbar sich noch ein, er sei auf ihn angewiesen. Bloß weil er einen Hammer hat. Jetzt reicht's ihm aber wirklich. Und so stürmt er hinüber, läutet, der Nachbar öffnet, doch noch bevor er ‚Guten Morgen' sagen kann, schreit ihn unser Mann an: ‚Behalten Sie Ihren Hammer, Sie Rüpel!'"[6]

4. Axiom

Menschliche Kommunikation bedient sich analoger und digitaler Modalitäten.

„Analog" und „Digital" meint in diesem Fall nicht die Begriffe, wie wir sie heute in Bezug auf Mediennutzung verstehen. Mit Analog bezeichnet Watzlawick nonverbale Kommunikation wie Mimik, Gestik oder Blickkontakt. Digitale Kommunikation beschreibt dagegen alle sprachlichen Elemente. Diese müssen entschlüsselt werden, zum Beispiel dadurch, dass wir dieselbe Sprache sprechen. Während analoge Körpersprache international entschlüsselbar ist, braucht digitale Sprache denselben, gelernten Code. Während die Beziehungsebene oftmals durch analoge Verständigung ausgedrückt wird, sprechen digitale Elemente vor allem den Inhaltsaspekt an. Auch hier können Kommunikationsprobleme entstehen. Eines schönen Samstagvormittags bringen wir den Müll hinaus und rufen unserem Nachbarn im Vorbeigehen zu: „Du hast heute aber eine super Laune!" Betrachten wir ausschließlich den Inhalt, also die digitale Komponente unserer Aussage, haben wir es hier mit einer positiven Feststellung zu tun. Wir attestieren dem Nachbarn keinen schlechten Gemütszustand. Nehmen wir nun die analoge Modalität, können wir diese Aussage verstärken, abschwächen oder sogar ins Gegenteil kehren. Das geschieht, wenn wir den Satz in einem sarkastischen, zynischen oder höhnischen Tonfall sagen und dies gestisch sowie mimisch unterstreichen. Nur im Zusammenspiel aller Faktoren sind wir in der Lage, zu erkennen, wie eine Aussage beabsichtigt ist.

5. Axiom

Zwischenmenschliche Kommunikationsabläufe sind entweder symmetrisch oder komplementär, je nachdem, ob die Beziehung zwischen den Partnern auf Gleichgewicht oder Unterschiedlichkeit beruht.

Beim Kommunikationsprozess kommt es immer darauf an, mit wem wir sprechen. Es gelten hierarchische Strukturen, die großen Einfluss auf die Kommunikation haben. In der Regel sprechen wir nämlich mit unserem Nachbarn, unserer Familie und Freunden anders als mit unserem Vorgesetzten. Kommunikation auf Augenhöhe ist symmetrisch, während komplementär eine unterschiedliche hierarchische Ordnung zwischen den Kommunikationspartnern bedeutet.

Paul Grice – Maximen der Kommunikation, oder auch: Lesen Sie zwischen den Zeilen

Der Nachbar fragt uns, wie denn unser zweiwöchiger Urlaub in der Südsee so gewesen sei: Wir erzählen ihm von traumhaften Sandstränden und klarem, blauem Wasser, vom sauberen Hotel und den vielen netten Leuten, die wir auf der Straße trafen. Das sind ja wirklich die nettesten Menschen der Welt. So toll! Ganz besonders in Erinnerung wird uns vor allem der Tauchausflug in der Bucht sein … und ach ja, da war auch dieser Fischer, der eine besondere Angeltechnik hatte. Wahnsinn! Apropos Angeln: Meine Güte, gab es da einen leckeren Fisch in diesem einen Restaurant. Das war nicht weit weg von unserem Hotel … ach nein, jetzt habe ich doch dieses Restaurant mit dem anderen unten am Strand verwechselt. Aber dort war es auch nicht schlecht. Jedenfalls so lange, bis das kleine Kind am Nachbartisch zu quengeln begann und partout nicht mehr damit aufhören wollte …

Es ist eine ganz normale Geschichte: Wir erinnern uns an etwas, kommen ins Reden, geben interessante Erlebnisse wieder und unterhalten auf diese Weise den Nachbarn. Schön, oder? Allerdings verstößt sie gegen jede einzelne der Maximen, die ich Ihnen im Folgenden vorstellen werde. Prägen Sie sie sich also gut ein. Denn die Grice'schen Maximen sind für das zentrale Merkmal der Rhetorik relevant: die Rede.

Doch zunächst eine andere, ebenfalls ganz normale Geschichte: Es ist Montag und wir befinden uns nun im wöchentlichen Meeting mit unserem Abteilungsleiter. Auch der Betriebsleiter ist heute anwesend. Bevor diese Woche geplant wird, steht zunächst die Aufarbeitung diverser Themen aus der vergangenen Woche auf der Agenda. An diesem Punkt sagt der Abteilungsleiter zu seinem Vorgesetzten: „Am Dienstag war Herr Müller pünktlich." Was bedeutet diese Aussage? Dass Herr Müller am Dienstag ohne Verspätung an seinem Arbeitsplatz saß? Oder impliziert sie nicht vielmehr, dass der Angestellte Müller an den restlichen Tagen der Woche nicht pünktlich war? Wie selbstverständlich verstehen wir die Implikation, obwohl verbal etwas anderes geäußert wurde. Zahlreiche unserer Sätze haben diesen Unterbau, eine Ebene, die zwischen den Zeilen liegt und dennoch großen Einfluss auf unsere Kommunikation hat.

Der Philosoph Paul Grice beschäftigte sich intensiv mit dieser Tatsache, aus der er ein Kooperationsprinzip für gelungene Kommunikation ableitete. Dieses Prinzip besagt, dass jede Kommunikation ein Ziel hat, das nur dann erreicht werden kann, wenn die Gesprächspartner kooperativ und rational, im Sinne des Konversationserfolgs, handeln. Aber wie gelingt uns das? Aus der Grundannahme des Kooperativen und Rationalen leitete Paul Grice vier Maximen ab, die er als Konversationsmaximen beschreibt. Werden diese vier „Regeln" während einer Konversation eingehalten, steigert dies die Effizienz des Kommunikationsvorgangs.

Maxime der Quantität

1. Gestalten Sie Ihren Beitrag so informativ wie möglich!
2. Gestalten Sie den Beitrag nicht informativer als nötig!

Vor allem geht es bei der Maxime der Quantität darum, die nötige Information so zu vermitteln, dass sie optimal beim Gegenüber ankommt. Eine Verletzung der Maxime ist beispielsweise, zu viel oder zu wenig zu erzählen.

Maxime der Qualität

1. Sagen Sie nur, was Sie für wahr halten!
2. Sagen Sie nichts, was Sie für falsch halten!

Es benötigt also für jede getroffene Aussage eine profunde Begründung. Eine Verletzung der Maxime wäre demnach die Weitergabe von Halbwissen, das wir irgendwo aufgeschnappt haben und nun weitererzählen.

Maxime der Relevanz

1. Füllen Sie Ihre Aussage nur mit Informationen, die zum Thema gehören!
2. Sprechen Sie über nichts, was nicht zum Thema gehört!

Seien Sie relevant und bleiben Sie beim Thema. Vermeiden Sie unnötige oder nebensächliche Information.

Maxime der Klarheit

Vermeiden Sie

- Unklarheit
- Mehrdeutigkeit
- Weitschweifigkeit
- Ungeordnetheit

Die vierte Maxime von Grice verlangt von uns, klar und deutlich sowie strukturiert und eindeutig zu kommunizieren.

Im Grunde klingen die Maximen von Grice allesamt sehr einleuchtend. Es sollte doch prinzipiell machbar sein, sich im Alltag daran zu halten und folglich zielführender zu kommunizieren. Versuchen Sie es doch selbst beim nächsten Mitarbeitergespräch oder beim Abendessen mit Freunden. Prägen Sie sich die Maximen gut ein und legen Sie Ihre Kommunikation komplett auf deren Einhaltung aus. Befolgen wir diese Richtlinien, sollten wir erfolgreicher kommunizieren.

Was die Theorie in der Praxis nutzt

Sie werden schnell feststellen, dass die Umsetzung von der Theorie in die Praxis bei allem guten Willen nahezu unmöglich ist. Zwar wirkt das Modell vor allem durch seine Namen (Maxime der …) und die Formulierung von Imperativen wie ein Ratgeber. Doch selbst Paul Grice zweifelte an seinen Richtlinien. Er hatte auch gar nicht beabsichtigt, einen Ratgeber zu schreiben. Denn obwohl seine Maximen allesamt sehr vernünftig klingen, mündet ihre strikte Einhaltung tatsächlich eher ins Gegenteil.

Erinnern Sie sich zurück an das nette Urlaubsgespräch mit dem Nachbarn und nehmen Sie als Beispiel die Maxime der Relevanz und die Maxime der Quantität. Der Einfachheit halber können Sie sie hier nochmals nachlesen:

Der Nachbar fragt uns, wie denn unser zweiwöchiger Urlaub in der Südsee so gewesen sei: Wir erzählen ihm von traumhaften Sandstränden und klarem, blauem Wasser, vom sauberen Hotel und den vielen netten Leuten, die wir auf der Straße trafen. Das sind ja wirklich die nettesten Menschen der Welt. So toll! Ganz besonders in Erinnerung wird uns vor allem der Tauchausflug in der Bucht sein … und ach ja, da war auch dieser Fischer, der eine besondere Angeltechnik hatte. Wahnsinn! Apropos Angeln: Meine Güte, gab es da einen leckeren Fisch in diesem einen Restaurant. Das war nicht weit weg von unserem Hotel … ach nein, jetzt habe ich doch dieses Restaurant mit dem anderen unten am Strand verwechselt. Aber dort war es auch nicht schlecht. Jedenfalls so lange, bis das kleine Kind am Nachbartisch zu quengeln begann und partout nicht mehr damit aufhören wollte …

Ist Ihnen etwas aufgefallen? Wir haben dem Nachbarn zu viel Information gegeben, unsichere Behauptungen aufgestellt, Irrelevantes erzählt und dabei manchmal unklar beziehungsweise verwirrend gesprochen. Unsere Erzählung hatte keine Chronologie, kam vom Hundertsten ins Tausende, ergab aber letztendlich doch Sinn und störte die Kommunikation nicht. Schließlich hat der Nachbar auf diese Weise einen interessanten Einblick in unseren Urlaub erhalten.

Vor allem die Maxime der Qualität wird in diesem Buch noch eine tragende Rolle spielen. Ganz besonders der Teil *Rhetorik im Zeitalter der Lügen* setzt sich mit den kleinen und großen Hindernissen der Qualitätsmaxime auseinander.

Wenn Paul Grice also keinen Ratgeber beabsichtigt hatte, was wollte er dann mit der Aufstellung seiner Maximen erreichen? Als Zuhörer erwarten wir von unserem Gesprächspartner doch wie selbstverständlich, dass er alle Maximen einhält. Dazu müssen weder wir noch unser Gegenüber die Maximen überhaupt kennen. Alle Punkte basieren schließlich auf der puren Vernunft. Weder wollen wir angelogen werden noch wollen wir ungeordnete, nicht hilfreiche oder unklare Informationen. Trotzdem fällt es uns schwer, das, was wir von anderen erwarten, selbst anzuwenden. Die Konversationsmaximen sind also vor allem ein Beweis dafür, dass wir in Bezug auf Kommunikation nur schwerlich Kants Kategorischen Imperativ (Handle nur nach derjenigen Maxime, durch die du zugleich wollen kannst, dass sie ein eigenes Gesetz werde) einhalten können. Wir können aber auch sagen: Letztlich ist alles Definitionssache.

Eine Möglichkeit, alle Maximen von Paul Grice einzuhalten, bietet vor allem die Rede. Gut durchdacht und professionell vorbereitet, kann sie allen vier Richtlinien ohne Probleme gerecht werden. Bei den Ausführungen im nächsten Teil (*Professioneller Auftritt und sicher reden*) sollten Sie deshalb die Maximen der Kommunikation im Hinterkopf behalten.

Das Eisbergmodell

Wenn Sie schon einmal ein Kommunikations- oder Verkaufstraining absolviert haben, war das Eisbergmodell mit großer Wahrscheinlichkeit ein Teil davon. Es gilt als Klassiker, der in verschiedensten Bereichen der Kommunikation angewendet werden kann. Fälschlicherweise wird es oftmals Sigmund Freud als Begründer zugeschrieben. Dieser hatte in seinen Schriften zur allgemeinen Theorie der Persönlichkeit aber nie einen Eisberg erwähnt. Das Modell bezieht sich jedoch stark auf Freuds Denkansatz zum Bewussten und Unbewussten, der mit einem Eisberg hervorragend dargestellt werden kann. Tatsächlich taucht die Eisberg-Metapher erst 35 Jahre nach dem Tod des Psychoanalytikers im Jahr 1939 in einer deutschen Publikation auf.[7]

Was hat es mit dem Eisberg auf sich? Spätestens seitdem wir Leonardo DiCaprio, auf einer hölzernen Wandvertäfelung, im Wasser treibend dahinsiechen sahen und Kate Winslet uns mit ihren Kullertränen verzauberte, wissen wir, dass nur ein kleiner Teil, die Spitze, von Eisbergen oberhalb der Wasserfläche zu sehen ist. So verhielt es sich im Übrigen in etwa auch mit dem schauspielerischen Talent in DiCaprios frühen Filmen.

Der überwiegende Teil eines Eisbergs schwimmt unter der Wasseroberfläche und ist so für den Menschen unsichtbar. Ähnlich scheint Kommunikation konstruiert zu sein. Das Eisbergmodell unterteilt das Bewusste und Unbewusste in eine Sach- und eine Beziehungsebene. Bewegen wir uns mit unserem Kommunikationspartner auf unterschiedlichen Ebenen, wird es zu Konflikten kommen und ein Problem entstehen. In welchem Verhältnis aber sind diese Ebenen aufgeteilt?

Sachebene

Lediglich 20 Prozent einer Botschaft befinden sich beim Kommunikationsvorgang in einem Bereich, der für uns wahrnehmbar und uns bewusst ist. Sie stellen die Spitze des Eisbergs dar. Nehmen wir eine

Nachricht auf, ist uns vor allem die Sachebene bewusst. Sie enthält Daten, Fakten und Zahlen – also vornehmlich Sachinformationen.

Beziehungsebene

Der deutlich größere Teil einer Botschaft (80 Prozent) liegt derweil im unsichtbaren Bereich, der – nach der Theorie Freuds – unbewusst und nicht wahrnehmbar ist. Hier befinden sich Stimmungen, Einstellungen, Werte, Gefühle, Triebe, Instinkte, Traumata, Emotionen et cetera. Sie beeinflussen den Inhalt der Botschaft nachhaltig. Oftmals ist uns diese Einflussnahme aber gar nicht bewusst.

Wie die Modelle von Schulz von Thun, Watzlawick und Grice will das Eisbergmodell Störungen, Konflikte und Missverständnisse in der Kommunikation theoretisch darstellen. Dabei geht es in diesem Modell um Ebenen der Kommunikation, die auf den ersten Blick nicht erkennbar sind. Wir wünschen uns, dass eigener, freier Wille und Vernunft unser Leben bestimmen. Diese Fähigkeit der freien Entscheidung macht uns schließlich so besonders als Spezies Mensch. Und doch führt im Alltag das Unterbewusste Regie. Rationales Verhalten tritt in den Hintergrund. Mehr als uns lieb ist, wirkt sich der unsichtbare Teil des Eisbergs auf unser Verhalten und somit auch auf die Rezeption von Botschaften aus.

Oft wissen wir gar nicht, warum wir uns in einer Kommunikation so verhalten, wie wir uns verhalten. Wir sind überrascht, weil diese Reaktion aus dem tiefen Unbewussten zutage tritt. Einen Teil dieses unsichtbaren Bereichs verstehen wir noch, zum Beispiel Ängste und Gefühle. Gingen wir noch tiefer, würden wir dort Einstellungen finden, die wir uns beim besten Willen nicht erklären könnten.

Zusammenfassend kann festgehalten werden, dass Kommunikation in überwiegendem Maße nicht neutral stattfindet. Zu sehr beeinflusst die unbewusste Ebene unsere eigenen Worte (und Taten). Trotzdem ist zielführende Kommunikation kein Ding der Unmöglichkeit. Ganz im Gegenteil: Sie kann erlernt werden durch eine Vielzahl von Methoden.

Wir müssen uns bewusst sein, dass es sich beim Eisberg wie auch bei den vier Seiten einer Nachricht, Paul Watzlawicks Axiomen und den Grice'schen Maximen immer noch um Modelle und nicht um Gesetze handelt. Modelle sind Schaubilder und Metaphern, die es uns erleichtern, die Komplexität von Kommunikationsvorgängen zu verstehen. Und manche zugrunde liegenden Theorien werden auch von der aktuellen Forschung überholt. So wirkt das Eisbergmodell zunehmend veraltet. Jüngste Erkenntnisse aus der Gehirnforschung, Neurobiologie und Kognitionspsychologie haben gezeigt, dass das Unbewusste nicht einfach nur ein brodelnder Vulkan voller ungesteuerter Leidenschaften, Emotionen, Ängste oder Traumata ist. Der anerkannte Psychologieprofessor David Myers bezeichnete im Jahr 2005 das Unbewusste als „ein(en) kühle(n) Informationsverarbeiter, der unter der Wahrnehmungsschwelle aktiv ist".[8] In der modernen kognitiven Psychologie haben viele Forscher versucht, den Begriff des Unbewussten aus seinem Freud'schen Erbe zu befreien. Sie haben sich alternativer Begriffe wie „implizit" oder „automatisch" bedient. Diese Strömungen betonen, inwieweit die kognitive Verarbeitung außerhalb des kognitiven Bewusstseins stattfindet, und zeigen, dass Dinge, die wir nicht kennen, dennoch andere kognitive Prozesse und Verhalten beeinflussen können.

Das Pareto-Prinzip

Ganz bestimmt wird Ihnen im Zuge des Eisbergmodells auch der Begriff „Pareto-Prinzip" (oder auch 80/20-Regel) begegnet sein. Es ist benannt nach dem italienischen Ingenieur, Ökonom und Soziologen Vilfredo Pareto (1848–1923). Dieser hatte das statistische Phänomen beobachtet, dass eine kleine Anzahl von hohen Werten einer bestimmten Menge mehr Einfluss auf den Gesamtwert hat als eine große Anzahl von kleinen Werten dieser Menge. Erkannt hatte er das nach ihm benannte Prinzip erstmals an der Verteilung des Landbesitzes in Italien. Es zeigte sich, dass etwa 20 Prozent der Bevölkerung 80 Prozent des italienischen Bodens besaßen. Im Lauf der Jahrzehnte wurden weitere solcher Verteilungen in den unterschiedlichsten Lebensbereichen gefunden:

- So werfen oftmals 20 Prozent eines Investments 80 Prozent des Gewinns ab.
- Ebenso sehen wir häufig, dass 80 Prozent des Umsatzes eines Unternehmens durch 20 Prozent der Produkte erzielt werden.
- Und tatsächlich ist es auch möglich, mit nur 20 Prozent Einsatz 80 Prozent der Unordnung in der eigenen Wohnung ein Ende zu setzen.

Selbstverständlich funktioniert der Pareto-Effekt auch umgekehrt. Wenn nämlich 80 Prozent der Ergebnisse mit 20 Prozent des Gesamtaufwandes erreicht werden, erfordern die übrigen 20 Prozent mit 80 Prozent den meisten Aufwand.

Heute wird das Pareto-Prinzip vor allem im Bereich des Zeit- und Projektmanagements sowie im Marketing und Vertrieb verwendet. In einer Berufswelt, in der es mehr und mehr um den Faktor Zeit und sein Verhältnis zum Output geht, erfreut sich ein statistisches Modell wie die 80/20-Regel großer Beliebtheit. Schließlich erklärt es einfach und schnell, wie wir unser Arbeitsleben erfolgreicher gestalten können. Wenn mit nur 20 Prozent Aufwand 80 Prozent des Ergebnisses erreicht werden, würden wir folglich an einem typischen 8-Stunden-Arbeitstag 1,6 Stunden benötigen, um den überwiegenden Großteil unserer To-do-Liste abzuarbeiten. Auf der anderen Seite müssten wir jedoch 6,4 Stunden für ein Fünftel unserer To-do-Liste investieren. Die Kunst besteht darin, Aufgaben nach Prioritäten zu ordnen, um sich nicht unnötigerweise mit den falschen To-dos herumzuschlagen. Überlegen Sie, wie es in Ihrem Arbeitsalltag aussieht. Vielleicht wenden Sie das Pareto-Prinzip auch schon erfolgreich an. Die Verteilung muss im Übrigen nicht immer zwingend 80/20 ausmachen. Ebenso könnte sie 70/30 oder 90/10 betragen. Auch dann sprechen wir noch vom Pareto-Prinzip.

Trotz der Einfachheit der statistischen Verteilung hat der Effekt einen großen Haken. Denn die 80/20-Regel besagt im Umkehrschluss, dass Perfektionismus nicht förderlich für Erfolg ist. Perfektion benötigt viel Einsatz an Energie, einen höheren Arbeitsaufwand und sorgt folglich für Stress und Zeitverlust. Selbstverständlich ist es möglich, mit nur einem Fünftel an Aufwand eine Rede vorzubereiten und zu halten. Aber wird sie dann auch gut sein? Vertrauen Sie mir, wenn ich Ihnen sage, dass sie es nicht sein wird. Um durch Reden zu überzeugen und professionell zu kommunizieren, sind diese vier Fünftel der investierten Vorbereitungszeit unumgänglich. Die fehlenden 80 Prozent machen den Unterschied zwischen einer Rede und dem aus, was ich als Erfolgs-Rhetorik bezeichne.

Eine Variante des Pareto-Effekts wird übrigens oft zur Beschreibung des Nutzerverhaltens im World Wide Web genutzt. Es handelt sich um die sogenannte „Ein-Prozent-Regel" (auch 90-9-1-Regel). Diese Faustformel wurde bereits in den frühen 1990er-Jahren, also während der Anfänge des Internets, aufgestellt. Sie besagt, dass der überwiegende Teil der Nutzer von Online-Communitys lediglich eine Beobachterrolle einnimmt, während nur die geringe Menge von einem Prozent wirklich aktiv ist und eigene Inhalte beiträgt.

- Ein Prozent sorgt regelmäßig in sozialen Netzwerken, Blogs und Webforen für neue Beiträge, News und somit für regen Austausch.
- Neun Prozent der Internetnutzer antworten auf Beiträge oder bearbeiten diese (beispielsweise in Wikipedia).
- 90 Prozent sind stille Mitleser und darüber hinaus nicht aktiv.

Jakob Nielsen, ein dänischer IT-Berater, beobachtete diese ungleiche Verteilung allerdings zu einer Zeit, in der das Internet noch ein ganz anderes Gesicht als heute hatte. „Das Internet ist keine Community: Eine riesige unpersönliche Stadt ist eine bessere Metapher."[9] Auch im Jahr 2006, in dem das Web 2.0 bereits Einzug gehalten hatte, bekräftigte Nielsen die 90-9-1-Regel. Heute allerdings gilt sie längst als überholt. Dies liegt an der Kommunikationsrevolution, die vor einigen Jahren das Internet und die Art und Weise unserer Verständigung komplett verändert hat. Vor allem über mobile Endgeräte kommunizieren wir via *Snapchat*, *Instagram* und Co in einem Ausmaß, das die Ein-Prozent-Regel längst obsolet hat werden lassen.

Wir sehen daran: Gesetze und Modelle verändern sich im Laufe der Zeit, genauso wie die Kommunikation, die sie zu beschreiben versuchen. Im Laufe der Jahrhunderte haben sich viele Definitionen für den Begriff der Kommunikation entwickelt. Vor hundert Jahren haben wir anders kommuniziert, als wir es heute tun, und deshalb natürlich Kommunikation auch anders definiert, als wir es heute tun.

Wissenschaftliche Erkenntnisse aus der Neurobiologie, Gehirnforschung und Kognitionspsychologie entschlüsseln mehr und mehr Kommunikationsvorgänge. Das wiederum verändert selbstverständlich auch die Art und Weise der Kommunikation. Das Kommunikationszeitalter definiert sich hauptsächlich dadurch, dass wir auf diesem Weg der Entwicklung immer schneller voranschreiten und uns heute sagenhaft viele Möglichkeiten zur Verfügung stehen, um miteinander zu kommunizieren. Wie kommunizieren wir heute und wie werden wir in Zukunft kommunizieren? Welchen Einfluss wird dies vor allem auf unsere Rhetorik haben? Sind rhetorische Gesetze überholt und nicht mehr zeitgemäß? Oder müssen – und können – wir sie an das 21. Jahrhundert anpassen?

KAPITEL 3
Die Rolle der Rede in Zeiten der Überinformation

In erster Linie ist die Kommunikationsrevolution technischer Natur. Ich habe bereits in meinem Buch *Kommunikationsrevolution Social Media*[10] über diese rasante Entwicklung geschrieben. Die Entwicklung der Kommunikationsmöglichkeiten und die Vielzahl an denkbaren Kanälen stellen uns vor eine große Herausforderung. Wir können uns nicht mehr nur auf unser angeborenes Kommunikationssystem verlassen, sondern müssen unsere kognitiven Fähigkeiten bewusst auf die neuen Kommunikationsformen ausrichten. Der Mensch nimmt heute Informationen anders wahr, weil er so viele Informationen bekommt wie nie zuvor. Um in dieser Flut von Informationen wahrgenommen zu werden und nicht unterzugehen, müssen wir uns besonders klar ausdrücken können. Und um die Informationen einzuordnen, müssen wir ihre Funktionsweise verstehen können.

Keine Revolution ist jemals so schnell vorangeschritten wie die der Kommunikation. Während die Neolithische Revolution, in deren Verlauf der Mensch sich vom Jäger und Sammler zum sesshaften Hausschweinhalter entwickelte, mehrere Jahrtausende benötigte, erfasste die industrielle Revolution immerhin schon in annähernd 200 Jahren den gesamten Globus. Das Kommunikationszeitalter bedurfte hingegen nur weniger Jahrzehnte, um unser komplettes Leben zu verändern. Es liegt etwas mehr als 100 Jahre zurück, als der amerikanische Präsident Theodore Roosevelt 1903 die erste öffentliche Nachricht per drahtlosen Funk über den großen Teich nach Großbritannien sendete. Sie bestand aus 54 höflichen Grußworten an den englischen König Edward VII. und kann durchaus als Beginn des Kommunikationszeitalters betrachtet werden. Denn die

Technologie des drahtlosen Funks ist ein Meilenstein der Medien- und Technikgeschichte. Sie veränderte die Kommunikation grundlegend, weil es uns plötzlich möglich war, nicht nur im privaten, sondern auch im massenmedialen Bereich Informationen zu verbreiten. Und das rasend schnell. Durch Kino, Fernsehen, Computer und nicht zuletzt das Internet erweiterte sich das Informationsangebot im Laufe des 20. Jahrhunderts mehr und mehr. Nachdem schließlich auch mobile Endgeräte den Weg in unser Leben gefunden haben, sind wir in der westlichen Welt heute immer und überall in der Lage, Information zu verbreiten und zu konsumieren. Laut einer aktuellen Studie der *Seven One Media GmbH* lag der durchschnittliche tägliche Medienkonsum der Bundesbürger ab 14 Jahren bei insgesamt 572 Minuten.[11] Wir verbringen also 39,7 Prozent unseres Tages mit Mediennutzung. Berücksichtigen wir dabei noch einen siebenstündigen Schlaf, liegt der Wert bereits bei 56 Prozent. Mehr als die Hälfte unserer aktiven Tagesphase beschäftigen wir uns demnach mit der Nutzung von Medien, die uns durchgehend mit Informationen beschallen. Neben den Big Playern *Fernsehen* (270 Minuten) und *Radio* (112) wächst vor allem die *inhaltliche Nutzung des Internets* (58) rasant an.

Während am 18. Januar 1903 ein einziges Telegramm von den USA nach Großbritannien geschickt worden war, verhält sich dies heute ein kleinwenig anders.

Am 18. Juli 2017 geschah – in nur 30 Sekunden – Folgendes auf unserer Welt:

- 2.118.042 Facebook-User klickten auf „Gefällt mir“
- 10.660.010 WhatsApp-Nachrichten wurden verschickt
- 221.186 Tweets wurden bei Twitter veröffentlicht
- 3.824.883 Videos wurden bei YouTube angesehen
- 1.482.636 Likes wurden auf Instagram vergeben
- 52.948 Menschen nutzten Snapchat
- 1.588.760 Suchanfragen bei Google wurden gestellt

- 9.225 Matches bei Tinder
- Zahlungen über 277.207 Dollar wurden bei PayPal getätigt
- Kunden kauften bei Amazon für 105.191 Dollar ein
- 66.943 Anrufe per Skype

Stellt sich die Frage: Können wir dieser Informationsflut noch gerecht werden oder ist der „Information Overkill" bereits eingetreten? Und warum stelle ich diese Frage? Was hat das mit Rhetorik zu tun?

Das Lagerfeuer als Grundlage der Rhetorik

Wir entwickeln unsere Kommunikationsformen zwar immer weiter, aber die „Geschichte" als Transporter vielschichtiger Inhalte wird immer bleiben. Erst das gesprochene Wort ermöglichte es dem Menschen, komplexe Informationen zu vermitteln. Es übertraf und übertrifft in dieser Hinsicht Mimik und Gestik um ein Vielfaches. Der nächste Schritt war, diese Informationen aufzuzeichnen – was gleichzeitig die Möglichkeit der Vervielfältigung und der massenhaften Verbreitung in sich trug. Der Mensch nutzte und nutzt im Laufe seiner Entwicklung Sprache, Zeichnungen, Schriften, Bücher, Zeitungen und schließlich eben heute die digitalen Kommunikationsmittel. Grundlage für die Entwicklung der Rede war für unsere Vorfahren vor allem das Feuer. Zu Beginn des 21. Jahrhunderts entdeckten Archäologen bei Ausgrabungen im nördlichen Israel verkohlte Holzreste, aus denen sie auf das allem Anschein nach bisher älteste kontinuierlich kontrollierte Lagerfeuer unserer Geschichte schlossen.[12] Vor etwa 790.000 Jahren waren womöglich mehrere Exemplare des Homo erectus zusammengekommen, um sich um eine brennende Feuerstelle zu versammeln. Die lodernden Flammen hielten wilde Tiere fern, ermöglichten das Kochen und Braten von Nahrung und spendeten Wärme. Das Feuer entwickelte sich zum Versammlungsplatz, an dem sich unsere Vorfahren regelmäßig trafen. Vielleicht waren die Hominiden an genau diesem Feuer bereits in der Lage, sich durch ein eigenes Sprachsystem zu verständigen?

Darüber können wir nur mutmaßen. Aber mit zunehmender Verbreitung und Entwicklung der Sprache wurden diese Versammlungspunkte immer wichtiger, um Informationen auszutauschen.

Wenn wir die Evolution der Sprache betrachten, dürfen wir eine ganz bestimmte Spezies – die wir alle nur zu gut kennen – nicht vergessen: den Homo sapiens. Irgendwie war es ihm gelungen, vom unbedeutenden Menschenaffen zum unumstrittenen Herren der Schöpfung auf dem gesamten Globus zu werden. Zumindest aus unserer Sicht. Viren dürften – wenn sie dazu in der Lage wären – anders darüber denken.

Die gängigsten Theorien, warum wir uns zum Beispiel gegenüber den Neandertalern durchsetzen konnten, heben allesamt ausdrücklich auf unsere ausgezeichnete Kommunikationsfähigkeit ab. Vor rund 70.000 Jahren begann eine Phase, die der israelische Historiker Yuval Noah Harari in seinem Weltbestseller *Eine kurze Geschichte der Menschheit* als „kognitive Revolution" bezeichnet. In dieser weltgeschichtlich kurzen Phase von mehreren Zehntausend Jahren entwickelte der Homo sapiens erstaunliche Kommunikationsfertigkeiten, ausgelöst vermutlich durch eine zufällige Genmutation, die einige unserer Gehirnstränge neu verkabelt hatte.[13] Dass wir heute oft das Gefühl haben, diese Fähigkeiten wäre bei manchen von uns vor 70.000 Jahren stehen geblieben, ist eine andere Geschichte.

Plötzlich war der Sapiens in der Lage, in völlig anderen Sphären zu denken, zu lernen und natürlich zu kommunizieren. Harari stellte die Frage, was denn so besonders an dieser Sprache sei, durch die sich der Homo sapiens zum neuen Platzhirsch aufschwingen konnte. Schließlich haben wir ganz am Anfang gelernt, dass sich auch alle anderen Lebewesen auf der Erde durch bestimmte Kommunikationsstile verständigen, die zum Teil – wie beispielsweise bei Walen – ebenfalls sehr ausgeprägt sind. Ich möchte Ihnen Hararis Theorien kurz vorstellen.

Der Löwe am Fluss

Die erste Theorie Hararis beschäftigt sich mit der ausgesprochenen Flexibilität unserer Sprache. Durch sie sind wir in der Lage, eine unvorstellbar große Anzahl von Lauten, Wörtern und Sätzen darzustellen. Diese Flexibilität ermöglicht eine Art der Informationsvermittlung, zu der andere Menschenaffen nicht fähig waren. Der israelische Historiker benutzt den Vergleich mit der Primatenart der Grünmeerkatze (sie heißt zwar Katze, ist aber ein Affe). Sieht dieser Affe einen Löwen, kann er seinen Artgenossen „zurufen": „Vorsicht, Löwe!" Er kann jedoch nicht sagen, wann und wo er diesen Löwen gesehen hat. Ein Vertreter des Homo sapiens wird seinen Kollegen deutlich mehr Informationen geben können: „Hey Leute, ich habe heute früh in der Nähe des kleinen Bachlaufs einen Löwen gesehen. Er bewegt sich in unsere Richtung. Vorsicht also!" Vielleicht wurden wir genau deswegen zur „Krone der Schöpfung", während die Grünmeerkatze vermehrt im Bauch des Löwen landete.

Klatsch und Tratsch

Jeder von uns kennt ihn, wir alle betreiben ihn: Klatsch und Tratsch. Vielleicht haben Sie ja erst gestern mit Ihren Kollegen darüber gesprochen, dass der Chef schon wieder ein neues Auto fährt oder dass die verschrobene Vertrieblerin mit dem Auszubildenden aus der Buchhaltung anbandelt? Im Zuge der kognitiven Revolution lernte der Homo sapiens nicht nur Informationen über seine Umwelt, sondern auch über seine eigene Art zu sammeln. Über Mitmenschen zu reden und soziale Informationen zu verbreiten machen wir nur allzu gerne. Manch einer verbringt seinen gesamten Arbeitstag damit. Ob Sie den Gedanken mögen oder nicht: Weil wir Klatsch und Tratsch bis heute sehr erfolgreich pflegen, ist die Überlegung nicht zu weit hergeholt, dass der Mensch sich auch durch diese Masche vor allen anderen Arten durchsetzen konnte, da ihm – also uns – dieses Verhalten irgendwann einmal einen evolutionären Vorteil einbrachte.

Fiktive Sprache

Wirklich einzigartig an unserer Sprache ist die Tatsache, dass wir in der Lage sind, mit ihr und durch sie fiktive Konstrukte und Systeme zu schaffen. Religionen, Nationalstaaten und Gesetze gibt es nur, weil unsere Vorfahren irgendwann damit begonnen haben, sie zu beschreiben. Es sind im Wortsinne ausgesprochene Ideen, die unsere Gesellschaft zusammenhalten. Nur der Mensch ist in der Lage, Götter zu erfinden, denen er unschuldige Lämmer opfert. Nur wir überfallen aufgrund unterschiedlicher politischer oder religiöser Ansichten Nachbarländer, die wir anschließend besetzen und deren Bevölkerung wir ausbeuten und versklaven. Das Schaffen von fiktiven Konstrukten ist eine außerordentliche Fähigkeit, zu der kein anderes Lebewesen dieser Erde fähig ist. Sie ermöglicht die Kooperation von mehreren Millionen Menschen, sie lässt Gruppen entstehen und sorgt auf diese Weise für sich stetig verändernde soziale Verhaltensweisen.

Erst durch Geschichten war es dem Menschen möglich, eine eigene Kultur und Identität zu entwickeln. Geschichten schufen ein „wir" und das „die". Es waren Lagerfeuer-Geschichten, durch die wir uns zu Gesellschaften mit Normen und Werten entwickelten. Durch Reden schufen wir Religionen und politische Systeme, wir vermittelten Wissen und erzogen unsere Kinder. Schnell merkten wir: Wer die Kunst der Rede beherrscht, ist ein mächtiger Mensch!

Reden wurden so zu Auslösern für Kriege, aber auch zur Grundlage für Frieden. Viele bedeutende Momente der Geschichte sind in Reden belegt. Die großen Rhetoriker der Antike – Platon, Aristoteles oder Cicero – dienen uns mit ihren Reden heute als Geschichtsvermittler. Sie waren diejenigen, die aus der Rede eine Kunstform machten, die wir als Rhetorik bezeichnen.

Die Kunst der Rede hatte in der Antike ihren vorläufigen Höhepunkt. Die Griechen nutzten sie, um ihre Zuhörer von einer bestimmten Aussage zu überzeugen oder zu einer bestimmten Handlung zu bewegen. Redner zogen ihr Publikum mit Vorträgen in den Bann, sie begeisterten die Zuhörer und verbreiteten damit gleichzeitig Wissen und Ideen. Und sie unterhielten. Das hat sich bis heute nicht geändert. Ein bloßes Wort kann Menschen zum Lachen und zum Weinen bringen. Es gibt kein Gefühl, das nicht durch Worte ausgelöst werden kann. Ein Vortrag informiert, belehrt und verschafft Überblick über ein bestimmtes Thema. Eine gute Rede jedoch inspiriert und motiviert. Wir lassen uns von ihr gefangen nehmen, wachrütteln, aufwühlen oder gar verführen. Sie bewegt uns.

Überzeugen, Massen bewegen, ein Publikum begeistern, im besten Fall in die Geschichte eingehen – eine große Rede zeichnet sich durch große Ergebnisse aus. Wir lassen uns von Reden inspirieren und von glänzenden Rednern in den Bann ziehen. Wir schätzen ihre klare und einfache Sprache, aber auch die Virtuosität und Tragweite ihrer Worte. Wir begreifen Reden gleichermaßen als Zeugen ihrer Epoche und zeitlose Statements. In ihnen finden wir erhellende Wahrheit, erkennen aber auch maßlose Lügen. Oftmals unterhalten sie uns schlichtweg.

Wie aber steht es heute um die Kunst der Rede? Hat sie im Zeitalter der Information ausgedient? Was vermag sie im Vergleich mit ihren großen Konkurrenten aus TV, Print, Radio oder Internet noch zu bewegen? Liegt es nicht nahe, dass diese scheinbar veraltete Kunstform ausgedient hat?

Das Comeback der Rede

Täglich sammeln sich unzählige E-Mails in unseren Postfächern, von denen ein Großteil gar nicht beantwortet werden kann oder gar ungeöffnet gelöscht wird. Pop-up-Benachrichtigungen präsentieren uns mehrmals am Tag Breaking News aus dem Weltgeschehen. Soziale Netzwerke wie *Facebook*, *Twitter* und Co beschallen uns ebenso durchgehend mit Informationen. Diese nicht abzurufen fällt uns extrem schwer. Schließlich wollen wir nichts verpassen. Deswegen tauschen wir permanent mit unseren Mitmenschen Informationen aus. Und es ist kein Ende in Sicht: Diese Art der Kommunikation wird auch künftig zunehmen.

In der Geschichte der Menschheit stand uns niemals zuvor mehr Information zur Verfügung als heute. Das World Wide Web ist nahezu für jedermann zugänglich. Mit nur wenigen Klicks können wir auf eine Fülle von Daten zugreifen, die selbst die größten Bibliotheken der Menschheit wie eine Dorfbücherei aussehen lassen. Wir haben uns bereits so sehr an diesen Luxus gewöhnt, dass eine Welt ohne das Internet unvorstellbar ist. Durch das Netz stehen uns so viele Informationen zur Verfügung, dass wir heute vermehrt von einem „Overload" sprechen. Dieser Zustand tritt dann ein, wenn eine Person zu viele Informationen zu einem bestimmten Thema hat und sie nicht mehr in der Lage ist, auf dieser Basis eine Entscheidung zu treffen. Zunehmend fällt es uns schwer, aus der Fülle von Daten diejenigen herauszufiltern, die wirklich relevant sind. Wir bekommen mehr und mehr Probleme, Wichtiges von Unwichtigem zu trennen.

Gerade in diesem Fall ist die Kunstform der Rede ein probates Mittel, Struktur in die Menge der „Überinformation" zu bekommen. Sie hat noch lange nicht ausgedient. Ganz im Gegenteil: Die Rede erlebt aktuell sogar ein Comeback. Sie ist wichtiger als je zuvor. Sprechen wir von „zu viel" Information in unserem Leben und der zunehmenden Komplexität unserer Welt, so bietet die Rede mit ihren zahlreichen rhetorischen Werkzeugen eine großartige Möglichkeit, diese komplexen Inhalte kompakt und zusammenfassend darzustellen.

Kennen Sie *TED Talks*? TED (Abkürzung für Technologie, Entertainment und Design) ist eine Non-Profit-Organisation, die sich zum Ziel gesetzt hat, kreative Ideen und Ansichten zu verbreiten.[14] Dies geschah zunächst über eine jährlich stattfindende Konferenz in Kalifornien, wurde mit der Verbreitung des Internets jedoch zu einer Onlineplattform, die diese Ideen auf der ganzen Welt bekannt machte. *TED Talks* transportiert die Rede in die Ära der Kommunikationsrevolution. Denn bei *TED Talks* handelt es sich um Vorträge, die eine maximale Länge von 18 Minuten nicht überschreiten.

Diese Zeitspanne gilt als ideale Dauer für unsere Aufmerksamkeit. *TED Talks* sind der beste Beweis dafür, dass die Rhetorik im 21. Jahrhundert angekommen ist.

Neben der Vereinfachung und Zusammenfassung komplexer Inhalte vermag die Rede im Zeitalter der digitalen Kommunikation durch eine weitere Eigenschaft zu überzeugen: Sie erreicht die ganze Welt! Früher waren Reden immer nur für ein bestimmtes Publikum zugänglich. Heute können sie – dank *TED* (aber auch weiterer Video-Plattformen wie *YouTube* oder *Vimeo*) – die gesamte Welt in kürzester Zeit erreichen. Chris Anderson ist seit 2002 der kreative Kopf hinter den *TED Talks*. Er vergleicht die Internet-Revolution mit der Erfindung der Druckerpresse, die einst die Vervielfältigungsmöglichkeiten von Schriftstellern enorm erhöhte. Das Internet bedeutet somit für den Redner eine immense Reichweitenerhöhung.[15] Noch nie hatte die Rede mehr Möglichkeiten, mehr Varianten, Einsatzgebiete und Zielgruppen. Gerade deshalb empfiehlt sich zunächst ein Blick auf die Grundlagen der Rhetorik.

KAPITEL 4
Der rhetorische Werkzeugkoffer

Vielleicht haben Sie jemanden in Ihrem Bekanntenkreis, der gerne malt oder ein Instrument spielt, vielleicht musizieren Sie sogar selbst? Wenn Sie eine Kunst ausüben oder ausgeübt haben, erinnern Sie sich bestimmt noch an die ersten Gehversuche zurück. Oft endeten diese Gehversuche in Frust. Meine Tochter zum Beispiel hat Talent und malt. Das haben wir recht frühzeitig erkannt. Was ihr Talent ausmacht, ist die Tatsache, dass sie beim Zeichnen von Menschen oder beispielsweise auch Tieren ein ausgesprochenes Verständnis für Proportionen hat. Ein Oberschenkel hat die richtige Länge im Vergleich zum Oberkörper, der Kopf sitzt an der richtigen Stelle und wirkt nicht – wie beispielsweise in meinen „Zeichnungen" – deplatziert. Deshalb haben wir meine Tochter zu einer Kunstlehrerin geschickt. Was dort in den ersten Stunden passierte, war auf den ersten Blick erstaunlich. Denn obwohl sie doch gerne malt, war sie frustriert. Der Grund ist ganz einfach: Sie durfte ihrem Talent nicht nachgehen. In den ersten Stunden lernte meine Tochter nämlich die Grundlagen der Kunst: Aus welchem Material bestehen die Untergründe? Wie müssen sie bearbeitet werden? Was geschieht, wenn ich Gelb und Grün mische? Zum Zeichnen kam sie dabei nicht.

Beim Lernen eines Musikinstruments verhält es sich ähnlich. Zupfen wir zum ersten Mal an einer Gitarre oder klimpern auf einem Klavier, werden die entstehenden Geräusche kaum Begeisterung beim Zuhörer auslösen. Vielmehr lösen sie Gähnen, Langeweile oder eine ganz besondere Kommunikation mit dem Nachbarn aus. Denn es klingt einfach nicht nach Musik. Insofern ist das Erlernen eines Instruments ein schönes Gleichnis für die Rhetorik. Das Kratzen der ersten Übungsstunden auf der Geige quält den Zuhörer. Das Genie des Maestros bewegt uns tief in unserer Seele. Und doch steht beiden Personen das gleiche Instrument zur Verfügung. Erst wenn ein Künstler mit einem Instrument vertraut ist und weiß, was dieses Instrument bei den Zuhörern bewirken kann, wenn er die technischen Möglichkeiten seines Instruments beherrscht und den Klängen mit seinem eigenen Stil Seele verleiht, spüren die Zuhörer die wahre Kunst.

Auch Rhetorik ist eine Kunst. Und wie jeder anderen Kunst auch, liegt ihr ein Handwerk zugrunde. Es gibt grundlegende Techniken, die Sie lernen können. Die gute Nachricht gleich vorweg: Bei der Rhetorik geht es ungleich schneller als beim Erlernen eines Musikinstruments. Wir lernen diese Kunst nicht in der Theorie. Wir lernen sie nicht durch das Studium der Schriften von Quintilian oder Aristoteles. Wir lernen Rhetorik in der Praxis. Nur wer sich ans Klavier setzt und seine Zuhörer mit den ersten schiefen Tönen malträtiert, kann irgendwann ein guter Musiker werden. Ähnlich funktioniert es beim Reden. Der Unterschied zu anderen Künsten ist allerdings, dass uns die Natur bereits mit einem hervorragenden Kommunikationssystem ausgestattet hat. Wir beginnen deshalb in der Rhetorik niemals am Punkt null.

Es gibt zahlreiche rhetorische Werkzeuge, die Sie in Ihren Koffer packen können. Wenn ich beispielsweise in der Lage bin, faire von unfairen Fragen zu unterscheiden, ist das ein rhetorisches Werkzeug. Wenn jemand sagt: „Sie als Führungskraft manipulieren doch nur andere Menschen", dann liegt eine suggestive Unterstellung in diesem Satz. Ein ungeübter Rhetoriker erkennt diese suggestive Unterstellung eventuell nicht, ist beleidigt, geht darauf ein und schlägt gleiches mit gleichem. Wenn ich aber dieses Werkzeug in der Tasche habe, erkenne ich, dass es sich um unfaire Dialektik handelt. Zugleich kann ich dann auf Werkzeuge wie die Gegenfrage zurückgreifen, um so eine unfaire Frage auszuhebeln. Meine Antwort wäre: „Was verstehen Sie denn unter Manipulation?"

Je praller Ihr persönlicher Werkzeugkoffer mit Methoden gefüllt ist, umso leichter fällt es Ihnen, verschiedene Situationen kommunikativ und professionell zu lösen. Das ist die Idee des rhetorischen

Werkzeugkoffers. In diesem Buch wollen wir Ihnen viele Werkzeuge mitgeben, damit Sie Ihren persönlichen Koffer in der Theorie auffüllen können. Um die Methoden auszuprobieren, empfehle ich Ihnen ein praktisches Training. Denn reden lernt man nur durch reden!

Ich bin Michael Ehlers, seit vielen Jahren professioneller Rhetoriktrainer. Zu meiner Zielgruppe in meinen Trainings gehören Topmanager, Persönlichkeiten des öffentlichen Lebens, Führungskräfte aller Ebenen und vor allem Verkäufer. Ich mache aber nicht nur Trainings in Kleingruppen (Topmanager werden zum Beispiel in St. Gallen bei der *MAB Education Group* trainiert), sondern halte auch Vorträge, bin also auch selbst aktiv als Speaker, moderiere Veranstaltungen, Volksfeste und Galas. Die Größe des Auditoriums reicht bis zu 10.000 Personen. Da ich diesen Beruf professionell ausüben darf, habe ich natürlich einen besonderen Blick auf Rhetorik und ihre Wirkpunkte. Ich beschäftige mich jeden Tag damit.

Wenn ich meinen Teilnehmern etwas Neues beibringen möchte, bekomme ich mit, wie sie diese Informationen aufnehmen. Ich bekomme aber ebenso mit, wie sich die Aufnahme von Informationen, die die Rhetorik betreffen, im Laufe der Jahre verändert hat. Wir leben im Informationszeitalter. Die rhetorischen Methoden, mit denen Cato im alten Rom wirken konnte, sind heute nur noch bedingt tauglich. Diese Unterschiede zwischen der antiken Rhetorik von damals und der Rhetorik von heute werde ich Ihnen in diesem Buch aufzeigen. Sie bekommen hier Tipps aus den Trainings und dem Coaching-Alltag eines Profis.

TEIL 2

PROFESSIONELLER AUFTRITT UND SICHER REDEN

KAPITEL 1
Wie Joschka Fischers Rhetorik eine Friedenspartei vom Kriegseintritt überzeugte

Ein grüner Parteitag, der nur unter höchster Sicherheitsstufe stattfinden kann, Demonstranten vor dem Gebäude, die ihrem Unmut lauthals Stimme verleihen und vor Gewalt nicht zurückschrecken – die Stimmung in Bielefeld im Mai 1999 hätte kaum angespannter sein können. Und schließlich eskaliert die Situation. Joseph Martin Fischer genannt Joschka, erster grüner Außenminister der Republik, wird Opfer eines Farbbeutel-Anschlags, sein Trommelfell platzt. Viele von Ihnen werden sich sicherlich noch an diese denkwürdige Szene erinnern. Nur wenige Minuten nach der Attacke wird Joschka Fischer die wichtigste Rede seiner Karriere halten.[1] Sie gilt heute als eine der Sternstunden der Rhetorik. Zugleich ist sie ein hervorragender Einstieg in die Grundlagen der Rhetorik, die ich Ihnen in diesem Kapitel vorstellen werde.

Wie nah gemeinsame Euphorie und innere Zerrissenheit beieinanderliegen, erlebte die deutsche Politiklandschaft, allem voran die Partei *Bündnis 90/Die Grünen* im Mai 1999, als sie sich auf einem Sonderparteitag in Bielefeld zusammenfand.

Erst ein halbes Jahr zuvor hatte die Partei ihr großes Ziel einer rot-grünen Koalition auf Bundesebene erreicht. Joschka Fischer – ehemaliger Steinewerfer und Turnschuh-Minister, nun Außenminister und Vizekanzler – war zum seriösen Realpolitiker geworden. Zum seriösen Politiker einer seriösen Partei, die nun die Chance hatte, ihre sozial-ökologischen und pazifistischen Grundgedanken in der Bundesrepublik zu verwirklichen.

Doch am 13. Mai 1999, nach nur einem halben Jahr in der Regierungskoalition, stand all das zuvor Errungene auf dem Prüfstand. Der Sonderparteitag in Bielefeld sollte zur Zerreißprobe für die Grünen werden. Was war geschehen?

Auf dem Balkan herrschte seit mittlerweile sieben Jahren Krieg und die Bundesrepublik hatte sich im Zuge der Eskalation im Kosovo dazu entschlossen, mit Luftwaffenangriffen die sogenannte *Operation Allied Force* zu unterstützen. Die Tragweite dieser Entscheidung wird vor allem durch die Tatsache deutlich, dass es sich bei dieser Operation um den ersten verfassungsrechtlich umstrittenen Auslandseinsatz in der Geschichte der Bundesrepublik Deutschland handelte. Ein Entschluss, der sich so gar nicht mit dem grünen Parteiprogramm vereinbaren ließ. Denn nur wenige Monate zuvor war im Programm festgelegt worden, ausschließlich „friedensbewahrende Maßnahmen" zu unterstützen.

Auf dem Bielefelder Sonderparteitag galt es für die überwiegend pazifistisch geprägte Partei, zwischen zwei Anträgen zu entscheiden. Dem Antrag des Bundesvorstandes („Frieden und Menschenrechte vereinbaren! Für einen Frieden im Kosovo, der seinen Namen zu Recht trägt.") und dem Antrag von Claudia Roth, Christian Ströbele und anderen („Die Luftangriffe sofort beenden und mit der Logik der Kriegsführung brechen."). Der Ausgang der Abstimmung war nicht vorherzusehen.

Die Stimmung in Bielefeld ist sehr angespannt. Die Demonstranten vor dem Gebäude verleihen ihrem Unmut über den Kriegsentschluss lauthals Ausdruck und glänzen darüber hinaus mit Stinkbomben- und Buttersäure-Anschlägen. In der Halle ein ähnliches Bild. Anwesend ist auch eine große Gruppe Ex-Grüner, die in den 1980er-Jahren als *Fundis* beziehungsweise *Radikalökologen* bekannt geworden war und bereits der Regierungsbeteiligung der grünen Partei kritisch gegenüberstand. Nun sollten sie also auch noch eine Abstimmung über Krieg und Frieden schlucken. Eine Abstimmung für einen „humanitären" Krieg.

Für diese Gruppierungen war das Fass endgültig übergelaufen. Der Zorn gipfelte in dem Farbbeutelwurf auf Joschka Fischer, in dessen Folge das Trommelfell seines rechten Ohres riss. Statt seine Rede abzusagen, trat Joschka Fischer unter Schmerzen dennoch an das Rednerpult – und es war deutlich, dass er vor Wut kochte. Unter diesen inneren und äußeren Bedingungen hielt er die wichtigste Rede seiner Karriere.

Ich möchte Ihnen diese Rede sehr ans Herz legen. Sollten Sie gerade die Gelegenheit dazu haben, sie anzusehen, dann tun Sie es. Sie finden sie auf meinem Blog (http://blog.michael-ehlers.de) unter *„Joschka Fischer auf dem Kosovo-Sonderparteitag in Bielefeld 1999"*.

Aus rhetorischer und überzeugungspsychologischer Sicht können wir aus dieser Rede enorm viel ablesen. Als Betrachter haben wir zunächst das Gefühl, dass Joschka Fischer frei agiert. Doch ich bin mir zu 100 Prozent sicher, dass er das nicht tat. Er arbeitete mit Überzeugungstechniken und sprach merkbar Grundmotive an, die Ihnen vor allem im dritten Teil *Steuerung und Führung durch angewandte Rhetorik* begegnen werden. Er wusste in diesem Moment: Es muss gelingen, die Partei von seinem Entschluss zu überzeugen.

Joschka Fischer hält eine von Wut und Emotion befeuerte Rede. Immer wieder geht er dabei auf die Zwischenrufe seiner Gegner ein. Fischers Rede wird schließlich zu einem leidenschaftlichen Ringen mit der schwierigen Frage, ob und wie Krieg nicht um des Krieges willen, sondern zum Schutze der Menschen geführt werden kann. Im Verlauf der Rede macht Fischer deutlich, warum er einen solchen Einsatz vor sich selbst und der gesamten Partei rechtfertigen kann. Er stellt sich grundsätzlichen Fragen: Was bedeutet Krieg? Was bedeutet Frieden?

„Frieden setzt voraus, dass Menschen nicht ermordet, dass Menschen nicht vertrieben, dass Frauen nicht vergewaltigt werden – das setzt Frieden voraus."

Im Vorfeld wurden Joschka Fischer gar „moralischer Overkill" und eine „Entsorgung der deutschen Geschichte" vorgeworfen. Maßlose

Begriffe, die er mit zwei Grundsatzpaaren abzuwehren versuchte: „Nie wieder Krieg, nie wieder Auschwitz; nie wieder Völkermord, nie wieder Faschismus. Beides gehört bei mir zusammen (…) und deswegen bin ich in die grüne Partei gegangen."

Joschka Fischer stand mit seinem Vortrag am Scheideweg. Wäre mehrheitlich für den Antrag von Claudia Roth und Christian Ströbele gestimmt worden, wäre er von seinem Amt als Außenminister zurückgetreten. Das hätte auch das Aus für die rot-grüne Koalition bedeutet.

„Ich werde mit eurem Antrag geschwächt aus diesem Parteitag hervorgehen und nicht gestärkt […] Ich sage euch: Ich halte zum jetzigen Zeitpunkt eine einseitige Einstellung – unbefristete Einstellung der Bombenangriffe – für das grundlegend falsche Signal – Milošević würde dadurch gestärkt und nicht geschwächt. Ich werde das nicht umsetzen, wenn ihr das beschließt – damit das klar ist!"

Mit diesen Worten schloss Joschka Fischer seine Rede nach nur 20 Minuten, obwohl ihm 30 zur Verfügung gestanden hätten. Eine Rede voller Entschlossenheit, Überzeugung und Emotionalität. Der Saal würdigte ihn mit tosendem Applaus. Aber konnte er auch genügend Stimmen auf seine Seite ziehen? Die Annahme des Antrags von Claudia Roth und Christian Ströbele hätte den Zusammenbruch der rot-grünen Koalition bedeutet und das Ende für alle realpolitischen Ziele als Regierungspartei. Würde *Bündnis 90/Die Grünen* tatsächlich so weit gehen? Sie ging nicht. Der Antrag des Bundesvorstandes um Joschka Fischer gewinnt mit 444 Stimmen. Ein wichtiger Grund für diesen Sieg waren 20 Minuten am Rednerpult, in denen Joschka Fischer mit wilder Entschlossenheit, Überzeugung und Emotionalität für seine Ziele kämpfte.

KAPITEL 2
Die Grundlagen der Rhetorik: Das macht einen guten Redner aus

Vorbereitung (Technikcheck, Publikum und Thema, Veranstalter)

Eine gute Vorbereitung ist das A und O. Das gilt für den Redner, der in einem Meeting nur ein kurzes Statement abgibt, genauso wie für denjenigen, der auf großer Bühne einen längeren Vortrag hält. Im Vorfeld sollten Sie deshalb für sich die elementaren Rahmenbedingungen klären:

- Gibt es einen Veranstalter und welche technischen Voraussetzungen habe ich für meine Rede?
- Was ist das Thema meines Vortrags und vor wem halte ich ihn?

Die vorherige Absprache mit dem Veranstalter ist extrem wichtig. Sie sollte – je nach Buchungszeitpunkt – im Bestfall mehrere Wochen vor dem Veranstaltungstag abgeschlossen sein. Als Profiredner regele ich die Abstimmung mit dem Veranstalter durch eine sehr ausführliche Checkliste, die sämtliche Fragen zur Technik und Organisation vor Ort beantwortet. In der Liste finden sich alle Details, die ich aus meinen Erfahrungswerten über die Jahre hinweg angesammelt habe. Wenn ich weiß, dass diese Punkte vom Veranstalter berücksichtigt werden, kann ich mir sicher sein, dass es ein guter Vortrag wird. Die Rahmenbedingungen für einen Vortrag sind immens wichtig und Sie sollten so weit wie möglich und zu Ihrem Vorteil darauf Einfluss nehmen. Schließlich ist es Ihre Bühne und Sie als Redner bestimmen, wie es dort aussieht.

Fragen, die Sie klären müssen: Benötigen Sie ein Rednerpult und wenn ja, wo wird dieses stehen? Sie bestimmen die Platzierung Ihres Laptops. Sie bestimmen, wie das Licht im Saal ist. Nicht der Veranstalter! Wenn nämlich irgendetwas nicht funktioniert oder fehlt und Sie sich deshalb unsicher fühlen, weil Sie sich nicht in Ihrem gewohnten Terrain befinden (beispielsweise durch schlechte Mikrofontechnik), wird später kein Mensch sagen: „Da haben sie dem Redner aber wohl das falsche Mikrofon gegeben!“ Die Zuschauer sagen: „Das war ein schlechter Vortrag!“

Ich persönlich sorge deshalb bei meinen Vorträgen im Vorfeld dafür, dass alles bestmöglich vorbereitet wird. In meinem Technik-Leitfaden steht deshalb unter anderem, dass der Veranstalter zwei Bananen und zwei Dosen eines österreichischen Energydrinks backstage bereitlegen soll. Das klingt zugegebenermaßen nach Starallüren, ist aber nur ein kleiner Trick aus der Praxis. Denn betrete ich den Backstagebereich und finde zwei Bananen und die beiden Dosen vor, kann ich entspannt sein. Ich diesem Moment weiß ich, dass der Kunde den Technik-Leitfaden gelesen hat. Liegt das Obst vor Ort, wurden vom Veranstalter mit höchster Wahrscheinlichkeit auch alle anderen technischen Instruktionen berücksichtigt. Ist das Obst nicht vorhanden, werde ich nervös. Ich beginne nochmals alles zu überprüfen. Ist ein Techniker da, der die Tonabnahme meines Laptops übernimmt? Befindet sich ein Tisch auf der Bühne, auf dem ich meinen Laptop abstelle, und gibt es vom Laptop zu den Lautsprecherboxen ein Kabel? Sind die Stuhlreihen richtig angeordnet? Gibt es einen direkten Zugang von der Bühne zu den Zuschauern?

In diesen Momenten gibt es keinen Small Talk mit den Kunden. Ich stehe unter Anspannung, was meine Vortragsvorbereitung unmittelbar beeinflusst. Entweder ich selbst oder eine meiner Mitarbeiterinnen oder Mitarbeiter, die mich fast immer auf Vorträgen begleiten, müssen im Notfall innerhalb kürzester Zeit improvisieren, damit der Vortrag logistisch einwandfrei über die Bühne gehen kann. Im Regelfall habe ich außerdem aus Erfahrung immer ein komplettes Ersatzequipment dabei.

Neben dem ausführlichen Technik-Check, der mindestens eine Stunde vor Vortragsbeginn stattfinden soll, müssen Sie sich auch die Frage nach Publikum und Thema stellen. Ich passe mich meinem Publikum immer an. Vor allem in meiner Rolle als Motivationstrainer Hein Hansen (www.motivationsvortrag.de) gehe ich immer individuell auf den Kunden ein. Welche Wünsche hat er für den Vortrag? Welche Punkte sollen besonders exponiert werden? Mit welchem Gefühl sollen die Zuhörer den Saal verlassen? Gibt es bestimmte Themen in meinem Vortrag, die besonders relevant für die Zielgruppe sind? Dies kläre ich in der Regel in einem vorherigen Telefonat mit dem Auftraggeber persönlich ab. In einigen Fällen habe ich sogar eine extra dafür vorbereitete Bedarfsanalyse, die der Kunde ausfüllen kann. In diesem Gespräch versuche ich herauszufinden, mit wem ich es zu tun habe. Wer wird vor mir sitzen? Handelt es sich um Angestellte der Firma oder besteht das Publikum zu großen Teilen aus Kunden? In welcher Branche arbeiten die Zuhörer? Erst anschließend stimme ich die Inhalte meines Vortrags auf diesen Bedarf ab.

Eine Rede ist nicht gleich eine Rede. Unterschiedliche Redeanlässe erfordern einen unterschiedlichen Aufbau. Deshalb müssen Sie sich zunächst darüber im Klaren sein, zu welchem Zweck und Anlass Sie sprechen. Danach richtet sich nämlich die Auswahl der Werkzeuge aus Ihrem Koffer.

Welche unterschiedlichen Redeformen gibt es?

- Die **Überzeugungsrede** dient dazu, Wirkung auf andere Personen auszuüben und auf die eigene Seite zu bringen. Sie treibt Menschen dazu an, eine Entscheidung zu treffen. Die auch als Meinungsrede bezeichnete Form spricht zumeist die Gefühle der Zuhörer an und endet fast immer mit einer Aufforderung, etwas zu tun. Beispiele für die Überzeugungsrede sind die Wahlrede, eine Motivationsrede oder auch eine Predigt.

- Die **Informationsrede** soll vor allem informieren und Wissen vermitteln. Sie spricht weniger die Gefühle ihrer Zuhörer, sondern vielmehr deren Verstand an. Die Informationsrede wird auch als Sachvortrag bezeichnet. Meistens erfolgt sie ohne persönliche Wertung durch den Redner beziehungsweise der Redner weiß seine Meinung rhetorisch genau zu kennzeichnen. Beispiele für die Informationsrede sind vor allem Fachvorträge, Vorlesungen und Geschäftsberichte.

- Die **Gelegenheitsrede** gründet immer auf einem Anlass, den es zu würdigen oder zu feiern gilt. Diese Form spricht ebenfalls die Emotionen der Zuhörer an, will die Zuhörer dabei aber nicht überzeugen. Sie ist im Normalfall kürzer und – je nach Anlass – überwiegend humorig.

Die Unterteilung der drei Redeformen ist kein Gesetz. Natürlich gibt es Überschneidungen. Zudem gibt es zahlreiche weitere Unterscheidungen von Grundtypen. Ich folge hier den Ausführungen von Peter Flume und Wolfgang Mentzel, da meiner Meinung nach diese Redeanlässe die beste Übersicht geben.[2] Um das Ziel des Vortrags zu klären, ist es sehr hilfreich, sich grundlegende Gedanken darüber zu machen, welche Art von Rede gehalten wird. Erst wenn diese definiert ist, können wir über den eigentlichen Aufbau nachdenken:

Einleitung – Hauptteil – Schluss

Die gängigste Form, um eine Rede zu strukturieren. Es handelt sich um den klassischen Aufbau einer Erzählung. Es sollte darauf geachtet werden, dass Einleitung und Schluss nur einen kleinen Teil der Rede ausmachen. Faustregel: Etwa 80 Prozent Ihres Vortrags müssen aus dem Hauptteil bestehen.

Einleitung

1. ***Einstimmendes Video in Präsentationssoftware, witzige Anekdote, Aktuelles aus der Presse***
   „Sehr geehrte Damen und Herren, mein Name ist … und ich möchte heute über … sprechen." Wie oft haben Sie diese Einleitung schon gehört? Überraschen Sie Ihr Publikum beispielsweise mit einem witzigen Video oder einem Zitat. Welche weiteren Möglichkeiten es gibt, erfahren Sie unter dem Punkt *Einleitungen für eine Rede.*

2. ***Begrüßung, Bekanntgabe des Themas***
   Ist Ihnen ein treffender Einstieg gelungen, begrüßen Sie Ihre Zuhörer und stellen kurz und prägnant Ihr Thema vor.

3. ***Zeitlicher Rahmen, Gliederung der Rede/Präsentation***
   Wenn nötig, klären Sie gleich zu Beginn den zeitlichen Rahmen und wichtige Punkte Ihres Vortrags. So hat das Publikum Orientierung.

4. ***Dank/Vorstellung***
   Stellen Sie sich zum Abschluss der Einleitung noch persönlich vor. Wer sind Sie? Was machen Sie? Warum halten Sie diesen Vortrag? Zusammenfassend kann festgehalten werden, dass nach der Einleitung die wichtigen W-Fragen geklärt sein müssen: Wer? Was? Wann? Wo? Warum?

Hauptteil ▶ Überzeugungsrede + Informationsrede

1. ***Istzustand, Fakten, Definition***
   Widmen Sie sich direkt dem Thema der Rede. Verzichten Sie auf Verzögerungen und steigen Sie sofort in das Thema ein. Nennen Sie Fakten und beschreiben Sie den Istzustand Ihres Themas. Legen Sie in der Überzeugungsrede zudem das Problem dar.

2. *Negative Konsequenz*
Welche Auswirkungen hat es, wenn für dieses Problem keine Lösung gefunden wird? Während dieser Punkt in der Überzeugungsrede zwingend notwendig ist, muss er in der Informationsrede nicht unbedingt vorkommen. Dies hängt selbstverständlich vom Thema ab. Die negative Konsequenz sorgt vor allem für einen guten Spannungsbogen.

3. *Einwandvorwegnahme*
Der Punkt beschreibt eine wichtige dialektische Methode: Hier nehmen Sie das stärkste Argument der Gegenseite und „machen es platt"! Erklären Sie bildhaft, warum „die anderen" einer Schnapsidee folgen.

4. *Alternative 2*
Formulieren Sie Ihre großartige Lösungsvariante. Nennen und belegen Sie die Vorteile. Erarbeiten Sie in der Vorbereitung vor allem Argumente, die Ihre Zuhörer wirklich überzeugen.

5. *Zielsatz/Motto*
Entscheiden Sie sich für Ihren Lösungsvorschlag. Geben Sie ein Ziel aus, das erreicht werden soll. Möchten Sie Ihr Publikum nicht überzeugen, sondern lediglich informieren, kann dieser Punkt auch defensiver formuliert werden.

Hauptteil ▶ Gelegenheitsrede

Für die Gelegenheitsrede bieten sich andere Formen an. Halten Sie eine Hochzeitsrede, Laudatio oder Stegreifrede, können Sie die Struktur *Gestern – Heute – Morgen* oder *Vom Beginn bis heute* benutzen. Beide Formen sind bewährte Klassiker der Rhetorik und haben besonderen Unterhaltungswert. Auch unangenehme Reden wie beispielsweise eine Trauerrede werden nach diesem Schema strukturiert.

Schluss

1. ***Zusammenfassung***
   Nach dem Hauptteil greifen Sie nochmals übersichtlich die zentralen Kernpunkte Ihrer Rede auf. Halten Sie sich dabei kurz.

2. ***Positiver Ausblick***
   Geben Sie Ihren Zuhörern stets einen positiven Ausblick. Und sollte Ihr Redethema auch noch so trostlos sein: Es findet sich immer ein Lichtblick.

3. ***Appell***
   Der Appell spielt vor allem bei der Überzeugungsrede eine Rolle. Er ist die abschließende Aufforderung zum Handeln.

Zeiteinteilung

Was den Topredner von durchschnittlichen Rednern unterscheidet, ist insbesondere der Umgang mit Zeit. Stellen Sie sich als Führungskraft im mittleren Management vor. Es wurde Ihnen signalisiert, dass Sie die Möglichkeit haben, in eine höhere Position aufzusteigen. Sie sind in einem Meeting und alle Ihre Mitbewerber um diese Position sind ebenfalls in diesem Raum. Der Inhaber des Unternehmens betritt den Raum und sagt: „Jeder von Ihnen hat 15 Minuten Zeit, sich vorzustellen und uns zu erzählen, was die wichtigsten Erkenntnisse aus seinem Fachbereich sind.“ Sie stehen auf und nach fünf Minuten sind Sie fertig, weil Sie das Gefühl haben, im Grunde alles gesagt zu haben. Ihr stärkster Mitbewerber jedoch nutzt seine 15 Minuten aus und nimmt sich noch fünf Minuten der Zeit zusätzlich mit dem Hinweis, dass Sie ja schnell fertig waren. Diese komplette Zeit füllt er mit

Inhalt, Anekdoten und Geschichten. Er bringt das Publikum zum Lachen. Raten Sie mal, wer ab diesem Augenblick wahrscheinlich in den Fokus für die neue Position gerückt ist.

Denn was signalisiere ich nach außen, wenn ich Redezeit bekomme und diese nicht nutze? Ganz einfach: „Schade, aber der hat zu seinem Fachthema und zu sich selbst gar nichts zu sagen."

Gerade in unserem deutschsprachigen Kulturkreis haben wir es zu 80 Prozent mit introvertierten Menschen zu tun. Wir lieben es nicht unbedingt, im Mittelpunkt zu stehen und die wenigsten von uns suchen diese Situation. Im Gegenteil, wir sind zumeist froh, schnell wieder aus einer derartigen Situation entlassen zu sein. Aber Sie werden die richtigen rhetorischen Hilfsmittel kennenlernen, um auch längere Redezeit gewinnbringend zu füllen. Wenn Ihnen jemand 15 Minuten gibt, dann nutzen Sie diese. Punkt!

Wie verhält es sich umgekehrt mit dem Überziehen von Zeit? Ich selbst muss zugeben, dass ich dem beliebten Showmaster Thomas Gottschalk zumindest in dieser Beziehung sehr ähnlich bin. Als er noch *Wetten, dass …?* moderierte, überzog er die Sendung regelmäßig um 20 Minuten bis zu einer Stunde. Das mache ich in meinen Vorträgen auch. Mein Rekord – Sie können es glauben oder nicht – war bei der Handwerkskammer Konstanz. Ich wurde für eineinhalb Stunden gebucht und habe fast fünf Stunden gesprochen. Keine Sorge, ich habe das Publikum mehrfach dazwischen gefragt, ob es in Ordnung ist, weiterzumachen. Es war Freitagmittag und meine Zuhörer wussten, dass sie nur im Stau stehen würden. Der Vortrag war für das Publikum unterhaltsamer als die Zeit im Stau.

Das ist natürlich nicht die Regel, aber im Normalfall gebe ich meinem Publikum mehr Zeit als die, für die es bezahlt hat. Es gibt dabei natürlich Ausnahmen: Wenn es nach dem Vortrag ein warmes oder gar eine gesetztes Essen (Mehrgang-Menü) gibt, bin ich auf die Sekunde pünktlich fertig. Denn Sie dürfen sich mit jedem Menschen anlegen: mit einem CEO, Aufsichtsräten, Managern oder mit einer gesamten Event-Agentur. Ist der Vortrag gut, überziehen Sie! Hauptsache das

Publikum hat Spaß. Mit einem Menschen dürfen Sie sich jedoch niemals anlegen: dem Koch. Der Grund ist einfach: Er hat Messer! Und er ist verständlicherweise sauer, wenn Sie überziehen und nachher das eigentlich auf den Punkt gegarte Stück Fleisch Ihretwegen wie eine Schuhsohle schmeckt. Ebenfalls sollten Sie pünktlich sein, wenn nach Ihnen noch weitere Redner auftreten. Es gibt keinen größeren Beweis für mangelnde Wertschätzung anderer Persönlichkeiten, als wenn Sie dem Redner, der nach Ihnen kommt, Redezeit klauen. Natürlich frage ich im Idealfall meinen Auftraggeber, ob es in Ordnung ist, dass ich die Redezeit überziehe. Nutzen Sie die Redezeit. Zeigen Sie der Welt, dass Sie etwas zu sagen haben. Man wird sich auch nach dem Vortrag häufiger an Sie wenden und Sie um Fachwissen bitten. Und allein dadurch sind Sie auf dem guten Weg, ein sogenannter „informeller Führer“ zu werden. Insbesondere wenn es um die Chance einer beruflichen Verbesserung geht, werden Sie in dieser Position zu den Ersten gehören, die gefragt werden.

Lampenfieber

Lampenfieber ist eine Empfindung, die viele Menschen in bestimmten Situationen überkommt. Das ist normal. Wir stehen vor einer neuen, ungewohnten Situation und wissen nicht genau, was passieren wird. Niemand von uns kann in die Zukunft sehen. Eine Rede vor einem besonderen oder fremden Publikum, die Sie so zuvor noch nie gehalten haben, kann leicht dieses Lampenfieber auslösen. Die mangelnde Sicherheit, zu wissen, was da vorne auf uns zukommt, sorgt dafür, dass wir komische Gefühle bekommen.

Typische Anzeichen sind zum Beispiel zitternde Knie. In meinen Seminaren habe ich schon viele Teilnehmer erlebt, die einen völlig entspannten Eindruck machten. Jedoch nur, solange sie noch das Gefühl hatten, in meinem praxisbezogenen Training nicht an der Reihe und unbeobachtet zu sein. Sobald sie aufstanden, vor das Plenum traten und ihren ersten Redebeitrag vor einem fremden Publikum hielten, begannen die ersten Schweißausbrüche. Bei manchen Teilnehmern geht es sogar bis zum leichten Übelkeitsreiz. Zu beobachten sind beschleunigter Puls und Atmung, schwitzende Hände und – nicht selten bei Frauen – in der Halsgegend eine auffallende Rötung der Haut. Manche Teilnehmer verkrampfen die Muskeln, was zu einer aufgesetzten, wenig authentischen Körpersprache führt. Nicht zuletzt erlebe ich oft eine schwache und zittrige Stimme.

Es sind die klassischen Lampenfieber-Symptome. Die Grundangst, die dahintersteckt, ist nichts weiter als die Angst, sich vor seinen Zuhörern zu blamieren. Es ist die Angst davor, dass dem Publikum unsere Unsicherheit auffällt. Es ist unsere Urangst, von anderen schlecht bewertet zu werden.

Lampenfieber basiert auf drei Säulen:

- Unseren Gefühlen
- Unseren Gedanken – die leider dann, wenn wir konzentriert sein sollten, eher ungeordnet umherschwirren
- Körperlichen Signalen

Natürlich verspüren wir nicht alle die gleichen Symptome in der gleichen Ausprägung. Der Mensch ist ein so komplexes psychologisches Konstrukt, dass sich bei jeder Person verschiedene Kennzeichen ausbilden. Sie sind archaisch bedingt. Diese Angstreaktion, die wir beim Lampenfieber spüren, stammt aus einer früheren Zeit der Menschheitsgeschichte, in der unsere Vorfahren ihr Leben durch Kampf beziehungsweise Flucht sichern mussten. Ein beschleunigter Herzschlag, angespannte Muskeln und Schweißausbrüche waren und sind Merkmale, die einer Flucht vorausgingen. Im Übrigen sind auch Durchfall und Übelkeit archaische Reflexe. Sie bestehen seit frühester Zeit und nahmen nicht erst durch moderne Ernährung in Fast-Food-Ketten Einfluss auf unser Leben. Bei einer drohenden Gefahr leerten unsere Vorfahren den Magen, um durch eine leichtere Flucht ihr Leben zu retten. Aber: Ein Vortrag ist – zumindest in der Regel – kein lebensbedrohlicher Moment. Aus den beschriebenen Gründen kann es sich jedoch durchaus um eine unangenehme Situation handeln, in der wir uns unsicher fühlen und aus der wir gerne fliehen möchten.

Nicht nur körperliche Symptome treten auf, wenn wir dieses Gefühl des Lampenfiebers haben, sondern auch emotionale Reaktionen. Unter anderem das Gefühl, der kommenden Situation nicht mehr gewachsen zu sein. Was dahintersteckt, sind Punkte wie Kontrollverlust, Scham, Panik und Hilflosigkeit. Das führt bis hin zur schlimmsten anzunehmenden Situation, dem Worst Case für einen Redner: dem Eintritt eines Blackouts. Wir haben komplett vergessen, was wir sagen wollen oder warum wir eigentlich da sind.

Was fällt Ihnen auf, wenn Sie einen begeisternden und guten Vortrag hören? Was ist ein besonderes Kennzeichen dieses Vortrags? Teilnehmer in meinen Seminaren verweisen bei diesen Fragen immer wieder auf die Energie des Redners, ein gewisses Maß an Spannung, das er ausstrahlt. Aber woher kommt diese Energie? Unser Körper ist ein sehr fähiger Muskel- und Kreislaufapparat, der in der Lage ist, jede Menge Energie selbst zu erzeugen. Deswegen rate ich Ihnen auch dringend von Medikamenten wie Betablockern zur Performanceverbesserung ab. Gegen Energydrinks ist nichts einzuwenden, sofern Sie müde sind. Da ich meine Vorträge und Seminare europaweit halte, habe ich oft weite Anreisen, die sich aufgrund der langen Zeit in den verschiedenen Verkehrsmitteln nicht unbedingt positiv auf meine Fitness auswirken. Dann hilft ein Energydrink für einen kurzen, wichtigen Energieschub (wahlweise gibt es da auch tolle Smoothies). Sind Sie allerdings körperlich fit, verzichten Sie auf Mittelchen. Ihr Körper wird es Ihnen danken.

Eine gewisse Dosis Lampenfieber ist sehr hilfreich, um diese körpereigene Energie freizusetzen. In Stresssituationen produziert unsere Nebennierenrinde nämlich Adrenalin, das sie in unsere Blutbahnen ausschüttet. Herzfrequenz und Blutdruck steigen, was zur Folge hat, dass wir wacher und aufmerksamer werden. Die Psychotherapeutin

Irmtraud Tarr, die Menschen mit Auftrittsangst behandelt, empfiehlt sogar eine angemessene Dosis an Adrenalin für den Auftritt.[3] Der totale Blackout wäre mit Sicherheit zu viel Adrenalin. Es gar nicht zu haben, kann der eigenen Rede jedoch genauso schaden.

Es ist wichtig zu wissen, woher Lampenfieber kommt und was es mit uns macht. Erst wenn ich das verstanden habe, kann ich mich der Sache stellen. Machen Sie sich deshalb bewusst, dass Lampenfieber eine völlig natürliche Körperreaktion ist. Tatsächlich ist es ein Ausdruck Ihrer intrinsischen Motivation, einen professionellen Auftritt und guten Vortrag vor Ihrem Publikum abzuliefern. Die beste Basis, mit Lampenfieber umzugehen, ist im ersten Schritt die Akzeptanz der auftretenden Gefühle und Symptome.

Vielleicht hilft es Ihnen, Ihr eigenes Lampenfieber zu akzeptieren, wenn Sie die Geschichte vom ehemaligen US-Talkmaster Dick Cavett kennen. Er war seit Ende der 1960er Host der *Dick Cavett Show*, die über drei Jahrzehnte im US-Fernsehen lief. Cavett hatte nicht nur vor der Kamera, sondern auch in zahlreichen Theatern und Radiostationen Auftritte. Und Cavett hatte, wie er öffentlich bekannte, bei jeder einzelnen Gelegenheit Lampenfieber, welches sich situationsbedingt unterschiedlich stark beziehungsweise schwach äußerte.

Dazu führte der Entertainer Folgendes aus: „Nehmen Sie Lampenfieber nicht so tragisch. Es dringt weniger nach außen, als Sie denken. Sie sollten einfach wissen, dass von dem, was Sie fühlen, der Zuschauer nur etwa ein Achtel sieht. Wenn Sie innerlich ein bisschen nervös sind, sieht das kein Mensch. Wenn Sie innerlich sehr nervös sind, sehen Sie nach außen ein bisschen nervös aus. Und wenn Sie innerlich total außer Kontrolle geraten sind (Anmerkung: Was ja nun wirklich selten passiert), wirken Sie vielleicht ein wenig bekümmert. Nach außen dringt alles weit weniger krass, als Sie es selbst empfinden. Jeder, der in einer Talkshow erscheint, sollte sich selbst immer wieder daran erinnern, dass das, was er tut, wesentlich besser aussieht, als er es empfindet (...) Ihre Nerven mögen Ihnen tausend Elektroschocks verpassen, der Zuschauer sieht bloß ein paar Zuckungen."[4]

Den englischen Begriff für Lampenfieber, „Stage fright", prägte im Übrigen der weltbekannte Autor Mark Twain. Zwar gab er an, es nur ein einziges Mal erlebt zu haben, doch scheinbar muss es ein unvergessliches Erlebnis gewesen sein, da er es selbst in die Abenteuer seines Helden Tom Sawyer einfließen ließ.

Demselben Mark Twain wird im Deutschen übrigens – fälschlicherweise – folgendes Zitat zugeschrieben: „Das menschliche Gehirn ist eine großartige Sache. Es funktioniert vom Moment der Geburt an – bis zu dem Zeitpunkt, wo du aufstehst, um eine Rede zu halten." Dabei stammt es im Englischen entweder vom Juristen George Jessel oder vom Schauspieler George Jessel.

Dieter Thomas Heck, der legendäre deutsche Fernsehmoderator, Sänger und Schauspieler, meinte zu Lampenfieber: „Lampenfieber ist nichts anderes als die Achtung vor dem Publikum." Und genau so sollten wir mit dem Thema auch umgehen.

Wie Sie sehen, sind selbst bekannte Künstler nicht vor Lampenfieber gefeit. Es trifft jeden. Diese Erkenntnis ist zwar befreiend, wird Sie aber natürlich kaum von Auftrittsangst befreien. Deshalb konzentrieren wir uns auch darauf, was wir ganz konkret tun können, um Lampenfieber auf ein erträgliches Maß zu bringen. Ein allgemein gültiges, auf jeden anwendbares Rezept gibt es nicht. Dafür sind wir Menschen viel zu unterschiedlich. Ich werde Ihnen dennoch einige wirksame Methoden vorstellen. Sie werden im Laufe der Zeit die Methode finden, die Ihnen am besten hilft.

Die erste Methode, die ich Ihnen vorstellen möchte, ist die Selbstbejahung. Wenn Sie sich gut und ausreichend vorbereitet haben (was Grundvoraussetzung jeder guten Rede ist), machen Sie sich bewusst, wie gut Sie über das Redethema Bescheid wissen. Sagen Sie sich das ruhig gedanklich immer wieder vor. Die Selbstbejahung führt dazu, dass die Synapsen in Ihrem Kopf die richtigen Schaltwege einlegen und den Weg zum *Ja* freimachen. Die Selbstbejahung wirkt zunächst albern, wird jedoch unter anderem von zahlreichen Profisportlern angewandt. Im Spitzensport ist es mittlerweile Routine, mit Mentaltechniken zu arbeiten, die der Selbstbejahung sehr ähnlich sind. Wir kennen ihn alle, diesen einen Fußballstürmer, der schon lange kein Tor mehr erzielen konnte. Bereits beim Betreten des Platzes signalisiert seine Körpersprache mit gesenktem Kopf und heruntergezogenen Mundwinkeln, dass die gegnerische Mannschaft in seiner jetzigen Verfassung kaum Angst vor ihm haben muss. Diese Körpersprache ist nicht die eines Siegers, eines Machers, eines gefährlichen Torjägers. Die Aufgabe eines Mentaltrainers ist es nun, zusammen mit dem Stürmer dessen Selbstvertrauen wieder zu stärken. Beispielsweise wird er ihm Videoausschnitte von Phasen zeigen, in denen es besonders gut lief, in denen er quasi alles, selbst die unmöglichen Bälle eiskalt verwandelte. Der Mentaltrainer wird den Stürmer fragen, wie es sich damals anfühlte und mit welcher Einstellung er den Platz betrat. Er wird ihn zu der Erkenntnis bringen, dass er es im Grunde genommen kann. In seinen erfolgreichsten Zeiten konnten wir dies vor allem beim ruhmreichen FC Barcelona beobachten. Dort sahen wir elf Spieler mit geradem Rücken, breitem Kreuz und mit süffisantem Lächeln im Gesicht den Rasen betreten. Sie schäumten über vor Selbstvertrauen. Und im gleichen Maß schwand das Selbstvertrauen ihrer Gegner.

Unsere Körpersprache ist enorm wichtig. Sie hat einen großen Einfluss auf unseren Geist. Im Beispiel habe ich diese Methode nur grob vereinfacht dargestellt. Natürlich werden Stürmer und Mentaltrainer deutlich konzentrierter, intensiver und strukturierter an derartigen Motivationsproblemen arbeiten. Grundlage ist jedoch die Methode der Selbstbejahung.

Wenn es das erste Mal ist, dass Sie eine Rede vor einem fremden Publikum halten müssen, erinnern Sie sich an Situationen, in denen Sie Ihren Standpunkt gut vertreten haben, und wenn es nur in einer Diskussion war. Erinnern Sie sich an diese Situation zurück und denken Sie daran, wie Sie sich gefühlt haben. Visualisieren Sie die Situation und rufen Sie sich das gute Gefühl in Erinnerung. Bewusst oder auch unbewusst werden Sie feststellen, dass Sie selbstverständlich dazu in der Lage sind, einige Sätze hintereinander unfallfrei vor Ihr Publikum zu bringen. Und das ist die Grundlage, um die Energie, die das Lampenfieber mit sich bringt, erfolgreich zu nutzen.

Eine weitere hilfreiche Methode sind Videoaufnahmen. Ich bin ein großer Freund von Videoübungen, die ich in meinen Seminaren regelmäßig mit den Teilnehmern praktiziere. Diese sollten Sie allerdings nicht „alleine für sich" durchführen. Ebenso halte ich es nicht für sinnvoll, Reden vor dem Spiegel zu üben. Denn ohne professionelles Feedback zu Ihrem eigenen Auftreten kann eine Videoübung ordentlich in die Hose gehen und Sie noch mehr verunsichern, als Sie es bereits sind. Selbst- und Fremdwahrnehmung sind ein großer Unterschied. Wir sehen nur in kleinem Maße die Dinge, die wir richtig machen. Viel mehr Aufmerksamkeit widmen wir den Punkten, die wir falsch machen. Wir sehen diese Fehler, geraten in eine Abwärtsspirale und dann ist es passiert: Wir sind noch nervöser als zuvor! Selbst mir, mit jahrelanger professioneller Erfahrung, geht es so, wenn ich ein Video von mir ansehe, ohne Feedback von einem Außenstehenden zu erhalten.

Was mache ich persönlich gegen Lampenfieber? Die Vorbereitung ist bei mir besonders wichtig. Ich fühle mich deutlich sicherer, wenn die äußeren Rahmenbedingungen passen und ich mich in der Zeit vor dem Vortrag um nichts mehr kümmern muss. Ich esse vorher gerne eine meiner zwei Bananen und werfe bereits einen prüfenden Blick ins Publikum. Wer sitzt denn da? Ich suche mir einige Personen aus, mit denen ich eventuell während meines Vortrags „spielen" werde. Wenn ich stärkeres Lampenfieber habe (aus welchen Gründen auch immer), stelle ich mich aufrecht hin und rolle mit beiden Füßen von der Ferse bis zu den Fußspitzen von hinten nach vorne und wieder zurück. Dies mache ich eine gewisse Zeit lang, um den Puls in einen ordentlichen Takt zu bringen. Denn durch dieses Rollen sinkt mein Puls deutlich merkbar ab. Woran liegt das? An den Füßen kommen besonders viele Nervenenden zusammen. Wenn ich diese Stellen auf diese Weise mit langsamem Tempo stimuliere, hat das beruhigende Auswirkungen auf meinen Körper und den Puls: Mein Lampenfieber sinkt.

Was bei mir funktioniert, muss nicht zwingend auch bei Ihnen klappen. Es gibt unterschiedliche Arten von Lampenfieber. Beim einen ist es besonders stark, beim anderen nur schwach ausgeprägt. Ich kenne viele, die sich vor großen Auftritten sportlich betätigen, um das für den Vortrag nötige Adrenalin zu erhalten. Andere wiederum finden Erfolg eher in Entspannungs- oder gar Meditationsübungen. Während der eine also hinter der Bühne Kniebeugen macht oder Seil springt, zieht sich ein anderer vollkommen zurück und geht nochmals tief in sich. Ich bin davon überzeugt, dass beide Methoden hilfreich sind. Sie müssen für sich selbst herausfinden, welche Technik Ihnen am ehesten zusagt. Was wir daraus für die Rhetorik lernen, ist, dass gute Vorbereitung extrem wichtig ist. Meine Rituale sind Bananen und österreichische Zuckerbrause. Was sind Ihre Rituale?

Auftreten

Wie ziehe ich mich an und wie wirke ich damit auf andere? Die Kleidung spielt in der Rhetorik eine große Rolle und ebenso die Art und Weise, wie ich diese Kleidung trage. Mein Tipp: Ich ziehe mich immer einen Tick besser an, als es mein Publikum erwartet. Trete ich vor Bankern auf, die mit Krawatte, schwarzen Anzügen und weißem Hemd im Raum sitzen, dann trage ich ebenso eine Krawatte, vielleicht ein Einstecktuch und Manschettenknöpfe. Vielleicht auch einen Dreiteiler mit Weste. Also eben einen Tick besser. Trete ich jedoch vor Handwerkern auf und ich komme mit Einstecktuch, Manschettenknöpfen und Krawatte, werden sich diese fragen: „Was will der denn jetzt? Einen Kredit geben, wie der Bänker?“ Ich wäre jedenfalls overdressed. Das bedeutet nun nicht, dass ich ein Holzfällerhemd und Jeans anziehen muss, sofern der komplette Raum dies ebenfalls trägt. Aber ich kann zumindest eine Jeans tragen. Natürlich eine gute Jeans, selbstverständlich mit Gürtel. Ich kann mir ein schickes Hemd anziehen, ich kann sogar mit Krawatte kommen, die ich im Laufe des

Vortrags ablege. Dies ist sogar eine Geste, mit der ich zum Ausdruck bringe, dass ich mich dem Publikum angleiche.

Aber wieso sollte ich mich „immer einen Tick besser“ kleiden? Weil mir diese Methode große Flexibilität gibt. Denn ich kann im Vorfeld natürlich nur erahnen, wie mein Publikum angezogen ist. Die Variante des leichten Overdressings ermöglicht es mir, mich jederzeit von oben nach unten angleichen zu können. Wenn ich dagegen die einzige Person im Raum bin, die mit offenem Hemd kommt und alle anderen tragen Krawatte, sieht das schlecht aus. Die Leute werden darüber reden. Schon der gute alte Freiherr von Knigge schrieb 1788 in seinem Buch *Über den Umgang mit Menschen*: „Wer die Gesellschaft nicht entbehren kann, soll sich ihren Gebräuchen unterwerfen, weil sie mächtiger sind als er.“ Kleidungsregeln sind in unserer Gesellschaft noch immer sehr wichtige Regeln. Wichtig dabei ist natürlich auch, dass die Kleidung richtig sitzt. Dazu eine kurze Geschichte: Im Jahr 2006 moderierte ich die Bundesversammlung der Wirtschaftsjunioren, die in meiner Heimatstadt Bamberg stattfand. Der Kongressverantwortliche ist einer meiner besten Freunde und fragte mich, ob ich die Veranstaltung moderieren wolle. Begeistert sagte ich zu. Meine erste Aufgabe war, die Auftaktveranstaltung zu moderieren.

Bis hin zum Präsidenten des Europäischen Parlaments war politisch und unternehmerisch alles vor Ort, das Rang und Namen hatte. Sie waren entsprechend dem Anlass gekleidet. Auch ich schmiss mich in meinen feinsten Smoking. Neue geputzte Schuhe, dazu hervorragend vorbereitet. Wir hatten einen tollen Ablauf, tolle Gäste, meine Texte saßen. Fünf Minuten vor Veranstaltungsbeginn überkam mich plötzlich Nervosität. Ich hielt es für angebracht, mich nochmals in der gekachelten Abteilung zu erleichtern. Während ich mich zum Wasserhahn beugte, um meine Hände zu waschen, arbeitete das köstliche fränkische Essen an meinem Smoking. Der Knopf schoss einmal quer über die Fliesen und blieb auf dem Boden liegen. Das Ärgerliche an einem Smoking: Er hat nur einen Knopf! Und mit einem offenen Smokingjackett die Bühne zu betreten geht gar nicht. Mit Schweißausbruch und hochrotem Kopf traf ich hinter der Bühne eine Cellistin und eine Geigerin. Sie sollten später noch auftreten. Völlig entspannt öffnete die Dame mit der Violine ihre Handtasche, aus der Nähzeug hervorkam. Vier Stiche und der Knopf war dran. Draußen hörte ich bereits die vorproduzierte Stimme aus dem Off: „Begrüßen Sie nun den Moderator der heutigen Veranstaltung, Rhetoriktrainer Michael Ehlers." Mit einem Lächeln im Gesicht und meinen Moderationskarten in der Hand betrat ich die Bühne. Der Knopf war zu. Ich machte meinen ersten Witz und das Publikum lachte herzlich, mein Puls ging sofort 20 Schläge runter. „Das hat funktioniert! Großartig, die Show kann starten!"

Die Sache hatte jedoch einen Haken, denn das Publikum hörte nicht mehr auf zu lachen. Und nach ein paar Sekunden war ich dann doch etwas nervös. In der ersten Reihe saß der Pressesprecher der Wirtschaftsjunioren Deutschlands, der mit einem extrem verzogenen Gesicht seinen Zeigefinger nach unten hielt und ständig nach unten zeigte. Er sah mir dabei direkt in die Augen. Ob dieser Geste war mir der Gegenstand der kollektiven Heiterkeit klar. Ich drehte mich um, stopfte das Hemd, das aus meinem Hosenschlitz schaute, wieder in die Hose und schloss den Schlitz mit den Worten: „Offen gestanden gefällt mir meine Hose heute gar nicht." Ein erneuter Lacher. Später fragte man mich, ob dies so geplant war. Nein, das war es wahrlich nicht. Aber eines ist sicher: Seit diesem Vorkommnis im Jahr 2006 gibt es keinen Vortrag, vor dem ich nicht noch einmal einen männlichen Testgriff an den Hosenschlitz mache. Diesen peinlichen Augenblick werde ich nie wieder vergessen. Daher mein Tipp: Machen Sie sich ausreichend Gedanken über die Art der Kleidung, die Sie tragen. Prüfen Sie – ob männlich oder weiblich – vor Ihrem Auftritt, ob auch alles sitzt. Dieses gute Gefühl wird sich auf Ihr Auftreten auswirken.

Standort einnehmen

Ich halte durchschnittlich 65 bezahlte Vorträge pro Jahr als Profiredner. Dazu kommen Moderationen von Volksfesten und Galaveranstaltungen. Ich gebe Trainings am *St. Galler Management Institut (SGMI)* sowie regelmäßig Seminare auf Mallorca und in Barcelona. Während dieser Vorträge nutze ich die Bühne als dramaturgisches Element. Was bedeutet diese Dramaturgie der Bühne? Es ist dieser eine Augenblick, in dem wir vor Menschen treten. Wir sehen eine gewisse Erwartungshaltung in ihren Gesichtern, spüren das professionelle Umfeld, die erhobene Bühne, Rednerpult und Mikrofon. Alle diese Faktoren haben enormen Einfluss auf unseren Gemütszustand. Wie auch bei einem Schauspieler erzielt es unterschiedliche Wirkungen, von welchem Platz meiner Auftrittsfläche ich zum Publikum spreche. Leider sehe ich auf Messen, Kongressen und weiteren Veranstaltungen immer wieder, dass ungeübte Redner von der Dramaturgie der Bühne überrascht werden. Ich nehme in diesen Situationen vor allem Verlegenheitsgesten wahr (die ich persönlich gerne auch als Gelegenheitsgesten bezeichne): Der Redner nutzt jede Gelegenheit, sich zu verstecken.

Deshalb hier ein paar Dinge, die Sie beim Betreten der Bühne unbedingt vermeiden sollten:

- Der Redner blickt sich um und sieht die Erwartungshaltung des Publikums. Er beginnt bereits zu sprechen, obwohl er noch auf dem Weg zum Mikrofon ist. Nicht selten ruft dies ein gewisses Schmunzeln im Publikum hervor und das wohl zu Recht. Sicher wirkt es auf jeden Fall nicht.

- Der Redner betritt die Bühne und stellt sich zunächst an den Rand, vom Zuschauer aus gesehen vorne hinten oder Mitte rechts. Dann fängt er an zu reden: „Herzlich willkommen, mein Name ist …“ und so weiter. Erst dann macht er sich langsam auf den Weg zur Bühnenmitte, fühlt sich dort aber sichtlich unwohl, weil er so absolut zentral steht, und entschließt sich folglich, wieder herumzulaufen.

- Ein Seminarteilnehmer nannte es einst den Tigersprung. Erst steht der Redner an einer Stelle wie angewurzelt, dann macht er zwei drei heftige, weite und stampfende Schritte zu einem beliebigen anderen Punkt. Das geht dann hin und her und hin und her und auch das sieht nicht wirklich gut aus.

Sicherheit ausstrahlen werden Sie mit diesem Verhalten ganz sicher nicht. Der professionelle Redner nutzt die Dramaturgie der Bühne aber genau dazu: um Sicherheit auszustrahlen. Er betritt die Bühne wie ein Star. Ich spreche in diesem Buch absichtlich von einer Bühne, da wir uns immer einen Auftritt vor großem Publikum vorstellen. In meinen Seminaren mache ich es ähnlich. Ich versetze die Teilnehmer in schwierige Ausgangslagen, aus denen heraus sie bestehen müssen. Dies gelingt ihnen nur, indem sie die rhetorischen Mittel aus unserem Werkzeugkasten anwenden. Wer damit in einer kniffligen Situation besteht (die Teilnehmer werden gefilmt und erhalten hinterher von den anderen Teilnehmern kritisches Feedback), dem gelingen auch die einfacheren Situationen. Wie machen wir es also richtig?

Meine Vorträge starte ich immer von einem klaren Standort aus. Dieser Standort ist kein seitliches Rednerpult oder ein Bühnenaufgang, sondern der Platz vorne in der Mitte der Bühne, direkt vor dem Publikum. Abgesehen von meiner Kunstfigur Hein Hansen, die ihren Vortrag marktschreierisch zwischen den Publikumsreihen startet, beginne ich erst zu sprechen, wenn dieser Standort eingenommen ist. Lediglich, wenn es der Anlass erfordert (zum Beispiel eine Festrede), spreche ich von einem Rednerpult aus. Wichtig beim Einnehmen des Standorts ist bereits ein durchgehender Blickkontakt mit dem Publikum. Dabei sollten Sie jedoch darauf achten, nicht über Treppenstufen oder Kabel zu stolpern. Das wäre wenig glamourös. Haben Sie den Standort eingenommen, sagen Sie zunächst … nichts. Stellen

Sie sich aufrecht hin, gerader Stand, beide Schultern im klaren Winkel zum Publikum, nehmen Sie Blickkontakt auf und machen Sie noch etwas ganz Entscheidendes: Lächeln Sie! Für einen ungeübten Redner ist dieses Setting im ersten Moment eine dramatische Situation. Ihm ist es nicht vertraut, dort zu stehen und einfach nur das Publikum anzuschauen. Er hält diesen Moment für eine peinliche Pause. Doch diese Pause hat eine spürbare Wirkung auf das Publikum. Sie strahlen dadurch besondere Sicherheit aus. Atmen Sie tief aus. Keine Sorge, denn das Einatmen machen Sie dann schon von ganz alleine und die Lungen füllen sich reichlich mit benötigtem Sauerstoff. Beginnen Sie erst nach dieser Pause mit Ihrem kreativen, lustigen, ernsten, nachdenklich machenden oder wie auch immer gearteten Einstieg. Diese Pause darf zwischen drei und langen sieben Sekunden dauern.

Professionelle Redner verstehen es auch, mit ihrem Standort zu spielen. In meinen Trainings üben wir dieses Spiel. Viele Seminarteilnehmer fragen mich dann: „Ja, aber wenn ich die ganze Zeit jetzt an dieser einen Position stehe, denken die Leute dann nicht: Ist der irgendwie krank oder was hat der arme Kerl denn, dass er sich nicht bewegen kann?"

Natürlich bleiben Sie nicht stocksteif stehen. Und ich auch nicht. Während des Vortrags bewege ich mich durchaus über die Bühne, insbesondere dann, wenn ich kleine Nebengeschichten und Anekdoten erzähle. Ich bin sogar ein großer Freund davon, meinen Standort oder das Rednerpult zu verlassen. Allerdings nur, wenn ich den neuen Standort zur Dramaturgie nutzen kann. Ich bewege mich nach links oder rechts an den Rand der Bühne, manchmal zappele ich sogar ein bisschen herum. Aber das macht gar nichts! Ich komme dem Publikum auf diese Weise näher. Immer dann, wenn ich etwas Wichtiges zu sagen habe, kehre ich jedoch an meinen Ursprungspunkt zurück. Von diesem fixen Punkt, den ich mir zuvor gewählt habe, vermittele ich die Kernbotschaften meines Vortrags. Dazu gehören ebenso der Einstieg und das Ende.

Wenn ich diesen Positionswechsel vollziehe, moderiere ich ihn zu Beginn des Vortrags an. Sätze wie „Folgendes ist bei dieser Thematik wichtig“ oder „Folgendes ist mir persönlich wirklich wichtig“ sind beispielsweise rhetorische Sprachmittel, um eine wichtige Botschaft zu senden. Während ich das sage, stehe ich bereits wieder an meinem mittleren Standort. Dabei völlig fester Stand, als wenn die Beine gürtelabwärts in Beton gegossen wären. Die Füße ungefähr auf Schulterbreite, im Winkel 45 Grad zueinander. Eine weitere Pause bestätigt noch einmal klar und deutlich, dass das, was jetzt kommt, wichtig ist. Anfangs helfe ich mir noch mit sprachlichen Mitteln und moderiere eine Kernaussage an, zum Beispiel mit „Folgendes ist mir wichtig …“ Wenn ich im Laufe des Vortrags später wieder diese Position in der Mitte der Bühne einnehme, dabei aufrecht und gerade stehe, verändert sich die Wahrnehmungsspanne in meinem Publikum. Auch ohne Anmoderation wissen die Zuhörer nun, dass etwas Wichtiges kommt. Effekte wie dieser sind gemeint, wenn ich vom Nutzen der Bühne als dramaturgisches Element spreche. Sie werden merken, dass Sie dadurch enorme Sicherheit ausstrahlen und die körpersprachlichen Rückmeldungen Ihrer Zuhörer werden Sie noch sicherer machen.

Der Einstieg

Mein eigener Ausbilder und Mentor Rolf H. Ruhleder brachte es auf den Punkt: „Der erste Eindruck ist entscheidend und der letzte Eindruck bleibt.“ Es gibt zahlreiche Möglichkeiten, wie Sie erfolgreich in einen Vortrag einsteigen können. Sie sollten sich an dieser wichtigen Stelle unbedingt Flexibilität erhalten und nicht nur einen Einstieg vorbereiten, sondern unbedingt mehrere. Warum? Bei einer Vortragsveranstaltung, in der fünf Profiredner hintereinander gesprochen haben, war ich als vierter an der Reihe. Wir waren allesamt namhafte Speaker und Bestsellerautoren. Die drei Kollegen vor mir hatten jeweils einen humorvollen Einstieg gewählt. Sie brachten das Publikum zum Lachen. Der humorvolle Einstieg ist auch mit Abstand derjenige, den ich vorzugsweise benutze, weil auf diese Weise eine positive Stimmung im Saal verbreitet wird.

Nach dem ebenfalls humorvollen Einstieg des dritten Redners entschloss ich mich spontan, meinen Beginn provokant zu gestalten. Warum? Nach drei Rednern, die humorvoll einsteigen, ist die Erwartungshaltung des Publikums, dass der nächste Profiredner kommt und es wieder zum Lachen bringt. Wenn ich dieser Erwartungshaltung gerecht werde, dann ist das sicherlich nicht grundsätzlich verkehrt. Will ich aber mein Publikum begeistern, müsste ich gegenüber den anderen nochmals eine Schippe drauflegen. Also habe ich die Erwartungshaltung ganz bewusst gebrochen und das Publikum provoziert. Später wandelte ich diese Provokation wieder in Humor um. Geblieben ist durch diesen Bruch sicherlich eines: An meinen Einstieg und dadurch auch an den Vortrag im Ganzen konnte sich das Publikum ganz besonders erinnern.

Ich nutze eine Methode, die auch bei guten Werbespots gerne angewendet wird. Es wird eine gewisse Erwartungshaltung geweckt, die an einer bestimmten Stelle wieder gebrochen wird. Durch dieses Spiel mit den Erwartungen bekommt der Werbespot die volle Aufmerksamkeit der Zuseher. Genau dieses Spiel habe ich in diesem Fall auch gespielt.

Die Geschichte der Menstruation ist eine Geschichte voller Missverständnisse! Können Sie sich noch an diesen Claim und den dazugehörigen Werbespot erinnern? Diesen Werbespot von irgendwelchen Tampons, na, wahrscheinlich wissen Sie sogar noch die Marke, der jahrelang im Fernsehen lief und später dann auch von Michael Mittermeier auf so herrliche Art und Weise in seinem Programm *Zapp* auf den Arm genommen wurde. Ich denke, wir alle, die damals Fernsehen geschaut haben, können uns sehr, sehr gut an diesen Spot erinnern.

Aber was ist die Besonderheit an diesem Spot, die uns dazu bringt, dass wir uns heute noch daran erinnern können? Zum einen liegt es natürlich daran, dass dieser Spot immer und immer wieder und über einen langen Zeitraum hinweg wiederholt wurde. Vor allem aber war es der Einstieg mit einer provokanten Aussage zu einem Thema, über das im Grunde genommen nicht gesprochen wird. Ich kann nur erahnen, wie damals – in den frühen 90er-Jahren – die Gespräche zwischen Anbieter des Produkts und Werbeagentur verlaufen sind. Aber ich kann mir gut vorstellen, dass es lange und viele Gespräche gegeben hat, ob diese Aussage in der Öffentlichkeit getätigt werden kann.

Sicherlich kennen Sie auch diesen berühmten Satz: „You never get a second chance to make your first impression." Für den ersten Eindruck gibt es keine zweite Chance. Es gibt in unserem Leben kaum einen Bereich, auf den diese Aussage besser zutrifft, als die Rhetorik. Hier haben Sie die Möglichkeit, innerhalb von kürzester Zeit Ihr Thema und Ihre Person an den Mann (und die Frau) zu bringen. Das Ziel des Redeeinstiegs ist es, die Aufmerksamkeit des Publikums zu gewinnen. Sie sollen Interesse wecken und Neugierde hervorrufen. Erinnern Sie sich gemeinsam mit mir zurück an Ihre Kindheit. Weihnachten stand vor der Tür und die Eltern waren am Wochenende für längere Zeit ins große Einkaufszentrum gefahren. Natürlich wussten wir Kinder, was unsere Eltern dort gekauft haben, nachdem wir nicht mehr an den Weihnachtsmann geglaubt haben: unsere Geschenke. Ich weiß nicht, wie es bei Ihnen zu Hause war, aber ich erzähle gerne, wie es bei uns zu Hause ablief. Wir Kinder haben jede, wirklich jede Gelegenheit genutzt, um das Haus nach Geschenken abzusuchen. Wir machten uns Gedanken über geeignete Verstecke und durchsuchten diese nach den Geschenken, die am Heiligen Abend unter dem Baum liegen würden. Natürlich war uns bewusst, dass wir uns mit dem Auffinden der Geschenke die Freude am Weihnachtsfest nehmen würden. Wir wussten auch, dass wir riesigen Ärger bekommen, falls unsere Eltern uns erwischen sollten. Trotzdem war die Neugierde ein zu starker Trieb, um ihr zu widerstehen. Dieser Trieb schaltet die Kognition, unseren Verstand, teilweise aus. Es ist nur das Unterbewusstsein, das angesprochen wird.

Genau so sollte es uns bestmöglich gelingen, diese Neugierde bei unserem Publikum zu wecken. In einem Training sagte ein Steuerberater zu mir: „Ja, ach … schön – kreative Einstiege. Danke, Herr Ehlers, aber ich habe ein trockenes Thema zu halten, wie so oft, wenn wir über Steuern reden. Ich soll demnächst einen Vortrag über die Unternehmenssteuerreform vor 100 Unternehmern halten."

Ich fragte ihn, ob er kurz auf den Punkt bringen könnte, worum es denn bei dieser Unternehmenssteuerreform ginge. Seine Antwort war: „Wenn man rechtzeitig die richtigen Schritte als Unternehmer einleitet, kann man mit der Unternehmenssteuerreform und den richtigen Schritten Geld sparen."

Es ging also um Geld, weswegen wir zunächst nach Synonymen dafür suchten: „Schotter, Asche, Kohle. Kohle? Interessant."

Fällt Ihnen ein interessanter Einstieg ein, den Sie dem Steuerberater als Tipp geben können? Vielleicht so: „Lieber Unternehmer, schauen Sie mal in Ihren Keller. Ein kleines Häufchen Kohle liegt da unten in der Ecke und es steht ein harter Winter bevor. Die harte konjunkturelle Zeit, die in Zukunft kommt. Lassen Sie mich, verehrtes Publikum, heute Ihr neuer Kohlelieferant sein. Der neue Köhler, der im schwarzen Anzug vorbeikommt und dafür sorgen wird, dass schubkarrenweise die Ressource Kohle in Ihren Keller getragen wird. Keine Frage, dafür müssen Sie etwas tun. Und das möchte ich Ihnen nun im folgenden Vortrag erklären."

Der Steuerberater lieferte dem Publikum eine eingängige Metapher statt trockener Zahlen und Paragraphen. Er schickte seine Zuhörer mit einem Bild in den Vortrag. Diese Einstiegsart war überraschend. Ausgerechnet ein Steuerberater, ein Zahlenfreak, erreichte sein Publikum mit diesem Einstieg.

Wenn es um den Einstieg in eine Rede geht, merken Sie sich bitte folgenden Grundsatz: Der erste Eindruck ist entscheidend, der letzte Eindruck bleibt. Deswegen ist es so wichtig, Sicherheit vor Ihrem

Publikum auszustrahlen, einen guten, einen kreativen, einen neugierig machenden Einstieg zu haben. Und mit den gleichen Methoden ein gutes Ende zu finden.

Einleitungen für eine Rede

In dem Moment, in dem Sie die Bühne betreten, schenkt Ihnen das Publikum seine volle Aufmerksamkeit. Von Grund auf ist es neugierig. Wer spricht denn da? Wie sieht diese Person aus? Genau diesen Moment müssen Sie für sich nutzen. Wenn Sie diese Gelegenheit ungenutzt verstreichen lassen, verlieren Sie die Aufmerksamkeit Ihrer Zuhörer. Es gilt, innerhalb dieses nur kurzen Augenblicks genau die Stimmungslage im Publikum zu schaffen, die Sie für Ihr Thema erzeugen möchten. Ein humorvoller Einstieg beispielsweise versetzt Ihr Auditorium in eine angenehme und gelöste Stimmung. Ein ernsthafter Einstieg hingegen lässt Ihr Publikum neutral gestimmt, aber auch nachdenklich und vielleicht sogar melancholisch werden. Mit einem provokativen Einstieg schaffen Sie eine zwar reizvolle, aber für den Redner auch gefährliche Stimmung. Diese Stimmungslage zu erzeugen empfehle ich Ihnen nur, wenn Sie bereits ausreichend Bühnenerfahrung vorzuweisen haben. Es besteht stets die Gefahr, dass die Stimmung grundsätzlich kippt. Nutzen Sie diese Einstiege nur, wenn Sie in der Lage sind, diese Grundstimmung im Verlauf des Vortrags wieder aufzulösen.

Mit jedem Einstieg in eine Rede erzeugen wir beim Publikum automatisch bestimmte Gefühle. Machen Sie sich also Gedanken darüber, welches Gefühl Sie vermitteln wollen. Mit den folgenden Einstiegstechniken können Sie jede beliebige Stimmungs- und Gefühlslage vermitteln.

1. Erzählen Sie eine Geschichte

Menschen lieben Geschichten, sofern diese gut erzählt werden. Bedenken Sie, dass der Einstieg nicht zu lange dauern darf. Fassen Sie sich also kurz. Diese Geschichte kann sowohl ein aktuelles oder historisches Ereignis als auch ein persönliches Erlebnis oder eine Anekdote sein.

2. Schaffen Sie einen bildhaften Einstieg

Diese Methode ist eng verknüpft mit der vorherigen, da sie wunderbar in eine Geschichte eingebaut werden kann. Trotzdem steht die Metapher für sich alleine, da sie nicht nur als Einstieg in das Thema, sondern durch den gesamten Vortrag hinweg benutzt werden kann. Kommen Sie während Ihrer Rede gerne mehrmals auf das zu Beginn geschaffene Bild zurück. Nichts veranschaulicht Ihr Thema besser als Zusammenhänge und Vergleiche.

3. Präsentieren Sie eine Studie oder Statistik

Fakten bieten sich für den Einstieg dann an, wenn Sie diese vor allem mit der richtigen Grundstimmung verknüpfen. Die Erkenntnisse einer Studie werden oftmals benutzt, um nachdenkliche oder gar provozierende Gefühle hervorzurufen. Durchaus zählt zu diesem Punkt auch eine Definition. Diese wiederum wird gerne genutzt, wenn sie eine humorvolle Stimmung erzeugen wollen.

4. Starten Sie mit einer effektvollen Demonstration

Nein, Sie müssen bei dieser Technik kein Feuerwerk abbrennen, wenn Sie die Bühne betreten. Die gängigste Veranschaulichung erfolgt oft durch ein Video oder Bild. Das Video sollte nicht mehr als zwei Minuten dauern, da sich alles darüber hinaus negativ auf die Aufmerksamkeitsspanne des Publikums auswirkt.

Sie können auch einen Gegenstand benutzen, mit dem Sie etwas demonstrieren. Diese Technik hat insbesondere für den ungeübten Redner den angenehmen Nebeneffekt, endlich zu wissen, wohin mit den Händen. Wir widmen uns dieser Frage übrigens ausführlich im Abschnitt *Gestik und Mimik*.

5. Sagen Sie ein Zitat oder einen Sinnspruch auf

Ein passendes Zitat oder ein Sinnspruch zeugen von Weitblick und Allgemeinbildung. Der Eindruck von Belesenheit kommt gut an, sofern Sie die richtige Zielgruppe adressieren!

6. Aktivieren Sie das Publikum

Wie wäre es mit einer Abstimmung zum Einstieg? Im Sinne von: „Wer von Ihnen hat schon mal …" Bei dieser Methode aktivieren Sie das Publikum und beziehen es sofort in Ihren Vortrag mit ein. Im Abschnitt *Einbeziehen der Zuhörer* widme ich mich diesem Einstieg noch genauer.

7. (Rhetorische) Frage

Mit einer Frage zu Beginn aktivieren Sie ebenfalls die Zuhörer. Stellen Sie jedoch sicher, dass diese Frage beantwortet wird. Sonst wirken Sie wie ein verzweifelter Lehrer im Unterricht. Sie können allerdings auch eine rhetorische Frage stellen. Die hat den eleganten Nebeneffekt, dass Sie sie selbst beantworten können.

8. Versprechen Sie einen Mehrwert

Gerade in unserer heutigen Zeit versprechen viele Reden einen Mehrwert. Überraschen Sie Ihre Zuhörer, indem Sie ihnen zum Einstieg einen Nutzen in Aussicht stellen, mit dem sie am Ende den Vortrag verlassen. Aber versprechen Sie nichts, was Sie nicht halten können.

9. Der spontane Einstieg

Diese Methode eignet sich vor allem dann, wenn mehrere Vorträge nacheinander stattfinden. Sie können – obwohl Sie etwas anderes vorbereitet hatten – spontan auf diese Redner oder andere Ereignisse der Veranstaltung eingehen. Das Publikum wird Ihre Spontaneität würdigen, zeugt sie doch von Einfallsreichtum und Esprit.

10. Beginnen Sie mit dem Unerwarteten

Die vorherigen Methoden sind bewährt. Wollen Sie das Interesse Ihres Publikums allerdings in besonderer Weise wecken, empfehle ich Ihnen das Unerwartete. Brechen Sie mit Traditionen und nehmen Sie beispielsweise das Ende vorweg. Viele Hollywoodfilme nutzen ebenfalls diese Erzählweise. Sie können Ihr Publikum auch bewusst in eine falsche Richtung lenken, sofern Sie es während des Vortrags wieder zurückholen. Setzen Sie sich keine Grenzen bei dieser Technik. Bereiten Sie das Unerwartete aber gut vor.

Nutzbarer Inhalt („What's in it for me?")

Ehrenamtliches Engagement war mir schon immer wichtig und wurde von meinem Vater vorgelebt. Heute habe ich die große Ehre, Präsident des *Club 55* zu sein. Mit Sitz in Genf wurde er im Jahr 1959 in Lugano in der Schweiz gegründet. Der *Club 55* ist die *European Community of Experts in Marketing and Sales*. Gründerväter waren unter anderem der Holländer Jan Wage und allen voran der Schwede Karl-Heinz Goldmann. Ich bin wohl der erste Präsident, der ihn nicht mehr persönlich kennengelernt hat, aber sein Geist als langjähriger Präsident des Clubs und Gründer ist noch heute bei jedem Kongress für die

Teilnehmer zu spüren. Insbesondere nach eher durchschnittlichen Vorträgen, die wir zugegebenermaßen sehr, sehr selten hören, stehen einige auf und erinnern sich an Karl-Heinz Goldmann. Nach einem Vortrag stellte er grundsätzlich die eine wichtige Frage: „What's in it for me?“ – Was ist drin für mich?

Erfolgreiche Rhetorik bedeutet nicht nur, gute Geschichten zu hören. Vorträge benötigen Gehalt und Inhalt. Machen Sie sich also vor jeder Redeaufgabe genau den Inhalt bewusst, den Sie präsentieren wollen. Dabei sollte Ihr Fokus nur darauf liegen: Was ist der Nutzen für den Zuhörer?

Ich gebe Ihnen ein Beispiel für eine Vorstellung. Ich kann sagen: „Mein Name ist Michael Ehlers. Ich bin seit 30 Jahren Rhetoriktrainer, ich trainiere Größen aus Politik, Schauspiel und Sport. Ich habe ein eigenes Institut in meiner Wahlheimat Bamberg, ich, ich, ich …“

Das ist eine Vorstellungsrede, wie wir sie häufig erleben. Ich kann es aber auch wie folgt gestalten: „Ich möchte Sie gerne in meine Heimatstadt Bamberg einladen. Für die Biertrinker unter Ihnen: Das ist übrigens die Gegend mit der größten Brauereidichte der Welt. Bewegen Sie sich durch die Innenstadt Bambergs, ist die nächste Brauerei garantiert maximal einen Kilometer entfernt. Musikliebhaber kommen auf ihre Kosten, weil die Bayerische Staatsphilharmonie in Bamberg ihre Heimat hat. Basketball-Liebhaber finden hier den Deutschen Meister und können ihn bei seinen Spielen bewundern. Wer gerne einkaufen geht, erlebt eine wunderbare Vielfalt inhabergeführter Fachgeschäfte in der UNESCO-Weltkulturerbestadt. In diesem wunderschönen fränkischen Kleinod finden Sie mein Institut, in dem mein Team und ich uns jeden Tag mit dem Thema professionelle Kommunikation und Rhetorik auseinandersetzen. Und wenn Sie an diesem Fachwissen partizipieren wollen, lade ich Sie herzlich dazu ein.“

Merken Sie den Unterschied dieser zwei Vorstellungsreden? Die erste hat ausschließlich aus der Ich-Perspektive stattgefunden. Natürlich handelt es sich um eine ordentliche Vorstellung. Aber was hat der Zuhörer davon?

Nummer 2 hingegen stellte ausschließlich den Zuhörer in den Mittelpunkt und den Nutzen, den er haben würde, wenn er mich kennenlernen und mich in meiner Wahlheimat besuchen würde. Achten Sie also immer darauf, dass Sie nutzbaren Inhalt für Ihre Zuhörer generieren.

Einbeziehen der Zuhörer

Kennen Sie schon Hein Hansen? Das bin ich beziehungsweise mein Alter Ego aus Hamburg. Mit dieser Figur bewahre ich mir meine norddeutsche Identität als in Bayern lebender Experte. Hein Hansen ist ein waschechter Fischverkäufer vom Hamburger Fischmarkt. Und in seinem beziehungsweise meinem Bestseller *Der Fisch stinkt vom Kopf* habe ich Führungskräften auf einfache Art und Weise gezeigt, wie sie sich selbst und ihre Mitarbeiter motiviert und leistungsfähig halten. Das Besondere an Hein Hansens Motivationsvortrag, den ich schon auf der ganze Welt halten durfte, ist, dass der Zuhörer hier nicht von einem Topexperten aus dem Elfenbeinturm mit Wissen gefüttert wird, sondern stattdessen Wissenschaftliches aus dem Munde eines Clowns zu hören bekommt. Und was diesen Vortrag wirklich außergewöhnlich macht, ist, dass von der ersten Sekunde an der Zuschauer selbst zum aktiven Teil des Vortrags wird. Er wird eingebunden. Ein mit Gummibären werfender (ich könnte auch Fische nehmen, aber die fangen an zu riechen und das hält kein Vortragssaal aus) und laut schreiender Marktverkäufer geht durch die Reihen und schnappt sich einzelne Personen aus dem Publikum, die sich durch Blickkontakt und andere Gesten darum bewerben. Anschließend wird mit ihnen gespielt und es werden Dialoge geführt. Immer wieder werden in dem Vortrag einzelne Personen ausgewählt und mit auf die Bühne geholt.

Dieses Hin und Her zwischen Publikum und Referent sorgt dafür, dass Sie einen außergewöhnlich lebendigen Vortrag präsentieren beziehungsweise im wahrsten Sinne des Wortes erleben. Hein Hansen macht sich ein wichtiges rhetorisches Werkzeug zu eigen und bezieht das Publikum in den Vortrag ein. Es gibt eine Vielzahl unterschiedlicher Möglichkeiten der Umsetzung. Eine einfache und zugleich beliebte und bekannte Methode ist das „Händchen heben", bei der der Redner fragt: „Wer von Ihnen hat Folgendes schon mal erlebt?" Nutzbare Sache, allerdings tausendfach kopiert. Noch besser ist es, wenn wir das Publikum spielen lassen. Ein beliebtes Spiel lernte ich von Vera F. Birkenbihl, der über viele Jahrzehnte wohl bekanntesten Managementtrainerin Deutschlands. Sie galt dazu als ausgezeichnete Motivationstrainerin. Und das Spiel, das ich von Ihr lernen durfte, rettete mir als Einstieg einen Vortrag.

In einem Expertenforum in Bamberg sprachen vor mir drei Spezialisten zum Thema Online-Marketing und Digitale Kommunikation. Der vierte Redner war ich. Ich kam auf die Bühne, wollte meinen Vortrag starten und sah plötzlich, wie der Hintergrund meiner Präsentation schwarz wurde. Ein Blick auf den Laptop und die Strombuchse offenbarte mir sofort den Grund dafür. Ihm war der Saft ausgegangen.

Im Raum befanden sich 400 Leute, die gespannt auf meinen Vortrag zur Kommunikationsrevolution Social Media warteten. Eine Pause wäre nun unangebracht gewesen. Mein Mitarbeiter Chris Dippold rannte nach vorne und gab dem Laptop Strom. Erfahrungsgemäß dauert es aber etwa fünf Minuten, bis das komplette System wieder hochgefahren ist und der Beamer den Rechner erkannt hat. Was tun in so einer Situation? Ich sagte zum Publikum, ohne den Ausfall auch nur ansatzweise zu thematisieren: „Lassen Sie uns gleich zum Kern kommen, wieso Kommunikation über soziale Netzwerke großartig ist. Ich bitte Sie alle, aufzustehen." Das Publikum stand auf, ich ging zur ersten Reihe und bat, dass diese sich um 180 Grad drehen sollte, sodass sie den Menschen in der zweiten Reihe direkt in die Gesichter sehen konnte. Das Gleiche machte ich in der dritten, fünften, siebten Reihe und so weiter und ganz automatisch drehte sich jede zweite Reihe im Publikum um. Ich ging wieder nach vorne auf die Bühne.

„Sitzen wir in einem Vortrag, ist es im Grunde normal, dass unsere Begleitung neben uns sitzt. Selten sitzt sie vor oder hinter uns. Das heißt, die Wahrscheinlichkeit, dass Sie jetzt einer völlig fremden Person ins Gesicht schauen, ist relativ hoch. Ist das so?“ Weit über 90 Prozent des Publikums nickte zustimmend. „Und jetzt sagen Sie dieser fremden Person bitte etwas fürchterlich Nettes direkt ins Gesicht.“ Das passierte auch. Können Sie sich vorstellen, was in den folgenden Minuten in diesem Saal los war? Visitenkarten wurden ausgetauscht, Telefonnummern und E-Mail-Adressen. Menschen kommunizierten miteinander und lernten sich kennen. Währenddessen zeigte mir ein kontrollierender Blick nach hinten die Präsentation, die ich vorbereitet hatte. Den Einstieg klickte ich weg, da ich ihn jetzt nicht mehr benötigte. Aus der Not heraus hatte ich schließlich einen neuen gefunden. Ich bat das Publikum, sich wieder hinzusetzen, und moderierte mit folgenden Worten weiter: „Sehen Sie, genau darum geht es in der Kommunikation in sozialen Netzwerken. Wir haben die Chance, mit Menschen Kontakt aufzunehmen, ihnen wohlwollend gegenüberzutreten. Wie das funktioniert und wie ich mich dabei verhalte, welche rhetorischen Regeln ich anwenden muss, präsentiere ich nun im folgenden Vortrag.“ Spontan hatte ich das Publikum einbezogen, was so wunderbar funktionierte, dass ich es in jedem folgenden Vortrag (dieses Mal nicht aus der Not heraus) geplant wieder eingesetzt habe. Beziehen Sie das Publikum in Ihre Vorträge ein, machen Sie es zum Teil des Vortrags und nutzen Sie alle Methoden und Ihre Kreativität. Sie werden feststellen, dass das Publikum Sie dafür lieben wird.

Einfühlungsvermögen

Manchmal sind es die Rahmenbedingungen, die dafür sorgen, dass ein Vortrag zur Anstrengung wird. Das hat überhaupt nichts mit den rhetorischen Fähigkeiten des Redners zu tun. Jeder Profiredner wird

Ihnen das bestätigen können. Es gibt Vortragsräume, die einfach eine Katastrophe sind. Wenn der Kunde in der Planung von Vorträgen keine ordentliche Arbeit leistet und so manche äußerlichen Rahmenbedingungen noch dazukommen, können Sie ein Feuerwerk der Rhetorik abbrennen und trotzdem wird nach kurzer Zeit Müdigkeit entstehen. Mögliche Szenarien: Der Raum hat kein Tageslicht. Es wurden die billigsten Beleuchtungsmittel installiert. Es ist keine Klimaanlage im Raum und wir haben Sommer. Es wurde reichlich gelüftet, wodurch die Luftfeuchtigkeit im Raum hoch ist. Wenig Licht, kein Tageslicht, hohe Luftfeuchtigkeit, hohe Temperaturen und viele Menschen im Raum. Sie haben keine Chance, das Publikum dauerhaft zu begeistern, womöglich wird es sanft entschlummern. Hier ist Empathie gefragt. Wenn das so ist und Sie ein einstündiges Statement vorbereitet haben, ist es sinnvoll, Ihrem Publikum eine Pause zu gönnen. Macht es Sinn, dass Sie Elemente in den Vortrag einbauen, die Ihr Publikum animiert, sich zu bewegen und beispielsweise aufzustehen? Macht es Sinn, mehr Humor einzusetzen? In diesen Momenten beweisen Sie als Redner Einfühlungsvermögen. Natürlich sollten Sie den zentralen Fokus auf Ihre eigene Rhetorik richten. Zusätzlich aber dürfen Sie niemals Ihr Publikum aus den Augen verlieren. Achten Sie darauf, wie es Ihren Zuhörern geht. Was können Sie aus deren Körpersprache und Verhalten ableiten? Nehmen Sie überwiegend müde und träge Personen wahr, greifen Sie zu einem der rhetorischen Hilfsmittel, um diese zu animieren. Wenn gar nichts mehr geht, schicken Sie es vor die Tür! Lassen Sie es ein kaltes Getränk zu sich nehmen und lüften Sie den Raum noch einmal kräftig durch.

Blickkontakt

Meine Tochter ist der fröhlichste Mensch, der auf diesem Planeten herumhüpft. Wegen ihrer riesigen blauen Augen, mit denen sie mich ansieht, fällt es mir grundsätzlich schwer, ihr gegenüber streng zu sein. In dieser Hinsicht bin ich ein echter Weichei-Vater. Ich muss mich wirklich bemühen, streng zu sein. Eine dieser strengen Geschichten will ich Ihnen erzählen. Wir haben bei uns in der Familie einen sogenannten „Obsttag" eingeführt. Es ist bei uns selbstverständlich, dass Süßigkeiten überall herumliegen und jeder auch darf, wenn er will. Aber im Rahmen der Erziehung ist es ja auch wichtig, Grenzen zu setzen. Meine kleine Tochter kennt sich aus mit Zucker und weiß, dass Süßigkeiten nicht unbedingt gut sind. Aber wenn sie Heißhunger hat, darf sie zulangen. Außer natürlich am Obsttag, den wir eine Weile in unserer Familie fest etabliert hatten. An ebendiesem Tag sah ich auf dem Küchentisch ein zusammengeknülltes Schokoladenpapier liegen. Weder ich noch meine Frau hatten die Schokolade gegessen, weswegen nur noch eine Person in unserem Haushalt dafür verantwortlich sein konnte: meine kleine Tochter – damals acht Jahre jung. Ich rief sie mit strengem Ton. Freudestrahlend wie immer kam sie zu mir und sah mich mit großen Augen an: „Schatz, wir haben heute Obsttag. Was ist das denn hier?"

Sofort wandte sie ihren Blick ab. Zunächst schaute sie nach unten, anschließend nach links und rechts. Sie suchte einen Fluchtweg: Wie komme ich aus dieser Situation heraus? Weil meine Tochter natürlich längst mit ihrem Papa umzugehen wusste, griff sie sofort zu einer zweiten Methode, nachdem der Blickkontakt abgebrochen war. Sie hatte blitzartig eine Idee und schaute mich wieder mit direktem Blickkontakt an. Es war eine Zeit, in der sie wenig Spaß am Klavierunterricht hatte. Ich versuchte sie immer wieder zu animieren, indem ich ihr sagte: „Schatzi, ich hör' dich so gerne Klavier spielen. Spiel' doch mal für mich." Von selbst wäre sie in dieser Zeit überhaupt nicht auf die Idee gekommen, sich an das Klavier zu setzen.

Auf die Frage nach dem Schokoladenpapier antwortete meine Tochter: „Papa, ich möchte jetzt unbedingt Klavier spielen!" Sie hatte nach einem Fluchtweg gesucht und ihn gefunden. Der Blickkontakt zeigt uns, ob ein Mensch sicher ist, ob er bei sich ist. Und deshalb wende ich ihn als Redner während eines Vortrags konsequent an. Ich blicke nicht auf meinen Laptop oder in meine Notizen, ich schaue schon gar nicht auf meine Präsentation hinter mir an der Wand. Blickkontakt besteht nur zu meinem Publikum. Ich wertschätze es darüber. Ich zeige: „Ich, der Redner, stehe hinter dem, was ich sage, und bin für euch da."

Halten Sie stets Blickkontakt mit Ihrem Publikum. Mit Publikum meine ich nicht nur die Gruppe in einem Seminar oder die kleine oder größere Menge von Zuhörern auf einem Kongress oder bei einer Messe. Blickkontakt zu halten beginnt bereits im direkten Gespräch mit einer anderen Person. Wie aber nehme ich Blickkontakt mit einer Gruppe auf? Dabei helfen uns ein paar Werkzeuge aus unserem Koffer.

In vielen Seminaren sitzen die Teilnehmer heute in U-Form vor ihrem Trainer. Auch ich bevorzuge diese Anordnung. Ich nehme mit jedem einzelnen Teilnehmer Blickkontakt auf, indem ich meinen Blick schweifen lasse. Das klingt zunächst einfach und nahezu selbstverständlich. Allerdings erlebe ich in jedem Seminar, dass einige Teilnehmer zwar diejenigen in der Mitte ansehen, aber links und rechts vernachlässigen. So fühlt sich ein Teil der Gruppe ausgeschlossen, wird abschweifen und Ihnen irgendwann vielleicht gar nicht mehr folgen.

Bei größeren Gruppen, die ab etwa 100 Zuschauern beginnen, können wir allerdings nicht mit jedem Einzelnen Blickkontakt aufnehmen. Wir können aber jedem Einzelnen das Gefühl geben, ihm direkt in die Augen zu blicken. Das funktioniert mit einem Burgschauspielertrick. Strecken Sie zunächst Ihren Arm aus, dann den Daumen. Bringen Sie ihn in die Waagerechte. Ziehen Sie nun eine virtuelle Linie, die einen Daumen breit über den Köpfen der Zuschauer in der letzten Reihe liegt. Genau dort lassen Sie jetzt langsam ihren Blick schweifen. Es ist ein körpersprachlicher Effekt. Ihre Zuhörer gewinnen durch dieses Phänomen den Eindruck, dass Sie ihnen direkt in die Augen sehen.

Diese Methode lernte ich von der ehemaligen Tagesschau-Sprecherin Dagmar Berghoff. Bei einem ihrer Vorträge saß ich zunächst in der ersten Reihe. Den zweiten Teil erlebte ich aus der letzten Reihe. Der Grund dafür war ganz einfach: Das Buffet steht meistens ganz hinten. Von beiden Standpunkten aus, vorne wie hinten, hatte ich das Gefühl, dass mir die Referentin in die Augen blickt. Jemand, der uns direkt in die Augen blickt, strahlt Sicherheit und Charisma aus. Er hat nichts zu verbergen. Gerade in Vorträgen, in denen Sie Menschen von der sachlichen Seite eines Themas überzeugen wollen, ist es absolut notwendig, vertrauensvoll zu wirken.

Ich empfehle Ihnen jedoch, das Ziehen der virtuellen Linie nicht während des Auftritts zu vollführen. Das könnte komisch wirken.

Gestik und Mimik

Der korrekte Einsatz von Gestik und Mimik zählt zu den Hauptschwierigkeiten ungeübter Redner. Auf die Frage „Wohin mit den Händen?" erlebe ich oftmals verzweifelte Lösungsversuche. Dort sehe ich vor den Weichteilen der Herren verschränkte Hände, auch Franz-Beckenbauer-Gedächtnishaltung genannt. Ich sehe die Arme in die Hüften gestemmt, wie Gary Cooper in *High Noon*. Ich sehe Kugelschreiber, mit denen die tollsten Pirouetten vorgeführt werden, mit denen man ohne Weiteres bei Olympia auftreten kann. Allerdings sehe ich selten Sicherheit. Sprechen wir also von der Gestik, ist die Hauptfrage, die wir uns stellen müssen: „Wohin mit meinen Händen?", um sicher zu wirken.

Ein weit verbreiteter Tipp lautet ganz einfach: Hände hängen lassen. Dann jedoch hängen die Hände schlaff, nahezu leblos am Körper herunter. Spielen Sie im Folgenden mit Ihrer Gestik, Stimme und Modulation, kann dies bereits einen positiven Eindruck beim Zuschauer auslösen. Schwierig wird es, wenn der Redner sich in dieser Haltung gefangen fühlt. Dann kann es nämlich passieren, dass er über einen längeren Zeitraum während des Vortrags die Hände hängen lässt. Der Zuhörer mag sich denken: „Was ist los mit dem? Ist er krank? Hat er einen Tennisarm?"

Diese erste Methode sorgt vor allem dafür, Sicherheit auszustrahlen, jedoch nur punktuell, beispielsweise zu Beginn eines Vortrags.

Andere Redner wiederum probieren ihre Rede mit gelernter und trainierter Gestik auszuschmücken. Ich bin jedoch kein großer Freund von Körpersprache-Trainings, in denen die Teilnehmer nicht selten von Schauspielern lernen, wo sich die Hände bei welcher Aussage dramaturgisch wie verhalten. Mein Blick ist inzwischen so geschult, dass ich bei Rednern oft erkennen kann, wer diese ausgebildet hat. Authentisch und echt sieht es allerdings selten aus. Es wirkt gekünstelt, wie ein gemachter Redner. In den 50er-, 60er- und 70er-Jahren war das sicherlich großartig, weil der Vortragende zeigte: „Seht her, ich habe mich für euch ausbilden lassen!" Heute, im medialen Zeitalter, haben diese Kunstfiguren gar keine Chance mehr, ihre Inhalte zu 100 Prozent an den Mann zu bringen, wenn zu sehen ist, wie sie ausgebildet wurden. Einer der wichtigsten Punkte in der Rhetorik ist Authentizität. Es handelt sich hierbei weniger um eine Eigenschaft als vielmehr um eine Qualität, die uns von anderen – dem Publikum – zugeschrieben wird. Ich selbst habe in meiner Ausbildung zum Rhetorikexperten etwa zwölf Seminare bei unterschiedlichsten Trainern besucht. Oft erlebte ich dabei, dass zu Beginn acht bis zwölf Persönlichkeiten den Seminarraum betraten und nach drei Tagen acht bis zwölf kleine Rhetoriktrainer ihn wieder verließen. Sie hatten die Gesten ihres Lehrers übernommen. In einem optimalen Rhetoriktraining müssen den Seminarraum aber acht bis zwölf rhetorisch geschulte Persönlichkeiten wieder verlassen. Persönlichkeiten, die keine Standardgesten übernehmen, sondern ihren jeweils eigenen Weg finden, sich selbstbewusst und authentisch auf der Bühne zu präsentieren. In sich gekehrte, introvertierte Redner haben eine weniger aktive Körpersprache. Extrovertierte Redner, die nach dem Motto leben: „Wer mich nicht kennt, hat nicht gelebt!", werden eine breite Gestik an den Tag legen. Wichtig ist, dass Sie sich wohl fühlen. Dann wirken Sie authentisch.

Idealerweise erreichen Sie diese Wirkung aus einer bestimmten körperlichen Grundstellung heraus: Wenn Sie Ihren Vortrag beginnen, stehen die Füße ungefähr auf Schulterbreite in einem normalen Winkel auseinander. Legen Sie die Hände sieben Zentimeter oder eine Handbreit über dem Bauchnabel ineinander. Nicht ineinandergreifend, sondern ineinanderliegend, mit den Handflächen leicht nach oben. Das funktioniert auch, wenn Sie einen Presenter zur Bedienung von PowerPoint oder Stichwortkarten in der Hand haben. Dann beginnen Sie zu reden: mit Begeisterung, Freude und mit viel Spaß. Diese Emotionen sind für das Publikum sichtbar, unter anderem durch Ihre Gestik.

Bezüglich der Körpersprache unterscheiden wir drei Bereiche, die durch den Bereich unserer Hände definiert werden. Wir unterscheiden den oberen, mittleren und niederen Körperbereich. Diese Bereiche sind unterschiedlichen Aussagen zugeordnet. Habe ich es mit positiven, mit neutralen oder mit negativen Aussagen zu tun?

Erinnern Sie sich an den letzten Ausflug ins Fußballstadion oder in die Basketballarena? Was machen alle Menschen in der Halle oder im Stadion, wenn die eigene Mannschaft ein Tor schießt? Durch die Bank werden die Hände nach oben gerissen, als wenn man in die Wolken am Himmel greifen möchte. Die Menschen springen, sie jubeln und die Hände sind dabei oben. Sie freuen sich. Das ist der positive Körperbereich – alles brustaufwärts. Erzählen Menschen begeistert positive Dinge, gehen ihre Hände völlig automatisch in den oberen Bereich. Argumentieren wir sachlich, bleiben sie im Regelfall in der Mitte, circa auf Höhe des Bauchnabels. Wenn wir beispielsweise zur Vorsicht mahnen und sagen „Seien Sie achtsam!“, gehen die Hände oft in den Bereich rund um den Gürtel oder noch tiefer, also den niederen Körperbereich. Das Spannende ist, dass kein Mensch das trainieren muss. Es passiert intuitiv.

Während Sie reden, werden sich Ihre Hände automatisch bewegen. Das passiert, weil unsere Gestik nicht von unserem Verstand gesteuert wird, außer wir machen ganz bewusste Zeigegesten. Sagen wir beispielsweise: „Mit unserem Umsatz in der Firma muss es nach oben gehen!“, schnellt dabei unser Finger in die Höhe. Wir zeigen quasi wie in einer Statistik auf, wohin sich der Umsatz bewegt. Das ist eine bewusste Zeigegeste, die wir mit dem Verstand steuern. Der Großteil unserer Gestik wird jedoch vom Unterbewusstsein gesteuert. Sie unterstützt unseren Charakter ganz natürlich, wodurch wir authentisch wirken. Ihre Gestik sieht nach Ihnen aus, eben weil es Ihre und nicht von irgendwem übernommene Gesten sind. Im Training mische ich beide Varianten mit meinen Teilnehmern. Sie lernen, aus der Grundposition heraus sich sowohl Ihrer natürlichen, automatischen Gesten als auch punktuell gesetzter Zeigegesten zu bedienen.

Probieren Sie es aus. Nach einiger Zeit werden Sie feststellen, dass Ihre Körpersprache ganz natürlich und in diesem Sinne unterstützend zu Ihrem Vortrag beiträgt.

Mundart

Sind Dialekte noch zeitgemäß? Schließlich ist es eine weit verbreitete Annahme, Mundart klinge altmodisch und einfältig. Tatsächlich sprechen mehr als die Hälfte aller Deutschen Dialekt. Das ergab eine Studie des *Instituts für Deutsche Sprache* im Jahr 2009.[5] Als in Schleswig-Holstein Geborener, der auch lange in Hamburg lebte, kann ich mich glücklich schätzen. Denn der norddeutsche Dialekt zählt seit vielen Jahren zu den beliebtesten im Land. Geschlagen wird er in dieser Statistik nur vom Bayrischen. Anders verhält es sich allerdings beim Sächsischen oder dem Pfälzischen. Beide führen das Ranking von hinten an. Das führt dazu, dass ich immer wieder – zum Beispiel auf Vorträgen oder in meinem Rhetorikforum auf Facebook – von Menschen angesprochen werde, was diese denn gegen ihre Mundart machen könnten. Sie hätten mal wieder gelesen, dass ihr Dialekt zu den unbeliebtesten in Deutschland zähle.

Derartige Statistiken wirken sich selbstverständlich negativ auf unser sprachliches Selbstbewusstsein aus. Wie fühlt sich jemand, dem immer wieder aufgezeigt wird, dass sein Dialekt – und damit auch seine Herkunft und er selbst – unbeliebt ist? Sollten wir den Dialekt, der unsere Heimat repräsentiert, tatsächlich verleugnen, um beliebter zu sein? Natürlich nicht! Schließlich hat keine Studie bewiesen, dass bestimmte Menschen aufgrund ihrer Mundart unsympathisch sind. Es gibt auch keinen feststellbaren Zusammenhang zwischen Bildung und Mundart. Dagegen gibt es sogar Untersuchungen, die beweisen, dass Dialekte sympathisch machen. Deswegen rate ich meinen Kunden immer: Es ist völlig egal, wie sie sprechen, solange sie verständlich sind.

Die perfekte Sprache, wie sie beispielsweise rund um Hannover gesprochen werden soll, schadet natürlich auch nicht. Aber denken wir einmal in die andere Richtung: Eine in perfektem Deutsch vorgetragene Rede kann in Sachen Wirkung sogar nach hinten losgehen. Wer möchte schon einen perfekten, fehlerfreien Menschen neben sich haben? Glauben Sie mir, Sie wollen es nicht! Irgendwann würden Sie an der Perfektion zerbrechen. Lassen Sie es deshalb ruhig zu, dass Ihr Publikum hört, woher Sie kommen. Versuchen Sie aber nicht, sich einen Dialekt anzugewöhnen. Ich lebe ja inzwischen im Fränkischen. Die Menschen sprechen dort auch einen sehr speziellen Dialekt. Es wirkt im besten Fall erheiternd, wenn ich versuche, Fränkisch zu sprechen. Aber das Norddeutsche, meine Geburtssprache, ist mir natürlich auch nach 20 Jahren Franken immer noch näher als der fränkische Dialekt. Also bleibe ich – auch unter dem Blickwinkel der Authentizität – lieber dabei, ne?

Atem-, Stimm- und Sprechtechnik

Atemnot, zittrige Stimme, ein trockener Mund oder auch der berühmte Frosch im Hals: Wer hatte das noch nicht? Dies sind lauter Symptome, die in Drucksituationen auftreten können. Sie wirken sich sehr negativ auf unseren Sprachklang aus.

Unsere Sprache wird auch als „Klang der Seele" bezeichnet. Durch sie transportieren wir zahlreiche Emotionen. Das geschieht jeden Tag, wenn wir mit anderen Menschen kommunizieren. Unsere Sprechtechnik hat enormen Einfluss darauf, wie wir von anderen wahrgenommen werden. Nur wer mit guter Stimme spricht, wird auch rhetorisch überzeugen können. Um die Stimme optimal einzusetzen, spielt die richtige Atmung eine enorme Rolle. Sie versorgt uns nicht nur mit dem nötigen Sauerstoff, sondern ist der Motor unserer Stimme. Reden ist im Grunde nichts anderes als tönendes Ausatmen – und zwischendurch atmen wir instinktiv wieder ein.[6] Ganz einfach, oder?

Atmung ist ein automatisch ablaufender Prozess, den wir nicht bewusst steuern müssen. Wir können ihn aber trotzdem beeinflussen. Atmen wir ein, füllt sich unsere Lunge mit Luft. Sie dehnt sich aus, was durch Zwerchfell und Zwischenrippenmuskulatur unterstützt wird. Unser Körper ist in diesem Moment angespannt. Erst wenn wir ausatmen, entspannt sich die Atemmuskulatur wieder. Ein weit verbreiteter Ratschlag, um in Drucksituationen zu bestehen, ist es, tief Luft zu holen. Das soll entspannend wirken. Leider ist jedoch das genaue Gegenteil der Fall. Tief einzuatmen führt nämlich vielmehr zu Verkrampfungen als zu Entspannung. Sie müssen sich unsere Lunge wie einen Schwamm vorstellen. Sie ist flexibel und möchte immer wieder in ihren Ausgangszustand zurückkehren. Das geschieht jedoch nicht, wenn wir nur einatmen. Der wichtigste Aspekt beim Einatmen ist daher das Ausatmen! Anstatt also Ratschläge à la „tief einatmen" zu verteilen, sollten wir vielmehr „tief durchatmen". Monika Hein, eine bekannte Sprech- und Stimmtrainerin, veranschaulicht diesen Prozess mit einem Seufzer, den wir nach angespannten Situationen von uns geben. Genau in diesem Moment wird Druck von der Lunge genommen, wodurch sie wieder in ihren Ausgangszustand zurückkehrt.[7]

Beim Atmen wird die Flach- (auch Brustatmung) von der Tiefatmung (Bauchatmung) unterschieden. Erstere tritt vor allem in Angst- und Stresssituationen auf. Wir atmen flach und schnell, weil unser

Körper unser archaisches „Fluchtprogramm" aktiviert. Dabei findet der Sauerstoffaustausch lediglich im Brustbereich statt, was zur Folge hat, dass unsere Lunge im unteren Teil nicht beansprucht wird. Viel effektiver beim Reden ist die Tiefatmung, da bei ihr zusätzlich das Zwerchfell zum Einsatz kommt.[8] Dadurch wird nahezu das komplette Lungenvolumen genutzt. Während Kinder noch eine ganz natürliche Tiefatmung haben, atmen Erwachsene hauptsächlich flach. Wir haben es verlernt, richtig zu atmen. Das liegt an gesellschaftlichen Gepflogenheiten wie ständigem angespannten Sitzen oder enger Kleidung. Zusätzlich negativ auf unsere Atmung wirkt sich ebenso das Schönheitsideal vom schlanken Bauch aus. Viel zu oft im Alltag ziehen wir diesen ein, um den Bauchansatz zu kaschieren. Der bekannte Spruch „Brust raus – Bauch rein" verdeutlicht dies sehr treffend. Vor allem in Drucksituationen wie dem Halten einer Rede merken wir dann diese falsche Atmung. Unsere Töne klingen plötzlich gequetscht und überschlagen sich. Energiegeladen und dynamisch wirkt das keineswegs. Tiefatmen kann jedoch wieder erlernt werden. Während dieses Prozesses läuft der Atmungsvorgang zunächst bewusst und irgendwann wieder unbewusst ab.

Vor einer Rede ist also tiefes Luftholen zu vermeiden. Atmen Sie kräftig aus und beginnen dann zu sprechen. Sie können dies gerne mit der Einnahme des Standpunkts verbinden. Mein Ausbilder Rolf H. Ruhleder empfahl mir zudem eine wertvolle Übung, die er wiederum beim Jesuiten Pater Hänsli gelernt hat.[9] Führen Sie diese Übung an der frischen Luft aus:

1. Stehen Sie aufrecht.
2. Legen Sie Ihre Hände seitlich auf den Bauch.
3. Atmen Sie tief durch die Nase ein.
4. Nehmen Sie nun die Arme über den Kopf.
5. Gehen Sie jetzt mit Schwung in die Hocke und nehmen Sie dabei die Arme mit.
6. Atmen Sie dabei tief durch den Mund aus.

Lautstärke und Modulation

Erinnern Sie sich noch an Ihre Lehrer in der Schule oder Ihre Dozenten an der Universität? Am besten in Erinnerung bleiben diejenigen, die uns mithilfe von gezielter Rhetorik gute Geschichten präsentiert haben. Sie hatten diese Geschichten nicht nur parat, sondern waren auch fähig, sie gut moduliert vorzutragen. Viele andere, auch wenn sie wahre Koryphäen auf ihrem Gebiet waren, haben wir schon vergessen. Es war ihnen nämlich nicht gelungen, Inhalte durch Sprache zu präsentieren. Während ihrer Rede fielen sie immer wieder in den gleichen Modulationsablauf zurück. Viele Studenten nutzen solche Vorträge bis heute, um sich ein Schläfchen zu gönnen.

Aber was genau ist Modulation? Es handelt sich um die Gestaltung unseres Sprechens. Reden wir laut oder leise, schnell oder langsam? Wann heben wir die Stimme und wann senken wir sie? Durch Lautstärke und Modulation können wir Satzzeichen hörbar machen. Ein professioneller Redner moduliert seinen Sprechton bei einem normalen Satzende nach unten. Bei einer Aussage bleibt er mit dem Ton darauf, bei einer Frage moduliert er nach oben. Ungeübte Redner bringen dies oft durcheinander. Zahlreiche meiner Teilnehmer machen den rhetorischen Fehler, dass Sie am Ende eines Satzes nach oben modulieren. Die Ursache dafür ist zumeist in ihrer Nervosität begründet, die sich ebenfalls auf die Lautstärke ihrer Rede auswirkt.

Wer unsicher ist, spricht leise. In diesem Fall können Sie Ihre Rede noch so professionell vorbereitet haben, Sie werden mit Ihren Inhalten nicht überzeugen können. Wer mit einer starken, gut vernehmlichen Stimme präsentiert, wirkt sicher, wodurch seine Worte glaubhafter werden – selbst dann, wenn der Gehalt seiner Rede schwächelt. Automatisch nehmen wir ihm ab, dass er hinter dem steht, was er sagt. Achten Sie also unbedingt darauf, mit kräftiger Stimme zu sprechen.

Manche, die mit dieser Technik beginnen, so erlebe ich es in Trainings und Seminaren, übertreiben dann am Anfang zu sehr. Dann wird KLAR UND DEUTLICH UND LAUT GESPROCHEN,

DAZU AUCH NOCH ÜBERARTIKULIERT. Insbesondere in deutschsprachigen Kulturkreisen ist dies nicht die beste Variante. Suchen und finden Sie eine angenehme Stimmlage und dazu die richtige Lautstärke. Eine Methode ist, sich entspannt auf einen Stuhl zu setzen und dabei einen Ton zu summen, der ganz wie von selbst herauskommt. Fühlen Sie in sich hinein und achten Sie darauf, ob Sie diesen Ton ohne Anstrengung auch über längere Zeit halten können. Haben Sie diesen Ton gefunden, nutzen Sie ihn als Basis, auf die Sie jederzeit wieder zurückkommen können, auch wenn Sie beim Sprechen mal in die Höhe oder Tiefe modulieren.

Einer meiner Lieblingsredner ist Richard Paterson. Sie können Ihn gerne einmal googeln. Er ist Whiskeyexperte und Whiskeys sind mein Hobby. Obwohl er in einer Fremdsprache, nämlich Englisch, spricht, ist es mir sehr leichtgefallen, seinen Vorträgen zuzuhören. Jahrzehntelange harte Schule ist der Grund dafür, dass er heute als internationaler Redner weiß, dass nicht jeder seiner Zuhörer fantastisch Englisch versteht und schon gar nicht mit einem anstrengenden schottischen Akzent. Das führt dazu, dass er seine Anekdoten und sein Fachwissen sehr prononciert und klar und eher langsam in einem sehr einfachen Englisch zum Besten gibt. Unter den internationalen Rednern ist er der beste, den ich je kennengelernt habe.

Spielen Sie mit Höhen und Tiefen in Ihrem Vortrag. Machen Sie Pausen, das macht Eindruck. Demjenigen, der in der Lage ist, die Highlights seines Vortrags auch stimmlich hervorzuheben, hören wir gerne zu. Der Vortrag wird dadurch lebendiger. Automatisch strahlen Sie so als Redner Sicherheit auf das Publikum aus.

Sind Sie jemand, der im normalen Leben etwas schneller spricht, dann dürfen Sie das auf der Bühne auch. Aber lassen Sie sich Rückmeldung geben, ob Sie immer noch verständlich sind oder tatsächlich zu schnell, sodass Ihr Vortrag unverständlich wird. Sollten Sie generell mit ihrer Stimme unzufrieden sein, kommen Sie um ein Stimm- und Sprechtraining nicht herum. Ein Sprechtrainer kann in kurzer Zeit sehr viel bewegen. Durch ihn lernen Sie, sich gezielter auszudrücken.

Pausentechnik

In meiner über 20-jährigen Karriere als Rhetoriktrainer habe ich immer wieder zu verstehen versucht, was den guten Redner von einem absoluten Topredner unterscheidet. Und ich habe über 20 Jahre gebraucht, um den wichtigsten Unterschied erkennen: die Pause! Genau, dieser Raum zwischen zwei Aussagen eines Redners oder auch am Ende einer Frage, in dem der Redner nicht spricht.

„Reden ist Silber, Schweigen ist …" Der gezielte Einsatz von Pausen ist eine der, vielleicht sogar die, Königsdisziplinen in der Rhetorik. Der ausgezeichnete Komödienschreiber Curt Goetz sagte einst dazu: „Eine Gelegenheit, den Mund zu halten, sollte man nie vorübergehen lassen." Über eine Möglichkeit, Pausen richtig zu nutzen, sind Sie gerade schon gestolpert. Sie haben das Sprichwort in Gedanken ganz automatisch mit dem Wort „Gold" ergänzt. Derselbe Mechanismus greift auch während einer Rede. Wenn Sie als Redner ein Sprichwort nur halb aussprechen, wird es das Publikum für Sie, meist hörbar, vervollständigen. Sinn und Zweck dieser Technik ist es, die Aufmerksamkeit der Zuhörer zu bündeln und eine Verbindung zwischen Ihnen und dem Publikum zu schaffen.

Das Nichtsprechen macht einen Redner zum Topredner. Nur auf den ersten Blick liegt darin ein Widerspruch. Sehen Sie sich einmal Redevideos von Barack Obama an, einem der ganz großen Redner unserer Zeit. Der Ex-Präsident der Vereinigten Staaten von Amerika war in seiner Jugend ein miserabler Redner. Das sagt zumindest einer seiner Autobiografen, Laszlo Trankovits. Eine andere weit verbreitete Fehleinschätzung betrifft die rhetorischen Fähigkeiten des großen Kommunikators Obama. Er ist ohne jeden Zweifel ein begnadeter Redner, vor allem auf der Bühne von großen Veranstaltungen ist er ein mitreißender und überzeugender Politiker. Aber das war nicht immer so. „Er war mal ein furchtbarer Redner", sagte der Pfarrer Alvin Love aus Chicago in Zeitungsinterviews. „Reden hat er erst hier in Chicago gelernt."[10]

Machen Sie sich einfach den Spaß, geben Sie auf einer Videoplattform im Internet „Obama“ ein und hören Sie ihm bei ein paar seiner Reden zu. Messen Sie dabei den Zeitraum, den er seinen Pausen schenkt. Sie werden sogar Pausen erleben, die ganze sieben Sekunden oder noch länger dauern. Und das sind nicht nur Applaus-Pausen. Er gibt seinem Inhalt durch die Pause Raum. Das ist die große Kunst, die Topredner von guten Rednern unterscheidet.

Bei einer weiteren Variante setzen Sie Pausen entweder unmittelbar vor oder nach den Inhalten Ihrer Rede, die Sie gezielt hervorheben möchten. Die Dauer hängt dabei vom Wirkungsgrad ab, den Sie beim Publikum erzielen wollen. Je länger die Pause, desto höher der Spannungsbogen. Sie werden beobachten können, wie einige Zuhörer ihren Oberkörper unbewusst zu Ihnen neigen oder den Kopf ganz leicht anheben. Das Publikum schenkt Ihnen jetzt seine ungeteilte Aufmerksamkeit. Machen Sie dagegen nach einem Aspekt eine längere Pause, gewinnt er an Dramatik und Wichtigkeit. Sie zwingen Ihre Zuhörer, über Ihr Anliegen nachzudenken. Erst in der Stille entfaltet das Gesagte seine volle Wirkung.

Interessant wird es, wenn Sie Ihren Zuhörern Fragen stellen. Im Falle einer rhetorischen Frage machen Sie eine ganz normale Redepause. Stellen Sie eine Frage, deren Gegenstand philosophischer Natur ist, machen Sie selbstverständlich eine längere Pause. So geben Sie Ihren Zuhörern genügend Zeit zum Verarbeiten und schaffen eine für Ihren Vortrag optimale Dynamik.

Im Grunde ist es wie bei einem Besuch bei einer der wertvollsten Marken der Welt. Wenn Sie einen Apple-Store besuchen, finden Sie dort auch heute noch MP3-Player, die zum Verkauf stehen. Inzwischen gibt es diese Geräte bei manchen Elektromärkten als Werbegeschenk hinterhergeschmissen, wenn Sie sich einen durchschnittlichen Fernseher kaufen. Diese Dinger sind technisch einwandfrei und haben auch einen relativ großen Speicher. Nur sind sie aufgrund der rasanten Entwicklung von Smartphones nahezu überflüssig geworden. Beim kalifornischen Unternehmen sehen sie jedoch MP3-Player, die immer noch für wahnsinnig viel Geld verkauft werden. Apple präsentiert sie auf einem hochwertigen Holztisch. Auf einem ganzen Quadratmeter liegt dieses Produkt nur einmal. In Großflächenmärkten finden wir derweil Unmengen von MP3-Playern auf möglichst engem Raum. Sie nennen das Warendruck. Das ist beim kalifornischen Technik-Obst anders. Genau die reduzierte Art der Präsentation ist es, die dem Kunden das Gefühl gibt: „Das ist wertvoll!" Denn wenn man einem Produkt so viel Raum gibt, muss es ja einen besonderen Wert haben. So ist es auch in der Rhetorik. Die besonders wichtigen Inhalte können Sie mit einer kunstvollen Pause anmoderieren. Dadurch, dass Sie im Anschluss für einen längeren Zeitraum nichts sagen, steigt der Wert des gesprochenen Wortes. Zusätzlich ist jede Pause wahnsinnig angenehm für den Zuhörer – insbesondere bei Schnellrednern. Geben Sie dem Publikum Zeit, das Gehörte sacken zu lassen. Schauen Sie sich Profiredner an, insbesondere die, die über einen längeren Zeitraum viel Geld mit ihren Vorträgen verdienen. Sie werden feststellen, dass diese besonders kunstvoll mit der Pause umgehen.

Zwei Dinge sollten Sie beim Einsatz von Pausen beherzigen. Erstens: Verwenden Sie sie nicht inflationär! Quantität ist nicht gleich Qualität! Fragen Sie sich während Ihrer Vorbereitung, ob Sie so auch im Alltag sprechen würden. Wenn Sie beispielsweise nach jedem Satz eine Pause machen, wirkt Ihre Rede schnell unnatürlich. Zweitens: Bei zu langen Pausen wird aus Spannung schnell Irritation. Beachten Sie, dass sich Stille immer länger anfühlt, als sie es tatsächlich ist.

Hilfs- und Präsentationsmittel zum freien Reden

Es gibt kaum eine bekanntere und einflussreichere Zeichentrickserie als die *Simpsons*. Mit ihren Persiflagen auf die amerikanische Kultur weiß sie seit 1989 zu überzeugen. Und so kommt es für viele

Persönlichkeiten des öffentlichen Lebens einem Ritterschlag gleich, Erwähnung in den Geschichten um Homer Simpson und seine Familie zu finden. Im 2007 erschienenen Kinofilm wurde auch Al Gore diese Ehre zuteil. Besser gesagt: seiner Hebebühne, einem Hilfs- und Präsentationsmittel.

Al Gore war acht Jahre Vizepräsident der USA und scheiterte im Jahr 2000 nur denkbar knapp an George W. Bush im Kampf um das Präsidentenamt. Bis heute handelt es sich um das umstrittenste Wahlergebnis aller Zeiten. Die Stimmenauszählung in Florida dauerte mehr als einen Monat und letztlich entschied der Oberste Gerichtshof (der mehrheitlich aus Republikanern bestand), dass Bush gewonnen hatte. Nach dieser Niederlage konzentrierte sich Gore vermehrt auf das Thema Umweltschutz, für welches er sich bereits seit den frühen 90er-Jahren eingesetzt hatte. Aus seinen zahlreichen Vorträgen heraus entstand 2006 der vielfach (unter anderem mit einem Oscar) ausgezeichnete Dokumentarfilm *Eine unbequeme Wahrheit*. In diesem Film zeigt sich Al Gore als hervorragender Rhetoriker, wobei eine Szene vor allem in Erinnerung bleibt.

Er benutzte eine Hebebühne, um in seiner Präsentation zu verdeutlichen, wie der CO_2-Anteil unserer Atmosphäre in den vergangenen 50 Jahren auf das Doppelte angestiegen ist. Er betrat die Bühne, fuhr ein paar Meter nach oben und wiederholte dies, um die CO_2-Werte der kommenden 50 Jahre zu verdeutlichen. Mittlerweile befand er sich mehr als fünf Meter über dem Boden. Mit diesem höchst eindrucksvollen Effekt verdeutlichte er den explosionsartigen Anstieg von Kohlenstoffdioxid. Nur mit Worten oder Gesten wäre ihm dies sicher nicht derart eindringlich gelungen. Das entstandene Bild ging in die Geschichte ein. Nicht nur, weil *Simpsons*-Erfinder Matt Groening es in seinem Film aufgriff.

Wieso erzähle ich Ihnen so ausführlich davon? Weil diese Geschichte beweist, dass letztlich jeder Gegenstand als Hilfsmittel erlaubt ist, solange er Ihre Worte unterstützt. Visualisieren Sie Ihre Vorträge und nutzen Sie alle Hilfsmittel, die Sie finden können. Das beliebteste und bis heute am meisten zum Einsatz gekommene Werkzeug ist sicherlich die PowerPoint-Präsentation. Viele sehen in dem Programm ein unkompliziertes und einfach zu handhabendes Werkzeug. Ich bin jedoch schon zu viele PowerPoint-Tode gestorben, um diesen Glauben vorbehaltlos teilen zu können. Tausendmal gesehen – tausendmal ist nichts geschehen! PowerPoint ist tatsächlich ein im Grunde genommen gutes Werkzeug. Leider hat es aber in der Wahrnehmung der meisten Menschen verbrannte Erde hinterlassen. Verbrannt durch Folienschlachten, in denen der Zuhörer erschlagen und von unzähligen Bulletpoints darniedergerafft wurde. Das Problem: Viele Präsentatoren sind Sklaven und nicht Herren ihrer Werkzeuge. Sie beugen sich den Vorgaben eines stupiden Präsentationsprogramms. Möglichkeiten, um Präsentationsprogramme wie PowerPoint, Keynote oder Prezi professionell und gewinnbringend zu nutzen, sind die Methoden Zen und Pecha Kucha. Beide Prinzipien nutze ich selbst seit vielen Jahren erfolgreich.

- **Zen-Präsentation**

Wie es der Name bereits vermuten lässt, folgt die Zen-Methode den Prinzipien der Einfachheit und Schlichtheit. Sie konzentriert sich auf das Wesentliche Ihrer Präsentation. Es geht um das Gleichgewicht zwischen so viel Information wie nötig und so wenig Information wie möglich. Weniger ist mehr. Viel zu viele Präsentationen bersten vor zu viel Inhalt. Diesen aufzunehmen und gleichermaßen einen Vortrag zu verfolgen, ist unmöglich. Und trotzdem wird es immer wieder so gemacht. Bei einer Zen-Präsentation illustrieren Sie jeden Ihrer Kerngedanken mit einem aussagekräftigen Bild. Es ist schließlich keine Neuigkeit, dass unser Gehirn Bilder besser aufnimmt als Textberge. Sollten Sie auf diese trotzdem nicht verzichten wollen, können Sie zusätzlich zu Ihrer Präsentation unter den Zuhörern ein Handout verteilen. Machen Sie dies jedoch erst nach Ihrem Vortrag. Schließlich wollen Sie die ungeteilte Aufmerksamkeit des Publikums. Und bitte: Verzichten Sie auf Stock-Bilder, die jeder schon einmal gesehen hat.

Sie wissen vielleicht, welche Bilder ich meine: das aufgerissene Blatt Papier, unter dem sich eine Überschrift verbirgt, der grasgrüne Frosch oder gar die aufeinandergestapelten Steine im Nebel, die unweigerlich zum Einsatz kommen, sobald es etwas innerlich wird.

- **Pecha Kucha (gesprochen: Petscha Kutscha)**

Pecha Kucha ist Japanisch für Plaudern. Es handelt sich ebenfalls um eine Präsentationstechnik, die sich der Einfachheit und Übersichtlichkeit verschrieben hat.[11] Dabei ist das Ziel dieser Präsentationstechnik, in 6:40 Minuten alles auf den Punkt zu bringen. Dies ist die maximale Redezeit. Es dürfen nur 20 Projektionsbilder à 20 Sekunden gezeigt werden. Mit dieser Methode lernen Sie in kürzester Zeit, den gewünschten Inhalt spannend zu übermitteln. So entstehen kurzweilige, prägnante Präsentationen, die trotzdem jede Menge Inhalt transportieren. Pecha Kucha wurde im Jahr 2003 erstmals bei einer Designveranstaltung in Japan vorgestellt. Seitdem verbreitete sich die Methode rasant um den ganzen Globus. Auf der ganzen Welt gibt es mittlerweile sogenannte „Pecha Kucha Nights", bei denen mehrere Redner hintereinander kurze Präsentationen halten.

Ein weiteres Hilfsmittel, über das immer wieder gesprochen wird, ist der Stichwortzettel. Schließlich ist eine der größten Ängste beim Reden, den eigenen Text zu vergessen. Aufgrund dieser Angst wird mir die Frage immer wieder gestellt: Darf er nun verwendet werden oder nicht? Generell geht es beim Thema Stichwortzettel nicht um das „Ob", sondern das „Wobei". Denn die Antwort gibt die Redeform vor. Eine Laudatio oder Regierungserklärung wird in der Regel vorgelesen. Eine Stegreifrede funktioniert durch ihre Spontaneität, während die vorbereitete freie Rede sicherlich die Königsdisziplin darstellt. Bei allen drei Varianten ist ein Stichwortzettel nicht notwendig, kann jedoch trotzdem hilfreich sein. Mein Ausbilder Ruhleder empfiehlt sogar bei freien Reden einen Stichwortzettel. Der Redner strahlt dadurch Menschlichkeit aus, weil vor allem makellos vorgetragene Reden zu sehr nach „auswendig gelernt" klingen.[12]

Der Stichwortzettel ist ein nützliches Hilfsmittel, das gerade unerfahrenen Vortragenden Orientierung geben kann. Das funktioniert allerdings nur dann, wenn der Stichwortzettel sorgfältig aufgebaut ist. Der Stichwortzettel soll Ihrem Vortrag vor allem Struktur und Ihnen im Fall der Fälle Halt geben. Bitte machen Sie nie den Fehler, Ihre Rede auf dem Stichwortzettel auszuformulieren. Viel zu oft erlebe ich in meinen Seminaren, dass ungeübte Redner ihre Worte vorformulieren und dadurch die komplette Rede in die Hose geht. Notieren Sie einzelne Punkte oder Bausteine. Der Stichwortzettel wird nicht umsonst Stichwortzettel und nicht Redemanuskript genannt.

Der Stichwortzettel nach folgenden, von Rolf H. Ruhleder empfohlenen Kriterien[13]:

1. Benutzen Sie als Format des Stichwortzettels DIN A6. Dabei handelt es sich um die perfekte Größe für die Hand. Weder wirken die Notizen zu groß noch zu klein. Schließlich dürfen die Zuschauer auch sehen, dass Sie sich ordentlich auf die Rede vorbereitet haben. Selbst Showmaster wie Markus Lanz und Thomas Gottschalk benutzen gut sichtbare Stichwortkarten.
2. Nicht nur das Format, sondern auch die Stärke des Papiers ist entscheidend. Benutzen Sie stabiles Papier, beispielsweise Karton.
3. Sie dürfen nur eine Seite Ihres Stichwortzettels beschriften. Neben dem ästhetischen Effekt, der dagegen spricht, erhöht sich bei einer Doppelbeschriftung zusätzlich die Wahrscheinlich des „sich Verzettelns“. Wie wäre es mit einem Logo auf der Vorderseite? Passend zur Veranstaltung wirkt diese Maßnahme sehr professionell.
4. Um sich auch ansonsten nicht zu verzetteln, nummerieren Sie Ihre Karten bitte durch. So sind Sie auf alle Eventualitäten, die Unordnung in Ihr System bringen könnten, vorbereitet.
5. Bringen Sie durch den Stichwortzettel Struktur in Ihren Vortrag. Notieren Sie sich auf jeder Karte, wie viel Zeit Sie für die darauf befindlichen Inhalte verwenden. Dies ist vor allem dann hilfreich, wenn Sie eine vorgegebene Sprechzeit haben.

Seien Sie in Bezug auf Hilfs- und Präsentationsmittel kreativ. Natürlich können Sie auf klassische Präsentationsprogramme wie PowerPoint, Keynote oder Prezi zurückgreifen. Das hängt vor allem von der Art Ihres Vortrags ab. Eine Laudatio oder eine Regierungserklärung wirken durch Worte und nicht durch ein Präsentationsprogramm. Hier wäre PowerPoint unangemessen. Ebenso nützlich auf der Bühne kann eine Flipchart oder Moderationswand sein, um Ihre Kernaussagen zu unterstreichen oder etwas vor Ihrem Publikum zu visualisieren. Mein Tipp ist allerdings: Überraschen Sie das Publikum, indem Sie Gegenstände auf die Bühne bringen, mit denen keiner rechnet. Es muss sich ja nicht zwingend um eine Hebebühne handeln. Eine Flasche Whiskey, ein Abfalleimer und eine Tageszeitung können ebenfalls tolle Geschichten erzählen. Ihrer Kreativität sind keine Grenzen gesetzt. Grundsätzlich gilt: Haben Sie die Chance, das Gesagte durch ein Hilfsmittel zu visualisieren, dann nutzen Sie diese auch.

Das Ende: Der letzte Eindruck bleibt

Erinnern Sie sich an die Worte von Rolf H. Ruhleder? „Der erste Eindruck ist entscheidend, der letzte Eindruck bleibt." Wir können uns noch so viel Mühe geben, am Ende eines Vortrags wird sich kein Mensch mehr komplett daran erinnern, was Sie gesagt haben. Dagegen wird sich jeder daran erinnern, wie Sie etwas gesagt haben. Da der Vortrag aber auch Inhalt transportieren soll, ist das Ende der Punkt, auf den es ankommt. Es ist wichtig, an dieser Stelle die zentralen Inhalte des Vortrags noch einmal auf den Punkt zu bringen und zu wiederholen. Denn der Schluss ist nahe am Erinnerungszentrum des Zuhörers. Das Letzte ist das, woran sich jeder erinnern wird. Genau deshalb ist der Schluss eines Vortrags besonders wichtig! In der Planung muss ich als Redner diesem Element ganz besondere Aufmerksamkeit widmen. Also konzipieren Sie das Ende

Ihres Vortrags während der Vorbereitung besonders intensiv. Die Methoden, die wir zum Einstieg eines Vortrags nutzen können, gelten natürlich auch für den Schluss. Setzen Sie am Schluss ein Highlight! Einen Appell! Überraschen Sie das Publikum mit einer Methode, die Sie bisher noch nicht angewandt haben. Sie werden feststellen, dass Ihr Publikum sich an einen großartigen Gesamtvortrag erinnern wird.

An dieser Stelle möchte ich Ihnen noch eine kleine Anekdote erzählen, um herauszustreichen, warum gerade Einstieg und Schluss besonders wichtig sind. Ich hatte einen Geschäftsführer im Coaching und sollte ihm helfen, seine Vorträge lebendiger und humorvoller zu gestalten. Vor mir saß die ernsteste Person, die mir in meinem ganzen Leben begegnet ist, die personifizierte Humorlosigkeit. Sein Gesicht sah entsprechend aus. Die Mundwinkel waren nach unten gezogen, nahezu eingehämmert. Meine Aufgabe als Coach war es Gott sei Dank nicht, dieser Person Humor beizubringen. Das hätte ich auch nicht gekonnt. Ich kann aus Menschen schließlich nichts hervorholen, was nicht in ihnen steckt. Meine Aufgabe war es aber, ihn als humorvollen Redner erscheinen zu lassen. Und genau für solche Aufgabe stehen einem erfahrenen Trainer entsprechende Techniken und Methoden zur Verfügung. Wir bauten seiner 35-minütigen Präsentation also einen humorvollen Einstieg. Es handelte sich um ein spaßiges Video, dass das Publikum wie gewünscht zu schallendem Gelächter brachte. Dasselbe haben wir am Schluss ebenfalls gemacht. Bevor er sich vom Publikum verabschiedete, baute er noch ein zweites Video ein, das ebenfalls für einen großen Lacher sorgte. Zum Glück hatte der Organisator ein kleines Kamerateam vor Ort, um im Nachhinein ein paar Zuhörerstimmen einfangen zu lassen. Wie fiel wohl das Feedback aus? „Das war aber ein lustiger Redner." Das war er natürlich nicht. Er war immer noch die ernsteste Person auf der ganzen Welt. Allein die Tatsache, dass er zu Beginn und zum Schluss des Vortrags lustige Videos zeigte, brachte die Zuhörer dazu, ihn für einen amüsanten Redner zu halten. Und tatsächlich war er das ja in diesem Fall auch: Er hat sein Publikum gut und humorvoll unterhalten. Auch wenn nicht er, sondern nur die Videos lustig waren.

TEIL 3

STEUERUNG UND FÜHRUNG DURCH ANGEWANDTE RHETORIK

KAPITEL 1
Mit Worten führen

Die Führungsetagen unserer Unternehmen sind überwiegend mit Betriebswirten besetzt. Mit Menschen zumindest, die von Zahlen getrieben werden. Sie halten sämtliche Geschäftsprozesse der Firma in SAP-Programmen und Excel-Tabellen fest. Sie entwickeln Key-Performance-Indikatoren für die Performance jedes einzelnen Geschäftsprozesses und erstellen anhand dieser betriebswirtschaftlichen Kennzahlen neue Zielvorgaben. Durch diese Art der Führung ist jedes Unternehmen deutlich stärker steuer- und kontrollierbar geworden. Ohne KPIs ist das Führen eines Unternehmens heute auch gar nicht mehr möglich. Was bei dieser Fokussierung auf betriebswirtschaftliche Methoden allerdings oftmals auf der Strecke bleibt, ist die Führung von Menschen. Key-Performance-Indikatoren mögen zwar die wichtigen Ziele darstellen, doch um diese Zielvorgaben zu erreichen, benötigt es zuallererst Menschen.

Mit Worten führen bedeutet, der Frage auf den Grund zu gehen, wie die Zielvorgaben aus den KPIs erfolgreich und professionell kommuniziert werden können. Ein zentraler Bestandteil dieser Kommunikation ist der Faktor Motivation. Wie und mit welchen Methoden aus unserem Koffer können wir Mitarbeiter so motivieren, dass unsere Zielvorgaben erreicht werden können? An dieser Stelle wird es ein kleines bisschen delikat. Denn bevor wir uns im Detail mit der Motivation von Menschen beschäftigen, nähern wir uns dem Thema zunächst durch Erkenntnisse der Beobachtung von Hunden, Ratten und Walen. Und auch wenn wir keine Manchester-Kapitalisten ohne jegliche Wertschätzung für unsere Mitarbeiter sind, werden gewisse Verhaltensanalogien im Folgenden sehr nützlich sein.

Der US-amerikanische Verhaltensforscher B. F. Skinner war einer der bedeutendsten Psychologen des 20. Jahrhunderts. Zugleich ist er bis heute der bekannteste Vertreter des Behaviorismus-Konzepts. Sogar eine Figur der *Simpsons* wurde nach ihm benannt. Beim Behaviorismus handelt es sich um eine wissenschaftliche Methode, mit der das Verhalten von Menschen und Tieren untersucht wird. Möglicherweise wird Ihnen die klassische Konditionierung von Iwan Petrowitsch Pawlow noch ein Begriff sein. Falls nicht, gibt es nun eine Erinnerung an den Biologie-Unterricht: Sehen oder riechen Hunde Futter, setzt bei ihnen Speichelfluss ein. Wir bezeichnen diese Folge als unbedingten Reiz (Futter) und unbedingte Reaktion (Speichel). Wir Menschen verhalten uns ebenso, beispielsweise wenn wir ein Stoppschild wahrnehmen. Wir sehen das Schild (Reiz) und halten an (Reaktion). Die von Pawlow untersuchten Hunde verknüpften diesen unbedingten Reiz mit einem weiteren, neutralen Reiz, dem Klingeln einer Glocke. Bei jeder Fütterung klingelte die Glocke, wodurch die Hunde irgendwann den Klang der Glocke mit Fütterung verbunden hatten, sodass bereits das Klingeln alleine eine unbedingte Reaktion (Speichelfluss) auslöste. Der Pawlow'sche Hund war dem Reiz ausgeliefert. Weder konnte er das Klingeln der Glocke beeinflussen noch den folgenden Speichelfluss kontrollieren.

Bei Skinners Untersuchungen, die er nicht an Hunden, sondern an Ratten durchführte, bestand der Unterschied in genau dieser Möglichkeit der Beeinflussung. Seine Ergebnisse wurden als operationale Konditionierung bekannt. Um lernendes Verhalten zu untersuchen, setzte er Ratten in einen Käfig (der heute im Übrigen als Skinner-Box bekannt ist). In diesem Käfig befand sich ein Hebel, der bei Betätigung eine Tür öffnete, hinter der eine Belohnung auf die Tiere wartete. Zu Beginn dauerte es meist eine Weile, bis die Ratte die Funktionsweise des Hebels und die daraus resultierende Öffnung der Tür verstand. Doch mit jedem neuen Versuch im Käfig wurde die Ratte schneller. Sie hatte im Laufe der Zeit gelernt, dass das Drücken des Hebels eine positive Konsequenz nach sich zog. Diese Konsequenz beschrieb Skinner als positive Verstärkung. Sie erhöht eine bestimmte Verhaltenswahrscheinlichkeit!

Kommen wir auf unserer Reise durch die Welt der Tiere nun zum Wal. Der amerikanische Schriftsteller Ken Blanchard näherte sich dem Thema der positiven Verstärkung mit einem außergewöhnlich großen Beispiel. Nicht ganz so groß wie ein – sagen wir mal – Pottwal, aber doch so groß wie ein Orca. Er riet seinen Lesern, von Walen zu lernen. Sein Buch *Whale Done!* zählt bis heute zu den beliebtesten Motivationsbüchern weltweit. Es wurde in 27 Sprachen übersetzt und über 17 Millionen Mal verkauft. Blanchard schrieb dieses Buch zusammen mit *SeaWorld*-Trainern, die tagtäglich mit Walen arbeiten. Er ging der Frage auf den Grund, wie die Tiere trainiert werden, sodass sie jeden Tag brav durch Reifen springen und weitere Kunststücke vollführen. Er fand heraus, dass die positiven Verstärkungstechniken, die zum Trainieren von Killerwalen verwendet werden, eine dramatische Wirkung auf unsere menschlichen Beziehungen sowohl bei der Arbeit als auch im Privatleben haben können. Ähnlich wie Hunde und Ratten können Wale konditioniert werden, indem ihre Trainer positive Akzente setzen. Anstatt die Tiere für unerwünschtes Verhalten abzustrafen (negative Konditionierung), belohnen die Trainer erwünschtes Verhalten. Blanchard lehrt seine Leser deshalb, sich auf die positiven Akzente zu konzentrieren. Diese Methodik lässt sich wunderbar auf Firmenstrukturen übertragen, wodurch wir unseren Zoobesuch an dieser Stelle beenden und zur Rhetorik zurückkehren.

Die positive Verstärkung ist eine durch die Verhaltensforschung nachgewiesene erfolgreiche Methode zur Motivation von Lebewesen. Bei meiner Arbeit als Rhetoriktrainer sehe ich aber in vielen deutschen Unternehmen noch immer das genaue Gegenteil von Motivation. Ich erlebe Führungskräfte, die stets nach Fehlern suchen und dabei tägliche Erfolge übersehen. Letztere werden eher als selbstverständlich hingenommen, während Fehler deutlich mehr Aufmerksamkeit bekommen. Dieses Problem beginnt bereits bei einer allzu kritischen Haltung gegenüber uns selbst. Wir kennen das alle noch aus Schulzeiten. Bei der Herausgabe von Klausuren ärgerten wir uns in der Regel mehr über die gemachten Fehler, als dass wir uns über die korrekt gelösten Aufgaben freuten.

Vermitteln können wir eine motivierende und professionelle Stimmung vor allem durch rhetorische Methoden. Mit Worten führen heißt also auch, die richtigen rhetorischen Werkzeuge zum richtigen Zeitpunkt zur Hand zu haben. Das kann das Gespräch an der Kaffeemaschine, ein Statement in einem Meeting oder in einer Konferenz sein. Die Werkzeuge, die ich Ihnen in diesem Kapitel vorstelle, gehören zum absoluten Pflichtrepertoire jeder guten Führungskraft.

KAPITEL 2
Führungsmodelle im Vergleich

An was denken Sie, wenn Sie das Wort „Führung" hören? Vielleicht an Autorität? Oder an Dominanz? Selbstsicherheit und Leistungsorientierung, Rationalität, Flexibilität, Fairness und nicht zuletzt Charisma sind Begriffe, die uns einfallen. Aber Führung ist weit mehr. Wer seine Mitarbeiter professionell führen möchte, braucht vor allem kommunikative Kompetenzen! Motivation, Delegation, Feedback geben, Gespräche führen sowie Überzeugungspsychologie sind für Führungskräfte wichtiges und erlernbares Handwerkszeug. Eingebettet sind diese Methoden in Führungsmodelle. Ein Führungsmodell dient zum einen dazu, das Wichtige vom weniger Wichtigen zu unterscheiden. In Situationen von hoher Ungewissheit kann es einer Führungskraft helfen, sich schnell zu orientieren. Zum anderen kann ein Modell Führungskräften helfen, die organisationale Kommunikation zu strukturieren und zu erleichtern und stärkt so letztlich die Handlungsfähigkeit einer Organisation.

Führungsmodelle geben vor, wie das Konstrukt „Führung" im Unternehmen umgesetzt werden soll. Führungskräfte sind dabei diejenigen, die dieses Konstrukt in die Praxis tragen sollen. Zwei der bekanntesten Modelle möchte ich nun etwas genauer mit Ihnen betrachten.

Das Harzburger Modell

Reinhard Höhn war Staats- und Verwaltungsrechtler zur Zeit des Nationalsozialismus. Nach dem Untergang des Dritten Reiches und der Entnazifizierung gründete er die Akademie für Führungskräfte der Wirtschaft in Bad Harzburg. Dort konzipierte Höhn im Jahr 1962 das Harzburger Modell, das die Unternehmensführung in Deutschland auf Jahrzehnte prägen sollte. Höhn empfand zu dieser Zeit, dass der autoritär und patriarchalisch geprägte Führungsstil in einer industriellen Gesellschaft nicht mehr angebracht war. So entwickelte er in Bad Harzburg sein neues Führungsmodell im Sinne der Führung im Mitarbeiterverhältnis. Grundsatz dieses Modells war „Delegation durch Verantwortung".

Das bedeutet, dass Entscheidungen nicht ausschließlich von einer Führungskraft getroffen werden, sondern auch von Mitarbeitern. Diese können jedoch nur innerhalb ihres eindeutig abgegrenzten Aufgabenbereichs handeln und entscheiden. In einer Stellenbeschreibung wird genau festgehalten, welche Aufgaben einem Mitarbeiter zugewiesen werden und was sein Verantwortungsbereich ist. Der einzelne Delegationsbereich wird gegenüber der nächsthöheren und -niedrigeren Ebene abgegrenzt. Durch die Delegation von Aufgaben besitzt eine Führungskraft nur „Führungsverantwortung". Die „Handlungsverantwortung" wird auf die Mitarbeiter übertragen. Neben der Stellenbeschreibung ist die allgemeine Führungsanweisung ein weiteres tragendes Prinzip des Modells. Die Anweisungen enthalten die Regeln, wie eine Führungskraft sich gegenüber ihren Mitarbeitern zu verhalten hat und umgekehrt. Bereits früh wurde das Harzburger Modell von einem klugen Marketingchef propagiert, der nicht ganz zufällig das Vorwort zu diesem Buch schrieb.

Reinhard Höhn trug aufgrund seiner Vergangenheit das komplette militärische System in sich. Dieses funktioniert hauptsächlich über Hierarchie. An der Spitze steht ein Armeeführer. In diktatorischen Systemen ist dies der Staatsführer, in den meisten demokratischen Ländern das Parlament, in Friedenszeiten vertreten durch das Verteidigungsministerium (im Verteidigungsfall hat in der Bundesrepublik der Bundeskanzler oder die Bundeskanzlerin die Befehls- und Kommandogewalt). In diesem System hat jeder seine Rolle, die er entsprechend auszufüllen hat. Vor allem aber hat eine Führungskraft Personen direkt zu führen. Wie diese Hierarchie in das Management getragen wurde, erkennen wir beispielsweise am „Generaldirektor". Dieser Titel gilt zwar seit einigen Jahrzehnten als veraltet, wird aber auch heute noch teilweise verwendet – zum Beispiel bei Versicherungsunternehmen. Ich selbst arbeitete früher in einem Betrieb, in dem ich meinen Chef mit „Herr Direktor" ansprechen musste. Er war der große strategische Boss, der alleine schon wegen seiner Bezeichnung unheimlich wichtig war. Ich wurde damals quasi zu seinem Oberst, zu seinem Stabsoffizier. Ich wiederum hatte dann meine Stabshauptmänner zu führen. Sie waren die entsprechenden Filialleiter.

Eine Armee funktioniert nach dem Führungsprinzip Befehl und Gehorsam. Wer oben ist, befiehlt. Wer darunter steht, ist gefälligst gehorsam! Gehorcht er nicht, hat er mit schweren Strafen zu rechnen. Im Kriegsfall reichen diese Strafen bis zum Tod, was in der Wirtschaft glücklicherweise nicht übernommen wurde. Hier wurden Werkzeuge wie die Abmahnung geschaffen, um Fehlverhalten zu bestrafen.

Reinhard Höhns Ziel war es, ein Gegenmodell zum patriarchalisch-autoritären Führungsstil zu errichten. Tatsächlich ersetzte er ihn nur durch einen bürokratisch-autoritären Führungsstil. Das Führungsmodell umfasst 315 Organisationsregeln und ist dadurch von überaus bürokratischem Charakter. Es tendiert eindeutig zur Überorganisation. Zudem vernachlässigen die Führungsanweisungen das menschliche Fehlverhalten und ignorieren den Wandel eines Unternehmens. Das Bedürfnis nach Selbstentfaltung wird kaum berücksichtigt.

Warum war das Modell trotz dieser starken Kritikpunkte so angesehen? Nun, wir sprechen von einem Modell, das in den 60er-Jahren entwickelt wurde. Durch den steigenden Bildungsgrad, den ein deutlich größerer Teil der Bevölkerung nach dem Zweiten Weltkrieg genoss, sowie durch den aufkommenden Freiheitsdrang reagierten die Menschen nicht unbedingt begeistert, wenn sie in Hierarchien gepresst wurden, in denen Befehl und Gehorsam regierten. Es war die Zeit der Aufbrüche und des Aufbrechens von Strukturen. Die 68er taten es im Großen – und das Harzburger Modell arbeitete erstmalig daran, Management-Systeme an neue Gegebenheiten anzupassen. Auch wenn es nicht gänzlich gelungen ist: Dem Harzburger Modell muss zugutegehalten werden, dass sich die Grundidee später im St. Galler Modell wiederfindet. Das Harzburger Modell diente als Grundlage für moderne Führungsmodelle. Die in Bad Harzburg entwickelten Führungsgrundsätze lassen sich auch heute noch in vielen erfolgreichen Unternehmen finden. Sie funktionieren vor allem dann, wenn das Unternehmen einen besonders charismatischen Anführer hat.

Das St. Galler Management-Modell

Organisationsformen sind durch die Jahre flexibler geworden. Festgefahrene Hierarchien schaden einem Unternehmen mehr, als sie helfen. Ein moderneres Führungsmodell ist das St. Galler Management-Modell. Es wurde ebenfalls in den 1960er-Jahren von einer Reihe von Dozenten und Professoren an der Hochschule St. Gallen auf Grundlage des Harzburger Modells entwickelt und 1972 erstmals publiziert. Die Professoren und Dozenten ebneten den Weg zu einer ganzheitlichen Managementlehre für Führungskräfte. Wer heute nach dem St. Galler Management-Modell arbeitet, begreift Führung als systemorientiertes Denken.

Das Modell dient Führungskräften wie eine nützliche Landkarte zur Orientierung. Es versteht unter „Management" nicht mehr nur das operative Führen eines Unternehmens, sondern ein vielfältiges System von Aufgaben. Die beiden Initiatoren Hans Ulrich und Walter Krieg waren davon überzeugt, dass eine theoretische Auseinandersetzung mit einem Unternehmen und seinen Umweltbeziehungen wichtig für die Management-Lehre sind. Zusätzliche Popularität erhielt das Führungsmodell in den 1990er-Jahren durch die Untergliederung der Unternehmensführung in drei Ebenen. Und tatsächlich hat dieses Management-Modell in den letzten Jahren nie an Popularität verloren. Aktuell befindet sich das St. Galler Management-Modell in der vierten Generation im praktischen Einsatz. Denn es liefert nicht einfach eine Sammlung von Konzepten und Schemata, sondern es versteht sich als Arbeitsinstrument für Führungskräfte, die mit diesem Instrument konkrete Problemstellungen und Herausforderungen mit ihren Teams bearbeiten können.

Das neue St. Galler Management-Modell

Heutzutage muss ein Unternehmen den Ansprüchen und Interessen der Gesellschaft gerecht werden. Diese Ansprüche verändern sich immer wieder. Daher wird das St. Galler Management-Modell kontinuierlich optimiert. Eine neuere Version des Führungsmodells, das „neue St. Galler Management-Modell", versteht Unternehmung als ein komplexes System. Es distanziert sich von den drei Ebenen der Unternehmensführung und schließt eine Vielzahl von weiteren Elementen ein. Das Modell beinhaltet sechs Grundkategorien.

Stellen wir uns folgendes Szenario vor: Peter Baumeister jun. hat erfolgreich seine Ausbildung zum Braumeister abgeschlossen und möchte nun in die Fußstapfen seines Vaters treten. Peter Baumeister sen. darf eine der bekanntesten Brauereien in der oberfränkischen Stadt Bamberg sein Eigen nennen und leitet zudem die Gaststätte *Zum goldenen Baum*. Um sich einen Überblick über die Geschäfte zu verschaffen, nutzt Peter das SGMM zur Orientierung.

Umweltsphären

Ein Unternehmen ist immer in ein Umfeld eingebettet, das die Geschäftstätigkeit beeinflusst. Das St. Galler Modell bildet das Umfeld durch die vier Sphären Gesellschaft, Natur, Technologie und Wirtschaft ab. Jede dieser Sphären hat Einfluss auf das Handeln von Unternehmen. Wenn Peter die Geschäfte seines Vaters übernimmt, muss er diese unterschiedlichen Sphären berücksichtigen. Beispielsweise muss er die gesellschaftlichen Ansprüche im Blick haben. Bamberg ist berühmt für seine Bierkultur, von daher kann er sich relativ sicher sein, dass seine verkauften Produkte in der Gesellschaft Anklang finden.

Anspruchsgruppen

Das Modell unterscheidet zwischen sieben Anspruchsgruppen, die alle individuelle Erwartungen und Ansprüche an ein Unternehmen hegen. Auch Peter muss zukünftig diesen individuellen Ansprüchen gerecht werden. Er muss eine gute Beziehung zu seinen Lieferanten pflegen, stets beobachten, was Kunden zurzeit an Produkten bevorzugen, und die Interessen der Stadt im Blickfeld haben. Auch zu seiner Konkurrenz sollte Peter ein gutes Verhältnis pflegen und diese nicht unnötig provozieren.

Interaktionsthemen

Sie umfassen alles, was über die Anspruchsgruppen an das Unternehmen kommuniziert wird. Auch Peter muss stets die Interessen, Anliegen, Normen und Werte seiner Umwelt betrachten. In dem hier genannten Beispiel wären dies die Anliegen des Brauereiverbandes und der Stadt oder eventuell des Tierschutzvereins, der erwartet, dass im Gastronomiebetrieb ausschließlich Fleisch aus artgerechter Haltung verwendet wird. Weiterhin muss Peter die wandelnden Normen und Werte berücksichtigen. Etabliert sich etwa ein Trend hin zum Konsum von nicht-alkoholischen Getränken, sollte auch Peter seine Produktpalette ändern und auf alkoholfreies Bier oder eine Light-Variante setzen. Weiterhin sollte Peter die Ressourcen im Blick haben, wie zum Beispiel Hopfen, Malz und Wasser, die er für die Herstellung seines Produkts benötigt.

Ordnungsmomente

Diese bestehen aus Strategie, Struktur und Kultur. Um das Unternehmen seines Vaters weiterhin auf Erfolgskurs zu halten, muss Peter eine Strategie entwickeln, die das Unternehmen von der Konkurrenz unterscheidet. Auch muss er sich mit der Unternehmensstruktur befassen. Welche Hierarchien herrschen im Unternehmen und wer ist für welche Aufgaben zuständig? Für Führungskräfte ist es einfacher, auf Strategien und Strukturen Einfluss zu nehmen. Möchte Peter dagegen die Kultur des Unternehmens ändern, wird dies auf einen längeren Prozess hinauslaufen.

Prozesse

Drei Arten von Prozessen laufen im St. Galler Modell ab: der Management-, der Geschäfts- und der Unterstützungsprozess. Im Managementprozess geht es um die Führungsarbeit. Hierzu beobachtet Peter seinen Vater bei der alltäglichen Führungsarbeit. Er erkennt, dass sein Vater den Mitarbeitern grundlegende Verhaltensregeln beibringt, indem er sie dazu anhält, freundlich zu Kunden zu sein. Zudem bemerkt Peter, dass sein Vater neue Strategien entwickelt, um den langfristigen Erfolg des Unternehmens zu sichern. Hans plant dazu den Bau eines weiteren Gasthofs im Nachbardorf. Bei Geschäftsprozessen handelt es sich um das Ausführen von Aktivitäten im Sinne der Kundenzufriedenheit. Unterstützungsprozesse sollen einen reibungslosen Ablauf der Geschäftsprozesse bewirken. Peter muss dazu beispielsweise zukünftig Mitarbeitergespräche einführen, um deren Ziele zu definieren.

Entwicklungsmodi

Um sich als ein erfolgreiches Unternehmen auf dem Markt zu positionieren, ist es notwendig, kontinuierlich Veränderungen in einem Unternehmen durchzuführen. Peter könnte beispielsweise die Rezeptur des Bieres verändern oder den Gastronomiebereich erweitern.

Die kommunikativen Herausforderungen der Arbeitswelt

Heute ist es wichtig, ein Unternehmen immer in ein gesellschaftliches Umfeld einzubetten. Die angeführten Grundkategorien geben einen Überblick, welche Elemente Führungskräfte berücksichtigen sollen. Dies ist ein wichtiger Aspekt, weshalb sich das SGMM von anderen autoritären Führungsmodellen unterscheidet. Es betrachtet eben nicht ausschließlich das Unternehmen und bezieht systemtheoretische Grundlagen mit ein.

Das Management Institut in St. Gallen zählt mittlerweile zu den renommiertesten Business Schools und ist berühmt für die anspruchsvolle und praxisorientierte Management-Weiterbildung. Ich selbst bin bereits seit mehr als zehn Jahren am SGMI als Dozent für Rhetorik tätig.

Hierarchische Strukturen lösen sich heute mehr und mehr auf. Führungsmodelle und Kommunikation haben sich in den vergangenen Jahren durch das Kommunikationszeitalter und eine erneute gesellschaftliche Wandlung stark verändert. Führungskräfte stehen vor ganz neuen Herausforderungen, wenn sie mit ihren Mitarbeitern interagieren. „Herr Müller, bringen Sie mal bitte den Müll raus und sehen Sie zu, dass Sie spätestens in fünf Minuten wieder da sind und nicht noch eine Zigarette rauchen oder so." So klingt eine Ansage, die im vergangenen Jahrhundert noch nahezu zur Tagesordnung gehörte. Eine Führungskraft, in der Hierarchie klar höhergestellt, begab sich zum „einfachen Arbeiter" und gab diesem klare Dienstanweisungen und ein bisschen mehr. Er transportierte seine exponierte Position nämlich gleich noch mit.

Heute kommen Führungskräfte zum Angestellten und sagen: „Also, folgende Aufgabe haben Sie bitte zu erledigen! Nummer 1 …" Der Angestellte antwortet: „Was? Warum? Jetzt? Wissen Sie nicht, was ich alles zu tun habe?" Mittlerweile sind andere kommunikative Kompetenzen als damals gefragt. Deswegen spielt die Kunst der Rhetorik eine so große Rolle. Führungskräfte müssen heute ganz anders an ihre Aufgaben herangehen und anders an ihre Mitarbeiter herantreten. Dazu hat letztlich auch die Struktur des Arbeitsmarkts beigetragen. Gute Mitarbeiter, denen keine Wertschätzung entgegengebracht wird, suchen sich schnell einen neuen Arbeitgeber. Von Führungskräften wird viel Flexibilität und Sensibilität verlangt. Wir befinden uns mitten im „War for Talents" – genau deshalb ist es wichtig, gute Mitarbeiter zu halten.

Meine Überzeugung ist, dass sich Führungskräfte zunehmend vom „Command and Control"-Stil loslösen müssen. Wer gute Leistung bringt, dem sollte mit Respekt und vor allem auf Augenhöhe begegnet werden. Umgekehrt resultiert Respekt zumeist in guter Leistung. Der Vorgesetzte von heute pocht nicht auf seine Macht, sondern leitet seine Mitarbeiter kollegial. Eine Führungskraft muss Menschen mögen. Das Interesse an den Mitarbeitern sollte echt sein, denn wer anderen bei der Karriere hilft, wächst selbst daran. Beziehen Sie Ihre Mitarbeiter bei Entscheidungsprozessen mit ein und teilen Sie auch die Erfolge mit ihnen.

Wer seine Mitarbeiter unter Druck setzt und Fehler bestraft, hat als Führungskraft heute nur noch bedingt Erfolg. Wenn Sie anerkannt werden möchten, sollten Sie auf Vertrauen setzen. Die Rolle eines Vorgesetzten gleicht heute der eines Coaches oder Mentors. Es gilt, die Talente der eigenen Mitarbeiter zu entdecken und entsprechend zu fördern. Eine offene Kommunikation ist dabei unabdingbar.

Im Gegensatz zu früher spielt das Teamgefühl eine wesentlich ausschlaggebendere Rolle. Als Führungskraft sind Sie folglich ein Teamplayer. Vermeiden Sie hierarchisches Agieren. Teams, deren Mitglieder sich durch die unterschiedlichsten Charaktere, Fähigkeiten und Fachbereiche auszeichnen, sollen von der Führungskraft zusammengestellt und befähigt werden, die anstehenden Arbeiten so gut wie möglich zu erledigen. In diesem Sinne ist Führung kein Privileg mehr, sondern eine Dienstleistung, die die Führungskraft für das Team erbringt. Dabei ist es wichtig, dass die einzelnen Mitarbeiter individuell bei ihren Stärken abgeholt und diese Stärken genutzt werden. Darüber hinaus ist es äußerst wichtig, dass Sie als Führungskraft parallel auf die Bedürfnisse mehrerer Generationen eingehen.

Für eine erfolgreiche Umsetzung des Modells werden auch die entsprechenden Fähigkeiten der Mitarbeiter benötigt. Diese müssen sich mitentwickeln beziehungsweise mitentwickelt werden. Die heutigen Anforderungen an die Personalentwicklung liegen darin, Mitarbeiter zum selbstständigen Arbeiten zu motivieren und gleichzeitig ihre Kritikfähigkeit zu erhalten. Beides sind ebenso rhetorische Kompetenzen. Aber wie gelingt dies nun in der Praxis?

KAPITEL 3
Eine Führungskraft muss führen – aber wie?

Ein Führungsprozess benötigt zunächst immer eine Strategie – ein fernes Ziel, das ich verfolge: „Da müssen wir mit unserem Unternehmen in den nächsten Jahren hin!“ Was muss in dieser Zeit geschehen und was kann der Einzelne dazu beitragen, um die Firmenziele zu erreichen? Um diese Fragen beantworten zu können, muss ich als Führungskraft wissen, was meine Mitarbeiter intellektuell und handwerklich leisten können. Ist dieses Know-how ausreichend, um die gesteckten Ziele zu erreichen? Oder benötigen meine Mitarbeiter noch zusätzliche fachliche oder kommunikative, persönlichkeitsbildende Seminare? Den Fähigkeiten entsprechend werden die personellen Ressourcen eingesetzt, um Projekte auf dem Weg zum Unternehmensziel erfolgreich abzuschließen. Für diesen wichtigen Part der Mitarbeiterführung stehen jeder Führungskraft die Möglichkeiten der Kommunikation zur Verfügung. Da die Arbeit einer Führungskraft nahezu durchwegs aus Kommunikation besteht, beginnt Mitarbeiterführung schon morgens in der Kaffeeküche. Die Stimmung, die die Führungskraft am Morgen verbreitet, wird den kompletten Arbeitstag und den Projektverlauf beeinflussen. Umso wichtiger ist es zu wissen, welche Mittel mir als Führungskraft zur Verfügung stehen, um mein Team positiv zu beeinflussen.

Kommunikativ erfolgreiche Führung bedeutet die Auseinandersetzung mit folgenden Fragen:

- Welche unterschiedlichen Arten von Mitarbeitergesprächen gibt es? Wie kommuniziere ich dabei richtig?
- Wie gebe und wie nehme ich Feedback richtig?

- Wie führe ich Gespräche mit Fragetechniken?
- Wie hoch ist meine Konfliktkompetenz? Wie erkenne ich Konflikte und wie räume ich diese mittels professioneller Kommunikation aus dem Weg?
- Wie erziele ich durch Einwandbehandlung messbaren Erfolg in Konferenzen und Meetings?
- Wie delegiere ich Aufgaben erfolgreich?
- Wie führe ich motivierend nach Motivationstypen?

Um diese Fragen zu beantworten, braucht es wieder Werkzeuge aus unserem Koffer. Bevor ich Ihnen diese zeige, möchte ich Ihnen aber gerne noch ein paar Ergebnisse aus der Gallup-Studie 2016 präsentieren. Der *Gallup Engagement Index* ist seit 2001 die umfassendste und bekannteste Studie zum Thema Arbeitsplatzqualität in Deutschland.[1] Bei der Befragung zur Selbsteinschätzung von Führungskräften kamen dort erstaunliche Ergebnisse zutage. Tatsächlich bewerteten sich 97 Prozent aller Befragten als gute Führungskraft. Die Arbeitnehmer sahen dies etwas anders. Auf die Frage, ob sie in ihrer beruflichen Laufbahn schon einmal eine schlechte Führungskraft hatten, antworteten mehr als zwei Drittel mit Ja. Wie passen diese Selbst- und Fremdwahrnehmung zusammen? Verhält es sich womöglich so, dass viele Führungskräfte gar nicht wissen, worauf es bei professioneller Mitarbeiterführung ankommt? Oder haben sie recht? Dann wäre dieses Kapitel im Grunde nur für drei von 100 Führungskräften relevant.

Motivation durch zielführende Kommunikation

Motivierte Mitarbeiter sind leistungsbereite Mitarbeiter. Doch es gibt viele unterschiedliche Typen von Mitarbeitern, die jeder für sich individuelle Grundbedürfnisse besitzen und die sich deshalb auf unterschiedliche Weisen motivieren lassen. Wir benötigen also Methoden, um diese Bedürfnisse im Arbeitsalltag schnell zu erkennen und um kommunikativ auf diese Bedürfnisse eingehen zu können.

Beginnen wir zunächst mit dem Begriff der „Motivation“. Was meint dieses Wort eigentlich? Ableiten lässt es sich vom lateinischen Verb „movere“, das „bewegen, antreiben“ bedeutet. Im Duden wird Motivation als „Gesamtheit der Beweggründe, die zu einer Handlungsweise anregen“, definiert. Motivation ist also ein Zustand, in dem Menschen angetrieben sind, bestimmte Aktionen durchzuführen. Mitarbeiter arbeiten effizienter, wenn sie motiviert sind. Und diese Motivation hängt oft von einer emotionalen Bindung zum Arbeitgeber ab. Wie gelingt es nun einer Führungskraft, ihre Mitarbeiter durch Motivation zu binden?

Dieser Frage nachzugehen ist wichtig, wenn wir auf die Ergebnisse der Gallup-Studie 2016 zurückkommen. Jährlich misst der *Gallup Engagement Index* den Grad der emotionalen Bindung von Mitarbeitern an ihren Arbeitgeber. Die Zahlen aus dem Jahr 2016 zeigen, dass nur 15 Prozent der Befragten eine hohe emotionale Bindung an ihren Arbeitsplatz besitzen. Hochgerechnet auf die erwerbstätige Bevölkerung Deutschlands bedeutet dies, dass annähernd 30 Millionen Personen der insgesamt rund 34,4 Millionen Erwerbstätigen nur eine geringe (70 Prozent) oder gar keine (15 Prozent) emotionale Bindung an ihren Arbeitgeber haben. Sie können erahnen, mit welchem Engagement sie tagtäglich ihre Arbeit verrichten. Diese Demotivation kostet die deutsche Wirtschaft jährlich bis zu 105 Milliarden Euro.

Weitere Ergebnisse der Gallup-Studie belegen, dass auch andere den Erfolg beeinflussende Faktoren wie Produktivität und Fehlzeiten der Mitarbeiter vom Verhalten der jeweiligen Führungskraft abhängen. Dabei sind Dinge wie Führungsqualität und eine spannende, abwechslungsreiche Tätigkeit für die Menschen heutzutage viel wichtiger als das Gehalt. Stimmt es also wirklich, dass 97 Prozent aller befragten Führungskräfte gut sind? Woher sollen sie das wissen, könnte man fragen. Denn laut der Gallup-Studie tauschen sich nur

14 Prozent der befragten Arbeitnehmer regelmäßig mit ihren Führungskräften über deren Leistungen aus. Und selbst dann verfehlen diese Gespräche häufig ihr primäres Ziel, nämlich die Arbeitsleistung zu optimieren. Es scheint jedenfalls nicht so zu sein, dass die Teppichbodenetagen unserer Unternehmen ausschließlich mit „geborenen Anführern" besetzt sind. Und tatsächlich wird niemand von uns als Führungskraft geboren – wir müssen und wir können es aber lernen. Dazu müssen wir zuallererst wissen, was eine gute Führungskraft auszeichnet.

Der mittlerweile leider verstorbene Apple-Gründer Steve Jobs soll gesagt haben: „Ich stelle doch keine klugen Leute ein, um denen zu sagen, was sie zu tun haben. Ich stelle kluge Leute ein, damit sie mir sagen, was wir zu tun haben!" Und das ist der Punkt, wie wir heute idealerweise Führung im Management gestalten. Wir begegnen den Menschen mindestens auf Augenhöhe. Trotzdem müssen wir noch führen. Wenn uns aber als Führungsinstrument und Basis unserer Autorität nicht mehr die Hierarchie zur Verfügung steht, was haben wir denn dann eigentlich zur Hand? Sie werden es ahnen: Rhetorik.

Mit den fünf Motivationstypen nach Prof. Dr. Werner Correll Menschen richtig einschätzen

Jeder Mensch hat seine eigenen Motive. Unser komplettes Leben besteht daraus, nach etwas zu streben; und sei es das Streben nach Nichtstun. Dabei gilt: Der Mensch gibt sich nie mit etwas zufrieden. Es liegt in seiner Natur. Hat er ein Bedürfnis gestillt, wird es nicht allzu lange dauern, bis ein neues Bedürfnis an die Stelle des alten tritt. Wer mit einer bestimmten Intention auf etwas zusteuert, kann grundsätzlich motiviert werden. Diese simple Erkenntnis führt uns zu dem Schluss, dass jeder Mensch führ- und steuerbar ist.[2] Treffen wir in unserem Leben Entscheidungen, machen wir dies aus unterschiedlichen Motiven. Ich spreche hier von Bedürfnissen und Grundmotivationen, die uns alle antreiben. Seit jeher beschäftigt sich die Psychologie mit deren Erforschung. Eine universelle Antwort auf die Frage, was uns antreibt, gibt es nicht.[3] Wir könnten ebensogut die Frage nach dem Sinn des Lebens stellen. Da es also keine exakten Antworten bei der Motivationsdiagnose gibt, schlägt die Psychologie eine zweckmäßige Reduzierung auf eine überschaubare Anzahl von Grundmotivationen vor, die wir zeitunabhängig in allen Lebensbereichen und allen Kulturen unserer Welt finden. Der Psychologe Prof. Dr. Werner Correll beschäftigte sich intensiv mit Verhaltens-, Motivations- und Lernpsychologie. Es ist kaum verwunderlich, dass er und B. F. Skinner befreundet waren und gemeinsam publizierten.

Auf Corrells Forschung gehen fünf Motivationstypen zurück. Als Vertreter der pluralistischen Motivationsauffassung fasst er mehrere unterschiedliche Motive in einer Ordnung zusammen. Dieser Auffassung entgegen steht beispielsweise der sogenannte monistische Ansatz, der die Variabilität von verschiedenen Motiven auf ein zentrales Grundmotiv zurückzuführen versucht. Ihr prominentester Vertreter ist sicherlich Sigmund Freud, der in seinen Untersuchungen zur Meinung gelangt war, dass sich alle Verhaltensweisen des Menschen aus dem Sexualtrieb entwickeln.[4]

Die Bedürfnispyramide von Abraham Maslow

Um uns den Grundmotivationen von Correll zu nähern, betrachten wir zunächst eine psychologische Theorie von Abraham Maslow. Die Bedürfnispyramide des US-amerikanischen Psychologen ist eines der meistbenutzten Modelle, um menschliche Bedürfnisse und Motivationen zu beschreiben. Vor allem in den Fachbereichen der Wirtschafts- und Werbepsychologie sowie im Marketing ist Maslows Modell sehr populär geworden. Das Modell beschreibt in einem hierarchischen Bild die Abfolge von mehreren Grundbedürfnissen des Menschen.

Physiologische Bedürfnisse

Die auch als Grund- und Existenzbedürfnis bezeichnete erste Ebene der Pyramide beschäftigt sich mit grundsätzlichen, existenzsichernden Bedürfnissen in unserem Leben. Hierzu gehört beispielsweise Essen, Trinken, Schlafen, aber auch Sexualität. Sind diese Bedürfnisse nicht befriedigt, werden uns kaum andere Motivationen in den Sinn kommen.

Sicherheitsbedürfnisse

Haben wir die Bedürfnisse der untersten Stufe gestillt, beschäftigen wir uns mit dem Bedürfnis nach materieller Sicherheit. Wir verlangen nach Schutz, Stabilität und Unversehrtheit. In unserer Welt gehört dazu nicht nur das Dach über dem Kopf, sondern auch berufliche Sicherheit.

Soziale Bedürfnisse

Haben wir sowohl physiologische als auch Sicherheitsbedürfnisse befriedigt, treten soziale Bedürfnisse in den Vordergrund. Auf dieser Ebene möchten wir uns den Wunsch nach Familie, Freundschaft oder im Allgemeinen nach Zugehörigkeit zu einer sozialen Gruppe erfüllen.

Individualbedürfnisse

Haben wir die Bedürfnisse der ersten drei Stufen gestillt, streben wir nach Motiven wie Erfolg, Stärke, Freiheit, Unabhängigkeit, Anerkennung und Selbstvertrauen. Es handelt sich gleichermaßen um Bedürfnisse, die wir uns selbst erfüllen (Stärke, Unabhängigkeit), und um Bedürfnisse, die nur andere uns erfüllen können (Anerkennung, Wertschätzung, Respekt). Diese Bedürfnisse werden auch Ich-Bedürfnisse genannt.

Selbstverwirklichung

Im klassischen Pyramidenmodell von Maslow ist die höchste Stufe die Selbstverwirklichung. Dahinter verbirgt sich das Bedürfnis nach individueller Autonomie ebenso wie nach kreativen Ausdrucksmöglichkeiten. Erst wenn wir alle anderen Bedürfnisse befriedigt haben, streben wir nach der Erfüllung dieser Wünsche und Sehnsüchte. Maslow selbst schätzte im Jahr 1954 den Anteil der Weltbevölkerung, der die Spitze der Pyramide erklimmt, auf zwei Prozent.[5]

1970, kurz vor seinem Tod, erweiterte Maslow das Modell nochmals. Die Spitze der Pyramide hieß nun „Transzendenz" und beinhaltete die Suche nach Gott. Da dies vor allem in der Wirtschaft ein weniger relevantes Bedürfnis darstellt, wird bis heute überwiegend die klassische Bedürfnishierarchie abgebildet. Sie ist ein einfach nachzuvollziehendes Bild, das gerne als Einstieg in die Sozialpsychologie benutzt wird. Auf der anderen Seite jedoch verleitet dieses einfache Bild dazu, die Pyramide als ein starres, nicht-dynamisches System zu betrachten. So wird Maslow immer wieder, zu Unrecht, für seine Hierarchie kritisiert. Bei genauerer Betrachtung und Auseinandersetzung mit der Thematik fällt nämlich schnell auf, dass Maslow sein Modell keineswegs so streng dachte, wie es von anderen interpretiert wird. Es muss nicht zwingend ein Bedürfnis komplett befriedigt sein, um das Verlangen nach der nächsten Stufe zu haben. Bei vielen Bedürfnissen reicht es uns vollkommen aus, sie nur zu 60 oder 70 Prozent zu befriedigen und zugleich Bedürfnisse einer anderen Stufe zu erfüllen. Waren Sie beispielsweise schon einmal so intensiv in eine Arbeit vertieft, dass Sie physiologische Grundbedürfnisse wie Essen, Trinken und Schlafen vernachlässigt haben? Ich denke, wir alle haben solche Phasen schon erlebt. In einer solchen Situation haben wir bereits Bedürfnisse einer vermeintlich höheren Stufe über unsere physiologischen Grundbedürfnisse gestellt.

Eine Funktion zum Erfolg?

Wie auch Maslow entwickelte der eingangs erwähnte deutsche Psychologe Werner Correll ein Modell von fünf Grundmotivationen, die jeden Menschen antreiben. In unserer globalisierten Welt finden wir sie nahezu in jeder Kultur. Dass die Mitglieder eines indonesischen

Ureinwohnerstammes ohne Bezug zur Außenwelt möglicherweise von anderen Motivationen angetrieben werden, ist selbstredend. Correll spricht ausdrücklich von vergleichbaren Zivilisationen.

Im Rahmen meiner Ausbildung zum Rhetoriktrainer bei Rolf H. Ruhleder durfte ich auch Werner Correll persönlich kennen lernen. Er gab mir schließlich einen der letzten, entscheidenden Schlüssel für meine Jung-Trainer-Tätigkeit mit auf den Weg: Es war seine Lehre der Motivationspsychologie. Ich ließ mich in jedem einzelnen seiner Seminare ausbilden und war als junger, begeisterter Methodiker und Didaktiker zunächst etwas verwundert, als ich bei Seminarantritt vor einem deutlich älteren Herren stand. Damals – es war Ende der 90er-Jahre – setzten immer mehr Vortragende auf moderne, digitale Präsentationsmittel. Sie ermöglichten, Seminare interaktiver, ansehnlicher und unterhaltsamer zu gestalten. Doch wie so oft beharrte vor allem die ältere Generation auf ihren bewährten Werkzeugen. Tatsächlich saß Correll neben einem dieser Folienprojektoren, die wir schon bei der Bundeswehr verflucht hatten. Es gab damals – wenn auch meist unbezahlbar – ja schon die ersten Beamer. Ich hatte zumindest auf eine Flipchart gehofft, sah allerdings lediglich eine unbedruckte Folienrolle. Sie war sein einziges Hilfsmittel, das an mehreren Seminartagen zum Einsatz kam. Was er jedoch mit ihr bewirkte, überzeugte mich voll und ganz. Gleich zu Beginn schrieb Correll seine berühmte Formel auf:

E (ko) = f (Z, I)
Kommunikativer Erfolg = Funktion von Zielsetzung und Identifikation mit diesem Ziel

Diese Formel muss erklärt werden: Kommunikativer Erfolg bedeutet, dass es einer Person gelungen ist, eine andere Person von etwas zu überzeugen. Wie wir bereits feststellen konnten, ist jeder Mensch grundsätzlich motivierbar, weil ihn immer irgendetwas antreibt. Um sich von etwas überzeugen zu lassen, bedarf es schließlich des Zusammenspiels von Zielsetzung und Identifikation mit diesem Ziel. Gelingt es mir als Führungskraft, diese beiden Variablen bei meinen Angestellten oder Mitarbeitern zu vereinen, habe ich kommunikativen Erfolg. Obwohl es eine entscheidende Aufgabe von Führungskräften ist, die Potenziale der vorhandenen Mitarbeiter voll auszuschöpfen, um die gesetzten Unternehmensziele zu erreichen, belegen die Ergebnisse aus der Gallup-Studie nachweislich, dass dies nur einem kleinen Teil deutscher Führungskräfte gelingt. Denn es gelingt nur, wenn die Führungskraft zunächst die Bedürfnisse ihrer Mitarbeiter erkennt und anschließend in der Lage ist, Führungsziele so zu formulieren, dass diese den unterschiedlichen Bedürfnissen der Mitarbeiter entsprechen. Correll fasst die bestimmenden Motivationen für fünf Motivations-Typen zusammen:

Das Streben nach sozialer Anerkennung (Typ 1)

Unter sozialer Anerkennung wird der Wunsch nach Beachtung im Kreise einer oder mehrerer Gruppen verstanden. Dieser sogenannte „Typ 1“ liebt es, im Mittelpunkt zu stehen. Diese zumeist sehr extrovertierte Person definiert sich vorrangig über den Status, den sie in einer Gesellschaft hat. Sie verfolgt ambitioniert ihre Ziele – vor allem das Ziel, selbst irgendwann die Führungsposition einzunehmen. Denn eines ist wichtig zu erwähnen: Typ 1 steht nicht an der Spitze, sondern strebt danach, irgendwann dorthin zu gelangen. Deswegen haben diese Personen durchweg Vorbilder, denen sie nacheifern. Wir erkennen diesen Typ auch häufig durch seinen Konsum von Prestigemarken und seine Vorliebe für Statussymbole. Im Marketing sprechen wir von „Early Adoptern“. Diese Personen sind die ersten, die brandneue Produkte oder technische Errungenschaften nutzen, weil sie selbst Trends setzen möchten. Haben Sie als Führungskraft einen nach sozialer Anerkennung strebenden Angestellten, erkennen Sie diesen vor allem an seinem Wunsch, schnell die Karriereleiter nach oben zu klettern.

Motivationsstrategie: Am besten motivieren Sie diesen Mitarbeiter, indem Sie ihm Aufgaben zuteilen, die sein Standing verbessern. Dabei sollten Sie herausstellen, dass Sie aufgrund der bisherigen Leistungen gezielt ihm die Verantwortung für eine Aufgabe geben und dass es sein Schaden nicht sein soll, wenn die Aufgabe schlussendlich erfolgreich erledigt wird.

Das Streben nach Sicherheit und Geborgenheit (Typ 2)

Typ 2 ist das komplette Gegenteil von Typ 1. Dieser Motivationstyp benötigt kein Prestige. Er möchte Anerkennung aufgrund seiner Persönlichkeit, nicht aufgrund seiner Leistung. Wer nach Sicherheit strebt, verhält sich vor allem unauffällig und sparsam. Veränderungsprozesse liegen ihm nicht. Am besten bleibt immer alles so, wie es schon immer war. Meist tritt der nach Geborgenheit Strebende sehr zurückhaltend auf, da er wenig Selbstbewusstsein besitzt. Während sich also Typ 1 für seine Instagram-Follower vor abenteuerlustigen Szenerien fotografieren lässt, steckt Typ 2 die Familie in den Wohnwagen und besucht die Verwandtschaft im Schwarzwald. Die dort entstehenden Bilder landen allenfalls im Familien-Fotoalbum, welches dann wiederum für die kommenden drei Jahre auf dem Dachboden verstauben wird. Typ 2 ist besonders praktisch veranlagt, weswegen Kleidung nicht immer gut aussehen, sondern vor allem bequem sein muss. Dann erfüllt sie ihren Zweck. Sie kennen solche Menschen? Kein Wunder: Typ 2 ist der am häufigsten vertretene Motivationstyp in Deutschland, während die Beschreibung von Typ 1 eher in südlicheren Gefilden Europas überwiegt.

Motivationsstrategie: Um diesen Mitarbeiter zu motivieren, sollten Sie in einem Gespräch detailliert und informierend mit ihm kommunizieren. Es ist wichtig, eine Vertrauensbasis zwischen ihnen beiden zu schaffen. Bieten Sie ihm Bewährtes an und versuchen Sie ihn bei der Verteilung neuer Aufgaben in kleinen Schritten aus seiner Komfortzone zu locken. Überfordern Sie diesen Angestellten nicht mit Aufgaben, die zu weit außerhalb dieser Zone liegen. Locken Sie ihn nur in kleinen Schritten heraus.

Das Streben nach Vertrauen (Typ 3)

Typ 3 strebt in seiner Umgebung stets nach Nähe, Verbundenheit und Bezugspersonen. Er verfolgt weniger egoistische Ziele, sondern setzt sich viel für die Allgemeinheit und im Besonderen die Menschen um ihn herum ein. Wie Typ 1 hat auch Typ 3 Vorbilder. Während sich Typ 3 jedoch besondere Charaktereigenschaften zum Vorbild nimmt, ist es bei Typ 1 zumeist Ruhm und Erfolg der Vorbildsperson, die aus Charaktereigenschaften resultieren. Den nach Vertrauen strebenden Angestellten erkennen Sie womöglich daran, dass dieser bei fast allen beliebt ist. Er hat praktisch keine Feinde, da er ständig darauf bedacht ist, in Auseinandersetzungen den Kompromiss zu finden. Typ 3 packt im Grunde immer mit an, wenn er gebraucht wird. So besteht bei diesem Motivationstypen auch eine erhöhte Wahrscheinlichkeit, von anderen Menschen ausgenutzt zu werden.

Vertrauen zu seinen Mitarbeitern spielt für ihn eine sehr starke Rolle. Gerne arbeitet er im Team und beharrt in Diskussionen nicht auf seiner Meinung, sondern zeigt sich stets kooperativ – nicht zuletzt, um Streitigkeiten aus dem Weg zu gehen.

Motivationsstrategie: Mitarbeiter, die nach Vertrauen streben, sind meist sehr kooperativ. Diese Menschen fühlen sich auf der Arbeit wohl, wenn sie einen Auftrag von Ihnen erhalten. Sie sollten als Partner vor diesen Mitarbeitern auftreten, nicht als dominante Führungskraft. Risikoaufgaben tragen Sie diesen Mitarbeitern besser nicht auf, da diese sich vor dem Unvertrauten gleichermaßen scheuen wie Typ 2. Und menschlich enttäuschen sollten Sie ihn besser auch nicht. Denn dann haben sie Ihn verloren.

Das Streben nach Selbstachtung (Typ 4)

Mitarbeiter, die sich nach Selbstachtung sehnen, möchten stets ihre Normen und Werte einhalten. Typ 4 ist vorwiegend ein Einzelgänger. Er wird seine Arbeit jeden Tag pünktlich auf die Minute beginnen. Sie werden es selten bis nie erleben, dass dieser Motivationstyp zu spät kommt. Der nach Selbstachtung Strebende ist ein Perfektionist, der besserwisserische und pedantische Verhaltensweisen aufzeigt.

Selbst wenn ein bestimmtes Verhalten Nachteile für den Mitarbeiter zur Folge hat, bleibt dieser stets seinen Prinzipien treu und gibt nicht nach. Im Gegensatz zu Typ 3 zeigt sich dieser Angestellte wenig kompromissbereit. Mit Kritik kann er nur schwer umgehen. Dafür können Sie sich darauf verlassen, dass Typ 4 seine Arbeit immer pünktlich erledigt. Ihnen ist auch dieser Typ bekannt? Kein Wunder, da er nach Typ 2 der am häufigsten vertretene Motivationstyp in Deutschland ist. Er ist schließlich das Spiegelbild „deutscher" Werte wie Beständigkeit, Zuverlässigkeit und Pflichtbewusstsein.

Motivationsstrategie: Meist verhält sich dieser Mitarbeiter in Gesprächen eher intolerant und unnachgiebig, daher gestaltet sich die Kommunikation mit Typ 4 besonders schwierig. An dieser Stelle möchte ich mich wenigstens einmal in diesem Buch selbst beziehungsweise mein Alter Ego Hein Hansen zitieren. „Hier muss das Führungsziel so erklärt beziehungsweise formuliert sein, dass keine Widersprüche zu den Grundsätzen des Mitarbeiters entstehen. Entweder durch überzeugende Erklärungen oder notfalls durch eine Veränderung der Führungszusammenhänge. Im Klartext: Manchmal ist es besser, die Position oder das Aufgabenfeld des Mitarbeiters zu verändern, als diesen Mitarbeiter verändern zu wollen."

Das Streben nach Unabhängigkeit und Verantwortung (Typ 5)

Mitarbeiter des Typ 5 streben danach, ihren eigenen Aufgabenbereich zu haben. Sie wollen selbstständig Entscheidungen treffen und nicht ständig kontrolliert werden. Dieses Bedürfnis hat in den letzten Jahren immer mehr an Bedeutung gewonnen, obwohl es sich noch immer um den geringsten Anteil der Bevölkerung handelt. Typ 5 ist von seiner Motivationsveranlagung her sicherlich am geeignetsten für eine Führungsrolle. Es gilt jedoch zu bedenken, dass sein primäres Ziel – wie bei Typ 1 – nicht darin besteht, Führungskraft zu werden. Diesem

Motivationstypen wird unweigerlich irgendwann diese Rolle zukommen, sofern sein Vorgesetzter in der Lage ist, die Motivation zu erkennen. Was ihn ebenso von Typ 1 unterscheidet, ist die hohe Priorität von Entfaltung und Erhaltung der Persönlichkeit. Dieser Mitarbeiter besitzt die Fähigkeit, zielsicher und sachlich zu kommunizieren. Gegenüber seinen Kollegen verhält er sich tolerant. Dennoch besitzt er in Gesprächen immer einen gewissen Unterton, der seinen Führungsanspruch zum Vorschein bringt.

Motivationsstrategie: Dieser Mitarbeiter trifft seine Entscheidungen meistens selbst. Im Team äußert er seine Meinungen deutlich. In einem Gespräch wird er sich Ihnen gegenüber realistisch, sachlich und ideenreich verhalten. Daher sollten Sie ihm immer Raum zur Mitbestimmung bieten. Dieser Mitarbeiter arbeitet vorzugsweise eigenverantwortlich und dann meistens auch zuverlässig. Keinesfalls sollten Sie ihn kontrollieren und für eine Aufgabe bereits Lösungswege aufzeigen.

Nehmen wir nun alle Motivationen von Correll zusammen, ergibt sich wie bei Maslow eine Pyramidenstruktur. Die Reihenfolge dabei ist durchweg variabel. Die oben aufgeführten Motivationstypen sind zudem bewusst stereotyp beschrieben. In den seltensten Fällen jedoch erleben wir eine Person, die ihr ganzes Leben nur nach einem Motiv strebt. Vielmehr haben wir alle diese fünf Grundmotivationen in uns. Manche sind beim einen stärker, beim anderen schwächer ausgeprägt. Je nach Lebensbereich und Lebenslage tritt ein anderes Motiv an die erste Stelle.

Um Ihre Mitarbeiter zielführend zu motivieren, ist es zunächst relevant zu erkennen, welches dieser fünf Grundbedürfnisse auf Ihre Mitarbeiter zutrifft. Daher müssen Sie sie individuell beobachten, ansprechen und dabei stets darauf achten, dass sich Motivationen verändern. Selbst wenn Sie denken, herausgefunden zu haben, wie ein Mitarbeiter tickt, könnte er am nächsten Tag ein komplett anderes Verhalten an den Tag legen. Es können Ereignisse in seinem Leben passieren, auf die Sie keinen Einfluss haben und die Sie auch nicht vorhersehen können. Nutzen Sie die Motivationsstrategien als Hilfestellung. Aber bedenken Sie, dass Sie mit Menschen zusammenarbeiten und nicht mit Robotern. Generell neigen wir dazu, einen gewissen Typus der Motivationen anzunehmen. Aber wir werden früher oder später durch bestimmte Ereignisse in unserem Leben in eine andere Grundmotivation hineingeschliffen. Erst wenn Sie dieses sich ständig verändernde und bewegliche System verstanden haben, haben Sie den Schlüssel zur erfolgreichen Kommunikation gefunden.

In einem Mitarbeitergespräch könnte es durchaus Verwirrung stiften, wenn Sie mit den Angestellten urplötzlich psychologische Tests durchführen. Daher sollten Sie andere Diagnosemöglichkeiten, wie beispielsweise das äußere Erscheinungsbild Ihres Gegenübers, in Betracht ziehen. Nutzen Sie Merkmale, die Ihnen Ihre Mitarbeiter täglich vor Augen führen und in denen sich gleichzeitig die Grundbedürfnisse eines Menschen wiederfinden. Dies können simple Merkmale sein, wie die Kleidung des Mitarbeiters, sein Auftreten oder seine Hobbys.

An einem Seminarabend saßen wir zusammen mit Prof. Correll an der Bar. Er erzählte uns von einem Anruf, den er tagsüber erhalten hatte. Aus dem Hörer klang die Stimme des damaligen Neu-Bundeskanzlers Gerhard Schröder: „Sehr geehrter Herr Professor Correll, ich habe hier einen Vertrag vor mir liegen, in dem steht, dass Sie der psychologische Berater des Bundeskanzlers sind. Das bin jetzt ich!“

Obwohl Correll zuvor 16 Jahre für Schröders politischen Gegner Helmut Kohl gearbeitet hatte, setzte der SPD-Mann trotzdem auf seine Expertise. Schröder wusste, dass Correll der beste Mann für diesen Job war. Er war ausschlaggebend verantwortlich für ein professionelles Kommunikationsdesign unserer Regierung in Krisensituationen. Das war damals weltweit vorbildlich. Eine Aussage wie die von Innenminister Thomas de Maizière anlässlich der Terrorbedrohung beim Fußball-Länderspiel in Hannover („Ein Teil dieser Antworten würde die Bevölkerung verunsichern“) hätte ich in Corrells aktiver Beraterzeit für unmöglich gehalten.

Als ich diese Motivationstypen von Correll kennenlernte, ist für mich vieles klar geworden. Doch nicht nur sein großartiges Fachwissen, sondern auch die Art und Weise seiner Präsentation haben mich vollends überzeugt. Die leere Folienrolle, mit der Correll arbeitete, hatte mich zunächst verschreckt. Wie er jedoch seinen Folienbaum aufbaute und diesen rhetorisch zielgerichtet an den Mann brachte, war grandios. Sein Credo im Seminar: „Packe den Menschen in Schubladen, um ihn zu verstehen. Aber packe den Menschen nie in Schubladen, wenn du mit ihm redest!"

Delegieren will gelernt sein

Eines der bekanntesten Management-Systeme ist *Management by Delegation*. Es bedeutet schlichtweg Führung durch Aufgabenübertragung. Daneben existieren zahlreiche weitere Systeme wie *Management by Objectives* (Zielorientierte Führung), *Management by Control* (Verhaltens- und Leistungskontrolle) oder *Management by Exception* (Führung nach dem Ausnahmeprinzip), auf die wir hier im Detail allerdings nicht eingehen möchten. Während das Harzburger Modell vornehmlich aus *Management by Delegation* und *Management by Exception* besteht, wird der St. Galler Ansatz mit *Management by Objectives* praktiziert. Dieser erhöht vor allem die Motivation der Mitarbeiter und sorgt so für höhere Leistungsfähigkeit und bessere Ergebnisse. Er ist deutlich zielorientierter, weil sich das System darauf konzentriert, auf welche Art und Weise Angestellte eine Aufgabe erledigen. *Management by Delegation* hingegen beinhaltet zwar den Aufgabenübertragungs-Prozess an Mitarbeiter, achtet dabei aber zu wenig auf deren Bedürfnisse.

Aber fernab von Management-Systemen: Was macht Delegieren grundsätzlich aus? Es bedeutet doch eigentlich nur, eine Aufgabe abzugeben. Warum haben viele Führungskräfte dann damit Schwierigkeiten? Es liegt an diesen drei Punkten: Zeitmanagement, Aufgabenpriorisierung und Aufgabenübertragung.

Zeitmanagement

Delegation ist Zeitmanagement. Jeder Arbeitende muss sich grundsätzlich mit diesem Thema auseinandersetzen. Wie plane ich meine Zeit, um so effektiv wie möglich zu arbeiten? Eine weit verbreitete Negativerscheinung von schlechtem Zeitmanagement ist der sogenannte „Sägeblatt-Effekt". Er tritt ein, wenn wir während der Beschäftigung mit einer Aufgabe immer wieder von äußeren Umständen unterbrochen werden. Das kann beispielsweise durch Kollegen geschehen, die gerade an meinen Arbeitsplatz kommen oder mich direkt ansprechen. Das Telefon und eintreffende E-Mails sind sicherlich die beiden größten Faktoren, die Menschen an der effizienten Erledigung von Aufgaben hindern. Um eine Aufgabe ordentlich zu erledigen, benötigt es zunächst gewisser Eingewöhnungsarbeit. Während dieser fährt unser Gehirn automatisch hoch, bis es sein Leistungsmaximum erreicht hat. Auf diesem Level arbeiten wir konzentriert an der Erledigung einer Aufgabe. Werden wir nun unterbrochen, fährt das Gehirn wieder nach unten. Kommen wir nach der Unterbrechung zurück zu dieser Arbeit, muss das Gehirn erst wieder hochfahren. Es wird nun aber nicht mehr das Konzentrationslevel vom ersten Mal erreichen. Nach der nächsten Unterbrechung wird dieses Level sogar noch niedriger sein. Umso öfter wir pro Tag also aus unserer Arbeit gerissen werden, umso konzentrationsschwacher sind wir am Ende. Die Folge: Wir kommen mit schwerem Kopf nach Hause und wissen, dass wir an diesem Arbeitstag schwer beschäftigt waren. Allerdings sind Beschäftigung und Leistung zwei unterschiedliche Paar Schuhe. Wer abends nach Hause kommt und weiß, dass er etwas „geleistet" hat, wird deutlich zufriedener sein. Der Unterschied ist spürbar. Was also gilt es bei der Delegation in Bezug auf Zeitmanagement zu beachten? Ich persönlich empfehle Blockarbeitszeiten, die in meinem Institut ebenfalls angewandt werden. Jeder Mitarbeiter kann sich pro Tag eine gewisse Zeit nehmen, um sich zurückzuziehen. In dieser Phase darf er nur in dringenden und wichtigen Ausnahmesituationen gestört werden. Meine Mitarbeiter sind in dieser Phase in höchstem

Maße konzentriert und können einen Großteil ihrer Aufgaben erfolgreich abarbeiten.

Aufgabenpriorisierung

Die eben erwähnten Punkte „wichtig" und „dringend" spielen bei der Aufgabenpriorisierung eine entscheidende Rolle. Viele Probleme bei der Delegation entstehen dadurch, dass Aufgaben falsch kategorisiert werden. Viel zu oft lassen wir uns von vermeintlich schnell zu erledigenden Aufgaben verleiten. Zumeist sind diese aber weder wichtig noch dringend. Diese beiden Punkte sind die zentralen Merkmale des sogenannten „Eisenhower-Prinzips". Zwar ist es nach dem ehemaligen amerikanischen Präsidenten benannt, scheint mit diesem aber keinen nachweisbaren Zusammenhang zu haben. Jedenfalls ist nicht bekannt, dass Dwight D. Eisenhower seine Regierungsaufgaben in einer Matrix anordnete. Diese ist nämlich fester Bestandteil des Prinzips. Sie unterscheidet wichtige von unwichtigen und dringliche von nicht dringlichen Aufgaben. Anhand dieser Priorisierung können Führungskräfte entscheiden, welche der anstehenden Aufgaben delegiert werden können.

- Aufgaben mit der Priorität A sind **wichtig** und **dringend**. Sie erledigen diese Aufgaben bestmöglich sofort und selbst. Natürlich können Sie sie ebenso einem erfahrenen Mitarbeiter auftragen. Sie sollten sich aber sicher sein, dass dieser die Aufgabe gewissenhaft erledigt.
- Aufgaben mit der Priorität B sind **wichtig**, aber nicht **dringend**. Sie terminieren Arbeit mit Priorität B auf einen anderen Zeitpunkt und erledigen die Aufgabe selbst oder delegieren sie an einen Mitarbeiter weiter.
- Aufgaben mit der Priorität C sind **dringend**, aber nicht **wichtig**. Delegieren sie diese an Ihre Mitarbeiter.
- Aufgaben mit der Priorität D sind weder **wichtig** noch **dringend**. Sie landen zumeist im Papierkorb.

Aufgabenübertragung

Kommen wir nun zum zentralen Punkt bei der Delegation, der Aufgabenübertragung. Geben wir eine Aufgabe ab, müssen bestimmte Faktoren erfüllt sein, damit das funktioniert. Wir wissen bereits: Wichtigkeit vor Dringlichkeit. Die Aufgaben, die wir nicht selbst erledigen müssen, geben wir idealerweise ab. Unternehmer sollten das generell machen, um weniger im Unternehmen, sondern mehr am Unternehmen zu arbeiten. Aufgaben abzugeben ist kein einfacher Prozess. Viele Führungskräfte müssen lernen, bestimmte Tätigkeiten loszulassen. Fehlerhafter Delegation liegt oft zugrunde, dass Führungskräfte der Überzeugung sind, sie könnten Angelegenheiten schneller und besser als andere erledigen. Typische Sprüche sind dann: „Ich muss das selbst machen. Ich habe jetzt keine Zeit, um dir das zu erklären!" oder „Ich weiß jetzt gar nicht, wem ich diese Aufgabe übertragen soll. Ich mache das nun schon so lange. Dann mache ich es auch jetzt selbst." Wer in dieser Denke festsitzt, wird eher früher als später Probleme bekommen. Delegieren ist ein zeitlicher Aufwandsprozess, der auf die Weiterbildung der Angestellten einzahlt. Typisch für einen Prozess ist die benötigte Zeit, die er veranschlagt. Nehmen sich Führungskräfte nicht diese Zeit, um in ihre Mitarbeiter zu investieren, werden sie zunehmend in Arbeit ersticken.

Jede Checkliste ist ein hypothetisches Konstrukt

Delegieren liegt also zugrunde, dass ich die handwerklichen und intellektuellen Fähigkeiten meiner Mitarbeiter richtig einschätzen kann. Ebenso muss ich deren Aufgabenplanung im Blick haben. Haben sie Wichtiges zu tun oder halte ich sie mit der Delegation von wesentlich wichtigeren Aufgaben ab? Deswegen ist bei der Delegation der erste Punkt immer: An wen delegiere ich die Aufgabe? Hat er die handwerklichen und/oder intellektuellen Fähigkeiten dazu? Hat er Zeit, diese Aufgabe zu erledigen? Es gilt: Wichtigkeit vor Dringlichkeit.

Damit wir demnächst Aufgaben kommunikativ erfolgreich delegieren können, erinnern wir uns zunächst an die Motivationstypen zurück. Wir haben bereits gelernt, dass sie in einem flexiblen und keinesfalls starren Modell abgebildet sind. Viele Trainer und Unternehmensberater machen dennoch oftmals den Fehler, dass sie aus für sie funktionierenden Systemen ein Gesetz machen. Sie haben festgestellt, dass Delegation mit einer bestimmten Methode hervorragend funktioniert hat. Nun nehmen sie dieses Beispiel und formulieren daraus eine Checkliste für erfolgreiches Delegieren. Sie lehren diese Liste in ihren Seminaren, da sie selbst damit ja große Erfolge hatten. Der Seminarteilnehmer geht nun zurück zu seinen Mitarbeitern und stellt fest: „Okay, dieses Werkzeug funktioniert nur so halb …“ Der Trainer hatte die Motivationstypologie von Menschen nicht bedacht. Trotzdem versprechen viele Trainer den goldenen Schlüssel zur Führung. In der Praxis stellen wir aber fest: „Verdammt! So einfach ist es ja doch nicht!“ Jede Checkliste im Leben ist immer ein Kompromiss, ein hypothetisches Konstrukt – so wie diese Typologie ein Kompromiss mit der Wirklichkeit ist.

SMART

Sicherlich nicht der goldene Schlüssel, aber ein durchaus nützliches Instrument für Führungsanweisungen ist die *SMART*-Formel. *SMART* ist ein bekanntes Akronym aus dem Projektmanagement. Es wird in nahezu jedem Führungs- und Personalentwicklungsseminar gelehrt. So könnte man meinen, dass es sich um kalten Kaffee handelt. Da aber noch immer viel zu viele Zielformulierungen in unserem Wirtschaftssystem ungenau formuliert sind, ist *SMART* nach wie vor eine nützliche Hilfestellung. Um Ihnen dies zu veranschaulichen, bedienen wir uns eines einfachen Beispiels: dem Ausschalten des Bürolichts.

SPEZIFISCH bedeutet, dass das Ziel exakt und deutlich formuliert wird.

„Spezifisch genau gebe ich Ihnen also den Auftrag, heute Abend im Büro das Licht auszuschalten. Dies beinhaltet ausnahmslos alle Lichtschalter auf unserer Etage.“

MESSBAR Das Ergebnis muss nachher auch sichtbar sein. Bei aufwendigen Aufgaben empfiehlt sich die Erstellung einer Liste. Welche Punkte gehören zu dieser Tätigkeit? Ist die Aufgabe, alle Lichtschalter im 27-stöckigen Bürogebäude um 18:00 Uhr auszuschalten, also komplexer, sollte ich vorher eine Liste erstellen, wo sich alle Lichtschalter befinden. Das macht es wieder messbar – sowohl für den, der die Aufgabe erledigt, als auch für den, der die Aufgabe delegiert.

ATTRAKTIV „Wenn wir das Licht ausschalten, halten unsere Glühbirnen länger und wir verbrauchen keinen Strom. Das ist gut für die Umwelt und damit gut für uns alle."

Hier spielen vor allem die Grundmotivationen meines Gegenübers eine große Rolle. Wenn wir beispielsweise an eine Gruppe delegieren, neigen alle dazu, motivationstypologisch wie Typ 3 zu agieren. Individuell muss ich trotzdem darauf achten, mit wem ich es gerade zu tun habe.

REALISTISCH Schafft mein Mitarbeiter es, diese Aufgabe zu bewältigen? Wenn er groß genug ist, um an den Lichtschalter zu kommen, ja. Wenn er aufgrund seiner Körpergröße auch die Fähigkeit besitzt, auf einen Stuhl zu klettern, schafft er es ebenfalls.

TERMINIERT „Heute, 18:00 Uhr, beim Verlassen des Büros, muss der Lichtschalter betätigt werden."

Wie formuliere ich diese Ziele nun an die einzelnen Motivationstypen?
TYP 1 „Wenn du das Licht um 18:00 Uhr ausschaltest, werde ich dich morgen vor der gesamten Gruppe loben. Erledigst du diese Aufgabe regelmäßig gewissenhaft, kannst du in diesem Unternehmen schnell aufsteigen."

TYP 2 „Wenn du das Licht nicht ausmachst, wird das Konsequenzen haben!"

TYP 3 „Ich freue mich, dich demnächst auf Würstchen vom Grill und Bier vom Fass einzuladen. Damit wir uns gut verstehen, denkst du bitte daran, immer pünktlich um 18:00 Uhr das Licht auszumachen."

TYP 4 „Laut Geschäftsordnung, Seite 12 § 27, Abs. 1 (2) ff. ist beschrieben, dass der Mitarbeiter in der Buchhaltung – also SIE – die Verantwortung trägt, am Abend das Licht im Büro selbstständig auszuschalten. Diese Tätigkeit hat um 18:00 Uhr zu erfolgen. Dieser Zeitraum ist dehnbar zu verstehen. Auf keinen Fall vor 18:00 Uhr. Spätestens um 18:15 Uhr sollten Sie den Schalter betätigen, damit es nicht zum Aufschreiben einer Überstunde kommt."

TYP 5 „Mach das Licht aus! Dann verbrauchen wir keinen Strom!"

Delegation ist eines der maßgeblichen Instrumente, ohne das wir nicht erfolgreich arbeiten können. Oftmals bilden wir uns ein, dass wir bestimmte Tätigkeiten nur selbst erledigen könnten. Doch das ist ein Trugschluss. Sogar Selbstständige delegieren, indem sie beispielsweise Aufgaben wie Buchführung oder Steuererklärung an Dienstleister auslagern. Das wichtigste Element bei der Delegation bleibt aber Wertschätzung. Nur wer in der Lage ist, Aufgaben respektvoll, gut artikuliert und nachvollziehbar zu delegieren, kann eine erfolgreiche Führungskraft sein.

Das Verhältnis von Stressstabilität und Einfühlungsvermögen

Der überwiegende Großteil der Berufsgruppen in unserem Land benötigt bestimmte Voraussetzungen, um einen Job ausüben zu können, sei es eine Ausbildung, ein Studium oder eine gewisse Erfahrung, die auf diesem Gebiet bereits vorliegt. Bestimmte Berufsgruppen benötigen beim Einstellungstest jedoch zusätzlich ein psychologisches

Gutachten. In diesen Berufen kommt es nämlich ganz besonders auf ein stabiles Nervenkostüm an. Treffende Beispiele hierfür sind der soziale und medizinische Bereich sowie das Polizeiwesen. Beide werden wir im Verlauf dieses Kapitels noch näher beleuchten.

Ein besonders wichtiger, psychologisch messbarer Faktor ist Stressstabilität (Arbeits- und Konfliktlösefähigkeit in Belastungssituationen). Sie spielt beim psychologischen Test von Jobfidence, einem der bekanntesten Eignungsmessverfahren Deutschlands, eine tragende Rolle. Jobfidence ist ein Verfahren, das in fast allen Wirtschaftsbranchen, Behörden und vor allem zur persönlichen Karriereplanung von einzelnen Personen eingesetzt wird. Daneben gibt es weitere aussagekräftige Leistungsvoraussetzungen wie Intelligenzorganisation (analytisches und kombinatorisches Denken), Intelligenzanpassung (numerische und verbale Fähigkeiten), Umstellungsbereitschaft (Umstellung von Gewohnheiten und Vorurteilen in Entscheidungssituationen), Leistungsmotivation (Priorisierung der Leistungsbereitschaft) sowie Hartnäckigkeit (Zielverfolgung). Wir möchten uns in diesem Kapitel jedoch auf den Punkt Stressstabilität konzentrieren, vor allem auf seinen Zusammenhang mit der Empathiefähigkeit.

Bei Jobfidence wird Stressstabilität anhand einer Skala von 1–100 bemessen. Die Höhe dieses Werts sagt aber nicht nur aus, wie stabil wir mit Stresssituationen umgehen, sondern gibt auch Rückmeldung über das Einfühlungsvermögen einer Person. Aber wie hängen diese beiden Eigenschaften zusammen?

Nehmen wir an, dass das psychologische Messverfahren bei unserem Nachbarn aus Kapitel 1 einen Wert von 85 ergeben hat. Dieser bedeutet, dass unser Nachbar in stressigen Situationen sehr belastbar ist. Und wir kennen diese Menschen ja alle. Es gelingt ihnen, in anstrengenden und beschwerlichen Momenten die Ruhe zu bewahren, während andere um sie herum bereits resignieren oder sogar zusammenklappen. Stellen wir uns einen Rettungssanitäter vor, der an eine Unfallstelle kommt. Über Funk hat er bereits erfahren, dass es mehrere Verletzte und Tote gibt. Kommt er am Unfallort an, zählt jede Sekunde. Er muss sich in kürzester Zeit einen Überblick verschaffen. Wo befinden sich die Verletzten? Gehen von der Unfallstelle noch Gefahren aus? Um welche Personen muss er sich zuerst kümmern? Selbstverständlich handelt es sich auch hierbei um einen Ausbildungsberuf, bei dem die verschiedensten Situationen simuliert werden. Ist ein Rettungssanitäter jedoch nicht stressstabil, wird er nicht mit vollem Konzentrationsvermögen funktionieren können.

Verfestigen wir dies an einem weiteren Beispiel: Die Kriminalpolizei in Bayern sucht seit 1964 mit dem Jobfidence-Test Kommissare für die Mordkommission aus. Führen wir uns kurz den Job eines Kommissars bei der Mordkommission vor Augen: Tatort Kinderzimmer. Er findet dort eine Situation vor, die wir hier nicht näher erläutern müssen. Wir wissen, dass ein „normaler Mensch" dort wahrscheinlich zusammenbrechen würde – aus Empathie, Mitgefühl und Mitleid für die Angehörigen. Der Kommissar jedoch darf nicht zusammenbrechen. Er muss nun mit all seinem Fachwissen die Lage sondieren, nach Indizien und Beweisen suchen, diese auffinden, identifizieren und dafür sorgen, dass vor Ort ein professioneller Ablauf der Tatortsicherung garantiert ist. Darauf folgen die ersten Vernehmungen beziehungsweise ein sorgfältiger Check des sozialen Umfelds. Für alle diese Fähigkeiten benötigt der Kommissar sein komplettes Denkvermögen. Deshalb sind sehr stressstabile Personen in diesem Beruf besonders wichtig. Als Notarzt oder Kommissar zu arbeiten löst enorm viel Stress aus. Diesem konzentriert zu begegnen kann natürlich erlernt werden. Viel wichtiger ist unsere naturgegebene Stressstabilität. Sie ist eine menschliche Stärke.

Haben wir nun in unserem Arbeitsumfeld eine besonders stressresistente Person, passiert etwas Spannendes: Wir beginnen automatisch, uns mit ihr zu vergleichen. Wir beobachten sie und vor allem wie sie selbst in den stressigsten Situationen einen kühlen Kopf bewahrt. Sind wir nicht in gleicher Weise stressstabil, löst diese Beobachtung zumeist

Unsicherheiten aus, die unserer eigenen Persönlichkeit nicht guttun. Wir fühlen uns klein und schlecht, weil da jemand ist, der augenscheinlich etwas besser kann als wir. Vielleicht ist es für die Pflege des eigenen Selbstbewusstseins leichter, wenn wir uns darüber klar werden, dass eine menschliche Stärke wie hohe Stressstabilität auf der anderen Seite auch eine Schwäche hat. Der 85er-Wert auf der Skala der Stressstabilität bedeutet nämlich einen 15er-Wert auf der Skala des Einfühlungsvermögens. Wir haben es mit zwei Punkten zu tun, deren Merkmale im Gegensatz zueinander stehen.

Wir alle kennen aus Film und Fernsehen mittlerweile das Klischee vom „kaputten" Kommissar. Heute gibt es kaum noch TV-Ermittler, die „normal" gezeichnet sind. Die Kommissare selbst sind zu den Verrückten geworden: sozial inkompetent sowie freud- und schlaflos, im Grunde übellaunige Außenseiter. Es gibt Ausnahmen, die allerdings immer seltener werden. Aber ist diese Zeichnung auch repräsentativ?

Zumindest wenn wir das Verhältnis von Stressstabilität und Einfühlungsvermögen betrachten, scheint das Bild des empathielosen Kommissars nicht ganz aus der Luft gegriffen. Wer stressstabil ist, wird oftmals auch als abgehärtet bezeichnet. Diese Personen werden weniger von Emotionen, sondern vielmehr von rationalen Gedankengängen gesteuert. Sie entscheiden nicht aus dem Bauch, sondern aus dem Kopf heraus. Es erscheint nachvollziehbar, dass sie nicht die feinen, empathischen Antennen besitzen, um lesen zu können, was bei ihrem Gegenüber los ist. Nun wird der aufmerksame Leser sicher meinen: Aber bei einer Vernehmung muss der Kommissar doch auch sein Gegenüber lesen können. Das ist richtig. Und das ist etwas, das er idealerweise in seiner Polizei-Ausbildung lernt. Er lernt, wann eine verbale Aussage mit der Körpersprache kongruent – also deckungsgleich – ist. Er erkennt Inkongruenzen, die auf Stress und damit auf eine Lüge hinweisen können.

Auf der anderen Seite gibt es Personen, die empathisch wirken und in stressigen Situationen trotzdem entspannt bleiben. Im Regelfall haben sie eines der beiden Merkmale später gelernt. Grundsätzlich haben wir erst das eine oder das andere. Mit einem Mittelwert von 50 haben wir übrigens gar keine der beiden Eigenschaften in ausreichendem Maße. Wird bei Ihnen eine hohe Stressstabilität (85) gemessen, sind Sie im Gegensatz zu anderen Personen deutlich entspannter in Stresssituationen, in denen ein „normaler Mensch" zusammenklappt. Aber Sie sollten an Ihrer Empathiefähigkeit arbeiten.

Professionell Feedback geben und nehmen

Feedback ist sehr wichtig. Nur ist Feedback etwas, das wir im Leben leider nicht oft genug bekommen. Stellen Sie sich vor, dass ein neuer, frisch eingestellter Mitarbeiter nach einem Meeting zu Ihnen kommt und folgendes Feedback gibt: „Ich wollte mal Rückmeldung zum Meeting geben. Bei der Einleitung haben ziemlich wichtige Fakten gefehlt. Wie Sie moderiert haben, war katastrophal, es gab keine Struktur. Außerdem haben Sie überhaupt keine To-do-Liste festgelegt. Ich würde mir wünschen, Chef, dass Sie zukünftig ein bisschen daran arbeiten." Seien Sie ehrlich: Wie würden Sie auf dieses Feedback reagieren?

Nettigkeiten sind selten wahr und Wahrheiten sind selten nett! Wir haben keine gute Feedback-Kultur in Deutschland. Das liegt daran, dass wir hinter Feedback oftmals versteckte Motive entdecken beziehungsweise selbst andere Motive dahinter verstecken. Wir geben Feedback gar nicht um der Sache willen, sondern weil wir uns in Position bringen und in den Mittelpunkt rücken wollen. Schlechtes Feedback ist oftmals der Grund für kommunikative Missverständnisse, die bei Mitarbeitern Frust auslösen. Richtig Feedback zu geben und zu nehmen kann allerdings erlernt werden. Bereits mit einfachen rhetorischen Methoden können Sie viel dafür tun, dass aus Frust ganz schnell Motivation wird.

Ein kurzes Fallbeispiel: Teambesprechung mit meiner Mitarbeiterin. Es steht ein Brainstorming für ein großes Werbeprojekt auf dem Plan. Es muss schnell gehen, denn der Kunde wollte vorzugsweise gestern schon Ergebnisse sehen. Die Mitarbeiterin macht einen Vorschlag, den ich sehr schlecht finde. Sie fragt mich: „Wie findest du die Idee? Ehrlich!" So auch meine Antwort: „Schlecht! Lässt sich erstens nicht umsetzen und geht zweitens am Thema vorbei." Sie nickt lächelnd: „Stimmt!" – Keine Mitarbeiterin, jemals.

Meine Methode, Feedback zu geben, kam bei anderen nur selten gut an, sei es im Privatleben oder auf der Arbeit. Ich war frustriert, denn ich hatte den Eindruck, dass die meisten Leute direkte und ehrliche Kritik einforderten, aber gleichzeitig resistent dagegen waren. Eine sehr ignorante Sichtweise, wie ich mittlerweile weiß. Mein Problem war, dass ich einen ganz banalen Zusammenhang außer Acht gelassen hatte: Niemand mag es, kritisiert zu werden, und es ist gegen unsere Natur, etwas, das wir nicht mögen, mit offenen Armen zu empfangen. Ich rate deshalb auch Ihnen, sich stets zu vergegenwärtigen, dass Sie mit Kritik bei Ihrem Gegenüber zunächst einen Impuls der Ablehnung auslösen.

Beobachten Sie doch einmal die Reaktionen Ihrer Arbeitskollegen, Familie und Freunde, wenn sie diesen eine negative Rückmeldung geben. Dass Sie weder beleidigend noch persönlich werden, versteht sich von selbst. Sie werden Ihnen, dem ersten Impuls folgend, zumindest nonverbal mit Ablehnung begegnen. Ein angespanntes Gesicht, verschränkte Arme, kurze Blicke nach unten oder Anstarren sind klassische Signale dafür und völlig normal. Haben Sie viel Glück, begegnet Ihnen einer der wenigen Menschen, der sich völlig offen auf eine objektive Diskussion mit Ihnen einlassen kann. Mit hoher Wahrscheinlichkeit treffen Sie aber auf jemanden, der sich in Rechtfertigungen, Schuldzuweisungen oder auch Schweigen flüchtet. In solchen Fällen tut sich derjenige schwer, objektiv zu bleiben, und vermischt Sachliches mit Persönlichem. Im schlimmsten Fall eskaliert das Gespräch.

Um eine Eskalation zu vermeiden, bedienen Sie sich einfach folgender rhetorischer Methoden:

- Bleiben Sie stets ruhig und freundlich beim Feedback. Natürlich bestätigen Ausnahmen die Regel. Dies gilt vor allem in Situationen, in denen Gefahr im Verzug ist. In diesen spielen rhetorische Feinheiten ausnahmsweise keine Rolle. Es muss unmittelbar Feedback gegeben werden. Bevor sich jemand verletzt, trete ich ihm lieber in den Hintern. Ansonsten bewahren Sie sich Ihre Freundlichkeit.

- Signalisieren Sie Ihrem Gegenüber körpersprachlich: Ich meine es ernst, ich kommuniziere direkt mit dir. Lassen Sie die Person wissen, dass Sie sie schätzen. Blicken Sie ihrem Gegenüber mit offener Körpersprache in die Augen und leiten Sie mit den Worten ein: „Ich möchte Ihnen gerne eine Rückmeldung geben."

- Betonen Sie, dass Kritik keine objektive Wahrheit, sondern Ihre eigene persönliche Meinung darstellt. Formulieren Sie deshalb Ihre Sätze aus der Ich-Perspektive: „Ich habe den Eindruck, dass Sie …" und vermeiden Sie die Du-Perspektive: „Du hast folgende Punkte …" Die Formulierung „aus meiner Sicht" besteht aus drei ganz wertvollen Worten, die ein großartiges rhetorisches Werkzeug sind. Damit zeige ich definitiv, dass ich eine Sichtweise – meine persönliche Wahrheit – auf die Dinge habe. Zugleich zeige ich, dass es andere Sichtweisen geben kann und darf. Zeigen Sie sich fehlbar und schaffen Sie Identifikationsmerkmale, indem Sie eigene Schwächen einräumen. Schwächen zugeben zu können ist eine große Stärke.

- Sprechen Sie klar, verbindlich und knapp. Vermeiden Sie Konjunktive. Viele sind in ihrem Feedback nicht konkret genug. Dies äußert sich besonders in der Formulierung „man müsste das ja mal machen". Dadurch wird die besonders wichtige, für eine

Rückmeldung zentrale, direkte Ansprache meilenweit verfehlt. „Man“ ist beliebig. Mein Freund und Kollege Wolfgang Ronzal, der ebenfalls Buchautor und Redner ist, arbeitet viel mit Banken zusammen. In seinen Vorträgen sagt er immer gerne: „Wenn ich in eine Bank gehe, suche ich immer den Herrn Man. Das muss ein fantastischer Mitarbeiter sein. Überall sagen alle, man müsste und man sollte mal eventuell Folgendes tun.“ Deswegen ist es wichtig, klar, direkt und verbindlich zu kommunizieren. Direkte Ansprache heißt: „Herr Müller, ich möchte Ihnen gerne eine Rückmeldung geben.“

- Beginnen Sie beim Feedback mit den positiven Aspekten und üben Sie dann konstruktive Kritik. Verzichten Sie dabei auf Weichmacher. „Du solltest, du müsstest, ich würde das so tun …“ sind keine wirklichen Ratschläge. Zwar sind sie oftmals so gemeint, verlaufen jedoch rhetorisch im Sande, weil die Wichtigkeit der Botschaft durch den Weichmacher zerstört wird. Sagen Sie doch einfach verbindlich, was Sie sagen wollen: „Ich habe gesehen, wie engagiert Sie gestern Ihre Aufgabe angegangen sind. Das hat mir gefallen. Nicht gefallen hat mir allerdings die Kommunikation mit Ihren Kollegen. Bitte achten Sie in Zukunft auf einen besseren Austausch.“

- Formulieren Sie Negatives positiv. Einer Ihrer Mitarbeiter hat eine ihm aufgetragene Aufgabe nicht abgeschlossen. Anstatt zu sagen: „Wieso haben Sie das nicht geschafft?“, fragen Sie ihn: „Was haben Sie bisher erreicht? Wie viel Zeit benötigen Sie für die restlichen Aufgaben?“

- Bleiben Sie in Ihrem Feedback-Gespräch auf einer Ebene. Vermischen Sie den Grund der Rückmeldung nicht mit zurückliegenden Ereignissen. Wird dieser Ebenenwechsel vollzogen, wird plötzlich nicht mehr vom Hier und Jetzt gesprochen.

- Beziehen Sie Ihren Mitarbeiter mit gezielten Fragen in das Gespräch ein: „Wie sehen Sie diesen Punkt?“

- Zu guter Letzt: Kritisieren Sie nicht nur. Machen Sie Ihrem Gegenüber einen konkreten Verbesserungsvorschlag!

In einem erfolgreichen Feedback-Gespräch – das erlebe ich in meinen Seminaren regelmäßig – verlässt der Feedback-Nehmer die Unterhaltung zufrieden und motiviert. Selbst dann, wenn er negative Kritik bekommt. Ist diese konstruktiv formuliert, haben wir einen Mitarbeiter, der Lust darauf hat, seine Aufgabe besser zu erledigen. Gutes Feedback ist die Grundlage für Erfolg. Dies gilt nicht nur im Arbeitsverhältnis zwischen Führungskraft und Mitarbeiter, sondern auch zwischen Kollegen, in der Familie, unter Freunden und vor allem in Beziehungen. Professionell Feedback geben und nehmen zu können ist eine großartige Qualität.

Das Mitarbeitergespräch

Gespräche mit Mitarbeitern sind Grundlage jedes normalen Arbeitstages, wenn Sie nicht gerade Eremit sind. Das beginnt beim zwanglosen Austausch von Informationen und Gedanken, der beispielsweise frühmorgens an der Kaffeemaschine stattfindet, und geht bis zur Abmahnung. Es gibt also ganz verschiedene Gesprächsarten und diese haben entsprechend eine Zielsetzung. Wir unterscheiden hier:

- Das Kontaktgespräch = zum gegenseitigen Kennenlernen
- Das Informationsgespräch = zur beid- oder einseitigen Information
- Das Vorstellungsgespräch = zum Kennenlernen des Bewerbers

Was diese drei Gesprächsarten gemein haben, ist eine klare Zielsetzung. Andere Gesprächsarten haben kein Ziel. Wenn ich Sie, lieber Leser, zufällig am Wochenende treffen würde, wäre dies unvorbereitet. Wir würden beide ohne Ziel in ein zwangloses Gespräch gehen. Ich würde Sie fragen, wie es Ihnen geht und woher Sie kommen. Sie erzählten mir dann, dass Sie zunächst mit Freunden essen waren und anschließend noch auf ein, zwei Getränke in die Stadt gekommen seien. Wahrscheinlich würden Sie mir das Restaurant empfehlen, sofern Sie dort zufrieden gewesen sind. Ich wiederum würde Ihnen eine tolle Bar empfehlen, die zu Fuß nur fünf Minuten entfernt ist. Dort gibt es nämlich die besten Cocktails der Stadt. Mit diesen gegenseitigen Empfehlungen haben nun beide Gesprächspartner ein Ergebnis aus dem Gespräch mitgenommen. Dies war, als wir uns zufällig trafen, keinesfalls klar.

In Unternehmen mischen sich ganz besonders die Gespräche mit und ohne Zielsetzung. Mitunter gehen sie auch ineinander über. So kann ein Bewerbungsgespräch beispielsweise unvorbereitet stattfinden oder ein Feedback-Gespräch aus der Situation heraus entstehen. Nicht zwingend können Sie sich immer auf ein Gespräch vorbereiten. Um trotzdem professionell zu wirken, sollten Sie die folgenden Ratschläge beherzigen:

- Starten Sie ein Mitarbeitergespräch mit möglichst freundlichem Small Talk. Von Vorteil ist es immer, wenn Sie diesen mit persönlichen Dingen einleiten. Erzählen Sie beispielsweise, was Ihnen heute Morgen passiert ist oder am Abend zuvor. In meiner langjährigen Zusammenarbeit mit Schweizer Unternehmen lernte ich ganz besonders die dortigen Small-Talk-Künste kennen. Ich verwende das Wort „Kunst“ mit Absicht, weil der Schweizer Small Talk in Geschäftsgesprächen deutlich länger praktiziert wird als in Deutschland. Wir sind gerne konkret und kommen schnell zum Punkt. „Es geht ums Geschäft? Also, lass uns über das Geschäft sprechen!“ Bis es dazu kommt, wird in der Schweiz noch höflich geplaudert. Das kann gut und gerne 20 oder sogar 30 Minuten dauern. Vertrauen ist sehr wichtig, nicht nur gegenüber Gesprächspartnern, sondern vor allem gegenüber Angestellten und Kollegen. In der Schweiz, in der nicht umsonst im Vergleich zu Deutschland deutlich flachere Hierarchien in der Unternehmensstruktur herrschen, gehört Small Talk zum guten Umgangston. Gute Beziehungen sind wichtiger als schnelle Erfolge. In Deutschland gestaltet sich dies zumeist andersherum. Die schnelle und termingerechte Erledigung hat Vorrang. Erst im Anschluss können Verhandlungspartner gemeinsam auf den Erfolg anstoßen.

- Versuchen Sie möglichst früh, die Erwartungshaltung des Gesprächspartners herauszufinden und dieser Haltung zu entsprechen. Während des Gesprächs sollten Sie immer ruhig sprechen und natürlich wirken. Gleichzeitig ist es aber auch wichtig, Emotionen zu zeigen. Denn so wirken Sie nicht wie eine starre, emotionslose Führungskraft, die sich eigentlich nicht für die Interessen ihrer Angestellten interessiert. Zeigen Sie stets Interesse am Mitarbeiter, stellen Sie ihm präzise Fragen. Und ganz wichtig: Hören Sie dem Mitarbeiter zu! Denn durch aktives Zuhören können Sie die Haltung Ihres Gegenübers herausfinden.

- Stellen Sie sich auf die Ausdrucksweise des Gesprächspartners ein. Viele Menschen machen dies ganz automatisch, wenn sie ihr Gegenüber sympathisch finden. Sie passen sich der Sprechweise an und kopieren diese sogar. Es handelt sich um ein weit verbreitetes Phänomen, das vor allem in Bezug auf Dialekte praktiziert wird. Oftmals wird diese Anpassung allerdings nicht als Sympathiebekundung, sondern als Veräppelung wahrgenommen.

- Beantworten Sie Fragen kurz und formulieren Sie eigene Fragen knapp und präzise. Versucht Ihr Gesprächspartner Fragen auszuweichen, formulieren Sie die Frage so um, dass er nicht mehr ausweichen kann.

- Fokussieren Sie Ihren Blick auf den Gesprächspartner, solange dieser spricht. Schauen Sie dabei nicht auf die Uhr. Variieren Sie jedoch die Blickrichtung, wenn Sie selbst sprechen.

- Legen Sie Redepausen ein. Schweigen ist ein relevanter Teil der Kommunikation. Dadurch können Sie Ihrem Gegenüber Botschaften übermitteln. Schweigen bedeutet zwar, dass niemand etwas sagt, jedoch bedeutet es nicht die Abwesenheit von Kommunikation. Meistens verfolgt eine Person mit Schweigen ein bestimmtes Ziel. Im Gespräch können Sie das Schweigen einsetzen, wenn Sie beispielsweise unfair behandelt wurden oder auch als Ausdruck von Ablehnung und Hass. Strategisch können Sie Schweigen in Gesprächen einsetzen, wenn Sie zunächst sorgfältig abwägen, was Sie antworten möchten. Durch Schweigen können Sie ebenso kontroverse Themen umgehen.

- Sprechen Sie Ihr Gegenüber öfter mit dem Namen an. Dies ist nicht nur bei Begrüßung und Abschied zweckmäßig. Verzichten Sie dabei auf Floskeln wie „Haben Sie sonst noch was?“ Das wirkt wenig präzise.

- Überlassen Sie Ihrem Gegenüber das letzte Wort, aber fassen Sie Ihre eigene Ansicht während der Verabschiedung zusammen. Ihr Gesprächspartner wird mit dem Gefühl aus dem Gespräch gehen, er hätte das letzte Wort gehabt. Tatsächlich hatten Sie das letzte Wort.

Regeln für die Konferenz mit Führung und Ergebnis

Nachdem wir uns bei den zurückliegenden Punkten mit Einzelgesprächen auseinandergesetzt haben, beschäftigen wir uns nun mit Besprechungen, die in Form einer Konferenz beziehungsweise eines Meetings stattfinden. In vielen Firmen gelten Meetings inzwischen als Zeit- und Produktivitätskiller Nummer 1. Aus der Perspektive des Unternehmenscoachings kann ich berichten, dass dieser Eindruck leider zutrifft. Doch wann wird aus einer Konferenz eine Laberrunde? Das geschieht dann, wenn Spielregeln fehlen oder sich ergebnisfeindliche Rituale einschleichen. Damit Ihre Meetings Ergebnisse produzieren, nehmen Sie die Verantwortung dafür in Ihre Hände. Folgende Informationen werden Ihnen dabei helfen:

Merkmale einer Konferenz

1. Das Thema der meisten Konferenzen ist ein umstrittener Sachverhalt, dessen Klärung idealerweise in einer Diskussion erfolgt.
2. In dieser werden verschiedene Meinungen vertreten und Probleme analysiert.
3. Die Teilnehmer sind ein fester Personenkreis aus bestimmten Arbeitsgebieten.
4. Jede Konferenz muss einen festen Zeitplan haben, der frühzeitig an alle Teilnehmer mitsamt Agenda kommuniziert wird.
5. Diese Agenda besteht aus festgelegten Themen und einem realistischen, auf die Themen abgestimmten Zeitplan.
6. Jede Konferenz benötigt einen möglichst neutralen Leiter, der die Gespräche koordiniert. Er muss Informationen von allen Teilnehmern einholen. Warum der Konferenzleiter nicht gleich zu Beginn Stellung beziehen sollte, werden wir später noch genauer erläutern.

7. Zu Beginn der Konferenz muss der Leiter Spielregeln festlegen, an die sich jeder Teilnehmer im Laufe der Besprechung halten muss.

Wenn sich kluge Menschen in einem Raum einsperren und miteinander reden, wird ihnen bestimmt nicht der Stoff ausgehen. Sie haben jede Menge Gesprächsmaterial. Was aber haben sie am Ende davon? Damit das Treffen nicht zum Geplauder verkommt, muss ihm eine Struktur gegeben werden. Ebenso braucht die Konferenz, damit sie zu einem erfolgreichen Ende kommen kann, ein Ziel! Dieses muss in der Agenda festgelegt werden. Ohne diese ausführliche Vorbereitung sind Konferenzen zum Scheitern verurteilt. Sie scheitern, weil sie keinem festen Plan folgen. Einige Besprechungen scheitern aber auch, weil sie bewusst sabotiert werden. Um dies zu vermeiden, muss sich der Konferenzleiter vor der Besprechung folgende W-Fragen stellen:

1. Was ist das Thema?
2. Wer kommt?
3. Wie viel Zeit haben wir?
4. Welche Unterlagen werden gebraucht?
5. Wer leitet die Konferenz?
6. Wo soll die Konferenz stattfinden?
7. Wann soll die Konferenz stattfinden?
8. Wer schreibt Protokoll?
9. Wie ist der Ablauf?
10. Was ist zu verbessern?

Sind diese Fragen geklärt, kann die Diskussion beginnen. Der Konferenzleiter muss seinen vorbereiteten Ablauf nun an alle Teilnehmer kommunizieren und sich strikt an diesen halten. Der optimale Ablauf für viele Konferenzen sieht folgendermaßen aus:

1. Die Konferenz beginnt mit einer freundlichen Begrüßung durch den Konferenzleiter.
2. Er wiederholt zunächst das Thema/die Themen, die auf der Tagesordnung stehen.
3. Der Konferenzleiter gibt die „Spielregeln" bekannt:
   a) Eine erste Rückmeldung von allen Teilnehmern zum Thema mit fester Zeitvorgabe (zum Beispiel nicht mehr als zwei Minuten)
   b) Welche Sanktionen gibt es, wenn sich Teilnehmer nicht an die Spielregeln halten?
   c) Bestimmung des Protokollführers
4. Die Reihenfolge der Statements wird festgelegt.
5. Jeder Teilnehmer hat nun Zeit, sein Statement abzugeben.
6. Der Konferenzleiter darf keine Bewertung der vorangegangenen Teilnehmer zulassen. Vor allem darf er sich nicht selbst zu den Statements äußern.
7. Das Wort wird nur vom Konferenzleiter erteilt.
8. Anschließend dankt der Leiter den Teilnehmern und strukturiert die folgende Diskussion. Er fungiert dabei als Moderator.
9. Diese Diskussionsbeiträge sollten auf circa 30 Sekunden beschränkt sein.
10. Aus diesen Diskussionen sind dann Ergebnisse abzuleiten. Mitunter – sofern eine Beschlussfähigkeit vorher festgestellt worden ist – geschieht dies in einer Abstimmung.
11. Der Konferenzleiter fasst in einem abschließenden Fazit alle wichtigen Punkte zusammen und verweist auf das Gesprächsprotokoll, das die Teilnehmer im Anschluss erhalten. Hier ist darauf zu achten, dass es nicht bei der Floskel bleibt, sondern das Protokoll tatsächlich in Form gebracht und verteilt wird.

Inhaltlich sollte das Protokoll folgende Fragen klären:

- Was sind die zu erledigenden Aufgaben?
- Wer sind die dafür zuständigen Personen?
- Mit wem sind die Aufgaben zu erledigen?

- Zu welchem Zeitpunkt müssen sie abgeschlossen sein?
- Wer kontrolliert zu welchem Zeitpunkt den gelungenen Abschluss der Aufgaben?

Um Konferenzen erfolgreich zu gestalten, ist aber nicht nur der Leiter in der Pflicht. Auch als Teilnehmer gibt es wichtige Punkte, die es zu beachten gilt. Wenn der Diskussionsleiter die Vorstellung der Teilnehmer nicht übernimmt oder die Funktionen und Positionen sowieso klar sind, stellen Sie sich kurz selbst vor. Nennen Sie dabei Ihren Namen, Ihre Position und zeigen Sie Ihre Qualifikation für das Thema auf. Überlegen Sie sich bereits vor dem Gespräch die Form Ihres Eingangsstatements. Übernehmen Sie jedoch nicht die erste Wortmeldung. Sie können mit dieser zwar die Diskussionsrichtung festlegen, machen sich aber auch angreifbar. Diskutieren Sie ruhig, entspannt und vermeiden Sie Emotionen. Auch wenn es schwerfallen mag, sollten Sie sich nicht zu Wort melden, wenn Sie aufgebracht oder erregt sind. Achten Sie stets auf eine angemessene Gestik und Mimik. Scherzhafte Äußerungen sind bei langweiligen und angespannten Konferenzen durchaus möglich. Überlassen Sie aber den Ablauf und Verfahrensfragen dem Konferenzleiter.

Tunlichst zu vermeiden sind Zwischenrufe, Privatgespräche, Beleidigungen und Monologe. Ebenso sollten Sie davon absehen, während der Konferenz zu telefonieren, in Ihrer Argumentation vom Thema abzuschweifen oder „Killerphrasen“ („Es kommt darauf an“, „Das kann man so nicht sagen“, „Das haben wir immer schon so gemacht“, „Das machen alle so“) zu verwenden.

Setzen Sie stattdessen Methoden der Einwandargumentation ein. Pflichten Sie akzeptablen Inhalten zunächst bei und unterscheiden Sie diese dann von Ihrer eigenen Argumentation. Greifen Sie weder den Diskussions- oder Konferenzleiter noch die stärksten Teilnehmer an. Finden Sie heraus, wer der „Publikumsliebling“ ist und geben Sie ihm Raum – wenn Sie eine inhaltliche Nähe zu dessen Position betonen und dann die eigene Meinung herausstellen, sind die Sympathien auf

Ihrer Seite. Stellen Sie darüber hinaus je nach Zielsetzung offene oder geschlossene Fragen. Wollen Sie (unbedingt) Ihre Frage begründen, so nennen Sie zuerst die Hintergründe und stellen dann die Frage.

Oft haben wir den Fall, dass der Konferenzleiter zugleich die hierarchisch am höchsten gestellte Person im Raum ist. Bezieht er bereits vor oder während der Konferenz Stellung, ist die Wahrscheinlichkeit relativ hoch, dass er sofort eine Mehrheit im Saal hat, selbst wenn ein Großteil tatsächlich ganz anders denkt. Veranschaulichen wir dies an unserem Nachbarn: Er ist eine Führungskraft, die im Unternehmen noch Karriere machen möchte. Bereits im Vorfeld der Konferenz kommen Mitarbeiter zu ihm und sagen: „Ab sofort wollen wir, dass unsere Büros höhere Schallschutzwände bekommen, damit der Geräuschpegel im Büro nicht mehr so hoch ist.“ Unser Nachbar hält dies für eine vernünftige Idee, weil mehr Ruhe zu mehr Konzentration zu höherer Leistungsfähigkeit führt.

Nun geht er in die Konferenz und vernimmt dort folgende Eingangsworte des Chefs: „Wir müssen jetzt mal über die Forderung nach höheren Schallschutzwänden aus der Mitarbeiterschaft sprechen. Ich halte das für total überflüssig. Es kostet nur viel Geld und bringt nichts. Wenn der Geräuschpegel zu hoch ist, muss eben leiser gearbeitet werden. Herr Müller, was sagen Sie denn dazu?“

Was würden Sie nun machen, wären Sie in der Position unseres Nachbarn? Machen Sie sich für Ihre Mitarbeiter stark oder folgen Sie der Meinung des Chefs, um nicht in seiner Gunst zu sinken? Natürlich wissen wir alle, welche von beiden Möglichkeiten die, vernünftige ist. Aber Menschen handeln irrational, wenn sie Motive haben. Lediglich die Motivationstypen 4 (Selbstachtung) und 5 (Unabhängigkeit und Verantwortung) würden in dieser Situation noch offen ihren Standpunkt vertreten. Typ 1 (soziale Anerkennung) würde niemals seine gute Beziehung zum Chef riskieren, da diese eine wichtige Stufe auf der Karriereleiter sein könnte. Typ 2 (Sicherheit und Geborgenheit) hingegen wäre im Grunde für jedes Statement zu schüchtern, während Typ 3 (Vertrauen) viel zu schnell kooperieren würde.

Das Verhalten des Chefs ist in dieser Situation höchst manipulativ. Schließlich hat er seine Entscheidung bereits vor Beginn der Diskussion geäußert. Wozu also noch diskutieren? Der restliche Verlauf des Gesprächs wird zur Farce, weil nicht mehr am Thema selbst gearbeitet werden kann. Hinter diesem Verhalten muss aber nicht zwingend boshafte Absicht stecken. Viele Führungskräfte sind sich ihres Einflusses schlichtweg nicht bewusst. Aus diesem Grund ist es enorm wichtig, dass der Konferenzleiter bis zur Abstimmung am Ende streng neutral bleibt. Denn die Meinung des informellen beziehungsweise des hierarchischen Führers wird (leider, aber verständlicherweise) viel zu schnell übernommen.

Der informelle Führer ist jemand, der Meinungen schnell an sich reißen kann. Der Unterschied zum formellen Gruppenführer ist, dass dieser zum Gruppenleiter berufen wurde, während der informelle Führer seine Rolle aufgrund bestimmter beruflicher oder privater Eigenschaften erhält. Der informelle Anführer ist jemand, der häufig von sich spricht und dabei das Wort „ich" verhältnismäßig oft benutzt. Er übernimmt dadurch sehr schnell die Meinungsführerschaft, indem er dem Gespräch eine bestimmte Richtung gibt. Dieser informelle Führer muss nicht zwingend in einer Konferenz vertreten sein. Ist sich der Konferenzleiter aber der Tatsache bewusst, dass er einen informellen Führer im Raum hat, kann er diesen gezielt einsetzen, um eine zielführende Konferenz zu erreichen. Weiß der Leiter, dass diese Person einen klaren Standpunkt hat, den sie auch klar vertritt, kann er die Reihenfolge der Statements so legen, dass der informelle Führer als Letzter spricht. Spricht er als Erster, hat er die Gruppe aller Voraussicht nach maßgeblich beeinflusst.

Der Gruppenüberzeugungsprozess

Mit ein wenig Übung können vor allem in Einzelgesprächen schnell Motivationen erkannt werden. Wie aber verhält es sich in der Gruppe?

Mit welchen Motiven kommen die Teilnehmer in eine Konferenz? Gibt es gar versteckte Motive? Um diese zu erkennen, erfordert es vom Konferenzleiter Einfühlungsvermögen, aber auch technisches Geschick. Um die Motive der Teilnehmer zu kennen, muss er sie zunächst in Erfahrung bringen. Das kann beispielsweise im Small Talk erfahrbar gemacht werden, womit wir wieder zurück zur Kaffeemaschine kommen. „Mensch, demnächst steht ja die Ausschreibung der Position xy an. Du hast dich ja bereits kenntlich gemacht, dass du Interesse an der Position hast. Ich habe bereits kenntlich gemacht, dass ich das durchaus als machbare Option betrachte. Mir ist es aber wichtig, dass du in dieser Konferenz die Meinung deiner Mitarbeiter vertrittst und nicht irgendjemandem nach dem Mund redest. Sind wir beide da klar?“

In dieser Situation hat der Konferenzleiter kenntlich gemacht, dass er freie Meinungsäußerung höher bewertet, als sich die Stiefel lecken zu lassen. Das ist eine kluge Vorgehensweise. Deswegen ist es enorm wichtig, versteckte Motive zu erkennen und zu wissen, mit welchem Motiv und welcher Motivationslage der jeweilige Teilnehmer in die Konferenz kommt. Das erfordert vor allem empathisches Geschick. Empathie ist aber nichts von Gott gegebenes, wie wir bereits gelernt haben. Wer überdurchschnittliches Einfühlungsvermögen besitzt, wird in diesen Situationen bereits aus dem Gefühl heraus richtig handeln können. Andere müssen diesen Informationsgewinn strategisch vorbereiten, indem sie sich zum Beispiel fragen, was die Motive der Mitarbeiter sein können. Dann sprechen wir von handwerklicher Arbeit, also handwerklicher Empathie.

Ich habe viele Menschen kennengelernt, die ein Gespür für Motive haben. Sie stellen fest, dass mit ihren Mitarbeitern etwas nicht stimmt. Sind sie fragetechnisch gut geschult (wir werden uns diesem Thema im kommenden Punkt widmen), bekommen sie ganz schnell heraus, dass etwas nicht stimmt. Das liegt daran, dass sie das Verhalten anderer Menschen besser lesen können. Wir merken es oft, wenn wir von anderen gelesen werden. Das können unangenehme Situationen sein, wenn uns bewusst wird, dass jemand gerade unsere vermeintlich gut versteckten Motive herausgefunden hat.

Welche Ansprache wählen wir nun aber im Gruppenüberzeugungsprozess? Bei einer Rede, die viele Menschen adressiert, ist es logisch, dass es unter diesen auch verschiedenste Motivationstypen gibt. Der Konferenzleiter muss in dieser Situation alle Ansprachen zur Verfügung haben und kann nach einem bestimmten Schema vorgehen. Die Reihenfolge der Ansprache läuft dabei nicht chronologisch ab (1-2-3-4-5). In der Gruppe neigen wir nämlich dazu, uns wie Typ 3 zu verhalten, weswegen die Abfolge 3-1-2-4(-3) am schlüssigsten ist.[6] Damit sprechen wir zunächst die gesamte Gruppe an und gehen dann auf die Motive einzelner Typen ein. Typ 5 kann aufgrund seines geringen Vorkommens im Gruppenüberzeugungsprozess allerdings vernachlässigt werden. Die Gruppenansprache klingt zunächst kompliziert, ist aber vor allem in einer gut vorbereiteten politischen Rede erkennbar. Auch hier gilt es für den Politiker, eine möglichst große Anzahl von Wählern anzusprechen. Eine Rede, in der alle Motivationstypen angesprochen wurden, haben Sie in diesem Buch bereits kennengelernt. Es ist die Rede Joschka Fischers auf dem Sonderparteitag der Grünen 1999.

Führen mit Fragetechniken

Wer als Kind in der Sesamstraße aufwuchs, weiß bis heute: „Wer nicht fragt, bleibt dumm!“ Jedes Kleinkind hat einen nahezu unstillbaren Wissensdurst. Solange Kinder noch nicht sprechen können, erkunden sie die Welt mit ihren Sinnen. Sie fühlen, hören, sehen, riechen und schmecken. Anschließend stellen sie ihren Eltern erste, noch leicht zu beantwortende Fragen: Wer? Was? Wo? Ab dem Kindergartenalter werden wir dann zunehmend durstiger nach Wissen, weswegen wir vermehrte Fragen nach dem „Warum“ stellen. Das mag manchen Eltern die Nerven rauben, ist jedoch ungemein wichtig für die

Entwicklung eines Kindes. Schließlich will jedes Kind die Welt verstehen. Irgendwo und irgendwie haben wir auf dem Weg in Richtung Erwachsenenalter aber verlernt, Fragen zu stellen. Vielen Kindern wird bereits in der Kindheit eingeprägt, nicht ständig zu fragen. Andere Eltern wiederum sind nicht in der Lage, auf die Fragen ihrer Kinder zu antworten. Sie blocken ab und sagen: „Dafür bist du noch zu klein."

Wen wundert es also, dass wir immer weniger Fragen stellen? Wir haben es schlichtweg verlernt. Wir kennen diese Situationen, in denen wir eine Frage stellen wollen, aber dann mehrmals überlegen müssen, ob und wie wir diese stellen sollen. Zumeist dauert dieser Prozess so lange, dass wir anschließend keine Zeit mehr haben, um unsere Frage auch wirklich zu stellen. Das ist sehr schade, dient die Frage doch als beste Gelegenheit, um Informationen einzuholen. Sicherlich hatte jeder von uns diesen einen Lehrer in der Schule, der regelmäßig predigte: „Es gibt keine dummen Fragen. Dumm ist nur, wer nicht fragt." Und so altbacken und durchgekaut dieser Spruch auch ist, er hat trotzdem seine Berechtigung. Wer keine Fragen stellt, wird auch keine Antworten erhalten. Wir beschäftigen uns deshalb gar nicht mehr mit dem „Ob", sondern konzentrieren uns auf das „Wie". Denn vor allem im beruflichen Alltag scheitern die meisten Fragen an der Art ihrer Formulierung. Was bedeutet es also, wenn wir davon sprechen, richtig fragen zu können? Welche Vorteile hat es und was kann eine optimierte Fragestellung bewirken?

Die meisten Menschen sprechen in diesem Zusammenhang von Fragetechniken. Wir Ruhleder-Schüler sprechen jedoch von Fragearten. An sich sind Fragetechniken schnell abgehandelt. Technisch gesehen wird lediglich die offene von der geschlossenen Frage unterschieden. Die offene Frage ist auch als W-Frage bekannt – sie beginnt mit sämtlichen Adverbien und Pronomen, deren Anfangsbuchstabe W lautet, also beispielsweise Wer, Wie, Was, Wieso, Weshalb, Warum.

Eine geschlossene Frage ist beispielsweise: „Hast du dich über mein Geschenk gefreut?" Sie wird in der Regel mit „Ja", „Nein" oder „Vielleicht" beantwortet. Ich bekomme durch meine Frage also eine

Richtung aus meinem Gegenüber. Wenn ich offen frage: „Warum hast du dich über mein Geschenk gefreut?“, antwortet mein Gegenüber mit einem ganzen Satz. Das ist im Grunde alles, was es bei Fragetechniken zu wissen gilt.

Fragearten hingegen sind umfangreicher. In der angewandten Rhetorik ist es aus meiner Sicht nicht wichtig, diese Fragearten auswendig zu lernen. Wichtig ist die Erkenntnis, dass es grundsätzlich Fragearten mit verschiedenen Zielsetzungen gibt. Ein universeller Grundsatz der angewandten Rhetorik ist, dass sie stets nutzbar bleibt. Ich frage mich in einem Gespräch ja nicht vorher: „Stelle ich jetzt gleich eine motivierende oder eine Suggestiv-Frage?“ Im Gespräch selbst entwickelt sich von selbst das Gefühl: „Mensch, die Gesprächstemperatur hier ist aber ordentlich abgekühlt. Jetzt wäre vielleicht eine motivierende Frage ganz angebracht, um die Beziehungsebene ins Laufen zu bringen.“

Der Mensch neigt dazu, auf eine Frage mit einem Antwortimpuls zu reagieren. Wer gefragt wird, antwortet. Dies geschieht insbesondere dann, wenn es mir vorher gelungen ist, die Beziehungsebene zu meinem Gegenüber entsprechend zu entwickeln. Es gilt: Je höher das Vertrauen – desto direkter der Antwortimpuls.

In der folgenden Übersicht habe ich Ihnen eine Auswahl – die meiner Meinung nach wichtigsten Fragearten – zusammengestellt.

Die gezielte Informations-Frage

Beispiel 1: „Können Sie mir bitte sagen, wie spät es ist?“
Beispiel 2: „Welcher Vertragspunkt muss noch besprochen werden?“

Bei dieser Frageart zielen wir auf eine konkrete Antwort. Wir zielen auf einen Punkt. Der Vorteil der Frageart: Mein Gegenüber hat wenig Zeit zum Nachdenken und Taktieren. Wenn er seinem natürlichen Antwortimpuls nachgibt, erhalten wir eine schnelle und ehrliche Antwort. Gerade deshalb sollte diese Frageart klug eingesetzt werden. Verwenden wir sie zu oft, laufen wir Gefahr, dass unser Gesprächspartner sich ausgefragt fühlt.

Die positive Motivations-Frage

Beispiel: „Was sagen Sie als anerkannte Stilikone zu diesen gelben Schuhen?"

Diese Frageart zielt darauf ab, eine besonders positive Stimmung zu erzeugen. Sie regt den Gesprächspartner dazu an, aus sich herauszugehen und sich zu öffnen. Zeigen Sie Interesse und Wertschätzung, indem Sie zum Beispiel nach positiven Ereignissen fragen, oder unterstellen sie einfach das Positive: „Können Sie mir noch mehr über Ihre bekannten Erfolge erzählen?"

Die anregende, provozierende Frage

Beispiel: „Glauben Sie wirklich, was Sie da reden?"

Anregen kann man Menschen nicht nur im positiven Sinne. Durch diese Frageart lässt sich Ihr Gegenüber unter anderem zu unüberlegten Aussagen verleiten. Mit ihr bekommen Sie sogar einen ausgesprochenen Phlegmatiker dazu, aktiv in ein Gespräch einzusteigen. Doch Vorsicht ist geboten! Sie müssen sich sicher sein, die Stimmung wieder ins Positive drehen zu können.

Die Gegenfrage

Beispiel: „Wie meinen Sie das?"

Wenn Sie sicherstellen wollen, dass Sie Ihr Gegenüber richtig verstanden haben, stellen Sie eine Gegenfrage. Die Gegenfrage eignet sich auch dann, wenn eine bereits getätigte Aussage geändert werden soll. Dem Gesprächspartner gelingt es in den seltensten Fällen, eine Aussage exakt zu wiederholen. Außerdem ist diese Frageart beliebt, um Einwänden zu begegnen. Während die Gegenfrage gestellt wird, können Sie sich in aller Ruhe eine Antwort überlegen.

Die positive Optionen-Frage

Beispiel: „Möchten Sie die roten oder die gelben Schuhe?"

Der Mensch neigt dazu, sich nicht gerne zu entscheiden. Nutzen Sie die Chance und grenzen Sie vorher die Möglichkeiten ein – und zwar so, dass Sie davon profitieren. Und das funktioniert, wenn Sie nur positive Möglichkeiten aufzeigen und auf negative verzichten. Sie lassen dem Gesprächspartner also die Wahl zwischen zwei positiven Möglichkeiten.

Je höher der Antwortimpuls meines Gesprächspartner, desto eher antwortet er, ohne die dritte Option – das Nein – überhaupt in Betracht zu ziehen. Daher also ist die positive Optionen-Frage eine gute Frageart für Verhandlungen jeder Art.

Die Überprüfungs-Frage

Beispiel: „Haben Sie noch Fragen?"

Wie die Bezeichnung der Frageart schon verrät, dient diese Frage dazu, etwas zu überprüfen. Mit ihr wird kontrolliert, ob Sie und Ihr Gesprächspartner sich einig oder auf demselben Stand sind oder ob Sie einen Abschnitt einer Verhandlung abhaken können.

Die Unterstellungs-Frage

Beispiel: „Sie sind doch sicher auch der Meinung, die roten Schuhe sind wie für Sie geschaffen?"

Mit der Unterstellungs-Frage wollen Sie nicht herausfinden, was Ihr Gegenüber möchte. An dieser Stelle versuchen Sie, den Gesprächspartner in Ihrem Sinne zu beeinflussen. Sie setzen diese Frageart ein, wenn Sie nicht auf Feststellungen verzichten können.

Die verkäuferische Ja-Fragen-Straße

Beispiele:
„Habe ich Sie richtig verstanden – innovatives Design war Ihnen wichtig?"
„Sie wollen kein Produkt, dass jeder trägt?"
„Bei der Qualität wollen Sie keinerlei Kompromisse eingehen?"
„Sie wollen lieber etwas mehr ausgeben, dafür aber ein Produkt, das ewig hält?"
„Dann bleibt nur noch dieser gelbe Top-Schuh!"

Eine uralte und bewährte Abschlusstechnik. Warum heißt diese Frageart „Ja-Fragen-Straße"? Weil Sie mehrere Ja-Fragen logisch aneinanderreihen müssen, sodass es bildlich gesprochen eine Straße ergibt. Formulieren Sie mindestens drei Ja-Fragen, bei denen Sie idealerweise bereits vorher in der Verhandlung eine klare Zustimmung vom Gegenüber erhalten haben, und formulieren Sie dann zum Abschluss eine suggestive Feststellung. Mit dieser Frageart helfen Sie dem Kunden überdeutlich, eine positive Entscheidung zu treffen.

Die indirekte Frage
Beispiel: „Was mochten Sie an Ihrem bisherigen Job am wenigsten?"

Sie wissen nicht, wie Sie eine Frage diskret stellen, ohne dass Sie direkt werden müssen? Dann stellen Sie eine indirekte Frage, aus deren Antwort Sie Ihre ursprüngliche Information erschließen können.

Nun haben wir Ihren rhetorischen Werkzeugkoffer ein weiteres Mal bestückt. Aber so schön und so aufschlussreich, wie das gekonnte Fragen auch sein mag, so lästig kann es auch dem Gegenüber sein. Achten Sie darauf, dass Sie nicht den gleichen Fehler wie vorher machen, nun aber umgekehrt: erst gar nicht fragen und dann zu viel! Finden Sie eine gute Mitte für sich. Sicherlich wird Ihnen das Anwenden der unterschiedlichen Fragearten dazu verhelfen, erfolgreich in Verhandlungen zu treten.

Mein Freund und Topverkaufstrainer Andreas Buhr hat einmal gesagt: „Die Qualität der Fragen entscheidet über die Qualität der Antworten". Damit hievte er das alte rhetorische Gesetz „Wer fragt, der führt" inhaltlich und qualitativ in ein neues Zeitalter.

TEIL 4

RHETORIK IM ZEITALTER DER LÜGEN

KAPITEL 1
Ist das „Comet Ping Pong" Zentrum eines Kinderpornorings?

Kommen Sie mit ins „Comet Ping Pong", laut Eigendarstellung ein „hipster-heavy pizza parlor" in Washington D. C. Das vielgelobte Restaurant kombiniert raue Betonwände, zeitgenössische Kunst und angesagte Bands mit einer herausragend guten Pizza. Und natürlich ... mit Tischtennisplatten. Das Konzept zieht. Menschen kommen gerne hierher. Studenten, Künstler und Menschen, die gerne Künstler wären. Mit einem Wort: friedliche Boheme.

Doch am 4. Dezember 2016 betritt ein Mann das Restaurant, bewaffnet mit einem M16-Sturmgewehr. Er fordert die Angestellten lautstark dazu auf, die Gefangenen aus dem Keller zu befreien. Dabei feuert er mit der Waffe auf ein Türschloss und einen Computer. Doch bei seiner Suche nach versteckten Räumen findet der Mann keine Gefangenen. Erst als er dies realisiert, lässt er sich widerstandslos festnehmen. Glücklicherweise ist durch seine Schüsse kein Mensch zu Schaden gekommen.

Aber wie war er nur auf die Idee gekommen, dass das „Comet Ping Pong" im eigenen Keller Geiseln hält? Es lag an den zahlreichen über die sozialen Medien verbreiteten Meldungen, dass der – nicht vorhandene – Keller des „Comet Ping Pong" das Zentrum eines Kinderpornorings sei. Die Strippenzieher? Hillary Clinton und ihr Wahlkampfmanager John Podesta. Sogar der damalige Noch-Präsident Barack Obama und Popsängerin Lady Gaga sollen Teil der kriminellen Machenschaften des Pizzarestaurants gewesen sein.

Innerhalb kürzester Zeit hatte sich diese Falschmeldung wie ein Lauffeuer im Netz verbreitet. Sowohl über *Twitter* als auch über Portale wie *4chan* und *Reddit* erfuhren Millionen von Menschen von einer abstrusen Verschwörungstheorie, die selbstverständlich kein Fünkchen Wahrheit in sich trug.

Tatsächlich war der Bewaffnete aus einem Akt der Selbstjustiz heraus sechs Stunden mit dem Auto nach Washington D. C. gefahren und hatte das Restaurant gestürmt, um die missbrauchten Kinder aus der Gewalt ihrer angeblichen Peiniger zu befreien. In den Medien wurde dieser Vorfall auch bekannt unter dem Hashtag „pizzagate".

Liebe Leser: Herzlich Willkommen in der Welt der Fake News. In diesem Kapitel möchte ich der Frage nachgehen, wie sehr bewusste Falschmeldungen unser Leben heute beeinflussen. Wie entstehen Fake News? Welche Macht haben sie und wie stark gefährden sie unsere moderne Kommunikation?

Die größten Lügen aller Zeiten

Zunächst möchte ich definieren, wovon wir hier genau sprechen: „Fake News" ist in Deutschland zum Anglizismus des Jahres 2016 gewählt worden, nachdem US-Präsident Donald Trump durch zahlreiche Erwähnungen des Begriffs für einen Durchbruch im allgemeinen deutschen Sprachgebrauch gesorgt hatte. Der Begriff selbst ist schon älter. Bereits im Jahr 1890 lesen wir in der US-amerikanischen Zeitung *Daily Tobacco Leaf-Chronicle* von „Too Much Fake News".[1] Der Artikel mit besagter Überschrift handelt von der massenhaften Flucht und Landaufgabe zahlreicher Siedler in Dakota und Nebraska. Durch Falschmeldungen gleich mehrerer Zeitungen waren sie dem Irrtum erlegen, ein wilder Indianerstamm treibe in der Nähe plündernd sein Unwesen und fordere sein Land zurück. Und tatsächlich sind Falschmeldungen kein Phänomen, das erst seit kurzer Zeit existiert. Im Laufe der Menschheitsgeschichte begegnen wir zahlreichen bewusst, aber auch unbewusst in die Welt gesetzten Falschmeldungen. Es handelt sich um Lügen, die – lange bevor es mediale Berichterstattung gab – verbreitet worden waren.

Als eine der größten Lügen der Geschichte gilt die Konstantinische Schenkung, auf der die jahrhundertelange Vormachtstellung der katholischen Kirche beruhte. Von 306 bis 337 herrschte Kaiser Konstantin im Römischen Reich. Um die Jahre 315/317 herum erkrankte Konstantin am Aussatz (später auch als Lepra bekannt). Doch kein Arzt konnte ihm helfen. Eines Nachts erschienen ihm die Apostel Petrus und Paulus, die Konstantin empfahlen, sich vom Bischof von Rom, Papst Silvester, taufen zu lassen. Den hatte er zuvor verfolgt und bekämpft. Die Geschichte berichtet, dass sich Konstantin taufen ließ und dadurch geheilt wurde. Als Dank schenkte der Kaiser Papst Silvester und allen seinen Nachfolgern auf alle Zeit die geistliche und politische Oberherrschaft über Rom, Italien, das Weströmische Reich und somit über die ganze Welt.

Der Fehler an der Geschichte? Sie hatte so nie stattgefunden. Die Konstantinische Schenkung war nämlich eine urkundliche Fälschung um das Jahr 800 herum. Konstantin hatte das Christentum nie verfolgt, sondern war ihm ganz im Gegenteil eher zugetan. Taufen ließ er sich tatsächlich, jedoch erst auf dem Sterbebett im Jahre 337. Die Päpste im 9. Jahrhundert nutzten diese falsche Urkunde aber, um ihre Vormachtstellung in der Welt auszubauen. Annähernd 600 Jahre lang hielt sich dieser Betrug, ehe er im 15. Jahrhundert von den Gelehrten Nikolaus von Kues und Lorenzo Valla aufgedeckt wurde. Sogar bis ins 19. Jahrhundert hinein hatte die katholische Kirche behauptet, dass es die Konstantinische Schenkung wirklich gab und lediglich das Dokument eine Fälschung sei.

In den annähernd 1.000 Jahren dazwischen führte die katholische Kirche im Namen Gottes Kreuzzüge gegen den Islam, ermordete in Zeiten der Inquisition auf grausamste Weise vom christlichen Glauben abtrünnige Menschen und baute sich mit dem Vatikanstaat in Rom einen Machtapparat, der bis heute ein enormes Vermögen und Macht besitzt. Die Grundlage dafür war eine dreiste Lüge.

Weitere große Lügen der Geschichte sind beispielsweise Bismarcks Emser Depesche, die Auslöser des Deutsch-Französischen Kriegs

1870/71 war, oder die Dolchstoßlegende nach dem 1. Weltkrieg, die den Aufstieg des Nationalsozialismus unmittelbar begünstigte. Ein weiterer Krieg, der aufgrund von „Fake News" begonnen wurde, war der Irakkrieg 2003. US-Verteidigungsminister Colin Powell hatte vor dem UN-Sicherheitsrat bekannt gegeben, dass der Irak zweifelsohne Massenvernichtungswaffen besitze und diese auch einsetzen werde. Die legitime Basis für einen Krieg war damit gegeben. Heute wissen wir: Massenvernichtungswaffen hatte es im Irak nie gegeben.

Wieso spreche ich dann aber vom „Zeitalter der Lügen", wenn die Menschheit doch schon immer gelogen hat? Deshalb, weil sich unsere Art der Kommunikation im 21. Jahrhundert grundlegend verändert hat. Wir leben im Informations- und Kommunikationszeitalter. Wissen und Daten sind in einer solchen immensen Menge vorhanden, dass es nahezu unmöglich geworden ist, den Überblick darüber zu behalten. Früher wurde Information klassisch vermittelt. Wir lasen die Zeitung und Zeitschriften, kauften uns Bücher, besuchten Vorträge, saßen vor dem Fernseher und gingen ins Kino. Keine Frage: Das machen wir auch heute noch. Nur dienen diese Instrumente nicht mehr als ausschließliche mediale Informationstransmitter. Das Internet und mobile Endgeräte haben in den vergangenen zwei Jahrzehnten Methoden geschaffen, durch die wir ganz neue Werkzeuge der Wissens- und Informationsvermittlung gewonnen haben. Wir sprechen von Werkzeugen, die das klassische Sender-Empfänger-Modell mittlerweile überholt haben. In Bezug auf den nachrichtentechnischen Austausch von Information spricht dieses Modell von einem Sender, der eine Information mittels eines Kanals an einen Empfänger übermittelt. So ist beispielsweise der „Journalist" ein Sender, der über das Medium „Zeitung" eine Information an den Leser („Empfänger") übermittelt. Der Aufstieg der sozialen Medien hat enorm dazu beigetragen, dass sich dieses Modell mehr und mehr auflöst.

Das liegt daran, dass wir plötzlich alle via *Facebook, Twitter, Instagram* und Co die Möglichkeit besitzen, ein Sender zu sein. Wir selbst werden zur Quelle der Information und können somit in kürzester Zeit und mit vergleichbar wenig Aufwand Meinungsbildung betreiben. Meinungsbildung findet nun also nicht mehr ausschließlich über die klassischen Medien statt. Das hat große Vor-, aber auch Nachteile, vor allem in Bezug auf die Verbreitung von Lügen. Durch die rasante Verbreitung von Information in den sozialen Netzwerken hat nun jeder von uns die Gelegenheit, seine ganz eigene Propagandamaschine zu betreiben. Alles, was man dazu benötigt, ist ein reißerisches Thema, Reichweite und Menschen, welche die Information glauben und weiterleiten.

Wenn wir heute im allgemeinen Sprachgebrauch von „Fake News" sprechen, meinen wir nicht mehr die Unterscheidung von Absicht und Versehen, sondern nur noch die gewollte, vorsätzliche Manipulation. Eine Manipulation, die darauf abzielt, den (politischen) Gegner in ein schlechtes Licht zu rücken und vor allem die „eigene (Un-)Wahrheit" zu verbreiten. Was früher noch als „Hoax" oder „Zeitungsente" bezeichnet wurde, hat durch die Begriffsdefinition deutlich mehr an Tragweite gewonnen.

Arten von Fake News

Falsche Aussagen über Personen, Gruppen oder Sachverhalte

Wer öffentlich falsche Behauptungen über Personen, Gruppen oder Sachverhalte anstellt, gegen den kann juristisch vorgegangen werden.

Beispiel: Nach dem Mord an der Studentin Maria im Oktober 2016 werden Grünen-Politikerin Renate Künast nach der Festnahme eines Verdächtigen in Freiburg folgende Worte in den Mund gelegt: „Der traumatisierte junge Flüchtling hat zwar getötet, man muss ihm aber jetzt trotzdem helfen."

Wahrheitsgehalt: 0 Prozent. Erst nach drei Tagen wird die Meldung bei Facebook gelöscht.

Überzogene Nachrichten mit Wahrheitskern

Hierbei handelt es sich um die gefährlichste Art von Fake News. Basierend auf einem wahren Kern werden Tatsachen überspitzt dargestellt. Nur durch Recherche und gründliche Nachforschung kann der Sachverhalt im Folgenden korrekt wiedergegeben werden.

Beispiel: In der Silvesternacht 2016/17 hatte ein wütender Mob von 1.000 Islamisten die Dortmunder Innenstadt verwüstet und eine Kirche in Brand gesteckt, meldete zumindest das rechtspopulistische Meinungsportal *breitbart.com*. Klingt komplett erfunden? Nicht ganz.

Wahrheitsgehalt: 20 Prozent. Tatsächlich gab es in der Dortmunder Silvesternacht eine Handvoll Zwischenfälle mit muslimischen Personen. Und tatsächlich hatte eine verirrte Rakete die Gerüstplane der Reinoldikirche folgenlos entzündet.

Propaganda

„Systematische Verbreitung politischer, weltanschaulicher oder ähnlicher Ideen und Meinungen mit dem Ziel, das allgemeine Bewusstsein in bestimmter Weise zu beeinflussen.“[1]

Beispiel: Zur Zeit des Nationalsozialismus wurde gezielt schändliche Propaganda gegen das Judentum betrieben. Durch den Einsatz sämtlicher Medienträger wurden Juden in Deutschland unter anderem als „Ungeziefer“ und „Virus“ bezeichnet.

Wahrheitsgehalt: 0 Prozent. Die staatlich gelenkte Propaganda wurde massenhaft eingesetzt, um gegen das Judentum zu hetzen. Mit der seit 1933 flächendeckenden Hetze gegen das Judentum legte das Reichsministerium für Volksaufklärung und Propaganda die Grundlage für die zunächst rechtliche Diskriminierung und den folgenden Massenmord an über sechs Millionen Juden.

Satire
Ein typisches Stilmittel der Satire ist die maßlose Übertreibung von wahren Sachverhalten. Das Problem? Oftmals wird Satire nicht erkannt beziehungsweise falsch verstanden.

Beispiel: Der Artikel „Linie übertreten: Rekordsprung aus 39 Kilometern Höhe für ungültig erklärt" empört zahlreiche Fans des österreichischen Extremsportlers Felix Baumgartner, der am 14. Oktober 2012 durch seinen Sprung aus der Stratosphäre gleich mehrere aeronautische Rekorde bricht. Tatsächlich melden sich in der Folge besorgte User auf Baumgartners Facebook-Seite, um nachzufragen, ob der Sprung nun gültig sei oder nicht.

Wahrheitsgehalt: 0 Prozent. Satire ist nur für diejenigen lustig, die sie auch als solche verstehen. Gefährliche Entwicklung der Satire: Wenn ernstgemeinte und wahre Meldungen plötzlich als Satire deklariert werden. Und natürlich umgekehrt.

Wie subjektive Wahrheiten entstehen

Wir leben also in einer Zeit, in der wir tagtäglich mit Falschmeldungen konfrontiert sind. Wieso schenken wir diesen Fake News so viel Vertrauen? Sollten wir gerade mit diesem Wissen im Hinterkopf nicht misstrauischer sein? Eine Untersuchung des Psychologen Tom Stafford von der University of Sheffield ergab, dass wir dazu neigen, Lügen irgendwann zu glauben, wenn sie nur oft genug wiederholt werden.[3] Verstärkt wird dieser Effekt der Leichtgläubigkeit, wenn wir die Information von Menschen erhalten, die wir kennen, und diese Information etwas mit unseren Interessen und unserer Weltanschauung zu tun hat. Begründet liegt dies in einem Mechanismus, der bereits seit Jahrtausenden in unseren Gehirnen aktiviert ist. Er wurzelt in der Steinzeit, in der unsere Vorfahren zahlreichen Gefahrensituationen ausgesetzt waren. In der Höhle konnte ein Bär lauern, im nächsten Tal ein feindlich gesinnter Stamm. Informationsverarbeitung im Gehirn wurde diesen potenziellen Gefahren angepasst und auf Effektivität optimiert. Diese Effektivität bestand darin, in einer Gefahrensituation schnell zu denken und intuitiv zu handeln. So funktionieren unsere Gehirne auch noch heute, wie der Psychologe Daniel Kahneman in seinem Werk *Schnelles Denken, langsames Denken*[4] feststellte. Er unterscheidet die beiden im Titel beschriebenen Denkarten. Intuition ist ein Teil des schnellen, evolutionär bedingten Denkens, während zum langsamen Denken Prozesse wie Problemlösungen, logisches Denken oder die bewusste Konstruktion von Gedanken gehören.

Mit schnellem Denken lösen wir keine Rätsel oder Multiplikationsprobleme. Ebenso sind wir nicht in der Lage, die Glaubwürdigkeit eines Artikels oder einer Überschrift zu hinterfragen, der beziehungsweise die in unserem Newsfeed erscheint; womit wir wieder in den Bereich der Fake News zurückkommen. Die Fülle an Informationen, die jeden Tag über so viele Kanäle auf uns einprasselt, ist mit langsamem Denken nicht zu verarbeiten. Selbst ein Tag mit 48 Stunden würde dafür nicht genügen. Wir denken also schnell, um unseren Alltag erfolgreich zu gestalten. Schnelle Informationsverarbeitung kratzt jedoch nur an der Oberfläche. Genau dieses Prinzip machen sich Ersteller von Fake News zunutze. Das Spiel mit sagenhaften Überschriften regt ausschließlich das schnelle Denken an, wodurch das rationale, langsame Denken in den Hintergrund tritt. Wir haben in dieser Situation also weder Zeit noch den Wunsch, den Wahrheitsgehalt einer Information zu überprüfen. Sofern die Fake News nicht völlig zum Absurden tendiert, müssen wir sie nicht einmal bewusst verarbeiten und glauben. Es genügt lediglich, wiederholt davon gehört zu haben, damit sie in unsere subjektive Wahrnehmung übergeht. Gefährlich wird es schließlich, wenn sich Lügen und Halbwahrheiten mit korrekten Informationen in unseren Gehirnen überlagern. Vor allem weil wir uns zumeist nicht erinnern können, woher wir Informationen bekommen haben. Wenn sich in unserem Social-Media-Alltag also zunehmend richtige und falsche Informationen mischen, entsteht ein gefährlich verzerrtes Bild der Realität.

So erkennen Sie Fake News

Vor allem für den Journalismus erweisen sich Fake News als ein enormes Problem. Unwahrheiten verbreiten sich innerhalb kürzester Zeit wie ein Lauffeuer in der Öffentlichkeit. Sie jedoch zu widerlegen nimmt ungemein viel Zeit in Anspruch. Und sind wir mal ehrlich: Wen interessiert es denn eine Woche später, ob die Information richtig oder falsch war? Ist eine Lüge in der Welt, bekommen wir sie so schnell nicht mehr aus den Köpfen. Einst etablierte Medienanstalten sind es zugleich auch, die in diesen Zeiten mit zunehmender Kritik konfrontiert sind. Nicht zuletzt aufgrund der Tatsache, dass mächtige Menschen wie Donald Trump sie mit Fake-News-Vorwürfen angreifen. Keine Frage: Auch Medien machen Fehler und senden Falschinformationen. Doch verbreiten sie nicht bewusst massenhaft oder gar ausschließlich Lügen. Vielmehr sind es politische Meinungsportale wie *breitbart .com*, welche unter einem vermeintlich seriösen Anstrich Propaganda betreiben. Oftmals begegnen wir im Netz auch sogenannten *Social Bots*. Bei diesen handelt es sich um eine Software, die in Netzwerken wie *Twitter* und *Facebook* Beiträge postet.

Aber wie können wir uns effizient und langfristig gegen Unwahrheiten wehren? Indem wir unseren gesunden Menschenverstand benutzen und auf einige klare Hinweise achten:

Glaubwürdigkeit: Begegnen wir einer Nachricht im Netz, müssen wir uns zunächst die wichtigste Frage stellen: Ist diese realistisch oder fragwürdig?

Quelle: Journalisten arbeiten bei der Recherche generell mit zwei unabhängigen Quellen. Sind in der Meldung Quellen angegeben? Sind diese seriös?

Website: Auf welche Website verlinkt die Meldung? Ist jene vertrauenswürdig?

Satire: Vorsicht vor Satire. Diese ist manchmal schwer zu erkennen. Ein Blick auf die verlinkte Seite oder eine Überprüfung durch eine Suchmaschine sollte jedoch schnell aufklären.

Profil: Wer verbreitet die Meldung? Informieren Sie sich über das Profil und den Background der Person. Hat der Account ein aussagekräftiges Profilbild und eine authentische Biografie?

Anzahl der Tweets, Follower: Social Bots haben verhältnismäßig wenige Follower, während sie selbst zahlreichen anderen Accounts folgen. Da sie Nachrichten automatisch versenden, haben sie bereits nach kurzer Zeit eine nahezu unrealistische Menge an Tweets oder Posts veröffentlicht.

Und wenn all das nicht hilft? Mit dem Programm *Bot or Not* hat die Universität von Indiana ein Verifizierungs-Tool für *Twitter*-Accounts geschaffen. Dieses überprüft, mit welcher Wahrscheinlichkeit ein Profil echt oder ein Meinungsroboter ist.[5] Das Programm wurde allerdings vor allem für englischsprachige Profile entwickelt, weswegen eine Kontrolle deutschsprachiger Accounts nicht verlässlich funktioniert.

In Teil 7 „Die Zukunft der Kommunikation" werde ich mich noch intensiver mit Social Bots und ihrem Einfluss auf die Meinungsbildung auseinandersetzen. Dort erfahren Sie unter anderem, wie Social Bots Wahlkämpfe beeinflussen, die öffentliche Meinung steuern und wie sie bekämpft werden.

Welche Auswirkungen haben Falschmeldungen aber nun auf unsere Kommunikation und Rhetorik? Wie können wir professionell und rhetorisch fundiert argumentieren, wenn wir nicht mehr wissen, was richtig und falsch ist? Um dies zu erklären, hilft zunächst ein Blick auf den Begriff, der für mich unser Zeitalter kennzeichnet: Lüge!

KAPITEL 2
Alles erstunken und erlogen?

So schmerzhaft es vielleicht ist, müssen wir doch so ehrlich zu uns sein: Wir alle lügen! Sei es bei einer beiläufigen Äußerung, um einer bestimmten Situation aus dem Weg zu gehen, oder bei einer gezielten Täuschung, um negative Auswirkungen zu vermeiden. Glauben wir zahlreichen Meldungen aus dem Netz, lügt der Mensch im Durchschnitt 200 Mal pro Tag. Eine wirklich aussagekräftige und verlässliche Quelle dazu habe ich bisher noch nicht gefunden. Bei der Durchsicht diverser Studien begegneten mir immer wieder unterschiedliche Angaben darüber, wie oft wir pro Tag im Durchschnitt lügen. Mehrere Studien sprachen von nur zwei Lügen pro Tag, legten aber andere Definitionen einer Lüge zugrunde. Andere Forscher wiederum nannten die Anzahl von 100 Lügen. Aber was stimmt denn nun?

Wir sollten uns zunächst die Frage stellen: Ab wann ist eine Lüge eine Lüge? Im Duden wird sie als eine „bewusst falsche und auf Täuschung angelegte Aussage“ definiert; also die „absichtlich, wissentlich geäußerte Unwahrheit“. Aber zählen beiläufige Flunkereien, die wir tagtäglich von uns geben, auch dazu? Wenn uns eine Bekanntschaft auf der Straße nach dem Wohlergehen fragt und wir automatisch „gut“ antworten, obwohl es uns eigentlich gar nicht gut geht? Wir antworten in diesem Fall aus einer Schutzhaltung heraus, weil wir der Person unsere Gefühle nicht preisgeben wollen oder die Flüchtigkeit des Moments keine längere Auseinandersetzung mit unserem Gegenüber erlaubt. Aber ist dieses Verhalten „auf Täuschung angelegt“?

Natürlich gibt es schlimme Lügen beziehungsweise Lügen mit schlimmen, sogar weltpolitischen Auswirkungen. Einige der größten Lügen der Menschheitsgeschichte habe ich Ihnen in diesem Kapitel bereits präsentiert. Es gibt jedoch viele Lügen, die nicht so schlimm sind, wie ihr Ruf erscheint. Höflichkeitslügen zum Beispiel sind harmlose Alltagslügen. Sie werden genutzt, weil wir nett sein und niemandem auf den Schlips treten wollen. Diese Art der Lügen tritt vor allem dann auf, wenn wir – bei kurzer Reaktionszeit – schnell und instinktiv antworten. Hier zeigt sich auch, dass Lügen vor allem an Emotionen gekoppelt sind. Es wird eher intuitiv statt bewusst gelogen. Wir wollen unser Gegenüber nicht verletzen. Insbesondere bei WhatsApp oder per Telefon kommen solche Höflichkeitslügen häufig vor. Wir schreiben unserer Verabredung: „Bin schon unterwegs!" Dabei haben wir noch nicht einmal unsere Schuhe angezogen.

Den Höflichkeitslügen gegenüber stehen sogenannte Erklärungslügen. In diesen erklären wir uns unserem Gegenüber ein Fehlverhalten. Beispielsweise, warum wir ein Produkt nicht zum vereinbarten Zeitpunkt liefern können. Hier haben wir meist Zeit, uns über die Formulierung der Antwort (beziehungsweise Lüge) Gedanken zu machen. Im Gegensatz zu Höflichkeitslügen sind Erklärungslügen also zeitversetzt. Wir antworten nicht reflexartig, sondern haben mehr Zeit, uns mit unserer Antwort zu beschäftigen. Diese Art der Lügen finden wir vor allem in E-Mails oder Briefen.

Tatsächlich ist die Unwahrheit fest in unserer Gesellschaft verankert. So fest, dass die Lüge ein nicht wegzudenkender Bestandteil unserer Kommunikation geworden ist. Jenseits aller moralischen Fragen müssen wir uns mit dieser Tatsache beschäftigen, wenn wir Kommunikation verstehen wollen. In der Rhetorik werden Lügen gar als nützliches Hilfsmittel eingesetzt. Wenn Sie sich an dieser Stelle ertappt fühlen, wissen Sie ja, wovon ich rede.

Wir haben bereits festgestellt: Das Zeitalter der Lügen definiert sich durch die enorme Bandbreite an Kommunikationsmöglichkeiten, die uns dank *WhatsApp*, *Facebook* und Co zur Verfügung stehen. Gerne verstecken wir uns hinter diesen Kommunikationsmitteln. Denn in ihrem Schutz glauben wir uns sicherer, beim Lügen nicht erwischt zu werden. Anders verhält es sich bei einem Gespräch von Angesicht zu Angesicht. Jemandem wortwörtlich „dreist ins Gesicht lügen" ist den meisten von uns doch noch unangenehm.

Warum wir so oft lügen

Wir lügen, um soziale Konflikte und negative Emotionen zu vermeiden. Lügen dient als automatische Schutzreaktion zur Prävention von seelischem und eventuell sogar körperlichem Schmerz. In unserem Streben nach Harmonie ziehen wir vor, unser Gegenüber lieber mit einem „Dein neuer Haarschnitt sieht echt super aus!" abzuspeisen anstatt unsere eigentliche Meinung zu verkünden („Das sieht ja schrecklich aus! Den Friseur solltest du verklagen!").

Wir lügen, um uns einen Vorteil zu verschaffen. Wir wollen beispielsweise ein gewisses Image von uns selbst kreieren und uns in einem guten Licht präsentieren. Das geschieht in jedem Vorstellungsgespräch. Wir sprechen generell sehr positiv über uns, vermeiden dabei aber, unsere Fehler und Schwächen ebenfalls herauszustellen. Selbst dann, wenn wir explizit dazu aufgefordert werden, verpacken wir unsere Schwächen bestmöglich in einer Stärke. Wie das funktioniert? „Ich bin zu perfektionistisch" oder „Ich arbeite zu viel". So beliebt diese Methode beim Bewerber auch ist: Personaler können hierbei oft nur die Augen verdrehen. Nach unserer oben gelernten Definition „eine falsche und auf Täuschung angelegte Aussage" wäre dieses Umbiegen der Wahrheit bereits eine Lüge.

Wir lügen, um unsere Mitmenschen zu schützen oder zu motivieren. Lügen können bewirken, dass sich unser Gegenüber für eine Aktion entscheidet und eine andere unterlässt. Dadurch üben wir Einfluss auf unsere Mitmenschen aus, sowohl in eine positive als auch eine negative Richtung. Ist Lügen also gar in Ordnung, wenn wir wissen, dass wir damit einen positiven Einfluss haben? Wie oft haben Sie beispielsweise schon aus reiner Höflichkeit Interesse vorgetäuscht? Nicht jede Geschichte, die wir an der Bushaltestelle, in der Bahn oder im Flugzeug hören, finden wir auch interessant. Tatsächlich sind viele sogar extrem langweilig. Und das ist völlig in Ordnung! Wir können uns schließlich nicht für alles begeistern. Indem wir jedoch unser Interesse vortäuschen, enttäuschen wir jedenfalls nicht unser Gegenüber.

Drei Einflussfaktoren des Lügens

Viele von uns sind der Meinung, sie könnten Lügen erkennen. Wir sind davon überzeugt, an Mimik und Gestik festmachen zu können, dass eine Aussage nicht der Wahrheit entspricht. Wir vertrauen hierbei ganz unserer Intuition. Überraschenderweise können wir laut einer Studie allerdings nur in 54 Prozent aller Fälle einen Lügner wirklich entlarven.[6] Die Sozialpsychologen Bella DePaulo und Charles F. Bond stellten dies mit einer Probandengruppe von Schülern, Studenten und Berufstätigen im Jahr 2011 fest. Wenn wir willkürlich raten würden, erzielten wir ein ebensolches Ergebnis. Verlässlicher zur Einschätzung des Wahrheitsgehalts sind die Gelegenheit und die Umstände, bei der die Aussage getätigt wurde. Denn die „Gelegenheit macht Lügner", sagt der Psychologe Jeff Hancock. Er nennt drei Haupteinflussfaktoren des Lügens:

Gleichzeitigkeit

- Gleichzeitig: Normales Gespräch, Telefon und Chat
- Zeitversetzt: Brief und E-Mail

Flüchtigkeit

- Sind unsere Worte flüchtig?
- Beständig: Kann man sie speichern, kopieren und weiterleiten?

Räumliche Distanz

- Stehen wir uns direkt von Angesicht zu Angesicht gegenüber?
- Oder ist unser Gesprächspartner auf der anderen Seite der Welt?[7]

Die Annahme von Wissenschaftlern ist, dass eine Kombination aus Gleichzeitigkeit, Flüchtigkeit und großer räumlicher Distanz zu den meisten Lügen führt. Höchste Vorsicht wäre demnach bei Telefonaten mit Australiern geboten.

Lügen befriedigt unsere elementaren Grundbedürfnisse (angefangen bei körperlicher Unversehrtheit) und hilft uns dabei, uns sozialen Normen und Anforderungen anzupassen und diesen gerecht zu werden. Nicht selten neigen wir aus diesen Gründen dazu, die Wahrheit etwas auszuschmücken, zu verdrehen, herunterzuspielen oder völlig neu zu erfinden. Gerade unter dem Aspekt der Anpassung an soziale Normen ist es wichtig zu verstehen, dass Lügen auch kulturellen Betrachtungsweisen zugrunde liegen. So ist es unter anderem im asiatischen Raum, beispielsweise in China, sehr wichtig, „das Gesicht zu wahren". Offene Konfrontationen werden gemieden, da die Harmoniebedürftigkeit der Chinesen sehr groß ist. Dadurch gehören Lügen hier praktisch zum guten Ton.

Aber wir sind ja nicht in China. Wollen wir in Europa nicht in bestimmten Situationen auch – und sei es ausnahmsweise – die Wahrheit hören? Ich muss Sie enttäuschen, denn im Gegenteil: Tatsächlich neigen viele Menschen dazu, sich sogar bewusst anlügen zu lassen. Zum Beispiel, wenn wir Freundschaft dadurch definieren, dass wir von unserer besten Freundin oder unserem besten Freund erwarten, immer zu uns zu stehen. Egal wie dumm und kindisch wir uns anderen gegenüber verhalten. Und wäre die Welt wirklich besser, wenn wir alle immer die Wahrheit sagen? Ich persönlich bezweifle dies stark.

Sind gute Lügner erfolgreicher?

Leider wahr: Laut Psychologe Robert Feldman gehen gute Lügner erfolgreicher durchs Leben.[8] Dies liegt daran, dass Menschen mit hoher sozialer Kompetenz besser verstehen, welches zwischenmenschliche Verhalten ihre Situation erfordert. Diese Menschen lügen häufiger und haben das Spiel mit den Lügen in ihr natürliches Repertoire aufgenommen. Daher ist ihnen oftmals gar nicht mehr bewusst, dass sie lügen. Sie wenden diese wirksame Technik unterbewusst an.

Im Gegensatz dazu fehlt es weniger beliebten Menschen an Sensibilität dafür, was ihr Gesprächspartner hören will. Sie sind eher verletzend. Das macht gute Lügner wiederum sympathischer. Klingt grotesk, ist aber die Wahrheit.

Wie bereits erwähnt, machen wir uns die Kunst des Lügens auch in Bewerbungsgesprächen zunutze. Unsere Lügen dort reichen von kleinen Änderungen der früheren Aufgabenbereiche und Kenntnisse bis hin zu schwerem Betrug. Qualifikationen werden hinzugedichtet, negative Dinge verschwinden schnell unter dem Tisch. Wir wollen uns letztendlich als perfekt geeignet und als den ultimativen Bewerber vorstellen. Es gibt schließlich keine zweite Chance für den ersten Eindruck! Was tun wir nicht alles, um an unseren Traumjob zu kommen? Mehrere Befragungen sind bereits zu dem Ergebnis gekommen, dass rund 20 bis 30 Prozent aller Bewerber falsche Angaben im Lebenslauf machen. Um diese Lügen zu untersuchen, befragte die *Robert Half Personalberatung* in einer Studie etwa 1.200 Personalmanager. Etwa ein Drittel der Befragten log bezüglich ihrer Verantwortung und früherer Aufgaben. Einer von zehn schraubte gar sein letztes Gehalt höher und sogar vier Prozent verpassten sich einen besseren Bildungsgrad durch höhere Abschlüsse.[9] Es gibt viele Gründe, warum bei Bewerbungen gelogen wird. Wir wollen uns so positiv wie möglich darstellen, um unsere Chancen zu erhöhen. Wer bin ich, um dieses Verhalten zu verurteilen? Jedoch muss immer bedacht werden, dass nicht vorhandene Kenntnisse spätestens beim qualifizierten Überprüfen auffliegen werden.

Wir werden es uns ungern eingestehen und erziehen unsere Kinder offiziell zum Gegenteil. Aber wir haben von klein auf gelernt, dass Lügen uns weiterbringen. Dass sie uns und anderen das Leben einfacher und besser machen können. Es ist verständlich, dass wir ein Verhalten, von dem wir gelernt haben, dass es sich positiv auswirken kann, nicht einfach ablegen wollen. Natürlich ist Lügen in der Theorie moralisch verwerflich. Die Praxis jedoch kennen wir alle zur Genüge.

Methoden, um einen Lügner zu entlarven

Zahlreiche Menschen behaupten, dass sie einen Lügner leicht erkennen können. Und tatsächlich gibt es Möglichkeiten, um Lügen zu entlarven. Ganz besonders äußert sich das Erzählen einer Unwahrheit nämlich in unserer Rhetorik und unserer Körpersprache. Beide bieten eine Fülle von Merkmalen, die auf Lügen schließen lassen. Doch Vorsicht: Phonetische und körpersprachliche Merkmale sind von Mensch zu Mensch unterschiedlich. Das Lügenverhalten von Person A muss nicht zwingend dem Lügenverhalten von Person B entsprechen. Menschen sind schließlich verschieden; und so verhält es sich – wie wir bereits kennengelernt haben – auch mit Lügnern. Es gibt gute Lügner und es gibt weniger gute Lügner. Es gibt pathologische Lügner und es gibt Gelegenheitslügner. Es gibt perfide Lügen und wir kennen Verlegenheitslügen. Alle diese Komponenten gilt es immer abzuwägen, wenn wir unser Gegenüber „entlarven" möchten.

Im Folgenden stelle ich Ihnen zunächst körpersprachliche und schließlich rhetorische Merkmale vor, die Ihnen dabei helfen werden, zukünftig Lügen besser zu erkennen. Bei vielen dieser Merkmale bediene ich mich aus der Wissenschaft der Glaubwürdigkeitsbegutachtung von Zeugenaussagen.[10]

Zehn Warnsymptome in der Körpersprache

Sind wir gestresst, nervös und verschämt, sendet unser Körper ganz automatisch bestimmte Signale, die auch auf falsche Aussagen deuten können. Bei diesen Signalen spricht die Wissenschaft von sogenannten Warnsymptomen. Zu diesen zählen:

Schwitzen

Farbwechsel im Gesicht

trockener Mund (durch reduzierten Speichelfluss bedingt. Folgen: Durst, das Lecken der Lippen mit der Zunge, Schlucken.)

erhöhter Puls (Blutdruck erhöht sich. Das Herz schlägt schneller.)

Atemnot (Erweiterung der Bronchien. Der Atem beschleunigt sich, wodurch sich der Adamsapfel schneller auf und ab bewegt.)

Vermeidung des Blickkontakts (Oftmals wird angenommen, dass Lügner sich mit ihren Augen verraten würden. Dies ist jedoch ein weit verbreiteter Irrtum. Anhänger der kontroversen Technik des Neurolinguistischen Programmierens behaupten, sie könnten eine Lüge an der Augenbewegung nach rechts oder links oben erkennen. Wissenschaftler widerlegten dies in Studien eindeutig. Ein Lügner kann, aber muss nicht zwingend den Blickkontakt vermeiden.)

Veränderung der Stimmlage (Tonhöhe und Lautstärke wirken gleichmäßiger. Antworten nehmen die Stimmlage einer Frage an. Lautstärke kann außergewöhnlich leise oder laut sein.)

nervöses oder verschmitztes Lächeln (kein natürliches Lachen; wirkt aufgesetzt, gestellt und falsch.)

Starrheit (Der Körper ist angespannt, steif und blockiert.)

Verräterische Gesten (Die Hand berührt wiederholt das Gesicht, vor allem den Mundbereich. Männer greifen beim Lügen übrigens öfter an die Nase als Frauen. Warum das? Männer haben schlichtweg mehr Haare in der Nase. Diese stellen sich in Stresssituationen auf und verursachen unterbewusst einen Juckreiz. Kein Wunder also, dass sich Pinocchio durch seine Nase verrät. Weitere Gesten sind vermehrte seitliche Körperbewegungen auf dem Stuhl, Händezucken, Händeringen, Händereiben, Händezupfen, Fingertrommeln, verkrampfte Hände und Kopfsenken.)[11]

Das Lügenkonstrukt

Sie möchten einen Lügner anhand seiner Rhetorik entlarven? Dann stellen Sie Fragen! Selbst wenn das Lügenkonstrukt noch so gut gebaut sein sollte: Irgendwann wird es in sich zusammenfallen. Bereits Martin Luther sagte: „Eine Lüge ist wie ein Schneeball. Je länger man ihn wälzt, desto größer wird er." Eine Frage zu stellen ist jedoch eine aktive Handlung, die Aufmerksamkeit erregt und schnell in einer Meinungsverschiedenheit enden kann. Möchten Sie Ihr Gegenüber besser einschätzen können, ohne Aufsehen zu erregen, empfiehlt es sich, auf bestimmte rhetorische Merkmale zu achten, die Kennzeichen eines Lügenkonstrukts sein können. Unter anderem handelt es sich um folgende Signale:

Die Freud'sche Fehlleistung

In seiner Psychoanalyse spricht Sigmund Freud bei unbeabsichtigten sprachlichen Äußerungen von sogenannten Fehlleistungen. Zu diesen zählt unter anderem auch der Freud'sche Versprecher, also die versehentlich falsche Aussprache eines Begriffs, die unbewusst jedoch einen Sinn ergibt.

Wortgetreue Wiederholung einer Frage

Durchaus kann es vorkommen, dass Ihr Gesprächspartner Ihre gestellte Frage eins zu eins wiedergibt. Fragen wir ihn: „Hast du heute den Müll runtergebracht?", und er antwortet: „Habe ich heute den Müll runtergebracht? Ja, das habe ich.", kann dies auf eine Lüge hindeuten. Warum? Durch das Wiederholen der Frage schindet unser Gesprächspartner Zeit. Er verzögert seine Antwort, um sich eine Lüge einfallen zu lassen. Ähnlich verhält es sich im Übrigen auch mit der Gegenfrage „Wie bitte? Kannst du die Frage wiederholen? Ich habe sie nicht verstanden." Für diesen Fall müssen wir uns natürlich sicher sein, dass unser Gegenüber die Frage auch wirklich verstanden hat. Hat er dies und fragt trotzdem nach: Verzögerungstaktik!

Verarmungssymptom

Viele Lügenkonstrukte beginnen mit langen Einführungen, die für den Hauptteil, also den zentralen Part der Geschichte, wenig bis gar keine Bedeutung haben. Dieser Hauptteil fällt anschließend sehr knapp und wortkarg aus. Lügen bedürfen guter Vorbereitung und bestehen aus weniger Details. Der wesentliche Teil der Geschichte wird demnach „verarmt“.

Die Chronologie der Lüge

Ein in sich schlüssiges Lügenkonstrukt steht und fällt mit seinem chronologischen Aufbau. Die Struktur einer erdachten Geschichte verläuft zumeist chronologisch und linear. Wahre Geschichten verlaufen derweil in der Regel nicht linear. Zu oft geschieht es, dass wir uns während des Erzählens an weitere Details erinnern und Zeitsprünge vollziehen. Wir erzählen Geschichten so, wie wir uns an sie erinnern. Und das ist meist nicht chronologisch.

Die Abfahrt Richtung Ausrede

Geben wir uns keiner Illusion hin: Lügen können auffliegen. Für diesen (Not-)Fall hat der geübte Lügner aber immer noch eine Abfahrt von der Lügenautobahn, um sich gekonnt aus einer Situation herauszureden. Typische rhetorische Merkmale sind dabei Formulierungen wie „So weit ich mich erinnere …“, „Wenn man mal genauer darüber nachdenkt …“ oder „Wenn ich mich nicht täusche …“ Er versucht sich dann aus der Schlinge zu winden, die sich langsam um seinen Hals zuzieht.[12]

Ein weiteres Indiz dafür, dass wir belogen werden, ist beispielsweise häufiges Blinzeln. Generell können uns Pupillen zwar sehr viel über Lügner verraten, aber es handelt sich hierbei eben nicht um Gesetzmäßigkeiten, die bei allen Menschen gelten. So ist unser Gegenüber vielleicht gar kein pathologischer Lügner, sondern hat einfach eine Hausstauballergie. Aber vielleicht ist auch das gelogen. Tagtäglich verwenden wir eine Vielzahl unterschiedlichster Gesten und Mienenspiele. Dadurch ist es extrem schwer, alleine anhand dieser sogenannten Mikroexpressionen einen Lügner zu entlarven. Lügen sind weitaus komplexer, als wir vermuten. Wie sich unser Gegenüber verhält, kann von einer Vielzahl anderer Dinge beeinflusst werden. Das erklärt auch, weshalb wir nur 54 Prozent aller Lügen entlarven. Wir können unseren Blick für Lügen allerdings schulen. Zeichen zu erkennen und richtig zu deuten kann erlernt werden.

Lügen zu erkennen kann in Mitarbeitergesprächen sehr hilfreich sein. Diese Fähigkeit würde neue Chancen in der Personalentwicklung eröffnen. Wäre es nicht schön, wenn ich als Führungskraft wüsste, was meine Mitarbeiter denken, fragen Sie sich jetzt vielleicht. Meine Antwort lautet: nicht zwingend. Jeder muss sich fragen, ob er sich diese Fähigkeit wirklich aneignen will. Denn sie kann und wird die Sicht auf sich selbst und die Gesellschaft im Allgemeinen verändern. Wie so oft kommt es immer darauf an, wie wir Werkzeuge einsetzen. Wollen wir unseren Mitmenschen damit helfen oder uns selbst Vorteile verschaffen? Wollen wir erkennen können, wann uns jemand manipuliert? Oder wollen wir selbst manipulieren? Auch diese Möglichkeiten, diese Fähigkeit zu nutzen, gibt es. Wir sollten uns aber im Klaren darüber sein, welche Folgen sie für uns, andere und das Miteinander mit ihnen haben kann.

Hat das Internet uns zu einer Pinocchio-Gesellschaft verkommen lassen?

Wie verhält es sich nun mit Lügen über elektronische Kommunikationsmittel? Fake News bestimmen unseren Alltag. Wir begegnen ihnen tagtäglich im Netz. Was meinen Sie? Lügen wir online häufiger, weil wir unserem Gesprächspartner nicht *face to face* gegenüberstehen? Wenn Sie sich an die Grundsätze Gleichzeitigkeit, Flüchtigkeit und räumliche Distanz erinnern, sind Sie auf der richtigen Spur.

Denn das Gegenteil ist der Fall. Wissenschaftler haben in einer Studie herausgefunden, dass wir am wenigsten lügen, wenn wir per E-Mail in Kontakt mit einer anderen Person stehen, gefolgt von Instant Messaging wie WhatsApp. Am meisten lügen wir übrigens am Telefon (2,5-mal häufiger als per E-Mail), womit wir wieder beim Telefonat mit Australien wären.[13]

In einem Telefonat sind unsere Worte zumeist flüchtig, intuitiv und spontan. Aktion und Reaktion erfolgen in kurzem Zeitabstand. Kommen wir in eine unangenehme Situation, müssen wir schnell reagieren, um uns die Lüge nicht anmerken zu lassen. In E-Mails haben wir jedoch Zeit, eine Antwort zu formulieren. Vor allem haben wir Zeit, die Antwort so zu gestalten, dass sie der Wahrheit entspricht und nicht negativ oder gar provozierend auf den Adressaten wirkt.

Bleibt uns im Angesicht des dauerhaften Strebens nach Fortschritt, Perfektion und Selbstoptimierung in unserer Gesellschaft gar keine andere Wahl, als die Wahrheit ebenfalls zu „verbessern"? Das Phänomen des Optimierungsdrangs lässt sich vor allem in sozialen Netzwerken beobachten. Hier sehen wir täglich, wie Personen auf Instagram, Facebook, Snapchat oder ihrem Blog Momente ihres „alltäglichen Lebens" mit uns teilen. Ergebnis dieser Posts ist oft ein verzerrtes Bild der Realität.

Dadurch, dass die dort kommunizierten Inhalte größtenteils positiv sind, entsteht schnell der Eindruck, dass das eigene Leben nicht dem Idealmaß entspricht, wie wir es von anderen vorgelebt bekommen. Was jedoch nicht möglich ist, ist ein Blick hinter die Fassade: auf die negativen – nicht gephotoshopten – Augenblicke, die jeder von uns hat. Zudem vergessen wir gerne, dass viele Accounts professionell gemanagte kommerzielle Projekte sind. Wir wissen, dass ein James-Bond-Film unrealistisch ist. Für einen Instagram-Account ist uns diese Erkenntnis noch nicht in Fleisch und Blut übergegangen.

Laut Psychologe Jeff Hancock wird auch bei Online-Partnervermittlungen versucht, sich möglichst attraktiv zu präsentieren. Männer machen sich gerne etwas größer und erfolgreicher und Frauen ein bisschen leichter und jünger.[14] Allerdings hält sich hier das Ausmaß der Lügen in Grenzen, da spätestens beim ersten Date die Lügen in Sachen Äußerlichkeiten auffliegen.

Aber warum das Ganze? Geht es gerade hier nicht eigentlich um die Wahrheit? Sind Menschen, die sich auf Datingportalen anmelden, nicht auf der Suche nach jemandem, der sie so annimmt, wie sie sind? Scheinbar gehen wir automatisch davon aus, dass wir so, wie wir sind, nicht ausreichend sind beziehungsweise dass es bei uns selbst noch Raum für Verbesserungen gibt.

Die Rolle der Lüge in einer Geschichte

Wir Menschen lieben Geschichten. Selbst wenn wir diese nicht erzählen wollen oder können, konsumieren wir sie jedenfalls gerne. Lügen innerhalb einer Geschichte sind nicht schlimm. Die meisten sind sogar total nett! In der Kunst des Storytellings nehmen Lügen einen festen Platz ein. So können die verschiedensten rhetorischen Werkzeuge verwendet werden, um die Wahrheit etwas zu verdrehen oder ein wenig zu kolorieren. Lügen entstehen schließlich durch Kommunikation.

Wir malen uns aus, wie wir unser Gegenüber am besten überzeugen. Sei es nur dadurch, dass wir die Wahrheit mithilfe von Über- beziehungsweise Untertreibungen sowie Ergänzungen etwas „verbessern". Zum Beispiel bekommt eine nette Anekdote durch Lügen eine effektivere Wirkung. Wir ergänzen sie durch kleine Details, die zwar nicht zu 100 Prozent wahr sind, die Geschichte aber in sich stimmiger und ansprechender machen. Übertreibungen können hilfreich sein, um Sachverhalte hervorzuheben und die eigene Meinung zu unterstreichen. Und ganz plötzlich haben wir eine tolle Geschichte, die unsere Mitmenschen unterhält.

Mit Körpersprache, Mimik und Gestik lässt sich wunderbar spielen, indem Übertreibungen verwendet werden. Zum Beispiel wenn wir eine Hochzeitsrede halten und dabei eine nette Geschichte von uns und dem Brautpaar erzählen. Wir reißen die Augen weit auf und ziehen die Brauen hoch, um Überraschung auszudrücken. Wir stellen mit unseren Händen Dinge viel größer oder kleiner dar, als sie eigentlich waren. Das macht Spaß und unterhält. Gute Geschichten mit Spannungsbogen funktionieren kaum ohne Lügen.

Lügen gehören zur Rhetorik. Aber wie bei vielen Dingen im Leben gilt auch hier der Grundsatz: Die Dosis macht das Gift! Um zu unterhalten oder zu überzeugen, „schmieren wir also etwas Butter an das Produkt", damit es an den richtigen Stellen glänzt. Schließlich wollen Sie mit Reden Ihr Publikum mitreißen, emotional berühren und dafür sorgen, dass Ihre Botschaft verstanden wird und im Kopf der Zuhörer bleibt. Lügen in der Rhetorik sind so alt wie Kommunikation selbst. Seit jeher erzählen sich Menschen Geschichten. Manchmal denken wir uns auch schlichtweg Dinge aus. Wir lassen unseren Gedanken und Inspirationen freien Lauf und wollen in unseren Zuhörern Gefühle auslösen. Um das zu erreichen, bedienen wir uns gerne auch mal der einen oder anderen Unwahrheit. Manchmal nennen wir es Lügen, manchmal Kunst.

TEIL 5

KOMPETENZ UND MACHT DURCH SPRACHE

KAPITEL 1
Politische Kommunikation

Erinnern Sie sich noch an das Lagerfeuer aus Teil 1? Das Feuer bildete die Grundlage der Rhetorik und war ein wesentlicher Grund dafür, dass der Homo sapiens sich gegenüber anderen Menschenaffenarten durchsetzen konnte. Und wiederum bildete die Rhetorik – neben überlegener Körperkraft oder Kompetenz aufgrund von Erfahrung – eine der Grundlagen dafür, dass einige Homo sapiens Macht über andere Homo sapiens gewinnen konnten. Aber was ist eigentlich Macht? Woher kommt und was bewirkt sie?

Macht auszuüben bedeutet zunächst – entweder als Einzelperson oder im Kollektiv –, auf das Verhalten und Denken von anderen Menschen Einfluss zu nehmen. Wer im alten Ägypten das Glück hatte, als Sohn des Pharao geboren zu werden, musste für diese Macht nicht einmal etwas tun. Starb der Vater, wurde er automatisch zum neuen König. Sein Volk verehrte den Pharao wie einen Gott. Er war nämlich zugleich der Sohn des Sonnengottes Re und dessen Stellvertreter auf Erden. Dieses ihm zugeschriebene Merkmal legitimierte seine vollumfängliche Macht. Ihm gehörte das gesamte Königreich. Jedes einzelne Sandkorn, jeder Tropfen Wasser – kurz gesprochen: der ganze Grund und Boden Ägyptens und alles, was sich darauf bewegte – war sein Besitz. Das Volk musste seinen Anweisungen gehorchen, Steuern zahlen und in seinem Namen Kriege führen, schließlich beschützte die Gottheit Ägypten vor Dürre, Überschwemmungen und ähnlichen Katastrophen.

Die Macht des Pharao erwuchs aus seiner Herkunft und gelegentlichem Krieg und Giftmord, so wie alle monarchischen Systeme im Laufe der Geschichte. Spätestens als an einem bewölkten Nachmittag im Januar 1793 der Kopf von König Ludwig XVI. über den Boden von Paris rollte, änderte sich diese Auffassung von Macht – zumindest auf der europäischen Landkarte. Indem die Franzosen den feudalabsolutistischen Ständestaat mit der Guillotine verabschiedeten, ebneten sie den Weg zu unserem heutigen Verständnis von Demokratie. Politische Macht speist sich seither aus dem Volk und nicht mehr aus Herkunft. Allerdings sind Herkunft und Beliebtheit beim Volk bei Weitem nicht die einzigen Möglichkeiten, um Macht zu erlangen. Geld, Wissen, Durchhaltevermögen, Zugang zu Kommunikationsmitteln und nicht zuletzt Sprache sind Faktoren, die ebenso zu Herrschaft oder mindestens Einfluss führen – nicht nur in der Politik, sondern auch in Wirtschaft, Wissenschaft, Religion und im Privaten.

Der für uns relevante Faktor ist selbstverständlich die Sprache. Wenn wir uns mit politischer Kommunikation auseinandersetzen, muss uns zunächst die große Bedeutung von Sprache und Ausdrucksmöglichkeiten in einer Demokratie bewusst sein. Schließlich ist freie Meinungsäußerung und die unmittelbar mit ihr verbundene Pflicht der Konsensbildung ein Wesenskern demokratischer Strukturen. Politik wird überwiegend durch Sprache vermittelt, wodurch die Kunst der Rede ein zentrales Machtinstrument ist – einerseits um Macht zu erlangen, andererseits um Macht zu behalten. In der politischen Kommunikation geht es um die Vermittlung von Ideen und Meinungen zwischen Politikern, Medien und dem Volk. Wir müssen uns stets der Tatsache bewusst sein, dass die Absicht einer Person oder Gruppierung nur in den Kopf anderer Menschen gelangt, wenn diese sich jener Absicht anschließen. Demokratisch legitimierte Macht ist Zustimmung. Und wer in unserer modernen Demokratie die Zustimmung der Mehrheit anstrebt, muss mit Argumenten, Programmen und nicht zuletzt der eigenen Persönlichkeit überzeugen. Die Waffe der Wahl ist wiederum ist die Rhetorik.

Durch die Medialisierung der Gesellschaft im Kommunikationszeitalter sind Politik und Kommunikation zu zwei untrennbaren Feldern geworden. Um Menschen heute von sich und der eigenen Politik zu überzeugen, genügen keine mit Wahlplakaten gepflasterten Straßen oder Reden in lokalen Turnhallen mehr. Wahlkampf findet heute crossmedial in TV und Internet statt. Am besten verstanden haben das die USA, wo Politik viel stärker als Showbusiness verstanden wird. Im Land der unbegrenzten Möglichkeiten gibt es weniger Wahlplakate, sondern vielmehr groß angelegte Werbekampagnen im Fernsehen, die insgesamt mehrere Milliarden Dollar verschlingen. US-amerikanische Politiker haben verstanden, dass wir längst im Zeitalter der digitalen Transformation leben. Die Medienlandschaft hat sich und damit auch die Politik komplett verändert. Um eine Mehrheit von der eigenen Position zu überzeugen, ist zielführende Kommunikation durch Massenmedien unabdingbar.

Früher funktionierte Meinungsbildung so: Wer eher linksorientiert war, las den *Spiegel* – und wer eher mitte-rechtsorientiert war, las den *Focus*. Beide Magazine bestätigten Menschen in ihrer politischen Meinung. Doch der überwiegende Teil der Wählerschaft ist heute nicht mehr an diesem alten „Links-Rechts-Weltbild" interessiert. Einen großen Anteil daran haben in Deutschland vor allem die Parteien selbst, indem sie sich deutlich sichtbar in die Mitte der Gesellschaft positionierten. Unter Gerhard Schröder wurde die SPD eine Partei der Mitte. Anschließend beanspruchten auch FDP und Grüne, Parteien der Mitte zu sein. Am Ende haben wir eine derart farblose politische Landschaft bekommen, dass es selbst den etablierten Parteien schwerfällt, ihren Markenkern zu kommunizieren.

Ich bin einem Dorf in Schleswig-Holstein groß geworden. Bei uns war die Welt in Ordnung und einfach: Mein Vater war Landwirt und der Schöpfung nahe, weil er jeden Tag auf dem Feld stand. Als solcher war er konservativ und Christ. Für ihn war folglich klar, dass er CDU wählte. Der Nachbar hatte bei den Howaldtswerken in Kiel an Booten rumgeschraubt. Er war selbstverständlich in der Gewerkschaft und ein Sozi. Mein Bruder machte schon recht früh Geschäfte in der Schulpause. Das führte dazu, dass er die Liberalen gut fand. Währenddessen trug meine Schwester Birkenstock-Sandalen und zündete

Räucherstäbchen an. Klar, welcher Partei sie ihre Stimme gab. Heute entscheiden die Menschen anders: nicht nach Parteiverbundenheit, sondern nach Thema und Persönlichkeit. Wähler sind heute überparteilich und wechselwilliger. Sie sind nicht mehr einer Partei, sondern einem Thema verpflichtet. Dadurch lösen sich traditionelle Parteibindungen mehr und mehr auf.

Politische Kommunikation bedeutete seit jeher, Menschen für sich und seine Sache zu gewinnen. Maßgeblichen Anteil daran, wie ein Politiker und seine Sache wahrgenommen werden, hat seine Rhetorik. Ihr Einfluss ist im Medienzeitalter enorm gestiegen, weil eine gute Rhetorik einerseits positiv auf das eigene Image einzahlt und andererseits diese Selbstdarstellung mehr und mehr von den Medien gefordert wird. Was im Umkehrschluss bedeutet, dass, wer diese Bedingungen erfüllt, mehr Sendezeit beziehungsweise mehr Raum für seine Botschaft zur Verfügung gestellt bekommt. Politische Rhetorik ist angewandte Redekunst in Reinform, die zahlreiche Handwerkszeuge in sich vereint. Darunter fallen unter anderem Überzeugungspsychologie, Empathievermögen sowie der Einsatz rhetorischer Stilmittel. Einer, der in der jüngeren Geschichte politische Kommunikation im digitalen Zeitalter am besten verstanden und diese sicherlich auch maßgeblich geprägt hat, ist der US-amerikanische Präsident Donald Trump. An seinem Weg in den Westflügel des Weißen Hauses möchte ich Ihnen nun die neue Rolle der Rhetorik in der politischen Kommunikation aufzeigen.

KAPITEL 2
Rhetorik aus dem Weißen Haus

Ähnlich wie in Deutschland war in den USA in den vergangenen Jahren eine zunehmende Politikverdrossenheit zu beobachten. Mehr und mehr Bürger fühlten sich dem System gegenüber machtlos. Der amerikanische Traum, das in der Unabhängigkeitserklärung festgeschriebene Streben nach Glück verkam zur Illusion. In diesem Moment betrat der milliardenschwere Unternehmer Donald Trump das politische Parkett und brach mit sämtlichen Gepflogenheiten des althergebrachten Systems.

Als am 8. November 2016 die ersten Wahltagsumfragen veröffentlicht werden, hält sich die Euphorie im Lager von Donald Trump stark in Grenzen. Die Ergebnisse aus den ersten Staaten verschlechtern das Bild noch. In einem Bundesstaat nach dem anderen liegt Donald Trump hinter seiner Kontrahentin Hillary Clinton. Im Grunde war dies zu erwarten gewesen. Tatsächlich scheint sogar Trump selbst überrascht, als er nach einer unvergleichlichen Aufholjagd als 45. Präsident der USA feststeht. Niemand hatte mehr mit diesem Sieg gerechnet.

Was in der Öffentlichkeit lange Zeit als grotesk abgetan und wenig ernst genommen worden war, wird im November 2016 zur Wirklichkeit. Donald J. Trump, ein Unternehmer aus der Immobilien- und Unterhaltungsbranche, wird Präsident der USA. Nachdem er in einem 17 Monate währenden Wahlkampf einen Gegner nach dem anderen ausschaltete und dabei gegen sämtliche politische Regeln verstieß, ist er plötzlich der mächtigste Mann der Welt. Ein Mann, der genauso gut einem Comicstrip entstiegen sein könnte. Wie konnte das nur geschehen?

Donald Trump ist ein Mann mit außerordentlicher Rhetorik. Sie unterscheidet ihn massiv von allen bisherigen US-Präsidenten. Denn

Trump spricht nicht wie ein Politiker. Er tritt rüpelhaft auf, ist politisch unkorrekt, streitsüchtig und scheut sich nicht vor öffentlicher Diffamierung und Attacke auf Institutionen, Wählergruppen und politische Gegner. Seine Reden und Tweets füllt er mir schamlosen Lügen. Beleidigungen gegenüber Medien sind bei Trump an der Tagesordnung. Sein gesamtes Auftreten vor und während des Wahlkampfes signalisierte: „Ich gehöre nicht zum politischen Establishment aus Washington! Ich bin, wer ich bin, und sage, was ich denke!" Damit verkörpert der Unternehmer eine neue Art Politiker, die es so zuvor noch nicht gab. Trump scheint immer genau das Gegenteil von dem zu tun, was andere Präsidentschaftskandidaten vor ihm taten. Das machte ihn im Wahlkampf unberechenbar. Obwohl selbst sein eigener Beraterstab Trumps entschlossenen Aktionen selten Einhalt gebieten konnte, steckt jedoch nicht – wie zunächst vielfach vermutet – Ahnungslosigkeit oder Einfalt dahinter. Vor allem der Einsatz von Sprache war ein wichtiger Faktor, weshalb Trump jedem Widerstand trotzen konnte und schlussendlich ins Weiße Haus einzog. Diese Sprache ist politisches Kalkül in Reinformat. Wie sehr ihm diese „Rhetorik der einfachen Worte" geholfen hat, möchte ich Ihnen in diesem Kapitel erklären.

Die Rhetorik der einfachen Worte

Donald Trump nutzt seine Sprache zu einem Zweck, den wir bereits kennengelernt haben: Überzeugung. Das unterscheidet ihn nicht von anderen Politikern. Viel interessanter ist die Art und Weise, wie er Sprache einsetzt, um aus politischer Überzeugung Wählerstimmen zu generieren. Seine Methodik war auf der Klaviatur der politischen Kommunikation so noch nie zuvor gespielt worden.

Er wird von vielen Personen als Meister der Überredungskunst bezeichnet, da er erkannt hat, wie Menschen Entscheidungen treffen. Sicherlich ist diese Erkenntnis auf seine jahrelange Erfahrung als Unternehmer zurückzuführen. Auf der Bühne inszeniert sich der Entertainer außerdem perfekt. Seine Wahlkampfauftritte sind ein einziges

Spektakel. Er betritt die Bühne zu peitschender Rockmusik und lässt seine Anhänger ausrasten. Donald Trump wiederum benötigt diesen Zuspruch. Er verleiht ihm das nötige Adrenalin für seinen Wahlkampf. Dabei sind seine Botschaften relativ einfach. Er beklagt den Niedergang der amerikanischen Werte durch das Unwesen des Washingtoner Establishments. Dabei spricht er die Ängste und Aggressionen einer Zielgruppe an, die sich seit vielen Jahren von der Politik abgehängt fühlt. Es ist die Zielgruppe der Vergessenen, die Donald Trump für seine Sache vereinigt. Während ihm Kritiker bewusste Panikmache vorwerfen, sind sie es, die rufen: „Endlich sagt mal einer die Wahrheit!“ So macht er *political incorrectness* salonfähig.

Trump unterscheidet sich massiv von allen anderen republikanischen Kandidaten. Die Partei ist schockiert, aber viel zu schwach, um dem Entertainer Einhalt zu gebieten. Weil die Republikaner im Jahr 2015 nur noch eine Hülle sind und den Kontakt zu ihrer Zielgruppe verloren haben, ist er in der Lage, die Partei zu übernehmen. Er tritt dabei nicht als Republikaner, sondern als Donald Trump auf. Bei der Analyse der Gründe, warum Trump an die Macht kam, muss also immer im Hinterkopf behalten werden, dass er die katastrophale Situation einer Partei ausnutzte, die den Kontakt zur Basis längst verloren hatte. Um seine Überlegenheit zu demonstrieren und zu zeigen, wie sehr er sich von diesem Establishment unterscheidet, benutzt Trump die Rhetorik der einfachen Worte.

Trump spricht wie ein Viertklässler

Auf den ersten Blick wirken die Worte Donald Trumps grobschlächtig. Die Struktur seiner Sätze ist einfach. Die Behauptung, „Trump spreche wie er twittere“, ist an dieser Stelle nicht zu sehr aus der Luft gegriffen. Eine Nachricht auf Twitter bestand bis Herbst 2017 maximal aus 140 Zeichen. Wer erfolgreich zwitschern wollte, musste also in der Lage sein, auch komplexe Gedankenkonstrukte innerhalb einer überschaubaren Zeichenanzahl so auszudrücken, dass sie andere Menschen bewegen. Trump ist Meister dieser Disziplin. Er steht sinnbildlich für die Politik der einfachen Sprache. Laut einer Auswertung der Neurolinguistin Elisabeth Wehling bewegt sich der amerikanische Präsident in seinen Reden durchschnittlich auf dem Niveau eines Viertklässlers.[1] Untersucht hatte die in Berkeley dozierende Sprachwissenschaftlerin vor allem Trumps Wortschatz (also die Bandbreite an unterschiedlichen Wörtern), die Länge dieser Wörter und ihre grammatikalische Struktur (Anteil von Haupt- und Nebensätzen). Doch Trump bedient sich ganz bewusst dieses simplen Vokabulars, weil es länger in den Köpfen seiner Zuhörer bleibt. Durch einfache Sprache werden Bilder geschaffen, die wiederum Emotionen hervorrufen und sich in den Köpfen der Zuhörer ganz automatisch – gewollt oder nicht – festsetzen. Dieser Effekt, den wir später genauer kennenlernen werden, wird als Framing bezeichnet.

Donald Trumps Sprache ist auf der Wahrnehmungsebene der sogenannten *basic level cognition* angesiedelt. Auf dieser finden sich Worte, die Kinder in der Regel zuerst verwenden, wenn sie unsere Sprache lernen. „Das sind Dinge, die man aus der alltäglichen Welterfahrung kennt – also alles, was man sehen, anfassen, riechen, schmecken, fühlen oder hören kann."[2] Durch diese Rhetorik der einfachen Sprache fällt es unserem Gehirn leichter, Verknüpfungen zu erstellen. So lernen wir einerseits schneller und können uns andererseits besser an etwas erinnern.

Hat sich Donald Trump also bewusst sprachlich auf den Wahlkampf vorbereitet? Ich bin davon überzeugt. Fest steht jedoch, dass sich Trumps Sprachstil bereits weit vor seiner Kandidatur entwickelt hatte. Schon in den 80er-Jahren fiel er immer wieder durch seine Sprache auf. Es ist also vielmehr anzunehmen, dass sein Wahlkampfteam diesen Sprachstil nutzte und perfektionierte, um eine erfolgreiche Kampagne zu starten. Seine Zügellosigkeit, sich von niemandem den Mund verbieten zu lassen, schien dabei ein bewusst eingesetztes Erfolgsmittel.

Trump bevorzugt kurze Hauptsätze. In der Linguistik wird dies als parataktische Struktur bezeichnet. Das Gegenteil der Parataxe ist die Hypotaxe, also eine Satzstruktur mit vielen Nebensätzen. Besonders auffällig beim amerikanischen Präsidenten ist, dass er seine Sätze mit einer Vielzahl an einsilbigen Wörtern ausstattet. Die entscheidenden Buzzwords – also starke, aussagekräftige Worte – stehen zumeist am Satzende. Dies ist kein Zufall. Wir kennen dieses Prinzip zum Beispiel von Punchlines, die hauptsächlich im Battle-Rap, einer Art Duell mit Worten zwischen zwei Musikern, verwendet werden. Auch hier stehen die entscheidenden, den Gegner angreifenden Worte am Satzende, was eine massive psychologische Wirkung zur Folge hat. Indem Trump bestimmte Schlagworte an das Satzende verlagert, verleiht er ihnen eine besonders starke Wirkung. Häufig stellt er Satzanfänge sogar auf eine seltsame Art und Weise um, damit er sie mit starken Worten beenden kann.

Durchzogen wird diese einfache Satzstruktur jedoch von stetigen Abschweifungen und Randbemerkungen. Diese hypotaktische Struktur lässt die simple Syntax zerfallen, und dies ebenfalls aus einem bestimmten Grund. Denn Angriffe verpackt Trump in Seitenhieben, die seine Satzstruktur unterbrechen. Ein Linguist hat diese Struktur sehr anschaulich in einem YouTube-Video analysiert.[3] In diesem Beispiel untersuchte er eine Antwort Donald Trumps, als dieser beim Talkshow-Host Jimmy Kimmel zu Gast war. Die Antwort umfasste 220 Wörter. 172 davon, also 78 Prozent seiner Wörter waren ein-, immerhin 17 Prozent zweisilbig. Nur vier Wörter waren dreisilbig, darunter gleich drei Mal „tremendous“, eines von Trumps absoluten Lieblingsworten. Wenigstens zwei Wörter waren noch viersilbig. Diese Analyse ist durchaus repräsentativ für die Verwendung von Sprache durch den US-amerikanischen Präsidenten.

Die Zwickmühle[4]

Diese rhetorische Technik wird im Englischen als „double bind“ bezeichnet und lässt sich ins Deutsche am besten als „Zwickmühle“ übersetzen. Wie es der Name schon verrät, bringt Donald Trump mit dieser Technik sein Gegenüber verbal in eine nahezu ausweglose Situation, aus der er selbst – ganz egal was ihm entgegnet wird – als

Gewinner hervorgehen wird. Besonders gerne bedient sich Trump der Zwickmühlen-Taktik in Debatten und direkten Wortwechseln mit Gegnern, wie zum Beispiel im TV-Duell mit Jeb Bush 2015.

Bush:	Sie sagten am 30.09., dass ISIS keine große Rolle spielt.
Trump:	Rede ich oder reden Sie, Jeb?
Bush:	Ich rede gerade. Ich rede!
Trump:	Halten Sie sich zurück! Sie sind nicht an der Reihe! Sie haben mich unterbrochen, Jeb!
Bush:	Am 30.09. haben Sie es gesagt!
Trump:	Entschuldigen Sie sich nun, Jeb? Nein! Darf ich dann meinen Satz beenden?

Seinen Gegner zu unterbrechen ist sicherlich nicht die feinste Art, im politischen Debattengeschäft allerdings Alltag. Vor allem Donald Trump, der in den anschließenden TV-Duellen seine Kontrahentin Hillary Clinton dutzendfach unterbrach, ist in dieser Hinsicht kein Unschuldslamm. Wie er jedoch den Angriff von Bush abwehrt, das ist strategisch hervorragend – wenn auch unfair. Jeb Bush konfrontiert den Immobilien-Tycoon mit einer seiner zahlreichen widersprüchlichen Aussagen, wodurch sich im Grunde Trump in einer Zwickmühle befinden sollte. Dieser allerdings dreht den Spieß um und katapultiert seinen Gegner in eine „Double bind"-Situation. „Wirst du dich entschuldigen? Nein!" Trump stellt eine Frage und beantwortet sie selbst für Bush. Dadurch bleiben diesem nur drei – schlechte – Optionen, um darauf zu reagieren:

- Option 1: Gar nichts sagen. Dies stellt aber keine zufriedenstellende Lösung dar. Trump behält das letzte Wort. Zudem nahm er bereits vorweg, dass Bush sich nicht für die Unterbrechung entschuldigen werde. Somit gewinnt Trump und Bush verliert.

- Option 2: Donald Trump nochmals unterbrechen. Dies würde jedoch abermals als unfair wahrgenommen werden. Trump gewinnt hier ebenfalls.

- Option 3: Für die Unterbrechung entschuldigen. Jedoch geht er mit diesem Eingeständnis auch als Verlierer hervor.

Alle „Auswege“, die Bush hier aus der von Trump geschaffenen Situation übrig bleiben, führen zu einem verbalen Sieg Trumps. Sie lassen ihn besser und seinen Gegner schlechter aussehen. Diese Technik wendet er schon seit Jahren an. Vor allem in der Öffentlichkeit ist sie für ihn ein probates Mittel, um Macht zu demonstrieren.

Wiederholungen

Ein anderes rhetorisches Mittel, auf das Trump immer wieder zurückgreift, sind einfache Wiederholungen. Er benutzt sie, um seine Rolle als Retter des amerikanischen Volkes zu untermauern. Dabei präsentiert sich Trump als einzige Lösung, um Amerika wieder auf seine angestammte, rechtmäßige Position als globale Supermacht zu befördern. Nur Donald Trump selbst kann das gelingen. Welche Rolle spielen dabei Wiederholungen? Ein Thema, das sich durch den kompletten Wahlkampf von Trump zog, war die Aussage, dass Amerika nicht mehr gewinne (was auch immer damit gemeint sein könnte – seinen Anhängern ist gewinnen offenbar sehr wichtig). In einem Interview mit Sean Hannity von *Fox News* unterstrich er dies auf bemerkenswerte Weise, wie der YouTuber Charlie Houpert festhielt: „Wir **gewinnen** nicht mehr. Wir **gewinnen** in unserem Land nicht mehr, Sean. Wir **gewinnen** nicht mehr. Wir haben mal **gewonnen**. Wir **gewinnen** nicht mehr. Wir **gewinnen** nicht mit dem Handel. Wir **gewinnen** nicht mit Krieg. Wir können selbst ISIS nicht schlagen. Und wir werden **gewinnen** – wenn ich **gewinne**, das sage ich Ihnen, wenn ich **gewinne**, werden wir alle **gewinnen**, weil wir **gewinnen** werden.“[5]

Donald Trump verwendet das Wort „gewinnen" satte 12-mal in nur 17 Sekunden. Sprachliches Niveau und Wortwahl lassen dabei sehr zu wünschen übrig. Auch wiederholen sich seine Schlagwörter wie etwa „huge", „tremendous", „beautiful", „terrible" und „great" ständig in seinen Reden. Oft wiederholen sie sich auch in denselben oder aufeinanderfolgenden Sätzen. Nun fragen Sie sich bestimmt: „Wer fällt denn darauf rein oder findet das gut?" Die Antwort wird Ihnen nicht gefallen.

Wie Charlie Houpert erklärt, ist die Wiederholungstechnik bei allen Menschen sehr erfolgreich. Ständige Wiederholungen führen dazu, dass Dinge in den Köpfen der Menschen hängen bleiben. Erinnern Sie sich bei dieser Gelegenheit an nervige Werbe-Jingles aus dem Radio, die sich als fiese Ohrwürmer in unserem Gehirn festsetzen. Wir erleben hier selbiges Prinzip. Wenn einmal etwas in unserem Kopf hängen bleibt, neigen wir dazu, es festzuhalten, egal wie es da reingekommen ist. Durch reine Wiederholung werden bestimmte Assoziationen in unseren Geist gepflanzt, wenn auch nur auf einer unbewussten Ebene. Es ist das einfache Gedankengut, das sich in unserem Kopf festsetzt und das wir uns gut merken können. Im Gegensatz dazu können wir komplexe Fakten oder Statistiken sehr viel schlechter behalten. Es ist wahr: So einfach funktioniert unser Gehirn einfach.

Social Proof

Trump macht sich die Funktionsweise unseres Gehirns noch anderweitig zunutze. Er benutzt *Social Proof*, um uns von seiner Kompetenz zu überzeugen. *Social Proof* kann als eine Art von Konformität verstanden werden. Wenn Menschen in einer Situation nicht genau wissen, wie sie sich verhalten sollen, orientieren sie sich meist an anderen und imitieren deren Verhalten. Wir bezeichnen dieses Verhalten auch als Herdentrieb. Es tritt vor allem dann auf, wenn Menschen mit Informationen überhäuft werden. Dieser Zustand, der besonders häufig vor Wahlen auftritt, führt zu vorschnellen Entscheidungen, die auf der Basis von unbestätigten Informationen wie Aussagen oder dem Verhalten anderer getroffen werden. Falls Sie sich anlässlich der

Bundestagswahl 2017 tatsächlich die kompletten Wahlprogramme aller Parteien durchgelesen und die Für und Wider für sich abgewogen und Ihre Entscheidung aufgrund dieser Argumente gefällt haben, gehören Sie zur feinen und sehr kleinen Minderheit, für die *Social Proof* bei dieser Wahl keine Rolle spielte.

Das Phänomen *Social Proof* nutzt Donald Trump auf zwei verschiedene Arten für sich. Einmal bedient er sich der unbestätigten Meinung der Allgemeinheit, indem er gezielt wiederholt, dass jeder („everyone") eine hohe Meinung von ihm habe und dass die Allgemeinheit ihn sehr schätze. Donald Trump ist ein Meister darin, sich als Gewinner und erfolgreicher Geschäftsmann darzustellen. Er kann es nicht oft genug erwähnen. Irgendwann verankert sich diese Aussage in den Köpfen der Menschen. Er unterstreicht sie mit der Behauptung, dass JEDER sage, er habe die Debatte gewonnen. Und nicht nur eine Debatte. JEDER sagte, er habe ALLE Debatten gewonnen. Vor dem Hintergrund, dass jemand nur diese Aussage Trumps hört, ohne weitere Informationen zu haben und ohne die Debatten gesehen zu haben, wird er den bleibenden Eindruck gewinnen, dass wirklich JEDERMANN denkt, Donald Trump habe die Debatten gewonnen. Ein weiteres Beispiel stellt diese Aussage dar: „People liked it, people saw it, people respected it. People like what I say. People respect what I say." Wer diese Menschen sind, erwähnt Donald Trump nicht. Er spricht verallgemeinernd von „people", also allen Menschen. Auch hier würde jemand ohne weitere Informationen den Eindruck gewinnen, dass Trump von der Allgemeinheit respektiert und seine Äußerungen unterstützt werden.

Auf die gleiche Art distanziert sich Trump von negativen Aussagen über ihn. Wird er mit Kritik konfrontiert, zählt er zunächst alle seine Erfolge auf und lässt nicht zu, in Interviews mit negativen Begriffen in Verbindung gebracht zu werden. Im letzten Satz bestätigt er jedes Mal noch einmal seinen Erfolg als Mensch und Unternehmer sowie seine Beliebtheit in der Bevölkerung und demonstriert damit wieder seine (scheinbare) Kompetenz.

Trump nutzt den *Social Proof*-Effekt noch auf eine weitere Art. Er beruft sich auf eine Autorität. Er beruft sich auf die Meinung eines Experten, wenn es um die Rechtfertigung zukünftiger Vorhaben geht. Er führt öffentlich an, dass eine namhafte Persönlichkeit ihn unterstützt. Dies impliziert, dass seine Pläne erfolgversprechend sein müssen, da sich sonst wohl kein Experte dafür aussprechen würde. Ein Beispiel: In einer TV-Debatte wird Trumps Steuerkonzept heftig kritisiert. Anstatt fachlich auf die Kritik einzugehen und die Vorteile seines Konzepts zu erläutern, führt Trump an: „Larry Kudlow liebt mein Steuerkonzept." Kudlow ist ein Ökonom und Fernsehmoderator des Wirtschafts- und Politikfernsehprogramms *Kudlow & Company*. Er arbeitete bereits in den 80er-Jahren für Ronald Reagans Regierung. Die Aussage, dass Kudlow das Trump'sche Steuerkonzept liebe, unterfüttert dessen Argument rational zwar nicht, verfehlt aber im Sinne des *Social Proof* ihre Wirkung nicht. Alles zusammen führt dazu, dass selbst rationale und kompetente Personen am Ende Trumps Aussagen glauben.

Funktionsweise des Gehirns

Mit der Taktik, Zahlen sowie Fakten und allen inhaltlichen Aspekten aus dem Weg zu gehen und stattdessen Expertenmeinungen zu zitieren, spricht Trump den Teil unseres Gehirns an, der unmittelbar Entscheidungen trifft. Dieser Teil liebt einfache Problemlösungsstrategien wie Wiederholungen, Social Proof oder die Berufung auf Autoritäten. Er mag keine großen Zahlenspielereien, kann Statistiken nicht erfassen und lässt sich lieber von Geschichten oder Anekdoten überzeugen. Genau das nutzt Trump aus, wenn er nach Informationen oder tatsächlichen Beweisen für seine Pläne gefragt wird. Er führt keine rational stringenten Beweise an, sondern ausschließlich emotionale Gründe. Mit dieser Technik kommt er dem Storytelling-Prinzip sehr nahe. Denn vor allem bei Themen wie dem Bau der Mauer zu Mexiko oder auch dem Islamischen Staat erzählt Trump gerne kleine Anekdoten zu Ereignissen, die er angeblich selbst erlebt hat oder die ihm von verlässlichen Quellen berichtet wurden. Er möchte so den Eindruck erwecken, überall Freunde, Bekannte und Informanten zu haben, und dadurch Kompetenz und Macht demonstrieren. Keine Frage: Wenn jemand gut vernetzt ist, dann bestimmt Donald Trump. Die Verlässlichkeit und politische Legitimation dieser Quellen darf jedoch angezweifelt werden. Zumindest wird sie auf dem Debattenparkett aus gutem Grund nicht weiter thematisiert.

Mit seinen an die Emotionen appellierenden Geschichten wickelt Trump seine Zuhörer um den Finger und sticht so gleichzeitig seine Gegenredner aus, die sich in ihren Aussagen auf Zahlen und Fakten berufen. Das Publikum kann seinem Gegner – trotz fundierter Argumente – oft nicht folgen. Geschichten, Metaphern und Sinnbilder brennen sich deutlich einfacher ins Gehirn. Und wir alle kennen diesen Effekt ja aus eigener Erfahrung: Niemand mag Klugscheißer! Rhetorisch gesehen ist Storytelling ein wunderbares Hilfsmittel. In der Politik muss es allerdings mit Vorsicht genossen und darf lediglich dosiert eingesetzt werden. Geht es um die Vermittlung von Inhalten, muss angewandte Rhetorik dafür Sorge tragen, sie auch zielgerecht zum Adressaten zu transportieren. Nur spielte das im manipulativen Wahlkampf von Trump kaum eine Rolle, da er auf Sachargumente überwiegend verzichtete.

Unsere moderne Welt ist ein enorm komplexes Konstrukt, das in all seinen komplizierten Zusammenhängen nur schwer zu erklären ist. Viel effektiver ist doch, diese Welt als einen Ort zu malen, an dem Themenbereiche entweder schwarz oder weiß sind.

Humor

Unbestritten: Donald Trump ist ein Mann mit besonderer Ausstrahlung. Durchaus überzeugte der Businessman im Wahlkampf auch mit humorvollen und souveränen Antworten. Er brachte Menschen zum Lachen. Zugleich befand er sich aber nahezu dauerhaft in Situationen, in denen er mit negativer Kritik konfrontiert wurde. Wieso diese also nicht mit Humor bekämpfen?

Eine seiner größten Kritikerinnen ist Schauspielerin Rosie O'Donnell. Schon seit 2006 liefern sich beide eine öffentliche Fehde, die in den USA aufmerksam verfolgt wird. Beide haben sich zu Erzfeinden erkoren, die sich auf Twitter leidenschaftlich gerne bekriegen. Während O'Donnell die Auseinandersetzung startete, war es Trump, der immer wieder sehr beleidigende und sexistische Kommentare von sich gab.

Als *Fox News*-Reporterin Megyn Kelly während der ersten republikanischen TV-Debatte Trump mit vergangenen Kommentaren konfrontierte, in denen er Frauen als „fette Schweine" und „Schlampen" bezeichnet hatte, unterbrach er Kelly auf halber Strecke und entgegnete blitzschnell: „Nur Rosie O'Donnell."

Das Publikum brach in Gelächter aus und spendete tosenden Applaus. Selbst Megyn Kelly, die Trump an dieser Stelle eigentlich als Sexisten festnageln wollte, kam nicht umhin, sich ein Schmunzeln verkneifen zu müssen. Für einen Außenstehenden, der auf die amerikanische Gesellschaft lediglich als Beobachter blickt, ist dieser Moment völlig absurd und das Gelächter nur schwer nachzuvollziehen. Er unterstreicht allerdings Trumps Fähigkeit, potenzielle Bedrohungen durch den Einsatz von – wenn auch derbem – Humor und Elementen der Komik abzuwehren. Mit Humor ist es uns allen möglich, die Sympathien unserer Zuhörer auf unsere Seite zu bringen. Trump veränderte mit nur einem kurzen Spruch die Stimmung im kompletten Saal. Er nutzte Gelächter, um eine Situation zu kontrollieren, die ihm zuvor fast entglitten wäre. Dazu benutzte er nicht nur verbale, sondern auch nonverbale Techniken. Mimik und Gestik von Trump sind oft überzogen und ironisch. Selbst wenn er nicht redet, behält er dadurch die Kontrolle und kann so auch Angriffe schon ein Stück weit abwehren oder abschwächen. Dadurch, dass er negativer Kritik mit Humor begegnet und die Kritik scheinbar ohne Folgen an ihm abperlt, macht er den Eindruck, gelassen und souverän über den Dingen zu stehen. Manche bezeichnen es auch als Charisma.

Das Schüren von Angst

Angst ist eine sehr machtvolle Emotion. Sie zwingt einen dazu, sich intensiv auf den vermeintlichen Grund für diese Angst zu konzentrieren. Angst lähmt unser höheres Denken oder schaltet es gar komplett ab. Angst zu haben ist ein unangenehmer Zustand, dem wir uns gerne schnell entziehen möchten. Das machen wir zum Beispiel dadurch, dass wir zu einer anderen machtvollen Emotion wechseln: Wut. Diese richten wir dann gegen die Sache, die uns Angst macht. Donald Trump spielt geschickt mit den Ängsten der Bevölkerung. Indem er Terroranschläge und gefährliche Vergewaltiger zur Norm stilisiert, schürt er bewusst Ängste.

Die Adressaten seiner Äußerungen waren durchweg Randgruppen und Minderheiten. So beispielsweise Mexikaner: „Wenn Mexiko seine Leute nach Amerika entsendet, senden sie nicht ihre Besten. Sie bringen Drogen mit. Sie bringen Verbrechen mit. Sie sind Vergewaltiger. Und einige, nehme ich an, sind gute Leute.“[6]

Bei einem Großteil der amerikanischen Bevölkerung war und ist diese Thematik noch immer extrem emotional behaftet. Ein rational denkender Mensch ist in der Lage, eine derartige Aussage zu reflektieren und zu differenzieren. Er weiß, dass Mexiko seine Menschen nicht nach Amerika entsendet, um dort Drogen zu verkaufen und zu vergewaltigen. Wie aber verhalten sich emotional involvierte Menschen? Eine differenzierte Reflexion fällt ihnen deutlich schwerer, sofern sie überhaupt an einer solchen interessiert sind. Es ist das bereits erwähnte Schwarz-Weiß-Denken, mit dem Trump bewusst Ängste schürt. Wer anderer Meinung ist, denkt eben anti-amerikanisch. Diese starke Kombination von Angst-, Wut- und Panikmache benutzt Trump für eine seiner effektivsten Lügen: dass er der einzige starke Mann ist, hart genug, um zu tun, was getan werden muss. Trump ist derjenige, der sich traut, dieses brisante Thema mit klaren Worten auf den Tisch zu bringen. Er möchte die vermeintlichen Ungerechtigkeiten und Missstände endlich beseitigen und dafür persönlich eintreten. Diese populistische Rhetorik gelang ihm hervorragend. So wie er seinen Wahlkampf zelebrierte, beschwor er den Niedergang der amerikanischen Gesellschaft. Indem er der Bevölkerung verspricht, Amerika wieder „groß“ zu machen und die weißen Amerikaner allen anderen Mitgliedern der amerikanischen Bevölkerung vorzuziehen, sichert er sich Sympathien bei weiten Teilen der Bevölkerung, ohne dass diese überhaupt hinterfragen, wie Trump seine Ziele erreichen möchte und was diese „Größe“ Amerikas überhaupt bedeuten soll. Den meisten genügt es zu hören, dass Trump etwas für sie tun möchte und dass sie sich in ihrem Land endlich wieder gehört und gesehen fühlen können.

Machtinstrument Twitter

Donald Trump ist der Twitter-König schlechthin. Wenn jemand sinnbildlich für das Zeitalter der Kurznachricht steht, dann ist es der amerikanische Präsident. Es kommt nicht selten vor, dass Trump mehr als fünf Tweets pro Tag von sich gibt. In einem Interview mit der *Financial Times* offenbarte er sogar, dass er die Präsidentschaft ohne Twitter wohl nicht errungen hätte.[7] Durch Twitter ist eine völlig neue Form der politischen Kommunikation entstanden. Durch kaum ein anderes Medium lassen sich schneller so viele Menschen erreichen. Immerhin hat er annähernd 40 Millionen Follower (Stand Oktober 2017). Auch wenn wir davon die Social Bots abziehen, bleibt immer noch eine gewaltige Anzahl menschlicher Follower. Trump versteht es, diesen Kanal perfekt für sich zu nutzen. Früher waren Pressekonferenzen und Interviews nötig, um ein Statement abzugeben. Ihm genügten 140 Zeichen, um die Lage der Nation zu beschreiben. Eine im Vergleich geringe Zahl seiner Tweets wird von seinem Mitarbeiterstab über den offiziellen Twitter-Account des Präsidenten gesendet. Diese beinhalten dann meist Bekanntmachungen, Feiertagswünsche oder Urlaubsgrüße. Den Großteil seiner Tweets setzt Trump jedoch selbst über seinen privaten Account ab. Allein dass er seinen privaten Account in einem sozialen Netzwerk weiterhin und als quasi offiziell nutzt, stellt ein absolutes Novum dar. Viele seiner Tweets sind zumeist eigene Gedanken oder Reaktionen auf bestimmte Ereignisse. Während Pressemeldungen der Bundesregierung zuverlässig über das neutrale Sprachrohr Steffen Seibert veröffentlicht werden, nimmt dies in den USA der Chef persönlich in die Hand. Was daraus resultiert, ist zügellose, unkontrollierte Öffentlichkeitsarbeit. Die meisten Tweets haben einen schroffen Ton oder negativen Tenor und beinhalten nicht selten bizarre Äußerungen oder Beleidigungen. Trump ist sehr gut darin, seine Tweets emotional zu „framen". Wie auch in Reden, Interviews und Debatten platziert er bei Twitter aussagekräftige Wörter am Ende seiner Sätze. Trump versteht, wie Kommunikation über soziale Medien funktioniert und auch wie er sich in diesem System ausdrücken muss, um ein Statement zu setzen. Er zieht die Wörter zwar nicht lang wie beim Sprechen, setzt diese aber durch einige Ausrufezeichen einem Ausruf gleich – wie in einer Rede. Andere Politiker schreiben via Twitter. Donald Trump spricht durch Twitter. Er zwingt uns beinahe, ihm zuzuhören. Er gleicht in dieser Hinsicht keinem anderen Politiker, die schließlich auch auf Twitter aktiv sind. Wenn sich die politische Unkorrektheit des amerikanischen Präsidenten und sein „Anderssein" in einem Medium widerspiegeln, dann sicherlich auf Twitter. Denn durch seine aggressive Art wirkt er weniger wie ein Politiker, sondern vielmehr wie unser schlecht gelaunter Nachbar. Oder wie wir, wenn wir gefrustet den Paketdienstleister oder unseren Telekommunikationsanbieter via Twitter beschimpfen. Trump ist ein bisschen wie dieser eine Typ in unserer Freundesliste, der ständig seine Erlebnisse sowie Emotionen teilen und ständig Dinge aus seinem Leben posten muss, um zu zeigen, wie glücklich er ist. Auch Trump postet nicht, um relevante Informationen mit uns zu teilen, sondern weil er sich seine eigene Identität erschaffen und diese verstärken will.

Hinter einigen seiner Twitter-Postings steckt zudem eine ausgefeilte Strategie, um von negativer Presse abzulenken. Sobald eine negative Meldung oder ein kritischer Artikel über ihn erscheint, müssen wir nicht lange auf eine Twitter-Reaktion warten. Er greift die Debatte aber nicht noch einmal auf, sondern lenkt mit anderen, notfalls erfundenen Kontroversen ab. Diese Technik wird inzwischen als „Whataboutism" bezeichnet: „Ja, aber was ist mit …" Und in die freie Stelle setzen Sie einfach irgendetwas ein, das mit der ursprünglichen Kontroverse nichts mehr zu tun hat. Die mediale Aufmerksamkeit richtet sich dann tatsächlich schnell auf andere Sachverhalte als die ursprüngliche Meldung über ihn. Er zwingt die Öffentlichkeit regelrecht, über seinen provokanten Tweet zu berichten. So steuert er bewusst die mediale Berichterstattung. Dieses Prinzip ist keineswegs neu. Schon während des deutschen Kaiserreiches verstand es Reichskanzler Otto von Bismarck, von innenpolitischen Spannungen durch imperialistische Außenpolitik abzulenken. Was damals eine mit viel Aufwand verbundene Strategie darstellte, ist heute mit 140 Zeichen erledigt.

Im digitalen Zeitalter gelingt Ablenkung und daraus resultierende Manipulation viel schneller, sodass sich Meldungen auf allen Kanälen regelrecht überschlagen. Man könnte Trump auch mit einem Magier vergleichen, der bei einem Zaubertrick die Aufmerksamkeit des Publikums dort hinlenkt, wo er sie haben möchte, um an anderer Stelle das zu tun, was niemand sehen soll. Damit tappen wir immer wieder in seine Fallen. Weil wir schlichtweg nicht dazulernen wollen, werden wir diesen Fehler auch immer wieder machen. Die beste Möglichkeit ist tatsächlich, Aussagen von Donald Trump ein Stück weit zu ignorieren.

Trumps Berater

Doch Trump ist nicht der alleinige Schöpfer seiner Sprach- und Überzeugungskunst. Hinter ihm steht ein breit aufgestelltes und gewieftes Beraterteam, das ihn dabei unterstützte, die Marke „Donald Trump" im Wahlkampf zu positionieren. Neben den engsten Beratern aus seiner Familie versammelt er in seinem Stab schillernde Persönlichkeiten, die nicht wirklich für saubere und faire Wahlkämpfe bekannt sind. Die hervorragende Netflix-Dokumentation *Get Me Roger Stone* zeigt beispielsweise, wie sehr Trumps Wahlkampf von einem findigen Spin_ Doctor beeinflusst wurde. Roger Stone, ein politischer Medienberater und Ideengeber, machte bereits für Richard Nixon Wahlkampf und ist seitdem eine der umstrittensten Figuren in der US-amerikanischen Politik. Dass das Duell zwischen Trump und Clinton zur größten politischen Schlammschlacht in der Geschichte der USA verkam, war zu großen Teilen auch auf Stones unmoralische und gewissenlose Taktik zurückzuführen. Der Mann, der Politik als „Showbusiness für hässliche Menschen" beschreibt, schlug bereits zahlreiche schmutzige Schlachten auf dem politischen Spielfeld. Die Präsidentschaft Donald Trumps, den er bereits in den 80er-Jahren kennenlernte, darf dabei als sein Meisterstück angesehen werden. Er sieht sich selbst gerne als düsteren Choreografen, der alles im Griff hat, und inszeniert Kampagnen gegen politische Gegner unterhalb der Gürtellinie, aber innerhalb gesetzlicher Richtlinien.

Viele Strategien Trumps, wie das systematische Zerstören von Gegnern, seine provokative Rhetorik, tragen unverwechselbar Stones Handschrift. Schon zu Zeiten Nixons und Reagans wurde mit der gleichen Masche Politik gemacht. Dies ist zum Beispiel auch an der nahezu eins zu eins von Reagan übernommenen Wahlkampfparole erkennbar. Während Reagan damals den Slogan „Let's make America great again" verwendete, war es bei Trump „Make America great again". Und Nixon warb damals mit dem Slogan „Nixon's the One". Trump hat ihn zwar nicht aufgegriffen – jedoch vermittelt er in jeder seiner Reden, dass Amerika nur mit ihm als Anführer wieder zur alten Größe zurückfinden könne und dass nur er der geeignete Mann dafür sei. Es ist also wenig verwunderlich, dass Trump mit bewährten Vorgehensweisen so viel Erfolg hatte während des Wahlkampfes.

Mit Steve Bannon, der 80 Tage vor der Wahl zum Beraterteam stieß, holte sich Trump einen weiteren rhetorischen Bombenleger. Bannon ist Experte im Bereich alternative Medien und wird als Revolutionär bezeichnet, der das bestehende System stürzen will. Seit 2012 leitet er die rechtspopulistische Nachrichten- und Meinungswebsite *Breitbart News Network*, die als Sprachrohr der Alt-Right-Bewegung gilt und regelmäßig gezielt Lügen im Netz verbreitet. Bei der

Schmutzkampagne gegen Hillary Clinton spielte *breitbart.com* eine wichtige Rolle. Fake-News-Portale wie *breitbart.com* oder auch das von Alex Jones – einem rechtspopulistischen Verschwörungstheoriker – geleitete *infowars.com* erreichten mit ihren Lügen während des Wahlkampfs Millionen von Menschen. Während seriöse Sender wie *CNN* oder *MSNBC* von Trump als Fake News abgekanzelt werden, lobt er derweil diese alternativen Medien für deren gute Arbeit. Darin liegt eine erstaunliche und extrem gefährliche Ironie, die mich nur den Kopf schütteln lässt. In der Tatsache, dass Trump die seriösen Medien als Fake News diffamiert, liegt letztlich die große Gefahr, dass bald sämtliche Medien als Fake News bezeichnet werden.

Die Strategie der systematischen Diffamierung von Medien spielte und spielt nach wie vor eine zentrale Rolle, will man versuchen, Trumps rhetorische Methoden zu analysieren. Bei dieser Meinungsbeeinflussung leistet der Propaganda-Apparat Trumps hervorragend unmoralische Arbeit. Diese Manipulation ist leider auch ein Merkmal des digitalen Zeitalters.

Warum die Rhetorik der einfachen Worte so gut funktioniert

Auch wenn wir lieber eine andere Antwort geben würden, müssen wir feststellen, dass Trump nicht trotz seiner einfachen Rhetorik und seiner teilweise fragwürdigen Äußerungen so erfolgreich ist, sondern dass er gerade wegen seiner einfach erscheinenden und populistischen Rhetorik so viel Erfolg im Wahlkampf hatte. Er gibt den Massen das, was sie hören wollen. Trump benutzt Worte, die jeder versteht: vom Intellektuellen über den Farmer bis hin zum Mitglied einer Motorradgang. Sehr viele Menschen können sich mit Trump, seinen Äußerungen und Ansichten identifizieren. Das funktioniert auch deshalb so gut, weil die Informalisierung Amerikas seit den 60er-Jahren immer weiter voranschreitet.

Im Leben der Amerikaner ist die Sprache in allen Lebensbereichen ungezwungener geworden, ob im Wetterbericht, in der Werbung, in Blogs, in Zeitungen genauso wie im kulturellen Bereich. Der Effekt ist, dass sich Politiker für viele Menschen steif und abgehoben anhören, wenn sie sich korrekt oder gar „präsidentiell" ausdrücken. Trump war so erfolgreich bei der Bevölkerung, weil er dem gewohnten Bild eines Politikers nicht entspricht. Die Äußerungen der Kandidaten des letzten Wahlkampfes zeigen, dass sich die Komplexität von politischen Reden kontinuierlich verringert hat. Trump führt dabei die Liste von hinten an.

Trotzdem erfand er mit seiner Rhetorik das Rad nicht neu. Er war lediglich der erste Politiker, der so sprach, wie viele Menschen sich im Alltag unterhalten. Menschen müssen an dem Punkt abgeholt werden, an dem sie sich gerade befinden, und dazu sollten Worte benutzt werden, die die breite Masse versteht. Dieses Konzept der populistischen Rhetorik ist in der Politik allerdings nicht neu. Bereits John Favreau, Barack Obamas ehemaliger Redenschreiber, sagte, dass es nicht die Aufgabe eines Anführers sei, die Öffentlichkeit weiterzubilden, sondern diese zu inspirieren und zu überzeugen.[8] Schon die Präsidentschaft George W. Bushs zeigte, dass es für das amerikanische Volk nicht oberste Priorität hat, dass sich ein Präsidentschaftskandidat sprachlich auf sehr hohem Niveau bewegen können muss.

Trump ist nicht der erste Präsidentschaftskandidat, der sich raffinierter populistischer Rhetorik bedient. Auch Obama hatte ein starkes derartiges Repertoire und hat dies im Wahlkampf und im Präsidentschaftsamt für sich genutzt, jedoch auf andere Art und Weise. Ihm gelang es, mit dem Slogan „YES WE CAN" das amerikanische Volk mitzureißen und zu begeistern. Er war sozusagen der Vorreiter darin, die Bevölkerung populistisch anzusprechen. Auch er wählte Geschichten, die emotional berührten und mit denen Menschen sich identifizieren konnten. Zudem sah er sich und das Publikum immer als Teil eines großen Ganzen, was er auch kommunizierte. Dadurch schuf er ein „Wir-Gefühl". Sprachliche Vorbilder Obamas sind Martin Luther King oder Abraham Lincoln. Seine Reden schrieb er größtenteils selbst und ließ auch seine Biografie darin einfließen. Obamas Markenzeichen war das narrative Pathos, also das Erzählen einer ergreifenden

Geschichte. Er erzählt diese Geschichte von Anfang bis Ende, webt darin Motive und Ziele ein und baut diese so auf, dass sich Elemente oft aufeinander beziehen. Obama lässt Bilder in den Köpfen der Menschen entstehen und wählt bewusst Formulierungen wie beispielsweise „die Kraft der Millionen erhebt ihre Stimme“, anstatt „Menschen wählen“ zu verwenden. Auch er bedient sich des Instruments Storytelling.

Seinem Nachfolger Donald Trump bringt einfache Sprache zwei Vorteile: Einerseits können Menschen ihn besser verstehen. Andererseits ist es die Bevölkerung gewohnt, dass sich Politiker kompliziert ausdrücken. Trump grenzt sich verbal bewusst davon ab, ein typischer Politiker zu sein, tritt entschlossen auf und versteht sich als Geschäftsmann, der ein erfolgreiches Imperium aufgebaut hat. Große Teile der Bevölkerung sind überzeugt, dass der „Dealmaker“ Klartext redet und handelt, statt nur über kritische Themen zu philosophieren. Das Problem, das dahintersteckt, ist aber, dass Trump leider nicht Klartext redet, sondern sprachliche Verschleierung betreibt. Er nutzt zwar einfache Worte, aber es steckt kein Inhalt dahinter. Weil Trump über Dinge redet, die weite Teile der Bevölkerung emotional ansprechen und die einfach zu verstehen sind, wird er in Kombination mit seinen rhetorischen Methoden bei großen Teilen der Bevölkerung weiterhin Erfolg haben.

Auch wenn man das persönlich bedauern mag, kann man als Rhetoriker von Trump lernen, Sprache dazu zu benutzen, um eine Marke zu kreieren und eine Identität mit hohem Wiedererkennungswert zu konstruieren. Er hat sich als Figur erschaffen, der Menschen ihre Aufmerksamkeit schenken. Dass seine Kommunikation funktioniert, ist mehr als offensichtlich. Damit erreicht er tatsächlich auch die Menschen, denen alles schnell zu komplex wird. Und es ist die Überinformation unserer Zeit, die uns diese Komplexität bewusst macht und sie uns erleben lässt. Mit dem Auflösen dieser Komplexität schafft er es, die Massen zu bewegen, und hat das Unmögliche möglich gemacht: nämlich Präsident zu werden.

KAPITEL 3
Framing – Wie Sprache unser Denken beeinflusst

In meiner Wahlheimat Bamberg gibt es jedes Jahr am Tag der Deutschen Einheit einen der schönsten Antikmärkte Deutschlands. Dann wimmelt es im gesamten Innenstadtbereich des Weltkulturerbes nur so von Händlern und Besuchern, die sich für Antiquitäten und Trödel interessieren. Vor ein paar Jahren bummelte ich über den Markt und sah ein Landschaftsgemälde, an dem eindeutig schon der Zahn der Zeit genagt hatte. Das Bild wirkte eingestaubt, trist und öde. Da ich wahrlich kein Kunstexperte bin, interessierte mich das Bild zwar nur bedingt. Der Verkäufer bemerkte meine kurze Aufmerksamkeit für das Gemälde allerdings sofort und sprach mich an: „Sie interessieren sich für das Gemälde? Klar, es wirkt ein wenig eingestaubt. Aber das liegt vor allem am Rahmen. Mit einem neuen Rahmen wird die Landschaft viel mehr zur Geltung kommen. Dann ist das Bild auch wieder schön und ansprechend." Obwohl ich das Bild nicht kaufte, blieb mir dieser Satz in Erinnerung. Denn Rhetorik funktioniert nach dem gleichen Prinzip. Sie erzeugt sprachliche Bilder und beeinflusst dadurch unser Denken. Es kommt also darauf an, diesen Bildern einen ordentlichen Rahmen zu verpassen. Wie das mit gezielter Rhetorik funktioniert, versucht die Framing-Forschung zu erklären.

Als Menschen handeln wir rational. Davon sind wir zumindest überzeugt. Unser Handeln ist vernunftorientiert. Wir können Fakten objektiv bewerten und dann entscheiden, welches politische Vorhaben wir unterstützen wollen und welches nicht. Doch stimmt das wirklich? Durch die Erkenntnisse der modernen Neuro- und Kognitionsforschung ist das klassische Bild der Vernunft massiv ins Wanken geraten.[9] Im Grunde wissen wir alle nur zu gut, dass bei unserer Entscheidungsfindung in der Praxis nicht nur rationale Faktoren eine Rolle spielen. Unter anderem haben Gefühle, Sinneseindrücke und Erfahrungen einen enormen Einfluss darauf, wie wir bestimmte Begriffe definieren. Vor allem das sogenannte *Framing* ist ein Punkt, der unsere Vorstellung von sprachlicher Beeinflussung verändert hat. In Bezug auf politische Debatten überzeugen nämlich weniger die Inhalte, sondern vielmehr wie diese präsentiert werden.

Führend auf dem Forschungsgebiet des *political framing* ist die deutsche Sprach- und Kognitionswissenschaftlerin Elisabeth Wehling. Mit ihrem Buch *Politisches Framing. Wie eine Nation sich ihr Denken einredet – und daraus Politik macht* gelang ihr im Jahr 2016 ein Bestseller. Bedingt durch die Erkenntnisse der jüngeren Neuro- und Kognitionsforschung konnte Wehling zusammen mit ihrem Team herausfinden, dass Frames entscheidenden Einfluss auf die Bewertung und Interpretation von Wörtern haben.

Aber was genau ist ein Frame? Der Begriff beschreibt einen gedanklichen Deutungsrahmen, der durch Sprache in unserem Gehirn entsteht. Ohne es zu merken, beeinflussen zahlreiche dieser Frames unser Denken. Dabei selektiert unser Gehirn Fakten, indem es einigen eine größere Bedeutung zuschreibt und manche gar nicht beachtet. Das hängt vor allem mit den Erfahrungen zusammen, die wir im Alltag machen. Gefühle, Erinnerungen und beispielsweise auch Gerüche haben großen Einfluss auf den Deutungsrahmen. Mitunter wird diese Selektion in der Praxis auch als Schubladendenken bezeichnet. Daher ist es umso wichtiger, sich mit der Existenz und den Auswirkungen von Frames zu beschäftigen – einerseits um sich darüber bewusst zu werden, wie sehr wir tatsächlich beeinflusst werden, und andererseits wie wir andere durch Sprache beeinflussen.

Sprache hat immensen Einfluss darauf, wie wir die Welt wahrnehmen. In den USA ist Framing, also der bewusste Einsatz von Sprache, bereits seit den Wahlkämpfen von Barack Obama ein wichtiger und erfolgversprechender Bestandteil, um seine politischen Ziele zu erreichen. Donald Trump machte sich politisches Framing während seiner

Kampagne ebenfalls zu eigen. Er benutzte nicht nur die Sprache eines Viertklässlers, sondern verstand es auch, seinem reduzierten Vokabular einen besonderen Rahmen zu verleihen. Beispielsweise sagte er nicht: „Es muss unser Ziel sein, illegale Migration aus Mexiko zu verhindern!“ Er sagte: „Wir bauen eine Mauer und lassen Mexiko dafür zahlen!“ Welches Bild haben Sie nun im Kopf? Natürlich das einer Mauer. Wenn wir an eine Mauer denken, kommen uns unbewusst bestimmte Assoziationen und Bedeutungen in den Sinn. Mauern stehen für ein Hindernis, für Ausschluss, aber auch für Schutz. Trump schafft mit seiner Sprache Sprachbilder. Das bedeutet, dass wir gesprochene Worte sofort mit einem Bild verknüpfen und mit einer Emotion abspeichern. Elisabeth Wehling bezeichnet dies als Sprachfallen. Es handelt sich um bestimmte Begriffe, die in unserem Gehirn automatische Deutungsrahmen erschaffen, durch die wir sie in eine bestimmte Richtung interpretieren. In ihrem Buch nennt sie als eines der zentralen Beispiele unseren sprachlichen Umgang mit dem Terminus „Steuern“. Steuern sind eine fiktive Realität, von der auch Yuval Noah Harari spricht. Wir können sie mit unseren Sinnen nicht fassen. Steuern schmecken nicht, wir riechen sie nicht und werden sie auch nicht fühlen. Hören wir aber von „Steuern zahlen“, „Steueroasen“ oder von „Steuerlast“, regen diese Ausdrücke in unserem Gehirn bestimmte Frames an. Bei „Steuern zahlen“ erinnert sich unser Gehirn automatisch an die Erfahrung des Bezahlvorgangs im Sinne von: Wir MÜSSEN diese Steuern bezahlen! Es handelt sich um einen Aufwand, der negativ besetzt ist. Ganz anders verhält es sich bereits mit dem Begriff „Steuern beitragen“. Nun konnotieren wir die Abgaben als kollektiven Beitrag zum Gemeinwohl des Volkes.

In der politischen Kommunikation ist es enorm wichtig, mit welchen sprachlichen Mitteln Inhalte transportiert werden. Wehling bezeichnet dies als ideologischen Klärungsprozess, dem sich ein Politiker aussetzen muss, bevor er öffentlich Stellung nimmt. Er muss dabei vorab klären, was seine Werte sind und wie er zu einem bestimmten Thema steht.[10]

Woran denken Sie, wenn Sie das Wort „Steuererleichterung" hören? Vermutlich assoziieren Sie damit eine Senkung der Steuern. Wir Bürger müssen also weniger Geld zahlen. Aber was steckt noch hinter dem Begriff? Er aktiviert in unserem Gehirn den bereits erwähnten „ideologischen Frame". Dabei bewertet unser Gehirn ein Wort nicht objektiv und rational, sondern moralisch. Es stecken nämlich zwei Aspekte in diesem Wort: zum einem der Begriff „Steuer" – ein komplexes finanzpolitisches System – und zum anderen der Begriff „Erleichterung", den wir aus unserem Alltag kennen. Letzterer setzt eine Last voraus, die von jemandem getragen wird. Eine Last ist schlecht und wir wollen von ihr befreit werden.[11] „Befreien" assoziiert im Umkehrschluss, dass wir gefangen sind. Und auf einmal sind wir in der Opferrolle, aus der wir befreit werden wollen. Doch wir haben Glück. Politiker, die diesen Frame in uns aktiviert haben, bieten Abhilfe, indem sie die Steuern senken wollen. Aber was ist mit der Steuererhöhung für die Großverdiener unter uns? Wieso wird hier im Umkehrschluss nicht von einer Steuer-*Belastung* gesprochen? Die Antwort liegt auf der Hand. Wer wählt schon eine Partei, die den Bürger belasten will?

Wie wir bereits beim Gruppenüberzeugungsprozess gelernt haben, ist in der politischen Kommunikation die Ansprache aller Motivationstypen nötig, um eine überzeugende Rede zu halten. Die Vielfalt der Parteien will selbstverständlich eine heterogene Gesellschaft ansprechen, deren Mitglieder unterschiedliche Interessen haben. Politische Themen lassen sich daher aus verschiedenen Blickwinkeln betrachten, was dazu führt, dass mehrere Frames für ein Thema vorstellbar und, um verschiedene Zielgruppen anzusprechen, sogar unabdingbar sind. Anhand des vorherigen Steuerbeispiels wird deutlich, dass unterschiedliche Formulierungen verschiedene Interessengruppen ansprechen. Es gilt also für den Einzelnen, sich aus der Vielfalt der Aussagen selektiv diejenigen herauszugreifen, die einen selbst ansprechen. Sie entscheiden sich in diesem Moment also für einen kleinen Teil eines großen Themas. Was wir im Wahlkampf sehen, ist ein Wettkampf um die Deutungshoheit von Frames, die letztendlich entscheidet, wer den Wettkampf gewinnt und sich dadurch die Macht sichert oder erhält.[12]

In der politischen Kommunikation werden komplexe Sachverhalte regelmäßig in Metaphern und Bildern dargestellt. Sie erleichtern uns das Verständnis von Politik. Auf der anderen Seite lassen wir uns von diesen Bildern in unserem Denken beeinflussen und in gewisser Weise lenken. In den Kognitionswissenschaften wird dabei von *Metaphoric Mapping* gesprochen. Gemeint ist damit eine metaphorische Übertragung, die es ermöglicht, abstrakte Dinge erfahrbar und denkbar zu machen.[13] Dies ist vor allem bei der „Flüchtlingswelle" geschehen, die in der politischen Kommunikation von allen Akteuren, also von Politikern, Bürgern und Medien, verwendet wurde. Ein italienischer Sicherheitspolitiker sprach Anfang 2014 gar von einem „Flüchtlings-Tsunami", der auf Europa zurolle. Die *Bild-Zeitung* veröffentlichte diese Aussage, wodurch sie auch in der Bevölkerung verbreitet wurde.[14] Was lösen Begriffe wie „Welle" oder „Tsunami" in uns aus? Sind diese Naturereignisse ungefährlich? Können wir sie aufhalten? Ganz im Gegenteil. Wir verbinden mit ihnen eine unkontrollierbare Naturgewalt, die eine Bedrohung darstellt. Dieser Frame löst eine nachvollziehbar negative Einstellung in uns aus. Denn wir alle fürchten uns vor Naturgewalten, vor allem wenn sie uns unmittelbar betreffen. Die Bilder, die wir mit diesem Begriff verbinden, sind keine, die wir in unseren Köpfen selbst erzeugt haben. Es sind die Bilder, die wir aus der Berichterstattung über bestimmte Ereignisse kennen. Dieser Umstand führt dazu, dass bestimmte Wörter an bestimmte Bilder geknüpft sind. Und genau das ist der Grund, weshalb wir einen negativen Beigeschmack verspüren, wenn wir das Wort Flüchtlingswelle hören. Durch die Wahl der bildlichen Darstellung des Sachverhalts werden Grundrichtungen der politischen Kommunikation sichtbar. Die hier gewählte Metapher der Welle oder des Tsunamis ist mehr als zweifelhaft. Schließlich könnte das Thema auch neutral oder sogar positiv dargestellt werden. Dieser Sachverhalt könnte dann lauten: „Deutschland bekommt Zuwachs." Statt von Flüchtlingen könnte man auch von Geretteten sprechen.

Bei der Rezeption von Begriffen ist also immer entscheidend, welche ideologische Perspektive der Sender vermitteln möchte. In den gefährlichen Bereich kommen wir, wenn sich der Sender keine Gedanken über diese Perspektive macht. Das geschieht beispielsweise, wenn Medien ideologisch aufgeladene Aussagen von Politikern unreflektiert übernehmen. Deshalb müssen sich Medien heutzutage mehrmals täglich mit der Frage auseinandersetzen, ob sie mit einer Meldung nur eine Aussage wiedergeben oder mit dieser Meldung bereits selbst Sprachbilder erzeugen, die bestimmte Denkmuster auslösen. Wir geraten an dieser Stelle in den ganz schwierigen, nicht leicht zu untersuchenden Bereich der Medienrezeption und Medienbeeinflussung in der politischen Kommunikation.

Begriffe wie die zuvor erwähnten sind keinesfalls zufällig gewählt. Sie beeinflussen unser Denken und Handeln nachhaltig. Eine Politik, in der ausschließlich Inhalte und Argumente entscheiden, ist unvorstellbar. Wer Ihnen das verkaufen möchte, möchte Ihnen wahre Fake News verkaufen. Politische Inhalte werden von Sprache getragen, die ganz bewusst gewählt wird, um metaphorische Sprachbilder in unseren Gehirnen entstehen zu lassen. Auch diese Erkenntnis ist keine Offenbarung. Schließlich werden wir tagtäglich auch von Werbung, Medien und im normalen Alltag sprachlich beeinflusst. Gegen diese automatischen Konnotationen unseres Gehirns können wir wenig machen. Wir können jedoch versuchen, aufmerksamer für die Verwendung bestimmter Begriffe zu sein. Wir können uns selbst fragen, was Worte wie „Steuerflüchtling", „Flüchtlingswelle" oder „Migrationshintergrund" tatsächlich bedeuten und in welchem Zusammenhang sie von wem verwendet werden.

KAPITEL 4
Faire vs. unfaire Dialektik

Politische Kommunikation dient immer dem Zweck der Überzeugung. Ein Fachgebiet, das sich bereits seit der Antike mit Überzeugung beschäftigt, ist die Dialektik. Der Begriff stammt ursprünglich aus dem Griechischen (dialogemai oder dialogesthai = sich unterhalten), lässt sich aber ebenso durch das Lateinische erklären (ars dialectica = Kunst der Gesprächsführung). Platon und Aristoteles waren sicherlich die bekanntesten Vertreter dieser Disziplin, die anfänglich dazu diente, Wissen zu erwerben und dieses Wissen zu überprüfen. Seit dem 18. Jahrhundert wird Dialektik zusätzlich als Lehre vom Auffinden und Auflösen von Gegensätzen mit dem Ziel der Konsensfindung verstanden. Wenn die Rhetorik also die Kunst der guten Rede ist, können wir Dialektik als Kunst der Überzeugung auffassen. Beide Disziplinen, die seit jeher auch philosophische Ansätze aufweisen, sind deshalb unmittelbar miteinander verknüpft. So wird Dialektik als ein Bereich bezeichnet, der ohne Hilfswissenschaften wie Rhetorik, Logik, Linguistik oder Psychologie nicht auskommt.[15] Politik, Religion oder Wissenschaft sind klassische Institutionen, in denen bei konträren Standpunkten bewusst Gespräche gesucht werden, um letztlich eine für alle befriedigende Lösung zu finden. Dass dies nicht immer gelingt, wissen wir selbst.

Wenn wir von fairer Dialektik sprechen, hängt dies vor allem mit der Zielsetzung zusammen. Es geht dann darum, „den Gegner persönlich und sachlich für die eigenen Argumente zu gewinnen".[16] Dass aber auch dies nicht immer gelingt, ist ebenso einleuchtend. Deswegen gibt es zusätzlich unfaire Dialektik, bei der durch den Einsatz verschiedener rhetorischer Methoden ein „Sieg" herbeigeführt werden soll – ob die vertretene Meinung nun richtig oder falsch ist, spielt dabei keine Rolle. Unfaire Dialektik zeichnet sich dadurch aus, dass unter Anwendung bestimmter Methoden immer nur zum Vorteil einer, der eigenen, Seite argumentiert wird. Wir können das verwerflich oder manipulativ finden. Trotzdem wird unfaire Dialektik in Debatten und Verhandlungen regelmäßig eingesetzt. Umso wichtiger ist es, unfaire Dialektik erkennen und auf sie reagieren zu können. Eine andere Bezeichnungen für unfaire Dialektik ist die von Arthur Schopenhauer geschaffene „Eristik" (Eris = griechische Göttin der Zwietracht). Weitere Begriffe sind beispielsweise „schwarze Rhetorik" oder „verbotene Rhetorik". Am Ende dieses Kapitels werde ich Ihnen zeigen, wie Sie unfaire Dialektik entlarven und gleichermaßen rhetorisch darauf reagieren können.

Auszüge aus Schopenhauers Kunstgriffen der Eristischen Dialektik

Ich möchte mit Auszügen aus dem Manuskript *Eristische Dialektik oder die Kunst, Recht zu behalten* von Arthur Schopenhauer die Basis für das Kapitel legen. Insgesamt listete der Philosoph Schopenhauer, in dessen Nachlass sich das Manuskript befand, 38 rhetorische Kunstgriffe auf, mit denen stets Recht behalten wird. Aufbauend auf Aristoteles zeigt uns die Liste Wege, wie man auch im Unrecht Recht behalten kann und auf etwaige Tricks des Gegners in einer Diskussion reagieren sollte. 20 Punkte von Schopenhauers Liste halte ich noch heute für so aktuell, dass sie im Folgenden aufgeführt werden sollen:[17]

1. Die gegnerische Behauptung ausweiten, verallgemeinern oder übertreiben, sodass sie nicht mehr allgemein gültig sein kann. Dann die eigene Behauptung präzise formulieren. Je weitläufiger wir argumentieren, desto anfälliger sind wir.

2. Eine Behauptung bewusst falsch auffassen und in diesem Sinne widerlegen.
3. Den Gegner erzürnen, sodass er nicht mehr rational diskutieren kann. Dieser Kunstgriff wird oft in Verhören im „Good Cop, Bad Cop“-Verfahren angewandt. Dabei wird der Verhörte bewusst gereizt, um ihm emotionale Aussagen zu entlocken.
4. Fragen ungeordnet stellen, sodass der Gegner die Absicht hinter diesen nicht erkennt. Dann die Antworten zu verkehrten Schlüssen benutzen.
5. Wenn der Gegner Fragen absichtlich verneint, einfach das Gegenteil fragen.
6. Bezeichnung einer Sache zum eigenen Vorteil wählen. Dieses Prinzip kennen Sie bereits durch Framing. So wird beispielsweise Sterbehilfe von Unterstützern als friedliches Einschlafen bezeichnet, während Gegner Formulierungen wie „abtöten“ benutzen.
7. Bei Verlegenheit einfach einen leicht ähnlichen, wahren Satz zur Entscheidung stellen. Wird er aus Argwohn abgelehnt, kann man den Gegner ad absurdum führen, ansonsten hat man wenigstens etwas Richtiges gesagt. Verschwörungstheoretiker setzen gerne diesen Kunstgriff ein. Sie sind sich der Unwahrheit eines Sachverhalts bewusst oder bilden sich diesen in einem Maße ein, dass sie richtige Fakten aneinanderreihen. Was entsteht, ist entweder maßloser Unsinn oder Halbwahrheiten. Die Verbreitung von Fake News verläuft nach einem ähnlichen Schema.
8. Eine Behauptung des Gegners auf Widersprüche zu seinen vorherigen Behauptungen untersuchen. Unter diesen Punkt fällt ebenso, wenn man die Behauptung des Gegners in

Widerspruch zu einer Institution oder einer gesetzlichen Regelung stellt.

9. Sieht es schlecht aus: ablenken oder abspringen. Bei Aufforderung zum Gegenbeweis eines einzelnen Punktes diesen ins Allgemeine führen und dagegen reden.
10. Schlüsse nie erfragen, sondern selbst ziehen, auch wenn noch der eine oder andere Einzelbeweis aussteht. Wichtig ist, das letzte Wort zu haben.
11. Sollen wir etwas zugeben, was die Niederlage bedeuten würde, bezeichnen wir diese Aufforderung als rhetorischen Trick und entziehen uns somit der Antwort. Gleichermaßen entziehen wir uns seinem besten Argument.
12. Sätze des Gegners so verdrehen, dass gefährliche und falsche Dinge logisch folgen, die aber gar nicht seine Meinung sind. Dem Gegner wird sprichwörtlich das Wort im Munde umgedreht.
13. Wird der Gegner bei einem Faktum plötzlich wütend, reitet man geradezu darauf herum, weil es seine Schwachstelle sein kann.
14. Diversion machen. Wenn man geschlagen zu werden droht, lenkt man vom Thema ab, indem ein scheinbar artverwandtes Thema auf den Tisch gebracht wird. Gegebenenfalls kann der Gegner auch gleich direkt angegriffen werden. Dieser Kunstgriff ist eine der Lieblingsmethoden von Donald Trump, die er vornehmlich über das Medium Twitter, aber auch in Debatten benutzt.
15. Sich auf Autoritäten berufen, dabei aber den Wissensstand des Gegners beachten. Erinnern wir uns abermals an Donald Trump, als er sich – angesprochen auf sein Steuerkonzept – während einer Debatte auf den Ökonomen Larry Kudlow berief, der sein Steuerkonzept für hervorragend befand.

16. Wenn man nichts gegen die dargelegten Gründe hat, erkläre man ironisch, dass man dagegen nichts habe und es das eigene Denkvermögen übersteige. Der Zuhörer wird es dann als Unsinn ansehen. (Dazu muss man aber bei den Zuhörern angesehen sein.)
17. „Das mag in der Theorie richtig sein, in der Praxis ist es falsch" – Was in der Theorie richtig ist, ist auch in der Praxis richtig. Andernfalls ist die Theorie falsch.
18. Falls der Gegner abschweifen will, hat man möglicherweise einen Schwachpunkt getroffen und muss darauf herumhacken.
19. Den Gegner „totschwafeln". (Gewöhnlich glaubt der Mensch, wenn er nur Worte hört, müsse sich doch auch etwas dabei denken lassen.)
20. Falls der Gegner überlegen ist, werde man persönlich beleidigend und greife ihn persönlich an!

Der schlechte Ruf der Rhetorik

Arthur Schopenhauer selbst hat diese Kunstgriffe durchweg mit einem ironischen Unterton versehen. Das Manuskript, welches er nie veröffentlicht hatte, sondern posthum erschienen ist, sollte keine Anleitung, sondern vielmehr eine Kritik an den rhetorischen Methoden seiner Zeit sein. Damals, im frühen 19. Jahrhundert, bemerkte er nämlich eine besondere Entwicklung in der Rhetorik. Beim Studium seiner Zeitgenossen merkte er, dass es nicht nur deutlich mehr Debatten gab, sondern dass es in diesen auch nicht mehr um die klassische Wahrheitsfindung per se ging, sondern hauptsächlich um einen Sieg im Streitgespräch, ganz gleich mit welchen Mitteln dieser Sieg auch immer erreicht werden sollte. Schopenhauers

Eristische Dialektik ist eine polemische Antwort auf den Diskussionsstil seiner Mitmenschen – und scheint aktueller denn je zu sein.

Schopenhauer war ein genauer Beobachter der Rhetorik, die gerade in den deutschen Territorialstaaten nach dem Wiener Kongress eine zunehmend wichtige Rolle spielte. Nach der Französischen Revolution, der Säkularisation 1803 und dem Ende des Heiligen Römischen Reiches 1806 wurde auf dem Wiener Kongress 1815 Europa und damit auch Deutschland neu geordnet. Die aufkommende Industrialisierung sorgte zugleich für den Durchbruch der bürgerlichen Gesellschaft, wodurch wiederum nationale und bürgerliche Bewegungen entstanden, die ohne Dialektik nicht funktioniert hätten. Durch die Auseinandersetzung mit der deutschen Frage entstand in den Grenzen des deutschen Bundes eine nie zuvor gekannte Politisierung, in die nicht mehr nur Adel und Monarchie involviert waren. Das Hambacher Fest 1832, die Märzrevolution 1848 oder das allgemeine Aufkommen des Bildungsbürgertums waren eindeutige Kennzeichen für eine große Veränderung in der Gesellschaft, aber auch für die Renaissance der politischen Rhetorik. Nach ihrer Hochzeit in der Antike hatte deren Bedeutung zusehends abgenommen. Im Mittelalter und der Frühen Neuzeit, als Adel und Kirche die absolute Herrschaft besaßen, war die Redekunst hauptsächlich als ästhetisches Stilmittel definiert. Aber nach der Aufklärung und einem nun spürbar zu vernehmendem Drang nach Demokratisierung gewann die Rhetorik ihre Rolle als politisches Machtinstrument zurück. So läutete die Frankfurter Nationalversammlung in der Paulskirche als Vorstufe des Parlamentarismus den Siegeszug der politischen Kommunikation ein. Seitdem erlebte die Rhetorik eine wahre Achterbahnfahrt. Vor allem nach dem Missbrauch in der Wilhelminischen Ära und der menschenverachtenden Propagandamaschinerie des Dritten Reichs hatte die Rhetorik endgültig unter Beweis gestellt, welch enorme Macht sie entfalten konnte. Die damaligen Ereignisse haben bis heute einen großen Einfluss auf die Rezeption der politischen Rhetorik. Und das ist auch gut so.

Schließlich darf Zeitgeschichte nicht in Vergessenheit geraten. Was jedoch entschieden zurückgewiesen werden muss, ist die Reduktion von Sprachkunst auf bloße Manipulation. Schließlich können wir auch nicht allen Bankern vorwerfen, korrupt zu sein, nur weil man mit Geld Menschen bestechen kann. Das Misstrauen gegenüber der Rhetorik hat seine Berechtigung. Es stimmt, dass sie durch Demagogen und niederträchtige Systeme missbraucht wurde. Dennoch ist sie ein elementarer Teil unseres täglichen Lebens. Eine Auseinandersetzung mit ihr ist mehr als vernünftig. Denn um mögliche Manipulation verstehen zu können, hilft nur eine Auseinandersetzung mit der Disziplin der Rhetorik selbst.

Es ist nicht verwunderlich, dass die Rhetorik bis heute um eine positive Rezeption kämpfen muss. Sie hat durch die Erfahrungen aus der Vergangenheit einen miserablen Ruf, auch wenn dem Einzelnen oft gar nicht bewusst ist, worin seine Ablehnung begründet ist, hat er doch selbst oft keine negativen Erfahrungen gemacht. Schauen wir uns ein Fußballspiel zwischen meiner Wahlheimatstadt Bamberg und dem benachbarten Bayreuth an. Beim FC Eintracht Bamberg, dem damaligen Regionalligisten, war ich für einige Jahre Stadionsprecher. Ich war schon ein wenig mit dem Bamberger Fußball vertraut, aber trotzdem extrem überrascht, als im Vorfeld der Begegnung Bamberger und Bayreuther Fans aufeinander losgingen. Für mich als Zugereisten war diese Massenschlägerei absolut nicht zu verstehen. Erst durch Insider erfuhr ich, dass es sich hier um eine historische Rivalität handelte. Die katholische Bischofsstadt Bamberg stritt nämlich seit jeher mit dem protestantisch geprägten Bayreuth um die Vorherrschaft in Oberfranken. Obwohl heute im Alltag der Menschen Konfessionen kaum noch eine Rolle spielen, hatte sich der Gedanke einer Feindschaft in den Köpfen beider Fanlager festgesetzt. Verstärkt durch Alkohol entlud sich dieses Aggressionspotenzial in einer vehementen Massenschlägerei vor dem Bamberger Stadion. Dabei hatten gar nicht so viele Kirchgänger die Fahrt nach Bamberg angetreten. Die Geschichte zeigt: Wenn sich ein

Vorurteil erst einmal im Kopf eingenistet hat, ist es nur schwer wieder zu entfernen. So ist es auch um die Rhetorik bestellt. Was durch die „Platz an der Sonne"-Rhetorik Kaiser Wilhelms II. im deutschen Kaiserreich begonnen hatte, fand im Nationalsozialismus seinen negativen Höhepunkt. Es war der pure Missbrauch kommunikativer und vor allem dialektischer Techniken als Manipulationsmittel. Durch die nachvollziehbare Rezeption in den Nachkriegsjahren hatte sich Rhetorik in unseren Köpfen als manipulativ und böse festgesetzt. Dies spiegelt sich auch in unserer heutigen Medienlandschaft wider, die den Begriff der „gefährlichen Rhetorik" immer dann heraushol, wenn das Mitte-Rechts-Lager sich einer bestimmten Sprache bedient. Für den geneigten Empfänger, der nicht intensiv mit Rhetorik vertraut ist, steht alleine der Begriff für das pure Böse. So verstärkt sich in der Gesellschaft weiterhin der Gesamteindruck, dass Rhetorik ausschließlich dazu dient, Menschen zu manipulieren. Aber genau diese Reduktion wird dem Feld der angewandten Redekunst nicht gerecht. Viele meiner Kollegen, die in der Personalentwicklung oder als freie Trainer arbeiten, vermitteln Kommunikationstechniken mit viel Anstand, Vernunft und Würde. Es ist auch ihnen zu verdanken, dass sich immerhin schrittweise das Vorurteil gegenüber der Rhetorik in der Gesellschaft auflöst. Um diesen Imagetransfer zu erreichen, soll vor allem auch dieses Buch dienen, indem es aufzeigt, dass Rhetorik lediglich ein Hilfsmittel ist. Gebe ich zwei Menschen einen Hammer in die Hand, kann der eine damit ein Haus bauen, während der andere jemandem den Schädel einschlägt.

Dabei sind es gerade Begriffe wie unfaire Dialektik oder schwarze Rhetorik, die positiv auf das Image der Rhetorik einzahlen. Sie zeigen nämlich auf, zu welchen Zwecken Rhetorik missbraucht werden kann, und sind dabei zugleich ein Warnsignal, sich vor derartigen Methoden zu schützen. Wie das funktioniert, erfahren Sie im nächsten Abschnitt.

Lernen Sie unfaire Angriffe abzuwehren

Worauf kommt es an, wenn Sie sich gegen unfaire Angriffe wehren wollen? Schlagfertigkeit – also schnell zu antworten – ist ein Stichwort, das immer wieder angeführt wird. Werden wir unfair angegriffen, neigen wir jedoch dazu, ebenfalls unfair zu begegnen. Das ist erstens einfacher und zweitens kennen wir es aus der politischen Kommunikation kaum anders. Die Kunst liegt aber darin, unfaire Angriffe fair abzuwehren. In den kommenden Beispielen finden sich zahlreiche Antworten, die von meinen Teilnehmern im Seminar genannt worden sind. Durchaus haben sich unter diese auch Äußerungen gemischt, die unfair beziehungsweise grenzwertig sind. Schließlich gibt es Situationen, in denen auch einmal unfair geantwortet werden kann. Diese Methode sollte sich aber auf Einzelfälle beschränken.

Wenn der Gegner Sie laufend unterbricht

Obwohl Sie das Wort haben, werden Sie von Ihrem Gegenüber regelmäßig unterbrochen.

Begegnung:

- Ich bin enttäuscht, dass ich nicht aussprechen darf.
- Notieren Sie sich bitte die Frage. Ich werde später darauf eingehen.
- Im Sinne der Fairness bitte ich Sie, mich nicht ständig zu unterbrechen.

Wenn sich der Gegner dumm stellt

Obwohl er Sie verstanden hat, fordert er eine Wiederholung Ihres Arguments ein. Ein rhetorisch geschulter Gegner kann dies auf charismatische und ironische Weise machen und dadurch Punkte beim Publikum sammeln.

Begegnung:

- Sofern ich mich undeutlich ausgedrückt haben sollte, wiederhole ich mich gerne für Herrn/Frau XY.
- Lassen Sie mich bitte im Sinne der Gruppe fortfahren. Für offene Fragen stehe ich anschließend zur Verfügung.
- Unter Berücksichtigung der voranschreitenden Zeit schlage ich vor, dass ich speziell Ihnen mein Argument nach der Debatte nochmals erläutere.

Wenn der Gegner schweigt

Ihr Gegner geht gar nicht auf Ihre Aussagen ein. Er ignoriert Sie einfach.

Begegnung:

- Darf ich Ihr Schweigen als Zustimmung verstehen?
- Was sagen Sie als Fachmann? (offene Motivationsfrage)
- Ich sehe überbordende Begeisterung in Ihren Augen.

Wenn der Gegner vom Thema ablenkt

Ihr Gegner fühlt sich unter Druck gesetzt und versucht mit einem Themawechsel abzulenken.

Begegnung:

- Können wir das bitte zu einem anderen Zeitpunkt besprechen? Gerne möchte ich beim Thema bleiben.
- Das verstehe ich nicht. Bitte erklären Sie mir den Zusammenhang mit meinem Thema.

Wenn der Gegner sich auf Autoritäten beruft

Er zitiert allgemein anerkannte Theorien oder dogmatische Aussagen bestimmter Persönlichkeiten, wodurch er einerseits belesen erscheinen und von deren Autorität profitieren und andererseits Ihre mögliche Unwissenheit herausstellen möchte.

Begegnung:

- Danke für dieses interessante Zitat.
- Unabhängig vom Verfasser des Zitats, was würden Sie zu diesem Fall sagen?
- Nach diesem kurzen Ausflug in die Geschichte schlage ich vor, dass wir uns nun wieder mit seriösen Argumenten beschäftigen.

Wenn der Gegner das große Ganze einfordert

Während Sie Ihr Argument mit einer Statistik oder anhand eines konkreten Beispiels untermauern, wirft Ihnen Ihr Gegner vor, den Zusammenhang zum großen Ganzen verloren zu haben. Damit lässt er Sie als pedantisch dastehen, während er selbst der große Stratege ist.

Begegnung:

- Natürlich haben Sie recht, allerdings braucht auch ein großer Baumstamm feine Wurzeln, um zu gedeihen.
- Halten Sie es für zulässig, wichtige Einzelheiten wegzulassen?
- Bedenken Sie bitte: Auch ein Puzzle besteht aus vielen kleinen Teilen, die dann ein Gesamtbild ergeben.

Wenn der Gegner auf Einzelheiten besteht

Hierbei handelt es sich um das Gegenteil. Wenn Sie vom großen Ganzen sprechen, fordert er Einzelheiten oder konkrete Beispiele. Damit wirft er Ihnen ebenfalls vor, den Bezug zum eigentlichen Problem verloren zu haben.

Begegnung:

- Für die später folgenden Details benötigen wir dann Fachleute wie Sie.
- Lassen Sie uns bitte zuerst auch mit Ihrer Hilfe das gemeinsame große Ziel finden.
- Ich bitte um Verständnis, dass wir aus Zeitgründen nur die große Linie aufzeigen möchten.

Wenn der Gegner Sie persönlich beleidigt

Schopenhauer unterschied zwischen einer sachlichen Diskussion (ad rem), die unabhängig von Emotionen ist, und einer unsachlichen Diskussion (ad hominem), bei der der Gegner persönlich angegriffen wird. Diese Methode ist zugleich Schopenhauers letzter Kunstgriff: „Falls der Gegner überlegen ist, werde man persönlich beleidigend und greife ihn persönlich an!“

Begegnung:

- Wie verfahren wir nun weiter, nachdem Ihnen scheinbar professionelle Argumente ausgegangen sind?
- Beschränken wir uns doch bitte auf die Fakten.
- Schön und gut, was Sie von mir selbst halten. Würden wir nun bitte wieder am Thema arbeiten?

Wenn der Gegner Ihnen die Worte im Mund umdreht

Ihr Gesprächspartner verdreht Ihre Aussage so, dass sie in einem anderen Licht erscheint und mitunter völlig falsch interpretiert wird.

Begegnung:

- Ich habe mich wohl nicht deutlich ausgedrückt. Gerne möchte ich meine Meinung präzisieren.

- Ich bitte um Verzeihung. Scheinbar hat Herr/Frau XY mich falsch verstanden.

Wenn der Gegner auf Ihre Aussagen von früher verweist

Ihr Gegner geht nicht auf Ihre Aussage ein, sondern setzt sie in Relation zu früheren Aussagen beziehungsweise er stellt heraus, dass Ihr Argument einer Institution oder einer gesetzlichen Regelung widerspricht.

Begegnung:

- Was uns Menschen auszeichnet, ist die Tatsache, dass wir dazulernen können.
- Vielen Dank für Ihre Anmerkung. Dann muss ich mich wohl nochmals mit der Materie auseinandersetzen.
- Zunächst freut es mich sehr, dass Sie sich intensiv mit meinen früheren Aussagen auseinandergesetzt haben.

Wenn der Gegner Fremdwörter benutzt, die Sie nicht kennen

Ihr Gegner benutzt absichtlich Fremdwörter, um einerseits seine Kompetenz und andererseits Ihre Unwissenheit herauszustellen.

Begegnung:

- Entschuldigung. Ich habe Sie nicht verstanden.
- Ich bitte Sie im Sinne aller, muttersprachliche Begriffe zu verwenden.
- Was einen Fachmann auszeichnet, ist doch, dass er seine Fragen auch in Deutsch formulieren kann.

Wenn der Gegner schwarz-weiß malt

Ihr Gegenüber vertritt in seinen Argumenten nur extreme Meinungen.

Begegnung:

- Was halten Sie denn vom Mittelweg?
- Gibt es zwischen New York und Moskau nicht noch andere Städte?

Wenn der Gegner Ihr Argument verallgemeinert oder Sie in eine Schublade steckt

Der Gegner benutzt Ihr Argument, um dieses auszuweiten und zu verallgemeinern, oder steckt Sie in eine Schublade, indem er Sie einer bestimmten Gruppe zurechnet („Ihr Politiker seid doch alle gleich.").

Begegnung:

- Ich möchte an dieser Stelle anführen, dass Pauschalurteile gefährlich sind!
- Gehen Sie auch davon aus, dass alle Chinesen Hunde essen?
- Ich kann diese Schlussfolgerung nicht nachvollziehen.[18]

KAPITEL 5
Methoden für die erfolgreiche Debatte

Bonn oder Berlin? Fast zwölf Stunden dauerte eine parlamentarische Debatte der Extraklasse, die über die Zukunft der damaligen Hauptstadt Bonn und die neue Rolle Berlins entschied. Über 100 Redner diskutierten am 20. Juni 1991. Die Debatte sollte als „Sternstunde der Rhetorik“ in die deutsche Geschichte eingehen.[19] Unterschiedliche Meinungen über die neue Hauptstadt wurden über Parteigrenzen hinweg vertreten. Bonn stand für einen demokratischen Neubeginn nach dem Zweiten Weltkrieg, hingegen erinnerte Berlin eher an die düstere Geschichte Deutschlands während der Zeit des Nationalsozialismus. Der Umzug nach Berlin hätte einen tieferen symbolischen Wert, denn die Umsiedelung der Regierung würde die Vollendung der inneren deutschen Einheit bedeuten. Nach 107 Redebeiträgen und leidenschaftlicher Diskussion stand das Ergebnis fest: Mit einer Mehrheit von nur 18 Stimmen votierten die Abgeordneten für Berlin als neue Hauptstadt. Nach einer stets auf hohem Niveau geführten, aber zugleich äußerst kontroversen Debatte stimmten am Ende 338 Abgeordnete für Berlin als Sitz von Regierung und Parlament und 320 für Bonn – es war eine knappe Entscheidung. Grund dafür waren zahlreiche Schlüsselreden von namhaften Politikern wie Helmut Kohl oder Willy Brandt, die sich für Berlin ausgesprochen hatten. Es hat seine Gründe, warum diese Debatte als rhetorische Sternstunde des Bundestags gilt. Die Abgeordneten führten die unzähligen Reden mit Herz, Verstand und Leidenschaft. Die Berlin-Befürworter konnten schlussendlich mittels emotionaler Reden die Debatte für sich entscheiden. Angesichts der zähen Sitzungen heutiger Tage, in denen die Abgeordneten nicht selten gelangweilt im Plenum sitzen und regelmäßig auf ihr Handy starren, sollten wir uns ab und zu diese heißblütige Debatte ins Gedächtnis rufen.

Politische Kommunikation kann ohne die Debatte nicht funktionieren. Sie ist ein zentrales Instrument unserer Demokratie. Was aber zeichnet eine Debatte aus?

Die Besonderheiten der Debatte

Die Debatte ist eine besondere Kommunikationsform. Merkmale und Ziele unterscheiden sich beispielsweise deutlich von denen von Konferenzen. Auch die Anforderungen an die Vorbereitung einer Debatte sind deutlich größer.

1. Die Teilnehmer der Debatte sind Repräsentanten bestimmter Gruppen.
   Als Debattenteilnehmer übernehme ich in der Regel eine Rolle. Ich unterwerfe mich klar und deutlich dem Ziel und der Meinung der Gruppe. In einer Debatte bin ich meist der gewählte Kopf einer Region, Weltanschauung (Politik) oder der Vertreter einer Gruppe mit ähnlicher Meinung (Lobbyist, Verbandsverantwortlicher).

2. Die Debatte wird von einem neutralen Debattenleiter geführt.
   Damit die oft sehr wilden Debatten auch nach Regeln verlaufen und nicht in einem emotionalen Desaster hitzköpfiger Streitlinge enden, ist es enorm wichtig, dass ein absolut neutraler und erfahrener Debattenleiter durch die Debatte führt.

3. Die Debatte folgt einem strengen Zeit- und Ablaufplan.
   Im Regelfall wird zur Debatte eingeladen. Außerdem gelten streng kontrollierte Redezeiten. Die Möglichkeiten des Zwischenrufs sind oft eingeschränkt und daher taktisch klug einzusetzen.

4. In der Debatte geht es hauptsächlich darum, Dritte zu überzeugen (sie entscheiden über den Sieger: Wähler oder Fernsehpublikum).
   Das absolut Wichtigste: In der Debatte werden zwar oft Personen der anderen Seite angesprochen, allerdings nicht, um sie zu überzeugen. Das ist Quatsch! Es wird nicht passieren, dass ein Christdemokrat über Argumente der Sozialdemokraten sagt: „Machen wir so! Sie haben ja so recht. Wir lagen da wohl falsch." Bei der Debatte sollen ausschließlich Dritte überzeugt werden – die anwesenden Journalisten, der Wähler und der Zuschauer vor Ort.

5. Vorherige Absprachen untereinander können entscheidend sein.
   Strategisches Vorgehen und gut abgeleitete Taktiken entscheiden oft über Erfolg und Misserfolg. Dazu gehört auch:

6. Die verbündeten Teilnehmer einer Debatte verkörpern verschiedene Rollen.
   Der eine ist der Beißhund. Stark polemisch greift er die Gegenseite an und nutzt dabei auch Kommunikationsformen der unfairen Dialektik, um die Gegenseite zu emotionalisieren. Der andere Debattierer (meistens hierarchisch an der Spitze) gibt sich deutlich moderater, ohne aber auch nur einen Hauch vom Standpunkt abzuweichen.

7. Der Erfolg der Gruppe geht vor persönlichem Erfolg.
   In der Debatte geht es darum, zu gewinnen, ohne dabei den anderen in Grund zu Boden zu argumentieren. Bei einem grandiosen Sieg, bei dem die Gegenseite zerpflückt wird, kann es in der Drittwirkung zu Mitleidsreaktionen kommen.

Als Debattenteilnehmer unterwerfe ich mich dem Ziel der Gruppe. Wenn es dem Ziel dient, stecke ich auch eine persönliche Niederlage und/oder Kritik ein.

Was ist vor und während der Debatte zu tun?

Sprechen Sie sich gründlich mit den Debattenteilnehmern aus. Bereiten Sie sich bestmöglich gemeinsam vor. Einigen Sie sich darauf, dass Sie auf keinen Fall ein eigenes Gruppenmitglied angreifen und sich stets gemeinsam verteidigen.

- Erarbeiten Sie diesbezüglich Pro und Contra.
- Sammeln Sie Ihre Argumente.
- Machen Sie sich Gedanken über den Einsatz von Visualisierungshilfen.
- Bereiten Sie sich auf Kritik und Angriffe der anderen Seite vor. Sammeln Sie mögliche Angriffspunkte und entwickeln Sie vorab bereits Gegenargumente. Überlegen Sie ebenso, mit welchen Methoden Sie Ihre Gegner kitzeln oder emotionalisieren können.
- Auch in der Debatte ist der erste Eindruck entscheidend. Ihr Einstieg muss Interesse wecken.
- Bereiten Sie sich so gut auf den Gegner vor, dass Sie seine Einwände vorwegnehmen können.
- Wählen Sie in der Ansprache Argumente und Beispiele, die Zuhörer und Zuschauer „draußen“ direkt ansprechen. Machen Sie sich die Drittwirkung zunutze. Hat der Zuschauer das Gefühl, dass Sie direkt mit ihm sprechen, haben Ihre Argumente eine besondere Bedeutung.
- Greifen Sie während der Debatte immer nur einen Punkt auf und behandeln Sie diesen kurz.

- Bieten Sie unterlegenen Gegnern Ihre Unterstützung an und lassen Sie diese nicht als Verlierer stehen. Auch das hat eine besondere Drittwirkung.
- Vermeiden Sie selbst aggressive sowie unterstellende Fragen und Behauptungen, es sei denn, es entspricht Ihrer Rolle.
- Indirekte und unterstellende Fragen können eingesetzt werden. Verwenden Sie diese jedoch sparsam und geschickt.
- Denken Sie immer daran, dass der Zuschauer und der Journalist sich anschließend selten an einzelne Argumente erinnern können, allerdings noch sehr genau wissen, wie Sie aufgetreten sind. Bleiben Sie also möglichst sachlich und charmant in Ihrer Debattierer-Rolle.
- Bringen Sie möglichst viele Argumente, die Ihren Gegner zwingen, sich verteidigen zu müssen. Stellen Sie dagegen seine angreifbaren Argumente heraus und widerlegen diese.

Ganz besondere Drittwirkung erreichen Sie übrigens, wenn es Ihnen gelingt, viel Redezeit zu nutzen. Der Zuhörer nimmt einfach nur wahr, dass Sie viel zu sagen haben, und wird damit Ihre Argumente als wichtiger bewerten.

KAPITEL 6
Regeln für das Interview

Ein weiteres wichtiges Element in der Kommunikation von Führungskräften und Persönlichkeiten des öffentlichen Lebens ist das (Live-)Interview. Wie auch in der Debatte ist beim Interview die Wirkung auf den Zuschauer zu beachten und nicht die Wirkung auf den Interviewer. In der Regel unterscheiden wir Einzel- und Kreuzfeuerinterview. Das Einzelinterview hat die Zielsetzung, dem Publikum den Interviewten vorzustellen. Seine Meinung zu einem bestimmten Sachverhalt soll ergründet werden. Das Kreuzfeuerinterview hat derweil die Zielsetzung, Schwächen und wunde Punkte in der Position des Interviewten aufzudecken und dann herauszustellen.

Das Einzelinterview

- Beide Seiten sollen sich möglichst kurzfassen.
- Der Interviewer stellt eine Frage oder er gibt vorab seine Meinung bekannt und schließt dann mit einer Frage. An dieser Stelle erkennt der Interviewte oft den Profi. Nur ungeübte Frager stellen eine Frage und beginnen dann, diese lange zu erklären. Profis nennen zuerst die Hintergründe und dann die Frage.
- Die Fragen sind meist offene W-Fragen (Wo? Wann? Wie? Weshalb? Aus welchen Gründen?), um dem Interviewten die Möglichkeit zu geben, umfassend zu antworten.
- Beim Interview sind jederzeit indirekte oder unterstellende Fragen möglich, um den Gesprächspartner aus der Reserve zu locken.

Regeln für den Fragesteller

1. Der Fragesteller sorgt für eine positive und entspannte Atmosphäre.
2. Der Fragesteller geht – soweit möglich – auf die Fragen und Wünsche des Interviewten ein.
3. Der Fragesteller vermeidet den Eindruck der Anspannung, er zeigt objektives Interesse (das Interview „funktioniert" am besten in einer gelösten Atmosphäre).
4. Der Fragesteller versucht eine zusammenfassende Schlussfrage zu stellen: eine Frage, die es dem Interviewten erlaubt, seine Meinung kurz und prägnant zusammenzufassen.

Regeln für den Interviewten

1. Der Interviewte antwortet in kurzen, klaren und verbindlichen Sätzen. Er beantwortet nicht mehr und nichts anderes, als gefragt wurde. Damit kann er, obwohl als Antwortender in einer Defensivposition, das Gespräch lenken (die folgende Frage herauslocken).
2. Der Interviewte antwortet nur dann mit einer Gegenfrage, wenn die Frage ungenau gestellt oder mehrdeutig zu sein scheint.

Das Kreuzfeuerinterview

Ein wichtiges Merkmal des Kreuzfeuerinterviews ist, dass es aus mehr als einem Interviewer besteht. Der Interviewte wird dabei ins Kreuzverhör genommen.

Regeln für die Interviewer

1. Die Interviewer vereinbaren zuvor genau die Interviewtaktik.
2. Die Taktik wird wirksamer, wenn eine Funktionsteilung (Moderator, aggressiver Part, beschwichtigender Part) vereinbart wurde.

Der Moderator eröffnet und beschließt das Interview. Am Ende spricht er ein Dankeswort. Der aggressive Part stellt indirekte und unterstellende Fragen mit dem Ziel, den Interviewten zu reizen und gegebenenfalls sogar aus der Fassung zu bringen. Er muss ihm Aussagen entlocken, die dieser nicht machen wollte. Damit versucht er, den Interviewten emotional negativ zu stimmen (Zorn, Empörung, Ablehnung). Der beschwichtigende Part stellt „harmlose" und verständnisvolle Fragen mit dem Ziel, den Interviewten in Sicherheit zu wiegen. Es handelt sich um das allseits bekannte „Good Cop, Bad Cop"-Wechselspiel.

1. Die Interviewer müssen darauf achten, beim Thema zu bleiben. Sie dürfen es nach den Antworten des Befragten nicht zu schnell wechseln. Hartnäckigkeit zahlt sich auf jeden Fall aus.
2. Im Kreuzfeuerinterview sind gut kaschierte Elemente unfairer Dialektik durchaus angebracht. Stellen Sie unfaire Fragen zur Person (Lebenswandel, Kompetenz …) nur einmal. Fassen Sie dann zusammen und kehren wieder zum Thema zurück. Geben Sie dem Partner keine Gelegenheit, sich ausführlich zu diesem Thema zu äußern.

Regeln für den Interviewten

1. Lassen Sie sich niemals aus der Ruhe bringen. Beachten Sie und machen Sie es sich selbst überdeutlich: Die Journalisten machen nur ihren Job.
2. Keine Emotionen zeigen, bevor es einen Grund dazu gibt. Wichtige Regel: ruhiger bleiben als der aggressive Part der Interviewer.
3. Beantworten Sie die Fragen so kurz wie möglich.

4. Setzen Sie regelmäßig die Technik der Rückfrage ein. Besonders bei unklaren oder unfairen Fragen ist dies eine bewährte Methode, die sich gezielt einsetzen lässt.
5. Als Interviewter müssen Sie Ihre Gestik und Mimik unter Kontrolle haben. Üben Sie schwierige Interviews unbedingt mit einem/r Rhetoriktrainer/in. Vermeiden Sie Verlegenheitsgesten. Nicht zu Boden blicken, die Hände nicht verkrampfen und dabei locker, aber nicht zu leger sitzen.
6. Die Beantwortung und Betonung der Schlussfrage ist entscheidend. Von ihr hängt weitestgehend der Gesamteindruck ab.
7. Bereiten Sie selbst einen Schluss vor. Knüpfen Sie einfach an die Frage an und setzen Sie einen eigenen Schlusspunkt. Dieser muss enorm knackig und auf den Punkt sein.

TEIL 6

DER ÄSTHETISCHE ASPEKT DER RHETORIK

KAPITEL 1
Wie die Rhetorik verschwand (und trotzdem immer da war)

Wer im Mittelalter ein wissenschaftliches Studienfach wie Theologie, Jurisprudenz oder Medizin anstrebte, kam nicht umhin, sich mit den sieben freien Künsten zu beschäftigen. Diese wurden bereits in der Antike entwickelt und galten als Grundlage für die höhere Bildung junger Männer. Wer sich in ihnen ausbilden ließ, konnte sich anschließend als „Magister artium liberalium" bezeichnen. Diese sieben Künste waren die Sprachfächer Grammatik, Rhetorik und Dialektik sowie die mathematischen Disziplinen Arithmetik, Geometrie, Musik und Astronomie.

Diese sieben Künste waren eingeteilt in das Trivium, bestehend aus den Fächern Grammatik, Rhetorik und Dialektik, und das Quadrivium, in dem die Disziplinen Arithmetik, Geometrie, Musik und Astronomie zusammengefasst waren.

Von der Antike über das Mittelalter bis in die Frühe Neuzeit war die Rhetorik als ästhetische Stillehre eine tragende Säule des europäischen Bildungswesens, ehe sie im 18. und 19. Jahrhundert mehr und mehr verschwand. Bis tief ins 18. Jahrhundert hinein wurde die klassische antike Rhetorik als Poetik und damit als Ausdruck literarischer Produktion aufgefasst. Sie hatte überwiegend eine ästhetische Funktion.

Nachdem wir uns in den vergangenen Kapiteln auf Rhetorik im Bereich der politischen Kommunikation konzentriert haben, widmen wir uns nun ihrem ästhetischen Aspekt. Ästhetik ist eine philosophische Disziplin und ist die Lehre des Schönen in der Natur und den Künsten. Alles, was unsere Sinne anspricht, kann als Ästhetik bezeichnet werden. Darunter fällt die Arbeit eines bildenden

Künstlers ebenso wie die eines Schauspieler, ein Theaterstück oder Werke aus Literatur und Musik. Genauso ist auch die Redekunst als eine ästhetische Ausdrucksweise anzusehen, dann allerdings von politischer Rhetorik beziehungsweise Dialektik abzugrenzen. Während diese Form nämlich das Ziel der Überzeugung hat, will der ästhetische Aspekt der Rhetorik ausschließlich bezwecken, Menschen sinnlich anzusprechen. Wir kennen diese Form der Rhetorik vor allem aus dem Schauspiel, das von Stilmitteln wie Überzeichnungen und Overacting geprägt ist.

Warum verlor die ästhetische Rhetorik seit Mitte des 18. Jahrhunderts immer weiter an Bedeutung? Gab es damals an den deutschen Universitäten noch zahlreiche rhetorische Fakultäten, scheint Rhetorik im heutigen Bildungswesen mehr oder weniger verschwunden zu sein. Die einzige rhetorische Fakultät in Deutschland finden wir heute in Tübingen; in Schulen wird sie – wenn überhaupt – lediglich als Nebenfach unterrichtet. Dieser Niedergang begann im 18. Jahrhundert und war unmittelbar mit einer Neuinterpretation der Ästhetik verbunden. Namhafte Künstler wie Goethe, Schiller, Lessing, Herder oder Winckelmann entwickelten damals in ihren Theorien den Begriff der „schönen Kunst“ und beeinflussten damit den bisherigen Ästhetikbegriff enorm. Sie waren der Auffassung, dass Kunst nicht erlernbar sei. So stehe hinter einem besonderen Kunstwerk ein Genie, dessen Genialität angeboren sei. Da die Rhetorik aber seit vielen Jahrhunderten zu den sieben freien Künsten zählte und dadurch als erlernbar galt (was sie auch ist), könne sie nicht als schöne Kunst gelten.[1]

Durch den Gedanken der genialen Kunst und die Herausbildung neuer Disziplinen wie Anthropologie, Geschichtsschreibung oder Hermeneutik verschwand die Rhetorik mehr und mehr in der Versenkung – auch weil sich alle neuen Disziplinen bei ihr bedienten und sich einzelne Elemente einverleibten. Ihre eigentliche Bedeutung verlor die Redekunst dennoch nicht. Denn bis heute – und das sicherlich stärker als je zuvor – ist Rhetorik ein fester Bestandteil zahlreicher Studiengänge und zum Beispiel aus Linguistik, Germanistik oder Literaturwissenschaften nicht mehr wegzudenken. Von ebendiesen Fächern und ihrem Umgang mit der Redekunst handelt dieses Kapitel.

Der Unterschied zwischen Mündlichkeit und Schriftlichkeit

Im Hörsaal A-16 des Universitätsgebäudes Erlangen referiert Professor Hartmut Tietze über sein Fachgebiet, das Kirchenrecht im Spätmittelalter. Mehr als die Hälfte der Zuhörer beschäftigt sich während der 90 Minuten mit ihren Smartphones. Sie streifen durch soziale Netzwerke, lesen einen interessanten Artikel, der ihnen bei Twitter empfohlen wurde, oder spielen eines dieser süchtig machenden Nonsensgames, die wirklich keinen anderen Sinn und Zweck haben, als Zeit totzuschlagen. In der Reihe vor uns beobachten wir indessen seit etwa zehn Minuten den verzweifelten Kampf einer Studentin gegen den Schlaf. Sie schlägt sich tapfer, bis ihr doch schlussendlich der Kopf auf die Brust fällt.

Ortswechsel: 70. Geburtstag von Onkel Werner. Der Festsaal der Gastwirtschaft *Zum steinernen Krug* zerbirst nahezu vor exzessiver Feierlaune. Bereits seit 34 Minuten beansprucht Schwiegersohn Waldemar das Mikrofon mit einem Referat über das bewegte Leben von Onkel Werner. Großtante Margarete schlummert bereits beseelt vor sich hin und droht dabei von ihrem Stuhl zu kippen. Derweil verzweifeln Claudia und Karl-Friedrich an ihren überdrehten 8-jährigen Zwillingen, die den Moment, in dem sie endgültig nervös und zappelig werden, längst überschritten haben. Waldemar spricht noch immer. Es scheint kein Ende in Sicht. Oma Gertrude bestellt sich noch einen Sekt.

Ortswechsel: Messegelände Frankfurt, Halle 8. Olaf, ein ausgewiesener Spezialist für industrielle Trocknungsanlagen, beendet seinen etwa 40-minütigen Vortrag über das thermische Trocknungsverfahren von Feststoffen mit der klassischen Frage, ob es denn noch Fragen gebe. Noch ehe er den Blick von seiner 126-seitigen PowerPoint-Präsentation heben kann, haben zwei Drittel der Zuhörer den Saal bereits verlassen. Vielleicht waren sie auch vorher schon gegangen. Er hatte es nicht so recht mitbekommen, da er zu sehr in seinen Text vertieft war.

Wenn wir in unserer schnelllebigen Welt mit etwas ganz und gar nicht klarkommen, dann ist es Langeweile. Nichts erzeugt ein unangenehmeres Gefühl als erzwungenes Nichtstun. Bei mir ist das kaum anders. Spricht mich etwas nicht an, suche ich mir schnell Ablenkung. Weil Sie ein aufmerksamer Leser sind, haben Sie das Grundproblem in den vorangegangen Kurzgeschichten sicherlich schnell ausfindig gemacht: Der jeweilige Vortragende konnte mit seiner Rede wenig begeistern, wodurch seine Zuhörer in den lästigen Zustand der Langeweile verfielen. Der Grund dafür, warum die Redner aus den drei vorangegangenen Beispielen nicht reüssieren konnten, liegt im Unterschied zwischen Mündlichkeit und Schriftlichkeit. Wir sprechen anders, als wir schreiben.

KAPITEL 2
So sieht der ideale Satz aus

Eine Rede ist das wichtigste Kommunikationsmittel, das uns zur Verfügung steht. Alle anderen rhetorischen Hilfsmittel, die Sie in diesem Buch bereits kennengelernt haben, dienen lediglich dazu, sie zum Erfolg zu führen. Denn Instrumente wie Sprechtempo, Pausentechnik oder Modulation sind bei der Übertragung unserer Worte nur Mittel zum Zweck. Es kommt bei einem Vortrag also vor allem auf die richtige Sprache beziehungsweise Wortwahl an. Aus diesem Grund widme ich in einem Lehrbuch der Redekunst auch der sprachlichen Ausdrucksfähigkeit ein eigenes Kapitel.

Besonders wenn wir komplexe Gedanken übermitteln wollen, ist Sprache das wichtigste Kommunikationsmittel zwischen Menschen.[2] Deswegen ist es die Aufgabe des Redners, im Sinne der allgemeinen Verständlichkeit auf eine angemessene Ausdrucksweise und Wortwahl zu achten. Dabei sind zahlreiche Aspekte von Bedeutung, die ich Ihnen nun im Folgenden erläutern möchte.

Bilden Sie kurze Sätze

Kommunikation ist nicht, was wir sagen oder meinen, sondern das, was ankommt. Nachdem wir Inhalte für unsere Rede gefunden haben, stehen wir vor der Aufgabe, diese in ästhetisch ansprechende Worte zu verpacken. Dabei meinen viele, sie müssten ein großes Gerüst um einen Inhalt bauen, damit der Vortrag möglichst überzeugend wirkt. Das genaue Gegenteil ist der Fall: Unsere Sätze sollten möglichst einfach und präzise sein. Nicht das Publikum muss sich nach uns richten, sondern wir müssen uns ihm sprachlich anpassen. Da nicht jeder denselben Wortschatz hat, kann an dieser Stelle Sprache ausschließend wirken. Vermeiden Sie außerdem lange und verschachtelte Sätze. Im Idealfall sprechen Sie in Hauptsätzen, die nur gelegentlich von Nebensätzen unterbrochen werden. Nebensätze sind keineswegs verboten. Gezielt eingesetzt, sind sie sogar wichtig, um Langeweile und Trägheit beim Publikum vorzubeugen. Es geht darum, dass Ihre Botschaft beim Hörer ankommt. Bei einer Rede haben Sie dafür nur eine Chance, während beispielsweise schriftlich verfasste Gedanken mehrmals gelesen werden können. Achten Sie deshalb auf eine klare Satzstruktur (Subjekt – Prädikat – Objekt).

Auch bei der Verwendung von Adjektiven empfiehlt sich ein sparsamer Umgang. Oft fällt uns gar nicht auf, dass viele Begriffe ohne Adjektiv bereits aussagekräftig genug sind. Beispiel: „Die überaus spannende Wahl und die extrem vielfältige Masse von diversen Wahlprogrammen setzen eine tiefgründige Beschäftigung mit der Thematik voraus“ (20 Wörter). „Die Wahl und die Masse von Wahlprogrammen setzen eine Beschäftigung mit dem Thema voraus“ (14 Wörter).

Wer etwas Wichtiges zu sagen hat, spricht selten verschachtelt, sondern in klaren, kurzen Hauptsätzen. Und mit jedem Punkt senkt sich die Stimme. Atmen Sie dabei aus. Und tief ein vor dem nächsten Satz. So bekommt jedes Wort von Ihnen Macht, Bedeutung und Sie selbst Charisma.

Umgang mit Fremd- und Modewörtern

Sprache ist ein Prozess, der eine ständige Veränderung durchläuft. Aus diesem Grund gab es und wird es immer bestimmte Wörter geben, die gerade in Mode sind. Für die geschichtliche Betrachtung einer Epoche können diese sehr aufschlussreich sein, doch während einer Rede sollten Sie nur sparsam mit Modewörtern sowie Fachbegriffen und Fremdwörtern umgehen. Verwenden Sie sie nur, wenn sie eine besondere Bedeutung für den Vortrag haben; beziehungsweise erklären Sie außergewöhnliche Wörter. Lassen Sie sich auf keinen Fall zum sogenannten Start-up-Speech hinreißen: „Mich hat unser Europe Sales Director gefacetimed. Er braucht die Slide Decks in PPT – PDF hat er schon. Bloß nicht overengineeren – dringend bitte, weil er muss in den nächsten Call. Das Ganze bitte auf C-Level." Nur wenn Sie sicher sind, dass es sich beim Publikum um Fachleute auf einem bestimmten Gebiet (zum Beispiel Werbebranche oder Vertrieb) handelt, können Sie sich einer bestimmten Sprache bedienen.

Im Folgenden eine Auswahl von Fremd- und Modewörtern:

Fremdwörter: dezidiert (besser: bestimmt), Konvergenz (besser: Annäherung), Diversifikation (besser: Abwechslung), extrahieren (besser: entpacken), fragil (besser: anfällig)

Modewörter: achtsam, heftig, eigentlich, einzahlen, final, gefühlt, hip, in, out, kein Problem, liken, nicht wirklich, o. k., selber, alles klar

Vermeiden Sie Füllwörter

Füllwörter sind Worte mit keinem beziehungsweise nur einem geringen Aussagewert. Es handelt sich dabei bevorzugt um Adverdbien (eigentlich), Verzögerungslaute (ähm, mhh) oder Füllsätze (Was soll ich sagen?). Manchmal verstärken oder schwächen sie eine Aussage, zumeist aber sind sie überflüssiger als ein Sandkasten in der Sahara. Der unumstrittene Füllwort-König Deutschlands ist der langjährige Fußball-Bundestrainer Joachim Löw: „Ich glaube die Italiener haben schon auch natürlich auf der einen Seite defensive Qualität (…) aber Italien hat natürlich jetzt auch sagen wir mal die letzten Jahre wieder verstärkt auf Offensive gesetzt." Füllwörter blähen Ihre Rede unnötig auf. Vermeiden Sie sie deshalb. Dann werden Ihre Worte gehaltvoller.

Typische Füllwörter: schon, auch, natürlich, eigentlich, irgendwie, gewissermaßen, grundsätzlich, in etwa, offenbar, zweifelsohne, ich denke, ich finde, ich bin der Meinung

Eigentlich könnte man doch auf den Konjunktiv verzichten

In unserem allgemeinen Sprachgebrauch neigen wir dazu, regelmäßig den Konjunktiv zu verwenden. Aus Höflichkeitsgründen mag das beim Metzger („Dürfte ich Ihnen noch etwas anbieten?") in Ordnung sein, ist ansonsten aber nicht zu empfehlen. Konjunktiv-Aussagen sind ein Zeichen von Unentschlossenheit und Zweifel. Dies sind zwei Zustände, auf die wir in Reden gerne verzichten können. Schließlich möchten wir überzeugen und dabei selbstsicher auftreten. Durch den häufigen Gebrauch des Konjunktivs im Alltag fällt uns dies gar nicht leicht und zumeist merken wir die Verwendung der zurückhaltenden Möglichkeitsform gar nicht. Anstatt „Eigentlich könnte man doch auf den Konjunktiv verzichten" muss es also heißen: „Verzichten Sie auf den Konjunktiv!"

Wie Sie Negatives positiv formulieren

Bereits seit der frühen Jugend werden wir in unserem Leben immer wieder mit Verboten konfrontiert: „Anlehnen von Fahrrädern nicht gestattet", „Betreten der Fläche verboten" und „Das Mitbringen von Essen und Trinken ist nicht gestattet". Im Allgemeinen verknüpfen wir mit Verboten eine unerfreuliche Erfahrung. Es handelt sich bei allen Beispielen um Negativformulierungen, die uns etwas untersagen. Hören wir nun im Alltag ebendiese negativen Wendungen, verbinden wir sie automatisch mit unangenehmen Gefühlen. Negativformulierungen beinhalten meistens Wörter wie „kein, nicht, nie, nichts …". Positive Formulierungen hingegen verzichten auf sie. Wir kennen dieses Prinzip unter anderem aus der Psychologie. Wenn ich Ihnen sage, dass Sie jetzt nicht an einen rosa Elefanten denken sollen, werden Sie bestimmt zuerst an einen rosa Elefanten denken. Wir können nicht an etwas nicht denken. Wenn wir beispielsweise die Aussage „Ich bin ja kein Pedant, aber …" hören, können wir ziemlich sicher sein, dass gleich eine pedantische Aussage folgt. Worte wecken immer Gefühle in uns. Ein erfolgreicher Vortrag gelingt nur, wenn wir positive Gefühle verbreiten und damit für eine entspannte Atmosphäre sorgen. Vor allem im Sinne der Motivation müssen wir darauf achten, Negatives positiv zu formulieren. Dann werden wir besser verstanden, wirken kompetenter und selbstbewusster.

Beispiele:

- Der Chef ist gerade nicht zu sprechen – Der Chef ist ab 15:30 Uhr wieder erreichbar.
- Ich schaffe das heute nicht – Ich kümmere mich morgen darum.
- Dafür bin ich nicht der richtige Ansprechpartner – Dafür ist Herr Müller der richtige Ansprechpartner.

KAPITEL 3
Rhetorische Stilmittel

Bei der Betrachtung des ästhetischen Aspekts der Rhetorik kommen wir nicht umhin, uns mit rhetorischen Stilmitteln zu beschäftigen. Die antike Rhetorik hat zahlreiche von ihnen definiert und voneinander unterschieden. Die meisten von uns erinnern sich vielleicht mit viel gutem Willen noch an rhetorische Stilmittel, die in Gedichtanalysen im Deutschunterricht zum bisher einzigen Mal in unserem Leben von Bedeutung waren. Und wirklich gute Erinnerungen daran haben wohl nur die wenigsten von uns. Schließlich waren Stilmittel meistens mit stumpfem Auswendiglernen verbunden. Zungenbrecher wie die Antonomasie, Hendiadyoin oder Synästhesie liefen uns dabei über den Weg und ließen uns zumeist mit Stirnrunzeln zurück. Kennen Sie zum Beispiel jemanden, der die Tagesschau guckt und sagt: „Oh, toll! Angela Merkel hat gerade ein Hendiadyoin verwendet. Sie ist eine gute Rhetorikerin."

Rhetorische Stilmittel wurden von den alten Griechen und Römern vor rund 2.000 Jahren geprägt und werden zumeist bei der Rezeption von Texten eingesetzt. Da die angewandte Rhetorik allerdings ein Produktionsverfahren ist, spielen Stilmittel – zumindest heute – im alltäglichen Gebrauch keine allzu große Rolle mehr. Auch ich habe noch keinen Redner erlebt, der sich während der Vorbereitung auf eine Rede dachte: „Wie binde ich das Publikum bestmöglich in meinen Vortrag ein? … Ah, Moment, ich hab's. Ich benutze dabei eine Apostrophe! Ja, das wird gut!"

Kein Redner. Niemals! Im Schulunterricht und an der Universität haben rhetorische Stilmittel durchaus ihre Berechtigung. Durch sie bekommen wir nämlich ein Gefühl für die ästhetische Ausschmückung von Texten. Es ist aber nicht schlimm, wenn wir den Großteil von ihnen wieder vergessen. Für die angewandte Rhetorik sind aus meiner Erfahrung nur einige wenige wirklich hilfreich:

Anapher

Die Anapher ist ein Stilelement der Wiederholung, von dem es in der antiken Rhetorik mehrere gab. Diese verändern nicht den Inhalt einer Aussage, sondern verstärken deren Gewichtung. Bei der Anapher beginnen benachbarte Sätze mit den gleichen Wörtern. Eines der prominentesten Beispiele findet sich in Martin Luther Kings berühmter Rede vor dem Lincoln Memorial 1963. „I have a dream" sind seitdem geflügelte Worte der Weltgeschichte. Darauf, dass dieser berühmteste Teil seiner Rede improvisiert war, würden wohl nur die wenigsten kommen. Martin Luther King hatte in vorherigen Reden bereits öfter die Phrase „I have a dream" verwendet – aus Sicht seiner Berater zu oft, weshalb sie ihm davon abrieten. Ohne einen Zwischenruf der mit King befreundeten Mahalia Jackson wäre seine Rede wahrscheinlich bei Weitem nicht so erfolgreich geworden. Erst als die Gospelsängerin zum zweiten Mal rief: „Martin! Tell them about the dream!", löste dieser sich von seinem Manuskript und begann zu improvisieren. Daraufhin verwendete er während seiner Rede neun Mal die Anapher „I have a dream". Seine Worte wurden dadurch eindringlicher, verbindlicher, emotionaler und gingen schlussendlich in die Geschichte ein.

Metapher

Die Metapher ist die Verbildlichung von Sachverhalten, wobei das Bild und der Ausdruck durch besondere Eigenschaften miteinander in Verbindung stehen. Ein Wort wird also seiner eigentlichen Bedeutung entlehnt und in einem anderen Sinne verwendet. Beispielsweise bezeichnen wir die Gesamtheit der Äste und Zweige eines Baumes als Krone. In der Zahnmedizin ist die Krone eine künstliche Kappe, die über einen defekten Zahn gestülpt wird, und haben wir ein volles Glas Bier vor uns stehen, nennen wir den Schaum ebenso Krone. Mit der ursprünglichen Bedeutung haben diese Bezeichnungen aber nichts mehr zu tun.

Der Gebrauch von Metaphern ist vor allem deswegen so hilfreich, weil sie bereits fest in unserer Umgangssprache verankert sind. Tagtäglich verwenden wir sie unbewusst. Wenn wir vom Tischbein, Pferdestärken oder einer Sternstunde sprechen, handelt es sich immer um eine Metapher. Gezielt in einer Rede eingesetzt, verleiht sie unseren Worten mehr Anschaulichkeit und Lebendigkeit. Sie schafft Identifikation mit den Zuhörern. Trotz allem sollte die Metapher nur dosiert eingesetzt werden. Wer es mit ihr übertreibt, wird nicht mehr ernst genommen. „Der Zahn der Zeit, der schon so manche Träne getrocknet hat, wird auch über diese Wunde Gras wachsen lassen.“ Das ist dann doch etwas zu viel.

Rhetorische Frage

Zweifelsohne ist die rhetorische Frage das wohl bekannteste Stilmittel der Rhetorik. Hierbei handelt es sich um eine Frage, auf die in der Regel keine Antwort erwartet wird. Die Antwort ergibt sich nämlich von selbst oder wird vom Fragenden persönlich gegeben. Dadurch dient diese Art der Frage nicht dem Informationsgewinn. Sie ist vielmehr eine Behauptung, die durch den Charakter der Frage verstärkt wird. Gerade bei Vorträgen ist die rhetorische Frage ein probates Mittel, um die Aufmerksamkeit der Zuhörer zu erlangen („Wollen Sie sich diese Chance wirklich entgehen lassen?“). Darüber hinaus ist sie oftmals provokativ („Ist das Ihr Ernst?"). In beiden Fällen wird jedoch keine Antwort erwartet. Auf die klassische rhetorische Frage folgt allerdings eine Antwort. Sie wird dann eingesetzt, wenn eine Erklärung folgt („Was können wir also aus den vorangegangenen Punkten lernen? Wir können lernen, dass …").

KAPITEL 4
Humor: Interview mit Eva Ullmann

Der deutsche Lyriker Otto Julius Bierbaum prägte einst die geflügelten Worte „Humor ist, wenn man trotzdem lacht" und meinte damit vor allem die Gelassenheit im Angesicht schwieriger Situationen. Sein Ausspruch wird oftmals als Ausdruck der deutschen Auffassung von Humor aufgefasst. In meiner täglichen Arbeit erlebe ich meistens jedoch das genaue Gegenteil. Da halte ich es lieber mit dem Essayisten Sigismund von Radecki, der feststellte: „Deutscher Humor ist, wenn man trotzdem nicht lacht." Aber was ist Humor eigentlich? Wie können wir dieses ungemein spannende und nützliche Werkzeug zielführend in unserem Alltag einsetzen? Um diese Frage zu beantworten, habe ich mich mit Eva Ullmann, der Gründerin des *Deutschen Instituts für Humor*, unterhalten.

Liebe Frau Ullmann, was bedeutet es denn, Sinn für Humor zu haben?
Aus wissenschaftlicher Sicht sprechen wir von der Fähigkeit und Bereitschaft, auf bestimmte Dinge heiter und gelassen zu reagieren. Hinzu kommt die Fähigkeit und Bereitschaft, selbst etwas Komisches zu machen. Beides wird als Sinn für Humor definiert. Wenn Sie sich nicht für die Ausgeburt der Komik halten, aber sehr gut über andere lachen können, haben Sie trotzdem einen ausgeprägten Sinn für Humor.

Sie sind die Gründerin des Deutschen Instituts für Humor in Leipzig. Wie kann Humor denn untersucht werden?
Linguistische Humorforscher untersuchen zum Beispiel, wie Witze zusammengesetzt sind. Ab wann lachen Menschen? Wie unterscheidet sich sprachlicher Witz in verschiedenen Ländern? Was ist eine Punchline?

Wie funktioniert eine Pointe? Aus rhetorischer Sicht gibt es tatsächlich noch nicht so viele Untersuchungen. In vielen Trainings wird noch immer geraten: „Wenn Ihnen Humor liegt, dann machen Sie es, und wenn nicht, dann lassen Sie es." Das ist sehr schade, weil jeder Mensch Humor hat. Aus rhetorischer Sicht beginnt man gerade erst, das Thema begreifen zu können. Ein für meine Arbeit wichtiges Modell sind die Untersuchungen des amerikanischen Humorforschers Rod A. Martin. Er unterscheidet zwischen sozialem und aggressivem Humor. Auf mich selbst bezogen bedeutet das, dass ich mich durch sozialen Humor in ein positives Licht rücke. Bei abwertendem Humor ziehe ich mich selbst durch den Kakao. In der Kommunikation mit anderen Menschen gilt das ebenso. Viele Kabarettisten benutzen zum Beispiel eine große Portion aggressiven Humors. Vor allem im politischen Kabarett ist dieses Stilmittel sehr zielführend, wenn sich über Gesetze und nicht funktionierende Politik lustig gemacht wird. Aggressiver und abwertender Humor erzeugt eine Distanz. In der direkten Kommunikation mit Menschen gelten jedoch andere Gesetzmäßigkeiten als in der Rhetorik des Kabaretts. Wenn ich Abhängigkeits-, Beziehungs- oder Geschäftsverhältnisse habe, ist der Einsatz von aggressivem Humor gefährlich. Hier bietet sich vielmehr aufwertender sozialer Humor an, der Nähe herstellt, entspannt und überzeugt. Sozialer Humor ist liebevoll. Wenn ich an einer Fußgängerampel das Schild „Bitte drücken" sehe und daraufhin entscheide, meinen Nebenmann zu umarmen, ist das kein gefährlicher Humor. Mir ist besonders wichtig, dass Teilnehmer in meinen Seminaren und Zuhörer meiner Vorträge diese beiden Humorstile besser voneinander unterscheiden können. Das ist die Grundlage für den Humor als rhetorisches Handwerkszeug und ermöglicht einen geschickteren Humoreinsatz.

Als einer der meistgenannten Faktoren bei der Partnersuche gilt der Humor. Was macht Humor eigentlich aus?
Humor ist bei der Partnerwahl etwas ganz Wichtiges. Doch dabei ist Vorsicht geboten! Wir meinen mit diesem Wunsch immer etwas

Unterschiedliches. Wir wünschen uns einen Partner mit Humor, weil wir vordergründig wollen, dass der Partner über unseren eigenen Humor lacht. Nur ist Humor nicht gleich Humor. Es gibt unterschiedliche Geschmäcker. Wenn sich zwei Menschen kennenlernen, die beide Sinn für Humor haben, dieser aber nicht kompatibel ist, ist das für den Erfolg der Partnerschaft wohl nicht zielführend. Was wir an Humor mögen, ist die Tatsache, dass er uns gut tut. Wenn wir lachen, ist das so etwas wie inneres Joggen. Wir atmen mehr Sauerstoff ein und das Vertrauenshormon Oxytocin (auch als Kuschelhormon bezeichnet) wird ausgeschüttet. Wir fühlen uns geborgen, wenn wir mit anderen Menschen zusammen an einem Tisch sitzen und lachen. Ganz oft ist Humor Überraschung und dadurch Verzauberung und Verführung. Wenn Menschen in Vorträgen das Werkzeug Humor einsetzen, hat das etwas Anziehendes. Es ist sehr verführerisch, wenn jemand die Fähigkeit zum schnellen Perspektivenwechsel hat. Im Wahlkampf zur Bundestagswahl 2017 konnte vor allem Christian Lindner durch den souveränen Einsatz von Humor überzeugen. Zu erfolgreichen Sondierungsgesprächen hat es jedoch nicht gereicht. Humor ist also auch nicht das einzige rhetorische Stilmittel zum Erfolg. Zur politischen Fachlichkeit ist dieses rhetorische Instrument eine sehr gute Ergänzung. Wie Sie sehen können, handelt es sich beim Humor um ein ungemein vielseitiges rhetorisches Werkzeug.

Man sagt ja oft, dass Lachen gesund macht. Was passiert beim Lachen in unserem Körper? Steckt tatsächlich eine medizinische Wirkung dahinter?

Ja, es steckt Wahrheit in diesem Satz. Es ist nur leider nicht so einfach nachzuweisen. Aus biochemischer und physiologischer Sicht können wir sagen, dass sich bei einem Lachanfall eine große Anzahl von Muskeln im Körper bewegt. Vor allem betrifft das die mimische Muskulatur wie den großen Augenring- und den Wangenmuskel. Zudem haben wir beim Lachen eine vermehrte Sauerstoffzufuhr, die entspannend wirkt. Während eines Lachanfalls kommt unser Blutkreislauf einmal komplett in Wallung. Der Blutdruck ist hinterher entspannter als zuvor. Es ist eine ziemlich spannende, aber noch nicht gut nachgewiesene These, dass regelmäßiger Humor höchstwahrscheinlich blutdrucksenkend ist. Andere positive Wirkungen konnten dagegen schon sehr gut nachgewiesen werden. Bei einer Pilotstudie von Greifswalder Kinderchirurgen und Berliner Wissenschaftlern konnte festgestellt werden, dass der Einsatz von Klinikclowns die Angst kranker Kinder mindert. Kinder, die vor der Operation einem Clown begegneten und gemeinsam mit ihm lachten, hatten einen höheren Oxytocin-Spiegel als zuvor. Dadurch fühlten sie sich geborgener, stressfreier und hatten mehr Vertrauen. Für die Genesung ist lustiger und unterhaltsamer Besuch im Krankenhaus also etwas sehr Wichtiges. Aber nicht nur im Krankenhaus, sondern auch im Alltag wirkt sich regelmäßiges Lachen positiv auf unsere Gesundheit aus. Ein mehrminütiger Lachanfall in einer großen Gruppe schüttet natürlich mehr Oxytocin aus als ein normales Schmunzeln. Doch auch bei Menschen, die eher nach innen lachen, wird in jedem Fall Oxytocin ausgeschüttet. Die Dosis ist je nach Situation unterschiedlich hoch. Bei einem Lachanfall ist selbstverständlich mehr Action im Körper. Was gut nachgewiesen ist: dass wir in Gesellschaft mehr lachen als alleine.

Haben extrovertierte Personen mehr Sinn für Humor?

Ich hatte mal eine Führungskraft im Training, die sagte: „Verglichen mit meiner Frau und meiner Tochter bin ich sehr introvertiert. Für mich ist die tägliche Kommunikation mit meinen Mitarbeitern viel anstrengender. Ich werde nie so humorvoll und extrovertiert wie meine Frau und Tochter sein.“ Ich antwortete ihm: „Aber wenn Sie mit Ihrem Team zusammenarbeiten, sind Ihre Frau und Tochter nicht dabei. Es spielt keine Rolle, dass es Menschen gibt, die humorvoller und extrovertierter sind als Sie. Die Frage ist doch: Wie bekommen Sie Humor in Ihren Alltag integriert? Wann erlauben Sie Humor? Wie können Sie sich und Ihre Funktion im Job durch den Einsatz von Humor verbessern? Da nützt der Vergleich mit anderen relativ wenig.“

In der Rhetorik verhält es sich ähnlich. Es ist gut, Vorbilder zu haben. Ein ungeübter Redner kann im Verlauf seines Trainings trotzdem eine tolle Entwicklung nehmen, auch wenn er schlussendlich kein Rhetoriker im Stile eines Barack Obama geworden ist.

Ist Humor erlernbar? Wie bringen Sie anderen Menschen Humor bei?

Das Spannende an meiner Arbeit ist, dass ich den Teilnehmern meiner Seminare keinen Humor beibringen muss. Sie bringen ihn schon mit. Wir lernen Humor ja schon von Beginn unseres Lebens an. Wir durchlaufen eine kognitive Entwicklung, in der sich Humor teilweise genetisch, teilweise sozialisiert herausbildet. Humor wird in der Umgebung des Kindes gefördert oder unterbunden. Eltern, Freunde, Kita-Erzieher oder Lehrkräfte haben natürlich Einfluss auf die Humorentwicklung von Kindern. Meine Erfahrung ist, dass manche Menschen Humor mehr pflegen und beibehalten, weil sie merken, dass er ihnen nützt. Viele machen das auch intuitiv, ohne dass sie sich dessen bewusst sind. Andere Menschen hingegen verlernen Humor, weil sie ihn im Job nicht benötigen oder einfach nicht auf dem Schirm haben, wie er ihnen helfen kann. Ich muss Humor selten jemandem neu beibringen. Viele Seminarteilnehmer sind sehr erstaunt, welche Tiefe Humor haben kann.

Wie kann man Humor klassifizieren? Welche verschiedenen Arten gibt es?

Das ist nur schwer vollständig zu beantworten. Es gibt bis heute keine allgemeine gültige Theorie des Humors. Von den Philosophen in der Antike, die sich mit rhetorischen Stilmitteln beschäftigt haben, kennen wir bereits die Komödie oder die Satire beziehungsweise die übertriebene Redewendung. Mit dem lateinischen Begriff „humor“ (Feuchtigkeit) bezeichnete man im Mittelalter vor allem die Lehre der Körpersäfte. Ihre Mischung im Körper war für die Stimmung des Menschen zuständig, die sich in einem cholerischen, melancholischen, phlegmatischen oder sanguinischen Temperament ausdrückte. Von daher haben wir den Humor in seiner Wortbedeutung und Klassifikation, etwas Lustiges zu sein, erst seit etwa 300 Jahren. Wenn wir in Kategorien denken, ist diese Vorgeschichte wichtig. Einige bekannte Kategorien sind zum Beispiel Ironie, Selbstironie, Satire oder Zynismus. Die Klassifikation hängt ganz davon ab, ob wir Humor aus der linguistischen, theatralen, psychologischen oder medizinischen Richtung betrachten, um nur einige zu nennen. Aber den Witz zu kategorisieren, ist meistens ein sehr spaßfreies Thema.

Also haben wir zwischen Humorarten und Humortechniken einen fließenden Übergang. Wie bewerten Sie denn die Technik der Ironie?
Manchmal ist es viel leichter, etwas humorvoll anstatt direkt und ernsthaft auszudrücken. Eine überhöhte und überspitzte Formulierung, mit der ich das Gegenteil von dem sage, was ich denke, kann einerseits für tolle Lacher sorgen und ist zugleich ein Spiegel, den ich anderen Menschen vorhalte. Für mich ist Ironie eine Technik, weil sie einerseits sehr hart, aber andererseits auch sehr weich sein kann. Es gibt die liebevolle und die aggressive Ironie. Das in der angewandten Rhetorik zu trainieren ist ein sehr spannender Prozess. Indem ich das Gegenteil von dem sage, was in der Luft liegt, kann ich Nähe zu jemandem herstellen. Nehmen wir doch mal ein praktisches Beispiel, um das zu verdeutlichen: In meinem Seminar sitzt ein Teilnehmer, bei dem ich eine abgewandte Körpersprache erkenne. Durch seine verschränkten Arme und negative Mimik signalisiert er mir einen Widerstand. Ich weiß jedoch nicht, woher dieser Widerstand kommt. Um das herauszufinden, muss ich zunächst Nähe zu ihm aufbauen. In diesem Fall kann ich Ironie als Werkzeug einsetzen. „Sie freuen sich ja schon total darauf, bei mir im Seminar zu sein. Sie möchten jetzt nirgendwo anders lieber sein." Diesen Satz sage ich ihm freundlich zugewandt. Ich gehe dabei ein wenig in die Knie, habe eine offene Körpersprache, ich zwinkere ihm ein wenig zu und grinse freundlich. Ich kann mich aber auch von ihm wegdrehen und ihn sehr kühl

anschauen. Ich sage dann mit einer abfälligen Stimme: „Na, Sie scheinen sich aber schon sehr auf das Humortraining zu freuen." Das bezeichnen wir gerne als beißende Ironie. Die Technik der Ironie bietet beide Möglichkeiten an. Ich kann den Seminarteilnehmer entweder weiter verärgern oder ich schaffe es, durch liebevollen Humor, ihn zu entspannen, wodurch er sich auf das Seminar einlässt. Bislang kratzten Rhetoriker beim Thema Humor immer nur an der Oberfläche. Mit dieser dezidierten Betrachtung machen wir Humor aber als wirkliches Handwerkszeug greifbar.

Wie können wir Ironie im Arbeitsalltag einsetzen?

Kürzlich war ein israelischer Unternehmer in meinem Seminar. Dadurch, dass er in einem Krisengebiet aufgewachsen ist, hat er teilweise einen sehr harten Humor, der bei der Bewältigung von schwierigen Krisen- und Kriegssituationen hilft. Er erzählte unter anderem von seiner Mutter, die im Krankenhaus lag. Als die zuständige Ärztin das Zimmer betrat, saß er am Bett vor dem geöffneten Fenster, während seine Mutter im Bad war. „Wo ist denn die Patientin?", fragte die Ärztin. Darauf antwortete er: „Sie ist gerade aus dem Fenster gesprungen." Die Ärztin schaute entsetzt. „Es hat ihr gereicht. Sie hatte die Schnauze voll und sprang." Die Ärztin erschrak und war sehr besorgt. Da kicherte es aus dem Badezimmer. Es war die Mutter, die lachen musste. Die Ärztin hatte den Scherz des Unternehmers jedoch nicht verstanden. Manchmal fehlt bei Humor einfach nur das Lächeln. Der Unternehmer erzählte mir weiter, dass er oftmals im deutschen Büroalltag Probleme habe, weil viele Kollegen seine Ironie nicht verstünden. Dieser Mensch war also sehr humorvoll. Ich musste ihm nicht beibringen, lustig zu sein, sondern freundlicher zu blicken, wenn er ironisch war. Ganz oft konnte man einfach nicht unterscheiden, ob er nun einen Scherz machte oder nicht. Das ist wichtig bei Ironie, aber auch anderen Techniken. Wenn sich jemand in einer angespannten Situation befindet, wird er Ironie nicht verstehen, sofern diese nicht klar gekennzeichnet ist. Wenn Ironie beschämend oder verletzend ist, kommen wir in einen kritischen Bereich. Deswegen ist die freundliche Ironie eine sehr zielführende Technik. Eine große Rolle bei der Unterscheidung zwischen aggressiver und sozialer Ironie spielt selbstverständlich das Empathievermögen. Der Erfolg von Humor hat ganz viel damit zu tun. Im Falle der Patientin sagte der Unternehmer: „Mir war erst mal wichtig, meine Mutter zum Lachen zu bringen, die eine sehr schwere Zeit durchmacht. Für unsere Familie ist das ein sehr starker gemeinsamer Humor, der uns überleben lässt. Jetzt muss ich nur noch dafür sorgen, dass die Ärzte uns auch verstehen."

Wie reagieren wir denn, wenn das Gegenüber nicht über unseren Witz lacht?

Ein kleiner rhetorischer Trick in dieser Situation ist die Benennung von dem, was gerade passiert ist: „Oh, das fanden Sie offensichtlich nicht so lustig. Ich finde es wirklich amüsant. Aber das ist kein Problem." Dieses Ansprechen genügt aus meiner Sicht schon, um eine zwischenmenschlich unangenehme Situation aufzulösen. Dazu benötigt es flexible und spontane Fähigkeiten. Im Improvisationstheater wird beispielsweise viel mit dem Offensichtlichen gearbeitet. Wenn niemand lacht, ist das für mich eine Offensichtlichkeit, die ich meistens nur benennen muss, um jemanden schließlich doch zum Lachen zu bringen.

Beschäftigen wir uns mit einer weiteren Technik: Was ist humorvolles Spiegeln?

Hierbei handelt es sich um eine klassische Deeskalationstechnik aus der Kommunikation nach Carl Rogers, die wir mit der Humortechnik der Übertreibung kombinieren. Sie eignet sich hervorragend für den Umgang mit Widerständen, Widersprüchen oder Fragen während einer Rede. Man stelle sich einen skeptischen Zuhörer in einem Fachvortrag vor: „Woher haben Sie die Daten? Was ist das denn für eine Studie?", kritisiert mich ein Zuhörer nach meinem Vortrag. Ich antworte ihm: „Ihnen sind die Daten nicht ganz geheuer. Sie fragen sich, wo ich die mir wild ausgedacht habe." Mit diesem Satz widerspreche ich ihm nicht und gehe auch nicht sofort in eine Gegenargumentation. Ich nehme mir bewusst die kurze Zeit, um den Ärger, die Kritik oder den Widerstand einer Person übertrieben zusammenzufassen. Vom klassischen Spiegeln zur humorvollen und liebevollen Übertreibung ist es nicht weit. Übertreibung bedeutet immer, eine Sache größer zu machen. Bei der humorvollen Spiegelung mache ich folglich einen Widerstand viel größer, als er tatsächlich ist. Es ist eine bewusste, aber zugleich auch liebevolle Übertreibung, und das auf empathische und wertschätzende Art und Weise. Wenn ich eine Gruppe im Seminar bitte aufzustehen und es beginnen einige zu seufzen, dann seufze ich übertrieben laut und sage zum Beispiel: „Oh nein, jetzt müssen wir im Seminar von Frau Ullmann auch noch was arbeiten. Wir hatten gehofft, uns einfach zurücklehnen zu können." Humorvolles Spiegeln ist also auch ein „In den Busch schießen". Mit etwas Glück übertreibe ich Glaubenssätze, Ängste und Klischees der Zuhörer und entspanne diese sofort.

Kommen wir abschließend noch zu einer komplizierteren Technik, der paradoxen Intervention.

Bei der paradoxen Intervention handelt es sich weniger um eine einzelne Technik, sondern vielmehr um ein komplett eigenes Thema. Es hat viele Spielformen. Paradox intervenierend ist zum Beispiel, wenn wir ein Schild in ein Café hängen, auf dem steht: „Jedes unbeaufsichtigte Kind bekommt bei uns einen Hundewelpen, eine Cola und ein Schokoladeneis geschenkt." Wir versprechen damit etwas, das wir nicht einhalten werden. Es führt jedoch dazu, dass Eltern im Café besser auf ihre Kinder aufpassen. Einfach gesagt handelt es sich um unsinnige Versprechen, Aufforderungen oder Zustimmungen. Letztere können wir uns noch am ehesten vorstellen. Wenn mir jemand sagt: „Frau Ullmann, dafür, dass Sie eine Trainerin sind, finde ich Sie ganz schön doof." Die paradox-intervenierende Antwort von meiner Seite: „Ja, das mit dem Doofsein habe ich lange geübt. Ich war früher klüger, habe jetzt aber mehrere Seminare dazu belegt. Ich habe sogar ein Zertifikat dafür, dass ich doof bin." Ich bekomme also einen Vorwurf, auf den ich gar nicht eingehe. Weder verteidige ich mich noch greife ich an. Ich höre auch nicht aktiv zu und spiegele mein Gegenüber, sondern stimme ihm zu und setze eine Übertreibung darauf. Damit mache ich mich ein bisschen lustig über den Angriff, weniger über den Angreifer. Das ist eine sehr schöne, aber auch gefährliche Technik. Man muss sie gut üben, um niemanden zu verletzen. Wenn wir uns die Handwerkszeuge der Humortechniken als Messer vorstellen, ist die Übertreibung ein Brötchenmesser und die paradoxe Intervention ein scharfes Fleischmesser. Aber selbst der beste Koch kann sich manchmal auch schneiden. Insofern müssen wir uns der Schärfe dieser Klinge bewusst sein. Deswegen wird sie vermehrt unter Freunden eingesetzt. Man kann sie auch bei Menschen anwenden, die man nicht kennt. Dann müssen wir aber extrem gut darin sein, schnell einen gemeinsamen Draht aufzubauen. Trainer und Redner sind häufig geübt darin, in kurzer Zeit eine gute Atmosphäre herzustellen. Wenn ich zu jemandem einen guten Draht herstellen kann, kann ich auch paradox sein. Das bringt schnell Bewegung in eine Sache. Ich muss mir also immer sicher sein, dass ich gerade einen guten Kontakt hergestellt habe. Bei der Übertreibung können wir nicht viel falsch machen. Bei Ironie verhält es sich delikater aufgrund der Unterscheidung zwischen liebevoll und aggressiv. Paradoxe Intervention müssen wir aber wirklich üben, um sie während einer Rede oder Diskussion geschickt anwenden zu können.

Wie können wir Humor denn einsetzen, um unsere Ziele zu erreichen?

Eine tolle Übung für den Businessalltag ist es, auszuprobieren, wie ungefährlich sozialer Humor ist. Am besten funktioniert das bei humorvollen Komplimenten. Als Trainerin arbeite ich immer mit viel Material in meinen Seminaren. Bei einem meiner Kunden packte ich am Morgen alles schnell in eine große Bananenkiste und stiefelte schwer bepackt damit über den Flur. Es kam mir eine Führungskraft entgegen, die mich bereits kannte. Sie sagte zu mir: „Mensch, Frau Ullmann. Es gibt Frauen, die können einfach alles tragen." Ich grinste natürlich wie ein Honigkuchenpferd. Gönnen Sie sich im Alltag das Spiel der humorvollen Komplimente. Wie kann ich jemanden humorvoll aufwerten? Wie eine ganze Gruppe von Zuhörern? Schenken Sie anderen Menschen einfach mal übertriebene Komplimente. Humorvoll abwerten können die meisten. Soziale Aufwertung, das erlebe ich auch immer wieder mit den Teilnehmern in meinen Seminaren, fällt uns deutlich schwerer. Das ist aber die Technik, die uns rhetorisch anderen Menschen gegenüber öffnet sowie schnell Nähe herstellt. Sozialer Humor hat viele Vorteile. Es ist rhetorisch sehr geschickt, Menschen gut dastehen zu lassen und sie zu den Helden unserer Vorträge zu machen.

„Humor zu analysieren ist wie Frösche sezieren. Kaum jemand interessiert sich dafür und der Frosch stirbt dabei." Geht man nach diesem bekannten Spruch, ist die Arbeit, über Humor zu sprechen etwas sehr humorloses. Wie geht es Ihnen in Ihrer Arbeit?

Mir macht es Spaß, dem Humor Tiefe zu geben und gleichzeitig zu experimentieren, wie ich das lustig und unterhaltsam auf die Bühne bekomme. Humor ist vergleichbar mit einem Universum. Es gibt viele verschiedene Planeten, aber auch mal schwarze Löcher, bei denen ich merke, dass es schwer ist, weiterzuarbeiten. Es ist nicht wie Frösche sezieren, sondern wie eine Sightseeing-Tour. Wenn ich mir die Stadt Rom bei einem Ausflug anschaue, gibt es die schönsten Sehenswürdigkeiten, die ich mir gerne genauer ansehen möchte, aber natürlich auch einige dreckige Ecken, die mich nicht ansprechen, die aber trotzdem zu dieser lebendigen Stadt dazugehören. Mich fasziniert der humorvolle Fingerabdruck jedes Menschen, jedes Humor-Universum. Egal ob man Redner, Müllmann, Lehrer oder Mensch mit Autismus-Spektrum ist.

KAPITEL 5
Semiotik – Die geheime Welt der Zeichensysteme

Wir schreiben das Jahr 12.018 n. Chr. Tatsächlich gibt es noch Menschen auf der Erde. Erst kürzlich hatten sie damit begonnen, die Geschichte und Kultur ihrer Vorfahren wieder zu erforschen. Bei Ausgrabungen stoßen diese Menschen auf ein ehemaliges Salzbergwerk, das fast zehntausend Jahre alt sein soll. In diesem befinden sich zahlreiche gelbe Fässer mit einem schwarzen Symbol, das aus drei gleichseitigen Dreiecken besteht, die um einen Kreis positioniert sind. Sie meinen auf einen wertvollen Schatz gestoßen zu sein und öffnen die Fässer. Das Öffnen des Atommülls ist ein fataler Fehler.

Damit, wie dieser Fehler unserer Nachfahren zu verhindern sein könnte, beschäftigt sich schon heute die Wissenschaft der Atomsemiotik. Sie ist nur einer von vielen Fachbereichen der Semiotik, der Lehre von den Zeichen und ihrer Bedeutung.

Was ist Semiotik?

Als Väter der Semiotik gelten der Schweizer Professor für Linguistik Ferdinand de Saussure und der amerikanische Philosoph Charles S. Peirce. Vereinfacht gesagt ist Semiotik die Wissenschaft oder Lehre von den Zeichen, wobei vorwiegend die Funktionsweise von Zeichen untersucht wird sowie Zeichensysteme. Dabei bildet die Semiotik eine Schnittstelle von vielen verschiedenen Disziplinen wie etwa der Sprachwissenschaft.

Zeichen selbst begegnen uns im Alltag fast überall: Verkehrszeichen, Verbotsschilder sowie Werbetafeln oder Logos von Unternehmen fallen darunter. Aber nicht nur mit solchen Zeichen, die wir im Alltag unter diesem Begriff verstehen, beschäftigt sich die Semiotik. Als Zeichen wird alles benannt, das eine Bedeutung trägt oder auf andere Dinge verweist. Das heißt, dass Sprachen selbst darunter fallen, aber auch Statussymbole wie der Porsche in der Garage. Letztlich kam die Semiotik zu dem Schluss, dass alles zu einem Zeichen werden kann. In der Semiotik werden verschiedene Kategorien von Zeichen gebildet.

Verschiedene Zeichenarten

Icon

- ist seinem Objekt ähnlich
- Zeichen mit Abbildungsähnlichkeit
- Beispiel: Die Abbildung eines Apfels erinnert an Obst
- Piktogramme, Schemata, Diagramme, Fotografien

Index

- ist physisch oder temporär mit seinem Objekt verbunden
- hat einen kausalen Zusammenhang
- hat Hinweischarakter, macht aufmerksam
- Beispiel: Verkehrsschild

Symbol

- Beziehung zu einem Objekt ist arbiträr, also willkürlich gewählt
- hat keine Ähnlichkeit mit dem Objekt
- wird von den Systemteilnehmern mit einer Bedeutung aufgeladen
- Beispiel: Kleeblatt = Glück

Schrift

- dient lediglich als Träger einer bestimmten Information
- kann auch dem Symbol zugeordnet werden, da einzelne Buchstaben und Kombinationen (Worte) erlernt werden müssen
- verschiedene Typografien wiederum sind klare Zeichenträger für beispielsweise Exklusivität, Modernität, Einfachheit

Geheimsprache und -codes

Ein wichtiges Betätigungsfeld der Semiotik ist die Entschlüsselung von in Zeichen versteckter Kommunikation. Deswegen beschäftigt sich die Semiotik auch mit Geheimsprachen und Geheimcodes. Sie werden von ihr sehr genau unter die Lupe genommen. Der bekannte italienische Schriftsteller Umberto Eco war ein führender Forscher in diesem Bereich und untersuchte den täglichen Sprachgebrauch, die Entwicklung von Codes, das Kommunikationsverhalten sowie die Verwendung von Zeichen. Meisterhaft umgesetzt hat Eco das in seinem Roman *Der Name der Rose*, der voller versteckter Zeichen und Codes ist.

Aber nicht nur in der Literatur begegnen wir Geheimcodes, sondern auch in unserem Alltag. Wir kennen sie alle: versteckte Codes in Arbeitszeugnissen. Darüber kommunizieren Personaler über Arbeitnehmer, ohne offensichtliche Kritik einzubauen. Viele versteckte Hinweise sind mittlerweile entschlüsselt. Beispielsweise bedeutet der Satz „Sie zeigte ein gutes Einfühlungsvermögen in die Belange der Belegschaft", dass die Person scheinbar mehr am Flirten als am Arbeiten interessiert ist. Deswegen sollten wir Arbeitszeugnisse sehr sorgfältig durchlesen, ehe wir sie im Zuge einer Bewerbung für einen neuen Job abschicken. Das kann sonst gehörig in die Hose gehen.

Nicht nur Personaler haben versteckte Codes, sondern auch andere Berufsgruppen. Wir wissen das spätestens seit dem großen Shitstorm, den die Kölner Polizei für ihren Tweet über sogenannte „Nafris", also „Nordafrikanische Intensivtäter", erfuhr. Dabei ist es unter Polizisten völlig normal, einfache Abkürzungen als „Codes" zu verwenden, um einerseits den Funkverkehr zu beschleunigen und andererseits für Außenstehende nicht sofort verständlich zu sein. So ist die süß klingende „Fari" die Fahrtrichtung oder der „TV" ein Tatverdächtiger. In Gefahrensituationen können Polizeibeamte natürlich besser miteinander kommunizieren, wenn nicht jeder „TV" den Code versteht.

Die geheimen Codes der Flugbegleiter

Auch Flugbegleiter kommunizieren mit Abkürzungen. Beispielsweise ist ein „UM" (unaccompanied minor) ein Kind, welches ohne Begleitung reist und dadurch eine besondere Herausforderung für das Personal darstellen kann. Diese „Geheimsprache" variiert auch von Fluggesellschaft zu Fluggesellschaft. Bei Easyjet findet die Kommunikation beispielsweise vor allem durch Handzeichen statt. Legt ein Flugbegleiter beispielsweise die Hände wie Hasenohren an den Kopf, bedeutet das, dass ein Junggesellenabschied an Bord ist. Es soll keinen Hasen symbolisieren, sondern einen Hirsch. Ich konnte es selbst kaum glauben, aber in einem veröffentlichten Video von Easyjet wird gezeigt, wie die Flugbegleiter mit vollem Körpereinsatz gestikulieren. Es wirkt wie ein Scherz, ist aber augenscheinlich üblich bei der Fluggesellschaft. Vielleicht haben ja auch Sie eine Geheimsprache mit Ihren Kollegen entwickelt, beispielsweise einen Warnhinweis, wenn der Chef hinter jemandem steht?

Geheimsprachen sind meist einfache Sprachvariationen, um sich in einem bestimmten Umfeld schnell oder so zu unterhalten, dass es andere nicht verstehen. Ein richtiges Eigenleben hat beispielsweise die Chatsprache entwickelt. Dort sind Abkürzungen wie „lol", also „laughing out loud" oder „lg" (Liebe Grüße), mittlerweile gang und gäbe.

Eine gesteigerte Version davon findet sich in den verschiedensten Gamingchats bei Onlinespielen. Dort entwickelten die Spieler im Verlauf der Zeit eine fast einzigartige Kommunikation, die von Spiel zu Spiel leicht variiert und die für Laien – oder *noobs* – oft undurchschaubar ist. Diese Entwicklung liegt daran, dass für bestimmte Spielzüge neue Begrifflichkeiten eingeführt werden mussten, die schnell kommunizierbar sind. Beispielsweise ist ein „feeder" ein Spieler, der sehr häufig von den Gegnern getötet wird und sie dadurch mit Erfahrungspunkten oder Items „füttert".

Die Gefahr des Atommülls in der Zukunft haben wir bereits in unserer Eingangsutopie angerissen. In der Atomsemiotik beschäftigen sich Forscher tatsächlich mit der Frage, wie Atommüllendlager gekennzeichnet werden müssen, sodass diese Warnhinweise auch in 100.000 Jahren noch zu verstehen und vor allem lesbar sind. Sie arbeiten intensiv an der Entwicklung von Zeichen, die für Menschen – oder menschenähnliche Geschöpfe – in ferner Zukunft noch verständlich sind. Das ist keineswegs so einfach, wie es zunächst klingt. Denken wir nur mal ein paar Jahrtausende zurück: Kryptische Höhlenzeichnungen oder keltische Symbolik geben uns bis heute zahlreiche Rätsel auf. Wir können lediglich Vermutungen anstellen, was diese Zeichen bedeuten. So könnte das herkömmliche Warnschild für Radioaktivität in der Zukunft vielleicht als Windrad missverstanden werden. Ein weiteres Problem, das die Forscher sehen, ist die Haltbarkeit von solchen Schildern oder Tafeln. Welches Speichermedium und Material kann die Jahrtausende überdauern? Das kann niemand sicher vorhersagen, weil wir nicht wissen, welchen äußeren Bedingungen die Warnhinweise ausgesetzt sein werden.

Aufgrund dieser schwierigen Herausforderungen gibt es mehrere Lösungsansätze, die zunächst sehr abstrus wirken. Beispielsweise gibt es die Idee, eine Art Sekte zu gründen, deren Mitglieder das Wissen über die Lagerstätten an neue Generationen weitergeben. Ein anderer Ansatz ist die Entwicklung von sogenannten Strahlenkatzen. Das sind genmanipulierte Katzen, deren Fell durch radioaktive Strahlung zu leuchten anfängt und so spätere Generationen warnt. Ob für die Problematik eine Lösung gefunden wird, ist nach wie vor unklar.

Die Lehre der Semiotik ist also nicht nur für Fans von Geheimbünden wie die Illuminati oder dauerzockende Internetnerds wichtig, sondern extrem relevant für unsere Zukunft. Unsere Fähigkeit, über die Jahrtausende hinweg zu kommunizieren, wird entscheidend für das Leben unserer Nachfahren sein. Zielführende Kommunikation und professionelle Rhetorik sind mehr als stilisierte Kunstformen. Sie sind entscheidend für das sichere Fortbestehen unserer gesamten Kultur!

Interview mit der Semiotikerin Charlotte Hager

Liebe Frau Hager. Aus Sicht der Expertin: Was ist Semiotik und woher kommt sie?

Semiotik ist die Wissenschaft der Zeichen und der Bedeutung von Zeichen. Es handelt sich dabei um eine Querschnittsdisziplin aus den unterschiedlichsten Bereichen wie Soziologie, Psychologie, Philosophie oder Linguistik. Semiotik umfasst alles, was im Zuge der Kommunikation eine Bedeutung für den Menschen hat. Sie untersucht Zeichensysteme wie beispielsweise Sprache, Gestik oder auch Kleidung und Architektur. Durch sie schaffen wir eine Verbindung von der realen Welt hin zur geistigen und wie wir diese auffassen. Die Zeichenlehre ist also eine Wissenschaft, die hilft, unsere Welt zu interpretieren. Semiotik ist zudem eine sehr alte Wissenschaft. Wie bei der Rhetorik liegen ihre Ursprünge in der Antike. Schon Aristoteles beschäftigte sich mit der philosophischen Betrachtungsweise der Zeichenlehre. Die Breitenwirksamkeit der Semiotik ist wahrscheinlich in die 60er-Jahre einzuordnen. In dieser Zeit wurde das Bewusstsein für Marketing und Kommunikation immer größer, wodurch die Bedeutung von Semiotik und Markenkommunikation gleichzeitig anstieg.

Was genau ist denn ein Zeichen?

Per semiotischer Definition ist ein Zeichen etwas, das für jemanden oder für etwas steht. Alles, was keine Bedeutung hat, ist somit kein Zeichen. Wenn wir von Zeichen reden, ist ein Zeichen ein Bedeutungsträger. Es gibt viele Zeichen, die eindeutig interpretiert werden. Ein Stoppschild ist ein unmissverständliches Zeichen dafür, anzuhalten. Sehen wir hingegen eine Mauer, können wir sie mehrdeutig interpretieren. Sie steht einerseits für Schutz und andererseits für ein Hindernis. Welche Bedeutung sie für uns hat, hängt ganz davon ab, ob wir uns vor oder hinter der Mauer befinden. Wenn ein Apfel auf meinem Tisch liegt, muss das kein Zeichen sein, sofern ich nichts damit aussagen möchte. Ein Apfel ist dann lediglich ein Apfel. Wenn ich den Apfel aber einsetze, um in einer Kommunikation etwas Bestimmtes zu vermitteln, dann sprechen wir von einem Zeichen. Beispielsweise kann ich mich nach außen mit einem gesunden Lifestyle präsentieren. Wenn ich ständig Selfies von mir im Büro poste und auf diesen durchweg ein Obstkorb zu sehen ist, möchte ich mit dem Apfel plötzlich eine Botschaft senden. Ich zeige: „Seht her, wie gesund ich mich ernähre!" Der einfache Apfel ist dadurch zum Zeichen geworden.

Wann wird denn etwas zu einem Zeichen? Wann ist ein Zeichen ein Zeichen?

Ein Zeichen ist ein Zeichen, sobald ihm jemand eine Bedeutung zumisst und es somit interpretierbar wird. Sobald es in der Kommunikation bewusst eingesetzt wird. Wenn man darüber nachdenken muss, ob es sich beim Apfel auf dem Tisch nun um ein Zeichen handelt oder nicht, ist es mit höherer Wahrscheinlichkeit wohl kein Zeichen. Schließlich ist das Ziel eines Zeichens die bewusste Wahrnehmung des Rezipienten. Wenn wir am Himmel eine dunkle Wolke sehen, ist das ein Zeichen für schlechtes Wetter. Es ist eine Vorausahnung, mit der etwas zusammenhängt. Eine Konsequenz, die in diesem Fall wohl Regen zur Folge hätte. Ein schönes Beispiel ist die Arbeit eines Regisseurs beim Film, der dafür zuständig ist, aus seinem Werk ein riesiges

Sammelsurium an Zeichen zu machen. Er entscheidet sich nicht für irgendwelche Schauspieler oder willkürliche Kulissen und Objekte wie einen zufällig ausgewählten Tisch oder Stuhl. Bei einem hochwertig produzierten Film ist nichts dem Zufall überlassen. Hitchcocks Filme sind beispielsweise voll mit Zeichen und subtilen Botschaften. Wenn wir nun wieder in die Werbung blicken: Die Werbe-Aufforderung, am nächsten Tag in den Discounter zu gehen und ein Kilo Äpfel für 1,50 Euro zu kaufen, ist kein Zeichen. Es ist ein eindeutiges Angebot, das keinen tieferen Sinn hat. Wenn wir etwas bewusst wahrnehmen und noch mehr dahintersteckt, wird der Apfel zu einem Zeichen. Er ist dann nicht mehr nur ein Apfel, sondern ein Symbol für gesunde Ernährung. In der Bibel ist der Apfel beispielsweise ein Symbol für die Verführung. Zeichen sind dazu da, um subtile Botschaften in unser Unterbewusstsein zu transportieren. Wir Menschen denken gerne, dass wir resistent gegen Werbung sind. Wir wissen alle genau, dass die Werbung uns nur manipulieren will. Und natürlich sind wir manipulierbar. Es geht gar nicht anders, weil wir nicht permanent rational über Dinge nachdenken. Gott sei Dank gibt es Zeichen, die vernünftig eingesetzt werden, damit genau die richtige Botschaft im Unterbewusstsein ankommt.

Wie können unser Bewusstsein und Unterbewusstsein Zeichen denn wahrnehmen?

Zeichen sind über alle fünf Sinneskanäle spürbar und wahrnehmbar. Wir sind aber hauptsächlich auf unseren visuellen Sinn fokussiert. Rhetoriktrainer und Speaker sprechen hauptsächlich die auditive Ebene an, da es um die gesprochene Sprache geht. Visuell und auditiv wirken natürlich sehr stark zusammen. Beide Sinne sind zentral für die Rhetorik. Auch der Geschmacksinn entschlüsselt Botschaften, wenn wir beispielsweise an die Fusionsküche denken. Wenn ich etwas esse, das anders aussieht, als es schmeckt, hat das eine Bedeutung – und Wirkung auf mich. Der Koch will damit etwas ausdrücken. Ebenso verhält es sich mit der Haptik. Haptische Zeichen sind zum

Beispiel in der Markenkommunikation etwas ganz Essenzielles. Wie fühlen sich das Produkt und seine Verpackung an? Welche sensorischen Codes sind versteckt und beeinflussen unsere Wahrnehmung? Darüber hinaus gibt es noch Geruchszeichen. Wie riecht es, wenn ich die Lobby eines Hotels betrete? Wie riecht es, wenn ich mich in einen neuen *BMW* oder *Maybach* setze? Das sind allesamt Botschaften, die in das unbewusste, das limbische System unseres Gehirns eindringen. Dort möchte der *BMW*-Händler oder Hotelier etwas triggern, nämlich letztendlich die Identifikation mit einer Marke.

Sie haben das Thema „Marke" erwähnt. Welche Rolle spielt denn die Semiotik in der Markenkommunikation?

Produkte, Dienstleistungen und Unternehmen vermitteln durch ihr Auftreten Botschaften an potenzielle Käufer und Kunden. Wir sind Tag für Tag und überall mit Markenkommunikation konfrontiert. Tausende Werbebotschaften prasseln täglich auf uns ein, aber nur maximal fünf Prozent schaffen es in unser Langzeitgedächtnis. Mehr sind es nicht, weil entweder die Botschaft nicht verstanden wird oder sie nicht unseren persönlichen Motiven entspricht.

Unternehmen treffen leider immer wieder Entscheidungen, ohne adäquat auf die Bedürfnisse ihrer Kunden einzugehen. Dabei ist es wesentlich, zu erfahren, welche Themen die Menschen beschäftigen, um davon Kommunikationsmaßnahmen abzuleiten. Um Markenbotschaften richtig zu codieren, müssen wir Bedürfnisse, Motive und Wünsche der Menschen kennenlernen.

Bringt eine Werbekampagne nicht den erwünschten Erfolg, können wir mit der Semiotik mögliche Optimierungen aufzeigen, die für das Verständnis der Kommunikationsmaßnahme ausschlaggebend sind. Wir achten dabei genau auf die einzelnen Zeichen in der Werbegeschichte, die entscheidend sind für Bedeutsamkeit und Aussagekraft. Gleichzeitig überprüfen wir, ob sich die angesprochenen Werte und Motive in der Zielgruppe widerspiegeln und ob die Werbebotschaft richtig adressiert ist. Aufgrund der semiotischen Betrachtungsweise sind wir in der

Lage, zu erkennen, was beim Empfänger von Werbebotschaften tatsächlich ankommt. Wir verlassen uns bei dieser Fragestellung nicht auf Befragungsergebnisse, sondern holen uns Gewissheit durch die Analyse der Werbebotschaft an sich. Sehr effektiv ist es, bereits im Vorfeld Werbekampagnen semiotisch zu testen und diese auch dramaturgisch zu überprüfen. Die Anordnung und Reihenfolge von Bild, Text und Ton sowie weiterer Zeichen wirken sich maßgeblich auf den Erfolg und das Verständnis von Werbebotschaften aus.

Das heißt, wir können die Semiotik durchaus gezielt als Werkzeug einsetzen?
Die Semiotik bietet – wie auch die Rhetorik – einen ganzen Koffer an unterschiedlichen Werkzeugen. Semiotik ist eine Wissenschaft, die sich unterschiedlicher Methoden bedient, um Zeichen – egal in welchem Sinneskanal – zu decodieren. Welche Zeichen gibt es überhaupt? Auf welcher Ebene kann decodiert werden? Und wie werden Zeichen erfahrbar? Gerade in der werblichen Kommunikation ist alles ein Zeichen oder es sollte vielmehr alles ein Zeichen sein. Denn es gibt viele Botschaften von Marken, bei denen das Zeichen kein Zeichen ist, sondern einfach wie der Apfel ein Apfel ist und sonst keine Bedeutung hat. In der gezielten strategischen Kommunikation muss immer überlegt werden, welche Zeichen tatsächlich gesendet werden sollen.

Wie sieht Ihre Zusammenarbeit mit Agenturen aus?
Ich arbeite sehr viel mit Kreativagenturen zusammen und analysiere die Botschaften von Unternehmen, Botschaften, mit denen sie nach außen kommunizieren möchten. Dann überlegt sich die Agentur: Wie könnten wir das umsetzen? Idealerweise bin ich beim Brainstorming bereits dabei und analysiere die Idee zusammen mit der Agentur. Passt das wirklich zum Unternehmen? Können wir damit Nähe aufbauen? Welche Menschen casten wir für diese Maßnahmen? Wie sehen die aus? Sind sie blond, dunkelhaarig? Haben sie lange oder kurze Haare? All das spielt eine Rolle. Der Semiotiker hilft also, eine Botschaft so

zu gestalten, dass nicht 20 verschiedene Leute 20 verschiedene Wahrnehmungen der gleichen Botschaft haben, sondern nur eine – nämlich die vom Absender intendierte.

Können Sie sich denn im Voraus sicher sein, dass die beabsichtigte Botschaft auch genauso ankommt? Wie können Sie das überprüfen?

Sicher sein kann man sich nie. Auch weil es Rahmenbedingungen gibt, mit denen wir nie rechnen können. Ich hatte bereits über die Veränderung von Zeichen gesprochen. Es wird immer unberechenbare Variablen geben, die Dingen eine komplett andere Bedeutung geben können, zum Beispiel unerwartete Veränderungen in der Gesellschaft, der Politik oder Wirtschaft. Mit meiner Arbeit kann ich aber die Risiken eingrenzen. Der Semiotiker kann vieles korrigieren, das normalerweise willkürlich passiert. Die Semiotik ist durchaus ein Werkzeug, um viele Dinge strategisch zu optimieren.

Haben Sie dazu ein konkretes Beispiel?

Der Smoothie-Hersteller *True Fruits* hat ein Faible dafür, provokante Werbekampagnen zu schalten. Bereits 2015 und 2016 kam es durch anstößige und provokante Werbeclaims zu öffentlich diskutierten Kontroversen, die sogar vom Werberat untersucht wurden. Unter anderem wurde dem Unternehmen Sexismus vorgeworfen. 2017 bereitete sich *True Fruits* schließlich auf den Markteintritt in Österreich vor. Bei der folgenden Plakatkampagne sah man auf den Smoothie-Flaschen eine Deutschlandflagge mit dem Claim „Noch mehr Flaschen aus dem Ausland“. Auf einer schwarzen Flasche stand beispielsweise „Schafft es selten über die Grenze“. Weiterhin gab es Anspielungen auf den Präsidentschaftskandidaten Norbert Hofer („Eure Heimat braucht uns jetzt!“) oder die Aussage „Bei uns kannst du kein Braun wählen.“ Mit diesen und weiteren provokanten Aussagen veränderte sich die Bedeutung der Flaschen. Sie wurden kaum noch als Smoothie wahrgenommen. Im Vordergrund stand nun eine Diskussion über unsensible und rassistische Aussagen. *True Fruits* spielt bewusst mit Polaritäten: Innen versus Außen, Weiß versus Schwarz, Bunt versus Braun, Links versus Rechts, Österreich versus Deutschland, Richtig versus Falsch, Erfolg versus Niederlage. Alle Motive zusammen wirken wie eine Gesamtbotschaft aus einzelnen Puzzleteilchen. Erst die Summe macht sie so stark in der (negativen) Wirkung beim Betrachter. Es werden Begriffe verwendet, bei denen jeder von uns sofort Geschichten, Bilder und Meinungen im Kopf abrufbar hat: Heimat – Grenze – Ausland – Braun. Die Flasche ist keine Flasche per se, sondern ein Repräsentant für: „Flaschen aus dem Ausland", die „Deutschen" und die „Nicht-Rechten". *True Fruits* schafft es, mit seinen Motiven eine semantische Verknüpfung verschiedener Brain Scripts aus dem aktuellen politischen Flüchtlingskontext abzurufen und zu verdichten, nahezu zu potenzieren. Bei vielen Betrachtern entsteht eine Gesamtstory, die rassistisch konnotiert ist. Die symbolische Bedeutung des latenten Inhalts entsteht im Kopf des Betrachters, bei einem mehr, beim anderen weniger. Dieser Fall ist ein wunderbares Beispiel dafür, dass Zeichen und ihre Bedeutungen immer in einen Kontext eingebettet sind, nämlich aus Zeit und Raum. Die Kampagne hätte vor der Flüchtlingskrise weniger Aufregung verursacht, als sie es heute tut.

Welche Unterschiede gibt es in der Aufnahme von Zeichen?

Nicht jedes Zeichen wird von der Allgemeinheit gleich aufgenommen. Es kann oftmals auf unterschiedlichste Weise decodiert werden. Meine Eltern gehören der Nachkriegsgeneration an, wodurch ich Sekundärerfahrung mit dem Zweiten Weltkrieg habe. Ich erlebte ihn nicht, kenne allerdings die Geschichten aus erster Hand. Die heutigen in Deutschland aufgewachsenen jungen Menschen, die als Generation Y und Z bezeichnet werden – sich also im Alter zwischen 18 und 35 Jahren befinden –, haben hingegen nur noch tertiäre oder gar keine Erfahrung mehr mit dem Krieg. Ihre Wahrnehmung dieser Zeit ist eine andere gegenüber Menschen, die den Krieg selbst miterlebt oder Sekundärerfahrung dazu haben. Gerade in Zeiten von aufkommendem

Populismus und Rassismus spüren wir hier in den vergangenen Jahren eine Veränderung in der Wahrnehmung der Generationen. Gerade wegen dieser unterschiedlichen Erfahrungen muss immer hinterfragt werden, ob ein Zeichen wirklich jeder so decodiert, wie es decodiert werden sollte. Meine Generation (X) ist aus Erfahrungswerten natürlich viel sensibler bei manchen Dingen als die junge Generation, die vielleicht keine unmittelbare Erfahrung mehr mit dem Subjekt hat.

Was ist die genaue Aufgabe eines Semiotikers in diesem Fall?
Semiotiker müssen in diesem Fall vorher schon warnen, dass es sich um ein Zeichen handelt, das falsch aufgenommen werden kann. Ist sich ein Unternehmen in der Kommunikation dieser Zeichendeutung bewusst, kann es sich frei entscheiden, ob es diese Botschaft senden möchte oder nicht. Aber wenn es nicht das Ziel ist, dieses Zeichen zu senden und es aufgrund von schlechter Recherche dennoch passiert („Meine Güte, ich habe irgendwann mal davon gehört, aber das kennt eh kein Mensch mehr."), landet die Kampagne vielleicht in den sozialen Netzwerken. Es kommt zum Shitstorm. Menschen regen sich über das Thema auf. Im schlimmsten Fall müssten millionenschwere Kampagnen wieder eingestampft werden. Damit solche Dinge nicht vorkommen, gilt es vorher zu prüfen, ob alles wirklich so dargestellt wurde, wie es tatsächlich vermittelt werden sollte.

Der Semiotiker muss sich dann folgende Fragen stellen: Hat dieses Symbol oder diese Form eine Bedeutung? Ist das Wort in einem anderen Kontext schon einmal aufgetaucht? War es irgendwann ein Zeichen, das eine Bedeutung hatte? Es kann sein, dass es vor 50 Jahren schon mal eine Bedeutung hatte, die heutzutage nicht mehr so manifest ist und die im Laufe der Zeit verschwunden ist. In dieser können Zeichen verblassen, verschwinden oder eine komplett andere Bedeutung erhalten. Aufgrund des hohen Preises waren Smartphones vor etwa zehn Jahren noch ein Symbol für Reichtum. Heute sind sie in der breiten Masse angekommen, weshalb es nichts Besonderes mehr ist, ein Smartphone zu besitzen.

Wie lernen wir, solchen Zeichen auf die Spur zu kommen?

Ich gebe Seminare zu diesem Thema und freue mich über jeden interessierten Teilnehmer. Semiotik an einem Tag beizubringen geht natürlich nicht. Aber in meinen Seminaren entwickeln die Teilnehmer ein Gefühl dafür. Am wichtigsten ist dabei, eine objektive Betrachtungsweise zu erlernen. Als Semiotiker macht man im Grunde nichts anderes, als die Subjektivität auszuschalten, um die wahre Bedeutung von Zeichen zu entdecken und zu decodieren. Dann kann entschieden werden, ob das Zeichen das richtige ist oder nicht. Man nimmt eine ganz andere Haltung ein, wenn man mit der Analyse von Zeichen beginnt. Was ich jedem raten kann, ist, sich Botschaften im Detail anzuschauen. Wenn ich ein komisches Bauchgefühl habe und mir denke, dass da etwas nicht stimmt oder ich etwas nicht verstehe, versuche ich die objektive Brille aufzusetzen und zu recherchieren. Ich stelle mir dann die Fragen, was das eigentlich bedeutet oder ob es überhaupt eine Bedeutung hat. Lassen Sie also bei der Analyse außer Acht, ob Sie persönlich ein Zeichen gut oder schlecht finden. Konzentrieren Sie sich nur darauf, was es objektiv heißen könnte. Die Basis semiotischer Analyse ist es, Dinge zu objektivieren. Das funktioniert nicht von heute auf morgen. Aber man kann es lernen.

Kommen wir zurück zu unserem vorangegangenen Beispiel der Atomsemiotik. Was muss geschehen, damit ein Zeichen auch in 1.000 Jahren noch die gleiche Bedeutung hat?

Das ist wirklich ganz schwer zu sagen. Wie beschrieben ändert sich das Verständnis für Symbole und Zeichen im Laufe der Zeit. Wenn ich das schwarz-gelbe Symbol für atomare Strahlung aus Sicht der Semiotik betrachte, kann ich absolut nicht darauf schließen, was es bedeutet. Das Symbol ist die höchste Form eines Zeichens aus semiotischer Sicht und auch in höchstem Maße komplex. Wenn man die Bedeutung nie gelernt hat, wird man es nicht verstehen. Das haben Symbole so an sich. Wer zum ersten Mal in seinem Leben ein Hakenkreuz sieht, wird nicht verstehen, warum es sich um ein schlimmes Symbol in unserem Kulturkreis handelt. Das Hakenkreuz beziehungsweise die Swastika ist im Übrigen ein uraltes Symbol, das in ganz vielen Kulturen vorkommt. Für die Buddhisten symbolisiert die Swastika ein Sonnenrad und gilt als Zeichen für Glück. Auch andere Religionen und Kulturen der frühen Geschichte kennen dieses Symbol – jedoch mit einer anderen Bedeutung, als wir es in der heutigen Zeit kennen. Für uns hat sich die Bedeutung dieses Symbols extrem gewandelt und wird durch die Verwendung als Zeichen des Nationalsozialismus geprägt. Wenn ich möchte, dass Symbole 1.000 Jahre überdauern oder sogar für die Ewigkeit sein sollen, wird es schwierig. Wenn es in 1.000 Jahren keine Atomkraft mehr gibt, wird man sich fragen, was das für ein Symbol gewesen sein muss. Eventuell hat es dann keine Relevanz mehr für die Gegenwart. So wie wir heute untersuchen, welche Symbole es früher gegeben hat, wieso sie verschwunden sind und welche Bedeutung sie hatten, werden Menschen in 1.000 Jahren eventuell für uns heute völlig verständliche Symbole untersuchen. Symbole können an Kraft verlieren und sind dann kein Symbol mehr, sondern nur noch ein visuelles Element, mit dem niemand etwas anfangen kann. Als Semiotiker reden wir auch von Zeichenmetamorphosen. Das ist der gleiche Prozess, den wir in der Veränderung von Sprache erleben. Wörter, die vor 100 Jahren verwendet wurden, verstehen wir heute nur noch teilweise oder gar nicht mehr. Wenn man Zeichenmetamorphosen langfristig untersucht, muss man vor allem gesellschaftliche Strömungen und Veränderungen betrachten. Man muss untersuchen, wie sich Sprache verändert, wie wir kommunizieren und welche Kanäle für uns relevant sind. Ein Zeichen an sich wird immer ein Zeichen sein. Aber das Umfeld und wo und wann und wie es verwendet wird, kann und wird sich verändern.

Wir haben jetzt über das negative Beispiel *True Fruits* gesprochen. Durch das Setzen der richtigen Zeichen kann bestimmt auch Positives bewirkt werden.

Das Problem bei *True Fruits* bestand ja darin, dass durch den Shitstorm ein Schaden entstand. Die Firma wurde aufgefordert, aufgrund der unsensiblen und rassistischen Botschaften ihre Kommunikationsmaßnahmen zu überarbeiten. Ein anderes Beispiel ist *Innocent*, Smoothie-Hersteller aus Österreich und damit Mitbewerber von *True Fruits*. Unter dem Motto „Das große Stricken" haben Tausende Freiwillige kleine Mützen gestrickt, die dann auf die Flaschen von *Innocent* gesetzt wurden. Für jeden verkauften Smoothie mit Mütze spendete das Unternehmen 20 Cent an die *Caritas*, um ältere Menschen in der kalten Jahreszeit zu unterstützen. Ohne diesen Hintergrund zu kennen, sind diese Mützen zunächst nur witzig und „seltsam". Im Kühlregal des Supermarktes stechen die Smoothie-Flaschen auf alle Fälle optisch heraus. Das ist lustig und ergibt einen Sammelwert, hat aber eigentlich überhaupt keine Bedeutung. Doch über die Jahre wurde das Projekt von *Innocent* immer bekannter und die Mützen dienen heute als klares Erkennungszeichen für das Unternehmen. Die Mütze wurde zum Symbol für Gesundheit, Wohltätigkeit und Kreativität. Wenn etwas zu einem Zeichen mutiert, nennen wir das „Semiose-Prozess". Durch Kommunikation wird etwas mit Bedeutung aufgeladen und in bestimmte Kontexte gebracht.

Was beeindruckt Sie persönlich am meisten an der Zeichenlehre?
Am beeindruckendsten finde ich, dass wir unbewusst Botschaften senden und uns dessen oft gar nicht bewusst sind. Semiotik finde ich so faszinierend, weil es das einzige objektive Messkriterium ist, um das, was wir untereinander an Bedeutungen austauschen, messbar, erfassbar und vor allem korrigierbar zu machen. Es macht besonders Spaß, durch Tiefenanalysen Dinge zu erkennen. Vor allem die Werbekommunikation finde ich sehr spannend. Nur mit einem Wort oder einem Bild kann ganz viel an Inhalt übermittelt werden. Es geht also immer um die Frage: Wie schaffe ich es, mit wenigen Elementen alle relevanten Informationen zu vermitteln?

TEIL 7

DIE ZUKUNFT DER KOMMUNIKATION – VIRTUELLE RHETORIK

KAPITEL 1

Wie die Digitalisierung unsere Kommunikation verändert hat

Was die Zukunft der Kommunikation und was bereits Gegenwart ist, hängt sehr vom einzelnen Individuum ab. Denn während der eine sich noch E-Mails ausdrucken lässt und eigentlich lieber mit dem Thermofaxgerät hantiert, arbeiten irgendwo auf dieser Welt bereits Start-ups wie Elon Musks *Neuralink* an der direkten Kommunikation zwischen Gehirnen und Maschinen. Ziel ist das *Brain-Net* als nächster Schritt über das Internet hinaus.[1] Diese Entwicklung ist aus meiner Sicht extrem spannend. Erwarten Sie deshalb von mir an dieser Stelle bitte keinen ebenso furiosen wie kulturpessimistischen Abgesang auf die Entwicklung der Kommunikation oder auf die Medien und ihre Funktion als Wahrheitsträger. Klar ist, dass sich unsere Kommunikation und die aktive und passive Nutzung von Medien in Zukunft radikal verändern werden. Vermutlich radikaler, als wir es uns jetzt vorstellen können.

Wenn Sie sich die bange Frage stellen, ob die Wahrheit angesichts der aktuellen Diskussion um *Fake News* und der sich abzeichnenden technologischen Entwicklung wie *künstliche Intelligenz, Chat-Bots, Virtual Reality* et cetera nicht komplett auf der Strecke bleibt, bitte ich Sie eindringlich, sich noch einmal Teil 4 zu widmen. Kommunikation und Medien wurden schon immer und zu jeder Zeit genutzt, um die Unwahrheit zu verbreiten, ebenso allerdings auch, um das Licht der Wahrheit in die Welt zu tragen. Das mag sich pathetisch anhören, scheint mir aber angemessen. Außerdem mag ich die Formulierung.

Der Megatrend, der die Art und Weise unserer Kommunikation entscheidend prägt, ist die Digitalisierung und damit auch die immer schnellere technologische Entwicklung unserer Kommunikationskanäle. Dabei gilt, dass das, was uns heute noch absurd vorkommt (siehe das *Brain-Net*), morgen, spätestens übermorgen Realität sein wird. Noch um die Jahrtausendwende galt es als absolut unschicklich, in Cafés zu telefonieren. Erinnern Sie sich noch? Man machte sich mit einem Mobiltelefon zum Gespött der Anwesenden. Setzen Sie sich bitte heute in ein Café und machen einfach gar nichts. Trinken Sie Ihren Kaffee und schauen Sie ab und zu einfach nur aus dem Fenster. Wie so ein Psycho! In den befremdlichen Blicken, die Sie streifen, werden Sie eine Bestätigung finden für die These, die der Schweizer Schriftsteller Martin R. Dean in der *NZZ* aufstellte: „Jedes neue elektronische Gerät verändert uns in einer Weise, die wir nicht vorhersehen und nicht kontrollieren."[2]

Heute kommt Ihnen der Gedanke vielleicht noch seltsam vor, sich mit einer Maschine zu unterhalten. Aber wenn Sie *Siri* oder *Alexa* nutzen, tun Sie das ja bereits. Und Sie denken sich gar nichts dabei. Wenn Sie über *Facebook* Ihren Lieblingshändler anschreiben, wird Ihnen vermutlich ein *Chatbot* antworten. Und das gefällt Ihnen. Sie mögen, wie schnell eine Antwort auf Ihre Frage erfolgt oder wie freundlich die Mitarbeiter dieser Seite sind. Die sind eben auf Zack. Oder – und das ist wahrscheinlicher – sie bestehen aus Einsen und Nullen. In Zukunft werden Sie sich sogar mit Ihrem Kühlschrank unterhalten. Das Gerät wird Sie daran erinnern, dass Sie nur noch zwei Becher von Ihrem Lieblingsjoghurt zuhause haben, und es wird Sie fragen, ob es Ihre Wochenration nachbestellen soll. Wie angenehm. Warum nicht? Vielleicht haben Sie sich auch schon eine Diskussion auf *Twitter* geliefert, ohne zu ahnen, dass ihr Gegenüber ein trainiertes und selbstlernendes Programm ist, das irgendwo in Russland von einem bärtigen Nerd in die virtuelle Welt geschickt wurde, um Sie zur Weißglut zu bringen. Überall auf der Welt arbeiten junge Menschen (mit dem Geld alter Menschen) daran, neue Kommunikationskanäle zu entwickeln und die Informationsvermittlung zu revolutionieren. Immer schneller werden immer mehr Informationen auf uns einprasseln. Immer schwerer wird es für den Einzelnen sein, diese Informationen zu filtern und zu verarbeiten, sie für sich einzuordnen. Und diese digitalen Medien werden gesteuert von einem Algorithmus, der immer genauer lernt, welche Informationen Sie mögen und welche nicht. Und er wird Ihnen genau diese Infos liefern. Und vielleicht wird dieser Algorithmus Sie mehr oder weniger subtil in eine Richtung lenken, die sein Programmierer aus wirtschaftlichen oder politischen Gründen für Sie ausgesucht hat. Sie werden gefangen sein in Ihrer eigenen *Filterbubble*. Umgeben von Menschen, die den gleichen maßgeschneiderten Content liken wie Sie.

KAPITEL 2

Die *Cambridge Analytica*-Debatte

Dazu gibt es Firmen, die Ihre Filterblase gezielt füttern. *Cambridge Analytica* aus New York City gehört dazu. Die Datenanalyse-Firma behauptet von sich, eine einzigartige Methode zur Erstellung von Persönlichkeitsprofilen entwickelt und damit Profile von 220 Millionen US-Bürgern erstellt zu haben. Chef des vom rechtskonservativen Hedgefonds-Milliardär Robert Mercer finanzierten Ladens ist Alexander Nix, der im Spätsommer des Jahres 2017 seine Arbeit für Präsidentschaftskandidat Trump beschrieb. Dazu gehörten neben der Identifizierung von Bundesstaaten, die eigentlich fest in demokratischer Hand zu sein schienen, in Wahrheit aber Swing Staates waren, die Kategorisierung von Persönlichkeiten und die Ansprache mit maßgeschneiderten Botschaften im Internet. Und die Firma feierte sich für „ihren" Erfolg. „Wir sind begeistert, dass unser revolutionärer Ansatz der datengetriebenen Kommunikation einen derart grundlegenden Beitrag zum Sieg für Donald Trump leistet", zitiert die Pressemitteilung am Morgen nach Trumps Sieg *CA*-CEO Nix. *Cambridge Analytica* ist sicher nicht die einzige Firma, die Big Data zur Meinungsbeeinflussung nutzt. Aber sie ist im Zuge von Trumps Präsidentschaftskampagne aus dem Schatten herausgetreten und deshalb aktuell sicher die bekannteste. Neben der unternehmenseigenen Pressemitteilung rückte vor allem der Artikel „Ich habe nur gezeigt, dass es die Bombe gibt", der im Dezember 2016 in *Das Magazin* erschien, das Unternehmen und sein Geschäftsziel ins Zentrum der Debatte.[3]

Das Gehirn von *Cambridge Analytica* ist der Psychologe Michal Kosinski. Er entwickelte an der namensgebenden britischen Eliteuniversität ein Verfahren, um anhand von *Facebook*-Likes und anderen

Daten die Persönlichkeit von Menschen zu bestimmen und letztendlich ihr Verhalten vorherzusagen. An die Daten kam Kosinski mithilfe der allseits beliebten Tests auf *Facebook*. Sie kennen das: „Wie hoch ist Dein IQ" et cetera. Das Ergebnis kann natürlich direkt gepostet und Freunde markiert und zum Nachmachen animiert werden. Aus den Ergebnissen dieses versteckten Persönlichkeitstests erstellte Kosinski nach dem sogenannten *OCEAN-Modell* psychologische Profile. Angereichert mit weiteren *Facebook*-Daten wie Demografie oder bestimmten Vorlieben erstellte er sehr genaue Einschätzungen von Menschen – sogar in solchen Bereichen, zu denen sie keinerlei Angaben gemacht hatten. Bereits „2012 erbringt Kosinski den Nachweis, dass man aus durchschnittlich 68 *Facebook*-Likes eines Users vorhersagen kann, welche Hautfarbe er hat (95-prozentige Treffsicherheit), ob er homosexuell ist (88-prozentige Wahrscheinlichkeit), ob Demokrat oder Republikaner (85 Prozent). Aber es geht noch weiter: Intelligenz, Religionszugehörigkeit, Alkohol-, Zigaretten und Drogenkonsum lassen sich berechnen. Sogar ob die Eltern einer Person bis zu deren 21. Lebensjahr zusammengeblieben sind oder nicht, lässt sich anhand der Daten ablesen", so heißt es jedenfalls im *Magazin*-Artikel.[4]

Nach eigenen Angaben hat die Firma so Persönlichkeitsprofile von 220 Millionen US-Bürgern erstellen können. Da nur 160 Millionen US-Bürger überhaupt ein *Facebook*-Profil besitzen, ist jene Zahl aber zumindest zweifelhaft. Diese Daten wurden zur gezielten Ansprache von potenziellen Trump-Anhängern und zur gezielten Demotivation von Clinton-Fans genutzt. Dabei soll an einem Tag eine Botschaft in 175.000 Versionen über *Facebook* verbreitet worden sein, jeweils unterschiedlich in kleinsten Details, um „den Empfängern psychologisch optimal zu entsprechen".

Sind wir nun alle verloren? Müssen wir uns um den Preis, unsere alten Schulfreunde wieder für die nächsten 15 Jahre aus den Augen zu verlieren und nie mehr diese lustigen Listen von *BENTO* zu sehen, von *Facebook* abmelden? Das wäre natürlich theoretisch eine Möglichkeit. *Facebook* ist ebenso wie freies WLAN noch immer kein

Menschenrecht. Meine Tochter vergisst das oft. Und sie scheint nicht die Einzige zu sein. Aber so schlimm scheint es nicht zu sein. Denn die Kritik an der Darstellung von *Cambridge Analytica*, die tatsächlich nur eines von mindestens vier beauftragten Unternehmen waren, war jedenfalls ebenso groß, wie zunächst die Aufregung war. Sicher ist inzwischen, dass die Methode alleine keine Wahlen entscheidet. Was die Geschichte aber zeigt, ist, dass wir uns immer angreifbarer machen, dass es Unternehmen gibt, die mindestens versuchen, unsere Daten, die wir überall – nicht nur online – hinterlassen, zu nutzen, um eine maßgeschneiderte Kommunikation mit uns aufzubauen. Eine Kommunikation, die uns in eine bestimmte Richtung drängen, die uns manipulieren will.

Wo bleibt denn da die neutrale Nachricht? Was ist *Fake News*, was ist Wahrheit? Die Wahrheit ist, dass Sie das Licht der Wahrheit neben all den grellen Neonlichtern aus politischer PR und *Native Advertising* selbst heraussuchen müssen. Und Sie werden dabei sehr genau hinschauen müssen. Am besten wäre es, wenn man sich sein eigenes Bild von einem Ereignis machen könnte, wenn man ungefilterte Informationen bekäme.

KAPITEL 3

Maschinensprache: Wie Social Bots uns beeinflussen

Ein Medium, dem der Ruf vorausging, besonders ehrlich und authentisch zu sein, ist *Twitter*. Mit zunächst 140 und inzwischen 280 Zeichen können von jedem angemeldeten Nutzer kurze Nachrichten, Kommentare oder süße Kätzchen-GIFs in die Welt geschickt werden. Spätestens seit Donald Trump als politische Figur die Weltbühne betrat, ist der Mikrobloggingdienst aus San Francisco auch den Technikfernsten zumindest ein Begriff. Für uns dient *Twitter* als Beispiel, wie schnell und einfach wir in den „neuen" Medien manipuliert werden können – und wie professionell wir tatsächlich bereits manipuliert werden. Es ist ein Business, an dem nicht nur kleine halbseidene Programmierbuden in Moskauer Vororten verdienen, sondern in dem Giganten wie *Google* und *Facebook* mitmischen. Dem sympathischen und stets defizitären Netzwerk *Twitter* möchte man dagegen gerne abnehmen, dass seine Struktur nur von „bösen Mächten" für ihre dunklen Zwecke genutzt wird.

Twitter lebt von der Kürze und Textlastigkeit seiner Tweets genannten Nachrichten. Tatsächlich ist dieser USP ein großes Einfallstor für Manipulation. Denn die Kürze und geringe Komplexität der Tweets kommt den Möglichkeiten von *Social Bots* besonders entgegen.[5] Weshalb sich diese kleinen Programme eben besonders häufig auf *Twitter* finden. Was sehr unangenehm für den eingefleischten *Twitter*-User ist, der sich eigentlich für etwas Besseres hält als „die drüben bei *Facebook*", die sowieso alle manipulierte Aluhüte in ihrer eigenen Filterblase sind.

Social Bots (auch *Social Networking Bots*) sind Programme, die menschliche Verhaltensmuster simulieren und anderen Usern eine menschliche Präsenz vortäuschen. Sie treten als gewöhnliche Accounts auf. Eingesetzt werden sie zumeist für Marketingzwecke und politische Propaganda. Dabei nutzen die Algorithmen künstliche Intelligenz und Textanalyse. Und sie werden immer besser. Ein Erkennen wird in Zukunft eher schwieriger als leichter. Bots sind nicht nur auf *Twitter*, sondern auch auf *Facebook* aktiv. Und je stärker diese beiden Medien die öffentliche Meinung beeinflussen, umso größeren Einfluss können Bots darauf nehmen. *Social Bots* können als gewaltige automatisch und rasend schnell reagierende Desinformationsarmee fungieren, die rund um die Uhr das jeweilige Netz nach vorgegebenen *Hashtags* durchsucht. Amerikanische Forscher vermuten, dass bei *Twitter* bis zu 15 Prozent der Accounts von Computersoftware gesteuert werden.[6]

300.000 Bots sollen Donald Trump mit knapp 3,8 Millionen abgesetzten Tweets geholfen haben, in der heißen Wahlkampfphase seine eigenen Themen auf die Agenda zu setzen beziehungsweise die Aufmerksamkeit der Öffentlichkeit auf vermeintliche Verfehlungen der Gegenkandidaten zu richten. Während und nach den TV-Debatten der US-Präsidentschaftskandidaten drehten die Botnetze richtig auf. Ein Viertel des *Twitter*-Traffics zum Thema US-Wahl stammte in dieser heißen Phase von Tausenden automatisierten Pro-Trump-Accounts. Das Trump-Lager schickte zudem ungefähr siebenmal mehr automatisierte *Social Soldiers* in den Meinungskrieg als die Konkurrenz.[7] Verstärkend kommt hinzu, dass Trump gegenüber seinen Anhängern immer wieder betonte und betont, nicht den Mainstream-Medien zu vertrauen. *Twitter* sei die ungefilterte Wahrheit. In Wahrheit ist das Netzwerk zu einer Quelle der Manipulation geworden. Und aus dieser Quelle zu schöpfen ist nicht wirklich schwer. Und auch gar nicht so teuer. Simon Hegelich, Professor für Political Data Science an der TU München, nennt Preise um die 500 US-Dollar für eine hochwertige Software, mit der sich ein Netz von bis zu 10.000 *Twitter*-Accounts steuern lasse. Die Preise für die entsprechenden Accounts lägen pro 1.000 Konten bei 45 Dollar.[8]

Das nur zur Info, falls Sie sich einmal als großer Manipulator versuchen wollen. Sie müssen sich ja nicht gleich für eine Mauer zu Mexiko engagieren. Im Januar 2017 deckte ein Forscherteam um den Londoner Universitätsprofessor Shi Zhou das bisher größte entdeckte Botnetzwerk auf. Es soll 356.000 Accounts umfassen und von einer einzigen Person gesteuert werden. Und es twittert *Star Wars*-Zitate.[9] Möge die Macht mit uns sein, Bots zu erkennen und uns nicht manipulieren zu lassen.

So erkennen Sie Bots

Im Folgenden zeige ich sieben Indizien auf, die auf Bots hinweisen. Wichtig ist, dass nicht ein einzelner Faktor ausreicht, um einen Account als Bot zu identifizieren, sondern dass das Zusammenspiel zwischen mehreren Faktoren entscheidend ist. Die drei wichtigsten Bot-Indizien stehen am Anfang. Es handelt sich um die „Drei As“: Aktivität, Anonymität und Amplifikation (Verstärkung). Ich halte mich hier an die Liste des Recherchenetzwerks *Correctiv*.[10]

- **Aktivität**

Schauen Sie sich an, wie viele Tweets der Account in der Zeit seines Bestehens getätigt hat. Zwischen 50 und 72 Tweets pro Tag machen einen Account verdächtig. Es kann sich aber noch um jemanden handeln, der sonst kein Leben hat. 144 Tweets am Tag sind dagegen bereits hochverdächtig. Schauen Sie auch auf die Zeiten, wann getwittert wird. Ab und zu muss ein Mensch ja auch mal schlafen.

- **Anonymität**

Je weniger persönliche Informationen Sie einem Profil entnehmen können, umso höher ist die Wahrscheinlichkeit, dass es sich um einen Bot handelt. Schauen Sie sich neben der Ortsangabe auch das Profil- und das Hintergrundbild an. Reichen diese Infos, um sich ein Bild von der Person hinter dem Profil machen zu können?

- **Amplifikation/Verstärkung**

Bots sind als PR- und Propagandainstrument programmiert. Ihre Aufgabe besteht darin, entsprechende Inhalte zu verbreiten. Dazu gehört auch, Inhalte anderer Accounts zu retweeten oder zu liken und auf diese Weise zu streuen. Je weniger individueller Inhalt zu finden ist und umso länger die Liste von Retweets und zitierten Schlagzeilen ist, umso höher ist die Bot-Wahrscheinlichkeit. Hierzu sollten Sie aber zumindest die letzten 200 Veröffentlichungen eines Accounts durchlesen. Erst dann genügt die Probe auch wissenschaftlichen Ansprüchen.

- **Wenig Veröffentlichungen/hohes Engagement**

Schauen Sie sich an, wie aktiv der Account ist und wie viele Likes er mit seinen Einträgen generiert. Besteht hier eine hohe Diskrepanz, kann es sich um einen Bot handeln. Ein Account mit 70 Followern und insgesamt elf Beiträgen wird beispielsweise niemals eine fünfstellige Like-Anzahl für einen seiner seltenen Beiträge erreichen.

- **Gemeinsame Inhalte**

Botnetze teilen dieselben Inhalte, oft in derselben Reihenfolge. Finden Sie also Accounts mit identischen Inhalten und einer identischen Reihenfolge von Posts, können Sie getrost davon ausgehen, dass es sich um Accounts aus einem Netzwerk handelt

- **Fehlendes Profilbild**

Wenn Sie im Profilbild des verdächtigen Accounts nur eine graue Silhouette und kein individuelles Bild sehen, ist das natürlich noch kein hinreichendes Indiz. Wenn sich der Programmierer bei den Accounts, die dem verdächtigen Account folgen und dessen Inhalte liken, genauso wenig Mühe gegeben hat, hat er sich und sein Botnetz verraten.

- **Fake-Profilbild**

Nicht ganz so faule (oder besser bezahlte) Programmierer verwenden ein Profilfoto aus anderen Quellen. Lassen Sie das Profilbild des verdächtigen Accounts durch eine *Reverse Image Search*, eine Rückwärts-Bildsuche laufen. Oft spuckt die Suche dann auch die übrigen Accounts des Botnetzes aus.

Social Bots sind existenzielle Bestandteile von *Twitter* und sie dienen im schlimmsten Fall der Beeinflussung und Manipulation von Menschen. Wir müssen deshalb sensibel gegenüber den Inhalten sein und uns vor allem vergegenwärtigen, dass *Twitter* ebenso wie *Facebook* ein kommerzielles soziales Netzwerk ist. Beide sind keine Nachrichtenagenturen und selbst keine seriösen Quellen für Nachrichten. Es sind Orte, die einst zur Zerstreuung und zur Vermarktung von Fitnessvideos geschaffen wurden. Dabei sollten wir es belassen.

KAPITEL 4

Der Wunsch nach Authentizität: Immersiver Journalismus

Der Wunsch nach Authentizität wird angesichts der massiven Manipulationsmöglichkeiten immer größer. Mit diesem Wunsch meine ich keinesfalls den lautstarken Ruf der Wutbürger und Abendspaziergänger nach der „Neutralität“ von Nachrichten. Dahinter verbirgt sich nämlich nichts weiter als der Wunsch, die dem eigenen Weltbild widersprechenden Fakten bitte zu verschweigen, sowie die Unfähigkeit, ein Medium nach seiner politischen Ausrichtung zu bewerten. Neutral nach dieser Definition wäre nur das, was in mein politisches Weltbild passt. Es wäre das genaue Gegenteil von Neutralität.

Authentizität nach spätlateinisch „authenticus“ meint „verbürgt, zuverlässig“, eben „echt“ im Sinne von „nicht manipuliert“. Eine Methode, die „die echte Wahrheit“ verspricht, ist der immersive Journalismus. Genauer: immersiver Journalismus per virtueller Realität. Dahinter verbirgt sich die vermeintliche Möglichkeit für den Betrachter, sich mitten in den Ort des Geschehens zu katapultieren. Ein erster, wenn auch kleiner Schritt in diese Richtung sind die inzwischen auf vielen Nachrichtenportalen verbreiteten 360-Grad-Videos. Wie sich auch für Leser, die selbst noch keines dieser Videos gesehen haben, leicht vermuten lässt, bietet das 360-Grad-Video einen Rundumblick auf eine Szenerie und lässt den Betrachter selbst entscheiden, ob er nach links oder nach rechts blicken oder sich umdrehen möchte. Natürlich stellt bereits die Auswahl der zur Verfügung gestellten Videos eine Manipulation der Realität dar. Nicht nur deshalb schafft diese Technologie nur „eine Fiktion unmittelbarer und uneingeschränkter Teilhabe“.[11] Diese Fiktion wird aber umso realer, wenn der Betrachter – oder der Konsument – eine VR-Brille nutzt, eine Brille, die über einen nahe am Auge befindlichen Bildschirm verfügt, der das Sichtfeld komplett abdeckt. Allerdings gibt es auch Pappkartons zum Falten, in die man sein Smartphone klemmen kann. In der „richtigen" VR-Brille registrieren Sensoren Kopfbewegungen und passen die Aufnahmen entsprechend an. 2012 schraubte ein Junge namens Palmer Luckey aus Smartphone-Teilen die erste massentaugliche VR-Brille zusammen.[12]

Wer, so könnte man sich fragen, setzt sich denn so eine Taucherbrille auf oder hält sich einen Schuhkarton vors Gesicht? Das erinnert zum einen an die Frage, wer denn unbedingt einen PC benötige oder gar ein Mobiltelefon. Zum anderen sind VR-Kontaktlinsen schon längst in der Entwicklung. Was aktuell noch sogenannten *Early Adoptern* vorbehalten scheint, wird morgen eine alltägliche Technologie sein. *Apple, Sony, Microsoft, Zeiss, Dreamworks* – diverse bekannte Firmen sind im Bereich VR aktiv. Paul Cheung (früher bei *AP*, jetzt bei *NBC News*) erklärte gegenüber der *BBC*-Journalistin Zillah Watson: „Dies ist eine Gelegenheit für die Nachrichtenbranche, um aktuell und vorne dabeizubleiben. Wir können bei der Ausgestaltung von VR und 360 Grad mitspielen, was unerlässlich ist, denn in so einem frühen Stadium können wir nicht nur darüber nachdenken, wie man damit Geschichten erzählt, sondern auch darüber, wie das Geschäftsmodell aussehen wird."[13] Apropos Geschäftsmodell: Palmer Luckey verkaufte das von ihm gegründete Unternehmen *Oculus VR* für zwei Milliarden Euro an *Facebook*. Und damit Mark Zuckerberg sein Geld wieder reinholen kann, sind die entsprechenden Inhalte vonnöten. Und Sie, genau Sie werden diese Inhalte in den nächsten Jahren mithilfe von VR-Technologie konsumieren.

In den Konzepten, wie sie Paul Cheung beschreibt, liegt der Schwerpunkt auf Realität statt auf Virtualität. Das heißt, sie bilden noch immer eine „echte" Realität ab. Der nächste Schritt, den Medienschaffende wie beispielsweise Nonny de la Peña bereits gegangen sind, ist die Vermischung von echten mit virtuellen, am Computer geschaffenen Bildern. 2014 stellte sie das *Project Syria* vor, das den Zuschauer mitnimmt in die Kriegswirren von Syrien. Ihr Projekt *Hunger in L.A.* stellt reale Nachrichten am Computer animiert nach. Sie will Nachrichten mit digitalen Bildern nacherzählen. VR sei eine „Empathy Machine“, die helfe, dem Zuschauer das Geschehen noch näher zu bringen.[14]

Während de la Peña von einer Revolution schwärmt, die es ermögliche, außergewöhnliche Geschichten zu erzählen, bleiben andere nüchterner: Für Dan R. Pacheco, Professor für Innovationen im Journalismus an der Syracuse University, verändert VR-Journalismus Nachrichten nicht mehr als eine Infografik: „Es ist eine visuelle Repräsentation einer Story – mit dem Unterschied, dass es dreidimensional ist und man sich darin bewegen kann.“ Pacheco kommt zu einem beruhigenden Schluss: „Jede Art von Journalismus birgt die Gefahr, dass Fakten aus den verschiedensten Gründen manipuliert werden. Die Gefahr ist bei virtueller Realität nicht größer.“[15]

KAPITEL 5

Virtual Reality: Neue Ethik für neue Welten?

Der Schluss, zu dem Pacheco kommt, bezieht sich ausdrücklich auf immersiven Journalismus, mit Betonung auf Journalismus. Immersion muss aber nicht zwingend mit Journalismus verbunden sein. Immersion – auch „eintauchen" genannt – beschreibt den Effekt, dass die virtuelle Umgebung als real empfunden wird und das Bewusstsein des Nutzers verdrängt, künstlich hervorgerufenen Stimuli ausgesetzt zu sein. Technologisch sind wir aktuell noch weit von einem *Holodeck* entfernt, also einem aus der *Star Trek*-Serie bekannten Raum, in dem beliebige virtuelle Welten mittels Holografietechnik simuliert werden können. Aber wir können davon ausgehen, dass eine Annäherung an diese Idee das Ziel zukünftiger Entwicklungen im Bereich virtueller Realität sein wird. Denkbar ist auch eine Verschmelzung von virtueller Realität und *Augmented Reality*, also der Erweiterung unserer Wahrnehmung durch Einblendung digitaler Elemente in die physische Welt. Konzerne wie *Google* oder *Alibaba* stehen bei diesen Technologien jedenfalls in den Startlöchern.

Mithilfe solcher Technologien oder auch nur einer evolutionär weiterentwickelten VR, wie wir sie heute schon kennen, können Entwickler beliebige Umgebungen und Lebenssituationen erschaffen. Und sie tun es: *AltspaceVR*[16] ist eine solche Plattform, über die sich Anwender, ähnlich wie bei einem sozialen Netzwerk, miteinander verbinden und auf der sie in Form von Avataren interagieren. Allerdings nicht über 2D-Bildschirme, sondern über Virtual-Reality-Geräte. Die Nutzer bewegen sich in der für sie erschaffenen virtuellen Welt und können dort, vertreten durch ihre Avatare, andere

User treffen. Raten Sie mal, was eines der größten Probleme in dieser Welt war! Sexuelle Belästigung.[17] Moment mal, wie soll das denn gehen, schließlich sind die Nutzer ja „nur“ in Form ihrer Avatare unterwegs? Wenn es aber einen hohen Grad von Identifikation mit dem Avatar gibt, sei er, so der Philosoph und Psychologe Thomas K. Metzinger, an das Selbstmodell des Nutzers im Gehirn gekoppelt. Nutzer könnten sich mit ihrem Alter Ego in der VR möglicherweise so stark identifizieren, dass sie es als Teil des eigenen Selbst wahrnehmen. Im Klartext: Das, was der Avatar erlebt, das erlebe ich. Der Avatar ist Teil von mir, ist ich. Und wenn wir diese These für wahr halten, hat das große Konsequenzen. In virtuellen Welten kann schließlich jeder alles sein. Alles, was Menschen sich ausdenken, kann hier umgesetzt werden. Jede Gewaltfantasie, jede sexuelle Fantasie, jedes Paradies und jede Hölle kann erschaffen werden. Was möchten Sie sein? Einsamer Wanderer durch paradiesische Urzeitwelten oder KZ-Aufseher? Und was wird das mit Ihnen, was wird das mit uns allen machen? Wir erinnern uns an die „Empathy Machine“ von Nonny de la Peña. Ich bin pessimistisch genug zu glauben, dass sich auch immer jemand findet, der die entsprechenden Welten anbieten wird. Ich vermute sogar ganz stark, dass Pornografie – wie bei vielen neuen Medien – ein entscheidender Innovationstreiber sein wird.

Thomas K. Metzinger und der Psychologe Michael Madary von der Mainzer Gutenberg-Universität warnen uns ausdrücklich vor den Gefahren, die in den Möglichkeiten dieser und ähnlicher immersiver Technologien liegen: „So entstehen Gelegenheiten für neue und besonders wirkungsvolle Manipulationen von Geist und Verhalten, besonders dann, wenn die Kreation und Beaufsichtigung der virtuellen Welten durch kommerzielle, politische, religiöse oder staatliche Interessen getrieben wird.“ Beide sehen durch die neue Technologie grundsätzliche Fragen aufgeworfen. Die Wissenschaftler identifizieren vier Gefahrenbereiche der virtuellen Realität, für die ethische Grundlagen erforscht und geschaffen werden müssten:[18]

Langzeitaufenthalte in der VR

Wir wissen einfach noch nicht, was passiert, wenn Menschen sich über längere Zeitspannen in virtuellen Welten aufhalten. Wir wissen auch nicht, welchen Einfluss das Leben in einer *Mixed Reality* auf die Psyche des Einzelnen hat. Und es wird schwer, das im Vorfeld herauszufinden. Denn Gefahren werden sich insbesondere bei labilen, nicht gefestigten Persönlichkeiten und bei Jugendlichen zeigen. Und gerade die möchte man Langzeittests natürlich nicht aussetzen.

Virtualisierung von sozialen Interaktionen

Marc Zuckerberg ist begeistert von den Möglichkeiten, die VR bietet. Und das muss er ja auch sein. Denn – siehe oben – er möchte *Oculus* ja nicht umsonst gekauft haben. Über sozial-psychologische oder gar gesundheitliche Risiken einer dauerhaft ins Virtuelle ausgelagerten sozialen Interaktion wissen wir noch nichts.

Gefährliche Inhalte

Die Wirkung von immersiven Inhalten wird mit dem weiteren Ausreifen der Technik immer stärker. So stark, dass sie das Potenzial hat, Traumata auszulösen. Damit stehen die Wissenschaftler nicht allein. Ich möchte Shūhei Yoshida, Präsident von *Sony Interactive Entertainment Worldwide Studios*, der Dachorganisation aller Spieleentwicklungsstudios von *Sony Interactive Entertainment*, zitieren: „Das Medium ist so intensiv, dass wir in Zukunft wahrscheinlich ein neues System für Altersfreigaben brauchen, um unsere Kunden besser auf die Inhalte, die sie erwarten, vorzubereiten. Aber es ist noch früh und wir wollen die Kreativität unserer Entwickler nicht in Handschellen legen. Es ist eine Herausforderung für die Zukunft, da das Medium potenziell ein Trauma auslösen könnte, wenn jemand ein wirklich schreckliches VR-Spiel spielt."[19] Und an dieser Stelle reden wir noch von Spielen – nicht von echten virtuellen Welten oder *Holodecks*.

Datenschutz

Virtuelle Welten wären ein wahres Paradies für Michal Kosinski und jeden, der im Bereich Neuromarketing tätig ist. Neuromarketing untersucht, welche Vorgänge im Gehirn eines Konsumenten vor und beim Kauf ablaufen, und nutzt diese Kenntnisse, um den Verkaufsprozess und das Produkt zu optimieren. Wow! Und jetzt geben Sie den Marketeers nicht nur bewusst, sondern auch unbewusst jede Emotion frei zum Verkauf. Denken Sie an dieser Stelle an den *Facebook*-Algorithmus, der alle Inhalte daraufhin filtert, ob sie Ihnen gefallen oder nicht. Und nur diejenigen Inhalte finden den Weg zu Ihnen, die Ihnen gefallen. Schließlich sollen Sie ja Ihre Zeit auf *Facebook* und nicht im Park verbringen. Übertragen Sie diesen Mechanismus in die virtuelle Welt. Alles wird immer besser, je länger Sie sich in dieser Welt aufhalten. Findige Programmierer erschaffen anhand Ihrer in Datenströme umgewandelten Emotionen immer passgenauere und immer angenehmere Erlebnisse nur für Sie. Ist das das Paradies oder ist das die Hölle? Und könnte man sagen, Sie verkaufen Ihre Seele?

Ich bin kein Wissenschaftler und kann an dieser Stelle nur sagen: Ich weiß keine Antwort auf die gestellten Fragen. Aber ich rate Ihnen dringend, sich auf diese Welten vorzubereiten und sich der Gefahren ebenso wie der Schönheiten, die neue Techniken versprechen, bewusst zu sein. Madary und Metzinger haben einen ausführlichen ersten Ethikkodex für den Umgang mit immersiven Formaten und virtuellen Welten aufgestellt. Aber gleichzeitig weisen beide darauf hin, dass ein ethischer Kodex, so wichtig er sein mag, ethisches Reflektieren und Handeln des Einzelnen selbst nicht ersetzen kann. Metzinger ist der Meinung, dass in VR dieselben Regeln gelten sollten, die wir auch bei echten Begegnungen ansetzen.[20] Und dieser Meinung schließe ich mich vor allem in Bezug auf soziale Interaktion und Kommunikation an.

Jetzt ist dieser Abschnitt vielleicht doch ein wenig pessimistisch ausgefallen. Deshalb finde ich, dass es nun Zeit für ein bisschen

Euphorie und wieder etwas Handfestes ist: Dank virtueller Realität müssen Sie nicht mehr Economy Class morgens um 5:30 Uhr von einem miefigen Flughafen in irgendeine verregnete Stadt fliegen, wo von 14:00 bis 16:30 Uhr ein weiteres Sinnlos-Meeting ansteht, das, wie Sie am Abend gefrustet feststellen, durch zwei E-Mails hätte eingespart werden können. Statt live oder in bildgestörten Video-Calls werden Sie Ihre Kollegen des Entwicklerteams in Mailand im virtuellen Raum treffen können. Das, so Johannes Kuhn in der *Süddeutschen Zeitung,* würde die letzte Lücke schließen, die in der vernetzten Welt noch zwischen Menschen besteht.[21]

Bis es so weit ist, kämpfen wir weiter mit den Tücken der vorhandenen Technologien, mit denen wir vor allem im Arbeitsleben konfrontiert werden. Für einige dieser Tücken haben wir ein passendes rhetorisches Werkzeug in unserem Koffer.

KAPITEL 6

Instant-Messenger, Calls und Co – So gehen Sie mit modernen Kommunikationsmitteln um

Aus dem Privatleben der meisten Menschen sind sie nicht mehr wegzudenken: Messenger wie *WhatsApp, Skype* und Co. Dazu passt eine repräsentative Studie des Münchner *Kantar TNS*-Instituts im Auftrag des Lifestyle-Portals *Techbook.de* des *Axel Springer Verlags* und der *Deutschen Telekom*: 65 Prozent aller Befragten wissen durch Messenger-Systeme eher darüber Bescheid, wie es Freunden und Bekannten geht.[22] Mehr als die Hälfte aller Befragten fühlt sich enger mit ihren Verwandten verbunden. In Zeiten, in denen sich Familien und private Freundeskreise über ganz Deutschland, den Kontinent oder die ganze Welt verteilen, sind Messenger ein geeignetes Werkzeug, um den Dialog mit Familie und Freunden zu fördern und am Laufen zu halten. Für viele Senioren stellt der Wunsch, am Leben ihrer am anderen Ende des Landes lebenden Enkel teilzuhaben, sogar den ersten Grund dar, sich mit einem Smartphone zu beschäftigen. Nicht umsonst bieten immer mehr Volkshochschulen Kurse zu genau diesem Thema an und stellen genau diese Kommunikation in den Vordergrund: „Überraschen Sie Ihren Enkel mit Ihrer ersten Textnachricht", hieß es beispielsweise bei der Volkshochschule Jülicher Land zum Kurs *WhatsApp für Einsteiger.*[23]

Inzwischen nehmen die Messengerdienste auch im Beruf immer mehr Raum ein und stellen eine wichtige Kommunikationsplattform dar. Das ist zumindest das Ergebnis einer Umfrage der Marktforscher von *Respondi* im Auftrag der Jobbörse *Indeed.*[24] Dabei funktioniert die Kommunikation über Messenger im Job nicht immer so reibungslos wie die technisch perfekt ausgefeilten Chat- und Kurznachrichtenprogramme selbst. Umso wichtiger ist es, die grundlegenden Regeln für digitale Kommunikation zu beherrschen und zu beherzigen.

Wir wissen aus den vorherigen Kapiteln, dass Kommunikation immer mehr ist als die reine Weitergabe einer Information. Gestik, Mimik und Tonlage helfen uns, eine Nachricht zu senden, sie helfen uns aber auch bei der Interpretation einer an uns gerichteten Nachricht. Text-Messenger berauben uns dieser wichtigen Elemente des Kontextes der Nachricht und hinterlassen ein kommunikatives Vakuum. In der Sprachwissenschaft bezeichnet der Begriff Kontext alle Elemente einer Kommunikationssituation, die das Verständnis einer Äußerung bestimmen. Neben dem Fehlen aller nonverbalen Ausdrucksmöglichkeiten ist häufig auch der situative Kontext unklar. Die Textnachricht bricht ungefragt in die dem Sender unbekannte Situation des Empfängers ein. Der ist vielleicht gerade im Stress und hat so gar keine Lust auf unsere Nachricht. Umso schneller ist der eigene Stress in die an sich harmlose Nachricht projiziert. Dazu reicht sogar ein Wort oder eine einzige Silbe. Stellen Sie sich dazu folgende Situation vor: Hektik im Büro. Sie müssen eine Präsentation fertig machen. Heute noch. Die Deadline drängt, allerdings müssen Sie gerade heute die Tochter etwas früher vom Fußballtraining abholen. Mindestens fünf Slides sollten es noch werden. Und zwar gute. Die vom Vertrieb haben schon zweimal nachgefragt. In 15 Minuten müssten Sie eigentlich los, wenn Sie pünktlich sein wollen. Jetzt: Das Handy oder der Desktop Messenger piepst. Die Nachricht besteht aus zwei Buchstaben und lautet: „Na?“ In 90 Prozent aller Fälle wird das „Na?“ in dieser Situation als Nachfrage, als drängend empfunden. Wir fühlen uns zusätzlich unter Druck gesetzt. Die folgende Antwort ist im besten Fall ein „Na, was?!“ Ich bin sicher, Sie denken sich beim Lesen gerade den genervten Tonfall mit und haben die zweite Nachricht damit völlig richtig interpretiert. Dabei wurde die erste Nachricht aber eigentlich im Sinne eines freundlich-harmlosen „Na, wie geht's Dir?" verschickt. Zurück bleiben Unverständnis und Verärgerung bei Sender und Empfänger.

Aber könnte man die Nachricht nicht einfach unbeantwortet lassen? Viele Messenger drängen uns mit einem kleinen Trick dazu, sofort oder innerhalb kurzer Zeit zu antworten. Beim aktuell populärsten Messenger *WhatsApp* sind dies die bekannten blauen Häkchen unter einer versendeten Nachricht, die anzeigen, dass die Nachricht vom Empfänger gelesen wurde. Jetzt, da der Sender weiß, dass wir seine Nachricht gelesen haben, sehen wir uns oftmals verpflichtet, auch auf die Nachricht antworten zu müssen. Dann wiederum sehen wir die blauen Häkchen unter unserer Nachricht und unser Gegenüber … und so weiter. Der kleine Trick verführt uns, ganz im Sinne der Entwickler des Systems, zu einer stärkeren Nutzung des eigenen Programms.

Noch mehr Raum für Missverständnisse gibt es, wenn Sender und Empfänger nicht über den gleichen soziokulturellen Hintergrund zur Interpretation einer Nachricht oder nicht über die gleiche Kommunikationskompetenz verfügen. Dies kann sich oftmals zum berühmten „Witze erklären"-Syndrom und zu längeren Interpretationsketten à la „Ich meinte vorhin …, worauf du meintest, dass …" auswachsen. Alles getippt. Alles während der Arbeitszeit, die man eigentlich effektiver nutzen wollte. Die Gefahr dieser Missverständnisse ist umso größer, je mehr Partner an der Kommunikation teilnehmen, beispielsweise in *WhatsApp*-Gruppen oder in Chat-Systemen für den professionellen Einsatz wie *Slack* oder *WeChat*, bei denen in öffentlichen Kanälen oftmals ganze Unternehmen mitlesen.

Wir erkennen in der Kommunikation via Messenger also zwei grundlegende Probleme, denen wir im Sinne einer gelungenen digitalen Rhetorik begegnen müssen.

1. Unbekannter situativer Kontext.
2. Zu viel Interpretationsspielraum.

Beide Probleme lassen sich unterschiedlich leicht lösen. So sollten Sie im Sinne einer gelungenen Kommunikation zunächst den situativen Kontext klären (zumindest wenn die Kommunikation über das Mitteilen einer Information wie „Meeting um 11, Konferenzraum 3a" hinausgeht). Schicken Sie also Ihrer eigentlichen Nachricht eine Einleitung voraus. „Sorry, hast Du einen Moment?", beziehungsweise „Kann ich Sie eine Minute stören?" Auf diese Weise wird der Empfänger auf Ihre Nachricht vorbereitet und kann sich erklären oder Sie eventuell auf einen Zeitpunkt verweisen, an dem er sich dem Anliegen widmen kann. In den allermeisten Fällen wird er aber positiv und sofort reagieren. Sie setzen mit dieser Technik auf den sogenannten *Benjamin-Franklin-Effekt.*[25] Ihre Einleitung wird als Bitte um Hilfe verstanden werden. Weil niemand das schuldhafte Gefühl mag, das mit dem Ausschlagen eines Hilfegesuchs verbunden ist, stehen Ihre Chancen sehr gut, dass sich der Empfänger jetzt wohlwollend Zeit für Ihre eigentliche Nachricht nimmt. In meinem Buch *Der Fisch stinkt vom Kopf* gehe ich im Kapitel über kognitive Dissonanz näher auf diese Effekte und wie wir sie nutzen können ein.

Ein weiterer Faktor, der Unsicherheit über den situativen Kontext vermeiden hilft, ist die Wahl des richtigen Kanals. Denn in Zeiten, in denen es mehr als nur ein Medium gibt, kann die Wahl des Mediums bereits die Message sein. Nataly Bleuel beschreibt diesen Effekt im Magazin der *Süddeutschen Zeitung* so: „Nur zwei Personen versuchen immer wieder, mich über das gute alte Festnetztelefon zu erreichen. Wenn es klingelt, in der Regel Sonntagmorgens, ist es hundertpro meine Schwiegermutter. Dann weiß ich: Das wird jetzt ein anregendes Gespräch übers Wetter. Oder, zu jeder anderen Zeit als Sonntagmorgens: dann ist es meine Mutter. Das Festnetztelefonklingeln unter der Woche versetzt mich umgehend in Panik, meine Eltern sind nicht mehr die Allerjüngsten. Ring ring, es könnte was wirklich Wichtiges passiert sein."[26] Das gilt auch für Messenger. Während ich persönlich beruflich häufig über den *Facebook*-Messenger oder *WhatsApp* angesprochen werde, geschieht dies über

Instagram, *Snapchat* oder *Threema* kaum. Und eine berufliche Anfrage über *Snapchat* würde mich auch sehr irritieren. Es gibt Kanäle für Berufliches, Kanäle, über die man mit Bekannten chattet, und Kanäle, die dem engsten sozialen Netzwerk, Freunden und Familienmitgliedern vorbehalten sind. Öffnen Sie im Berufsleben keinen neuen Kommunikationskanal. Ich kenne Menschen, die eine Ansprache über den unpassenden Kanal als Eindringen in ihre Intimsphäre empfinden. Verzichten Sie deshalb – vor allem beim Erstkontakt – auch auf das Versenden von Sprachnachrichten über mobile Messenger.

Als Nächstes sollten wir uns beim oder besser vor dem Schreiben und auf jeden Fall vor dem Absenden bewusst machen, ob unser Gegenüber die Nachricht so interpretieren wird, wie wir sie meinen, und ob er über die nötigen Informationen verfügt, um unsere Nachricht zu verstehen. Formulieren Sie auch gegenüber Kollegen höflich und beschränken Sie sich auf die Sachinformationen, die Sie mitteilen wollen. Je unbekannter Ihnen persönlich der Empfänger ist, umso förmlicher bleiben Sie in Ihren Formulierungen. Bedenken Sie immer, dass Ihrem Gegenüber wesentliche Informationen zur Interpretation fehlen. Sorgen Sie also dafür, dass Ihre Nachricht möglichst wenig Interpretationsspielraum lässt. Wenden Sie sich vor allem in Gruppenchats wie beispielsweise *Slack* immer an eine einzelne Person, die Sie direkt ansprechen. Sonst werden Sie möglicherweise Opfer des „TEAM-Effekts", den man auch von E-Mails mit großen Verteilern kennt: Toll, ein anderer macht es. Also keiner.

Nun haben aber die meisten Messenger, auch die für professionellen Einsatz, diese kleinen bunten Gesichter und Symbole, die könnte man ja eigentlich als Interpretationshilfe mitschicken. Tatsächlich sind die bekannten Emojis genau aus diesem Grund entstanden. Ihre Wurzeln haben die grafischen Emojis in den Emoticons, Schriftzeichen, die etwa ein lachendes oder trauriges Gesicht darstellen. Erfunden hat sie der US-Informatiker Scott Fahlman 1982 tatsächlich nach ironischen Missverständnissen und Witzen in einem Bulletin Board der Carnegie Mellon University. Um zukünftige Missverständnisse zu vermeiden, schlug er vor, das inzwischen weltberühmt gewordene Signet eines aus *ASCII-Zeichen* nachgebildeten Lachens zu benutzen, um ironische oder lustig gemeinte Posts und Nachrichten zu kennzeichnen.[27] In privater Konversation über Messenger ist alles erlaubt. In beruflicher Kommunikation sollten Sie in allen textbasierten Medien von E-Mail bis Messenger darauf verzichten. Eine Untersuchung der Ben-Gurion-Universität hat Folgendes zu Tage gebracht: Die Verwendung von Smileys in „text-based computer-mediated communication in work-related contexts" bewirkt, dass Sie von Ihrem Gegenüber als weniger kompetent eingeschätzt werden, und ließ die Bereitschaft zum Informationsaustausch sinken. Zusammengefasst haben die Forscher Ella Glikson, Arik Cheshin und Gerben A. van Kleef ihr Ergebnis in dem besonders im Englischen griffigen Satz: „These results indicate that a smiley is not a smile." Lächeln Sie also lieber live.[28]

TEIL 8

VERHANDELN UND VERSTEHEN AUF HÖCHSTEM NIVEAU

KAPITEL 1
Der Verkäufer im Wandel der Zeit

Wie auch die Rhetorik hat der Verkäufer wahrlich nicht den besten Ruf in unserer Gesellschaft. Der Begriff „Verkäufer" ist ein negativer Frame. Er suggeriert, dass da jemand ist, der mir etwas verkaufen will, das ich gar nicht haben möchte. Wir denken an einen Menschen, der sich verkaufspsychologischer Methoden bedient, der uns manipuliert und schlussendlich über den Tisch zieht. Niemand möchte schließlich gerne etwas „verkauft" bekommen. So ist es nicht verwunderlich, dass die meisten Stellenausschreibungen mittlerweile auf die Bezeichnung *Verkäufer* verzichten. Sie sind heute eher *Berater*, *Sales Manager* oder sogar *Engagement Manager*. Sprachkunst und Verkauf sind eng miteinander verbunden. Denn ohne rhetorische Mittel gestalten sich Verhandlungen tatsächlich schwierig. Ähnlich wie im Bereich der politischen Kommunikation wird der Einsatz dieser Mittel überwiegend als Manipulation verstanden. Warum das so ist, lässt sich besser verstehen, wenn wir zunächst einen Blick in die Geschichte des Handels werfen.

Der Verkäufer während des Wirtschaftswunders

Der Handel von und mit Konsumgütern – und um diese soll es uns gehen – unterliegt seit jeher einer kontinuierlichen Veränderung. Den bis dato größten Wandel vollzog er sicherlich ab den 50er-Jahren des 20. Jahrhunderts. Nach den Schrecken des Krieges und Jahren der wirtschaftlichen und politischen Neuausrichtung begann 1950 ein Jahrzehnt, das bis heute als Wirtschaftswunder in Deutschland bekannt ist. Die Menschen sehnten sich nach Frieden und Normalität. Was sie bekamen, war eine neue Verfassung, die D-Mark und mit der sozialen Marktwirtschaft eine Wirtschaftsordnung, die zu einem rasanten

Wiederaufbau des zerstörten Landes führte. „Wohlstand für alle" lautete das Motto der CDU. Dafür sorgen sollten vor allem Wirtschaftsbranchen wie Stahlindustrie und Bergbau, später Maschinenbau, Chemie- und Elektroindustrie. Es entstanden so viele Arbeitsplätze in diesen Jahren, dass Vollbeschäftigung herrschte und sogar Abwerbeabkommen für Gastarbeiter mit mehreren südeuropäischen Staaten vereinbart wurden. Was daraus resultierte, war ein langsames, aber stetig ansteigendes Wachstum der Kaufkraft. Nachdem die Lebenshaltungskosten gedeckt waren, blieb plötzlich mehr Geld für den privaten Konsum übrig. „Wohlstand für alle" bedeutete eine rasant in die Höhe gehende Nachfrage nach Elektrogeräten, Möbeln, Heimtextilien, Urlaub, Autos und vielen weiteren Gütern sowie Dienstleistungen. Immer mehr Menschen erfüllten sich den Traum vom Eigenheim. Unsere heutige Lebensweise, für einen Großteil selbstverständlich, erfuhr in diesem Jahrzehnt ihre Grundsteinlegung.

Es entstand ein beeindruckender Verkäufermarkt, der sich dadurch auszeichnete, dass die Nachfrage bei Weitem das Angebot überstieg. Es herrschte Knappheitswirtschaft und ein Nachfrageüberhang. Der Verkäufer hatte es in diesen Jahren vergleichsweise einfach. Aufgrund der immensen Nachfragesituation war es kein Problem, wenn ein Kunde nicht kaufen wollte. Schließlich stand bereits der nächste in der Warteschlange. Mit heutigen Vorgehensweisen wie Einwandbehandlung, Preisargumentation oder Abschlusstechniken musste er sich noch nicht auseinandersetzen.[1] So hatte er eine enorme Machtposition.

Wie der Verkäufer zum Feindbild wurde

Doch jede goldene Ära findet irgendwann ihr Ende. Der Absatz sämtlicher Güter war in den 1950er-Jahren so enorm, dass die Produktion massiv in die Höhe schnellte und eine goldene Zukunft versprach. Als in den 1960er-Jahren – bedingt durch die Deckung des Bedarfs – eine zunehmende Marktsättigung eintrat und zu Beginn der 1970er-Jahre die Energiekrise eine Rezession auslöste, ging der Verkäufer- in einen Käufermarkt über. Die Bürger machten sich zusehends Gedanken über den Preis, wodurch die Nachfrage zurückging. Nachdem auch die Globalisierung voranschritt und neue Player auf den Markt drängten, hatte sich die Situation für den Verkäufer stark verändert. Da sich Unternehmen in dieser zunehmenden Wettbewerbssituation nun verstärkt um Absatz und Marketing kümmern mussten, stand der Verkäufer vor ganz neuen Aufgaben. Er musste nun um jeden einzelnen Kunden kämpfen und bediente sich dabei mitunter härterer Methoden: Das sogenannte *Hardselling* wurde geboren. Die Verkaufsmethode vieler Verkäufer folgte nun nach dem Prinzip „Anhauen, Umhauen, Abhauen". Nachdem sich der Markt Mitte der 1980er-Jahre wieder erholt hatte und die *New Economy* (also die Verwandlung der Waren- in eine Dienstleistungswirtschaft) ihren Siegeszug antrat, wurde dieses *AUA-Prinzip* bis auf die äußerste Spitze getrieben. Unter Zuhilfenahme manipulativer Verkaufstechniken sowie moralisch wenig nachvollziehbarer *Power-Selling-Rhetorik* wurden verheißungsvolle und gleichsam undurchsichtige Geschäfte wie der Finanzdienstleistungsbereich zum neuen Eldorado der Weltwirtschaft. Die Bedürfnisse und Wünsche des Kunden verkamen dabei zur Nebensache. In Zeiten, in denen es noch kein Internet gab und das interessanteste Kommunikationsmittel ein Faxgerät war, nutzten zahlreiche Verkäufer die Unwissenheit der Kunden gnadenlos aus. Sie wurden massenweise über den Tisch gezogen, vor allem bei Investitionen in Einmalgeschäfte. Mit dem Biopic *The Wolf of Wall Street* setzte Regisseur Martin Scorsese dieser Ära ein fantastisches – wenn auch leicht überzeichnetes – Denkmal (und schon zum zweiten Mal in diesem Buch begegnen wir Leonardo DiCaprio in einer Hauptrolle).

Die 1970er- und vor allem 1980er-Jahre waren also keineswegs für ihre moralischen Verkaufsmethoden bekannt. Und so sind es besonders diese beiden Jahrzehnte, die dem Berufsstand des Verkäufers nachhaltig geschadet haben. Denn natürlich merkten die Menschen irgendwann, dass sie abgezockt wurden. Der Begriff „Kaufreue" hielt in viele Haushalte Einzug und ließ den Konsumenten vorsichtiger werden. *Hardselling* mochte zwar kurzfristig sehr erfolgreich funktionieren, war auf lange Sicht allerdings keine erfolgversprechende Methode. Eine besondere Fähigkeit aber, die den Verkäufer seit Kriegsende auszeichnete, war stets großartige Anpassungsfähigkeit. Und so fand er auch auf das wachsende Misstrauen des Konsumenten eine Antwort. Diese nannte sich „beratendes Verkaufen" und machte den Verkäufer zu dem, was er heute ist: ein Unterstützer, der auf professionelle Art und Weise dem Kunden hilft, eine Entscheidung zu treffen. Zumindest ist das die Idealvorstellung, wie ein Verkäufer heute agieren sollte. Selbstverständlich muss berücksichtigt werden, dass es weiterhin eine große Anzahl von Verkäufern gibt, die profit- und nicht nutzenorientiert arbeiten. Und ebenso gab es auch während der *Hardseller*-Ära viele ehrliche Verkäufer, die aus der Unwissenheit des Konsumenten keinen Vorteil schlugen. Im digitalen Zeitalter gestaltet sich das eben nicht mehr so einfach. Kunden gehen heute mit einem ganz anderen Wissensstand in Verkaufsgespräche, weil sie sich zuvor bereits im Internet intensiv über das gewünschte Produkt informiert haben. Aber nicht nur Verkäufer sehen sich mit diesem Rechercheprozess konfrontiert. Auch andere Branchen sind betroffen. Bevor wir zum Arzt gehen, checken wir unsere Symptome im Internet ab und fragen Dr. Google. Was kann er uns wohl sagen und wird sich diese Vermutung im Behandlungszimmer bestätigen? Bei einem ersten Date verläuft es kaum anders. Auch hier konsultieren wir vor dem Treffen soziale Netzwerke, um herauszufinden, was diese Interessantes über unser Date berichten können. Und genauso läuft es in vielen Verkaufsgesprächen ab. So lassen wir uns heute viel seltener über den Tisch ziehen.

Auf unserer Reise durch die Geschichte ist vor allem erkennbar geworden, dass die Rhetorik bei jeder Veränderung des Marktes eine immer größere Rolle einnahm. War die Kunst des Verkaufens zu Beginn der 1950er-Jahre noch mit überschaubarem Aufwand verbunden, spielt sie im digitalen Zeitalter eine tragende Rolle. Kommunikation ist schließlich die Basis der Ökonomie. Und was den Markt am meisten verändert hat, ist sicherlich das Internet. Welche rhetorischen Fähigkeiten in diesen Zeiten vom Verkäufer verlangt werden und ob die Bezeichnung „Verkäufer" überhaupt noch angesagt ist, erfahren Sie in diesem Teil.

KAPITEL 2

Im Internet ist alles billiger – Verkaufen im digitalen Zeitalter

Im digitalen Zeitalter ist das große Kaufglück meist nur einen Klick entfernt. Vom Handy bis zur Waschmaschine können wir uns jeden Wunsch im Internet erfüllen. Wir sind dabei an keine Öffnungszeiten gebunden, haben verschiedenste Zahlungsvarianten zur Auswahl und durch Vergleichsportale eine hervorragende Markttransparenz. So leicht wie im Internet war Einkaufen noch nie. In Zeiten, in denen alles immer schneller und bequemer erledigt werden kann, besticht der Onlinehandel durch hervorragende Zweckdienlichkeit, während die klassische Variante in der größten Krise seit Ende des Zweiten Weltkriegs steckt. Das Internet hat unser Einkaufsverhalten sicherlich nachhaltig verändert. Welche Auswirkungen aber hat es auf den Berufsstand des Verkäufers?

Durch Vergleichsportale und Suchmaschinen ist es für den Käufer heute nahezu normal, das Internet als Hilfsmittel beim Kauf einzusetzen. Vor allem durch den leicht möglichen Preisvergleich hat das *World Wide Web* eine große Auswirkung auf den Verhandlungsprozess. Schließlich findet sich fast immer ein Konkurrent, bei dem die Ware kostengünstiger eingekauft werden kann. Im Internet ist ja alles billiger. Aber stimmt das auch?

Vor einiger Zeit besuchte ich einen Elektrofachmarkt, in dem ich mir neue Kopfhörer kaufen wollte. Ich streifte durch die Regalreihen und schaute mir Modelle verschiedenster Hersteller an. Bei einigen Preisen wunderte ich mich schon sehr über die Höhe, weshalb ich mein Handy zurate zog und die Modelle durch Suchmaschinen jagte, um die Preise zu vergleichen. Tatsächlich fand ich überwiegend günstigere Preise. In diesem Moment sah ich einen Verkäufer am anderen Ende des Ganges und steuerte mit schnellem Schritt auf ihn zu, dabei mein Handy weiterhin in der Hand haltend. Ich wollte ihn mit den günstigeren Preisen meiner Preissuchmaschinen-Recherche konfrontieren. Er nahm mich wahr, sah das Smartphone in meiner Hand, drehte sich sofort um und verließ den Gang. Ahnte er bereits den Standardsatz vieler heutiger Kunden? „Im Internet ist alles billiger!“

Der beratende Verkäufer

Wir haben es im digitalen Zeitalter mit dem informierten Kunden zu tun. Leichtgläubigkeit und fehlende Kenntnis gehören nahezu der Vergangenheit an, weil wir uns schon vor Betreten des Fachgeschäfts ausführlich über ein Produkt oder eine Dienstleistung informieren können. Sprachen wir früher noch von Verkäufer- und Käufermärkten, so ist die passendere Bezeichnung heute eher Informationsmarkt oder sogar mobiler Bewertungsmarkt. Mit diesem neuen Wissensstand sind Verkäufern vorab eine Reihe von Argumenten genommen. Tatsächlich sind viele Kunden heute sogar besser über Produkte informiert als der Verkäufer selbst. Vor allem in Geschäften mit großer Produktpalette (wie beispielsweise einem Elektrofachmarkt) ist das auch nachvollziehbar. Bei Fachgeschäften mit einer übersichtlichen Produktpalette würde es auf der anderen Seite nicht für den Verkäufer sprechen, wenn dieser schlechter informiert wäre als der Kunde. So können diese Verkäufer noch immer mit großer Sachkenntnis punkten.

Dennoch stellt sich die Frage: Brauchen wir heute eigentlich noch Verkäufer? Ganz bestimmt, denn Menschen wollen noch immer ein Kauferlebnis. Sehen wir von Gütern des täglichen Bedarfs (zum Beispiel Milch, Brot oder Zeitungen) ab, bedeutet Kaufen immer, eine Entscheidung zu treffen. Wir stellen uns beispielsweise Fragen, zu welchem Zeitpunkt wir welches Produkt bei welchem Händler in welchem Geschäft kaufen. Entscheidungen zu treffen ist nicht immer einfach. Vor vielen haben wir sogar Angst. Deswegen wünschen wir uns sogar einen Menschen, der uns bei einer solchen Entscheidung berät, unterstützt und hilft. Genau das ist die Aufgabe des heutigen Verkäufers. Er muss ein beratender Verkäufer sein.

Wie aber muss sich heutzutage ein Verkäufer verhalten, wenn er im Geschäft mit einem günstigeren Preis aus dem Internet konfrontiert wird? Grundsätzlich gilt: Ruhe bewahren! Viele Verkäufer werden in dieser Situation nervös, weil ihnen eine logische Argumentationskette fehlt. „Was soll man schon machen, wenn die Preise im Internet deutlich billiger sind?“

Zunächst sollte sich der Verkäufer der Tatsache bewusst werden, dass sich der Kunde direkt im Laden befindet und damit ja grundsätzliches Kaufinteresse begründet. Jeder Kunde, der einen Verkäufer mit einem Internet- oder Mitbewerberpreis konfrontiert, will dieses Produkt kaufen. Er weiß nur noch nicht, wo und zu welchem Preis er das machen wird. Viele Verkäufer schenken dieser Tatsache viel zu wenig Aufmerksamkeit. Es gibt Gründe, warum der Kunde in den Laden kommt und nicht online kauft. Jeder Kunde, der den Verkäufer mit einem Preis aus dem Internet oder des Mitbewerbers konfrontiert, will dort in einem ersten Schritt nicht kaufen!

Beim Verweis auf den Onlinepreis lohnt sich also zunächst die Frage: „Was hindert Sie denn daran, online zu kaufen?“ Dabei ist es erst einmal gar nicht wichtig, ob der Kunde diese Frage beantwortet oder nicht. Sie gilt vielmehr als rhetorische Frage, weil sie den Kunden dazu zwingt, seine eigenen Motive, nicht im Internet zu kaufen, zu hinterfragen. Anschließend rechtfertigt der Verkäufer seinen Preis aufgrund der Zusatzleistungen, die er rund um das Produkt anbietet. Das können – je nach Branche, Produkt oder Dienstleistung – die unterschiedlichsten Leistungen sein. Im Folgenden eine kurze Auflistung:

Lieferung der Ware, Montage, Inbetriebnahme, Kontrolle, Wartung, Beratung, Lieferauskunft, Erreichbarkeit, Kulanz, technische Erklärung, Behördenwege, Reklamation, termingerechtes Arbeiten, Koordination der Handwerker, Notdienst, geschultes Personal, Sauberkeit und Ordnung, Müllentsorgung, Garantie …

Im Internet zählt ausschließlich der Preis des Produkts. Viele Leistungen, die im Handel völlig normal sind, gibt es im Netz nicht. Kaufen wir im Internet beispielsweise eine Waschmaschine, werfen sich also ganz neue Fragen auf:

- Wird die Waschmaschine direkt in meine Wohnung geliefert oder nur bis zur ersten verschlossenen Tür?
- Wird das komplette Montagematerial mitgeliefert? Muss ich noch etwas hinzukaufen?
- Wer montiert das Waschbecken eigentlich?
- Wie verhält es sich mit der Gewährleistung und Garantieansprüchen?
- Was ist, wenn beim Einbau gepfuscht wird und es zu einer Überschwemmung kommt? Wer haftet für den Schaden?
- Wer ist mein Ansprechpartner, wenn es zu Problemen kommt?
- Was ist, wenn es sich um kein in Deutschland genormtes Produkt handelt? Dem installierenden Monteur müssten zunächst sämtliche Papiere vorgelegt werden, die eine Zertifizierung des Produkts belegen. Entspricht es nämlich nicht der Norm, kann der Handwerker dafür haftbar gemacht werden.

Würden Sie sich durch diese Fragen quälen? Hätten Sie dann auch tatsächlich noch den günstigeren Preis? Der überwiegende Großteil der Kundschaft würde nach diesen Fragen im Handel kaufen. Auf diese Problematik hinzuweisen ist die Aufgabe des Verkäufers. Er muss den aufgerufenen Preis für seine Ware durch derartige Dienstleistungen rechtfertigen. In Bezug auf die Correll'schen Motivationstypen ließe sich folgende Argumentation formulieren:

Typ 1: Soziale Anerkennung

Sie können gerne Ihrem Nachbarn erzählen, dass Sie bei uns das Rundum-sorglos-Paket gekauft haben. Denn Sie können es sich ja schließlich leisten.

Typ 2: Sicherheit und Geborgenheit

Wollen Sie Folgeärger wirklich haben? Ich denke nicht.

Typ 3: Vertrauen

Sie können uns wirklich vertrauen, dass wir alle Fragen rund um Aufbau, Installation und Pflege klären und Sie immer einen zuverlässigen Ansprechpartner dafür haben.

Typ 4: Selbstachtung

Aus Prinzip sollten Sie jetzt bereits darauf achten, dass alle zukünftigen Reklamationen bereits im Preis einkalkuliert sind und Sie hier einen Ansprechpartner haben, den Sie dann auch kontaktieren können.

Typ 5: Unabhängigkeit und Eigenverantwortung

Gerade weil Ihnen Individualität so wichtig ist, ist es doppelt wichtig, dass alle Leistungen rund um dieses Produkt geklärt sind und Sie einen Ansprechpartner haben, den Sie dann in die Pflicht nehmen können.

KAPITEL 3
Wie Verhandlungen funktionieren

Welcher Verhandlungstyp sind Sie?

Nun ist selbstverständlich nicht jeder Verhandlungspartner gleich. Trotzdem lässt sich eine grobe Kategorisierung festlegen, anhand derer Rückschlüsse auf die Motivation des Verhandlungspartners gezogen werden können. Dieser Motivation werden wir uns später noch eingehend widmen. Doch zunächst eine grundsätzliche Übersicht von Verhandlungstypen:

Verhandlungstyp 1: Der Nachgiebige

Sein Verhandlungsstil ist eher sanft und nachgiebig. Typ 1 ist kompromissbereit und verführbar. Er begegnet seinem Verhandlungspartner mit einer offenen und freundlichen Kommunikation, was positiv auf die Atmosphäre des Gesprächs einzahlt. Aber Vorsicht: Weil er zu emotionalen Beziehungen neigt, besteht für ihn ein erhöhtes Risiko, übers Ohr gehauen zu werden. Verhandlungstyp 1 muss sich bei der Verhandlung vor allem darauf konzentrieren, sein Motivationsziel nicht aus den Augen zu verlieren.

Verhandlungstyp 2: Der Rationalist

Dieser Typ handelt rational. Auf Einwände und Argumente reagiert er reflektiert und weitestgehend emotionslos. Sein Motivationsziel hat er dabei immer im Blick. Er ist stets darauf bedacht, den nötigen Abstand zwischen den Verhandlungspartnern zu wahren. Dabei zeigt er sich sehr flexibel auf der menschlichen Ebene. Er ist weder zu freundlich noch zu unhöflich.

Verhandlungstyp 3: Der Rigorose

Dieser Typ verhandelt rigoros und zeigt sich dabei kampfbetont. Seine überlegene Position will er durchweg definieren. An erster Stelle steht für ihn nicht, einen Kompromiss zu finden, sondern die eigenen Ziele durchzusetzen. Andere Interessen spielen da keine Rolle. Kurzfristig kann das ein erfolgreicher Verhandlungsstil sein. Aber auf längere Zeit wird Typ 3 aussortiert, da er durchweg auf Kosten anderer gewinnt.

Das Harvard-Verhandlungskonzept

Aber was bedeutet es genau, erfolgreich zu verhandeln? Verhandlungen – sei es zwischen Kunde und Verkäufer im Handel, zwischen Unternehmen und Lieferanten oder zwischen Chefs und Mitarbeitern – können durchaus harte Auseinandersetzungen sein. Dann „kämpfen Kontrahenten" (offensichtliches Framing) um das beste Ergebnis. In vielen Verhandlungen haben wir das Problem des positionsbezogenen Verhandelns. Jeder Verhandlungspartner ist auf das für ihn beste Ergebnis aus. Es wird gefeilscht, um Positionen gerungen und auf Standpunkten beharrt. Daraus resultieren nicht selten ineffiziente Ergebnisse und belastete Beziehungen.

Das 1981 vom Rechtswissenschaftler Roger Fisher entwickelte *Harvard-Konzept* verzichtet auf den Ansatz des positionsbezogenen Verhandelns. Es folgt nämlich der Methode des sachbezogenen Verhandelns und ist damit das genaue Gegenteil von kämpfenden Kontrahenten: Es ist eine Kooperation von Verhandlungspartnern, die zusammen an einer Lösung arbeiten, mit der alle Beteiligten zufrieden sind. Das Ziel der *Harvard-Methode* ist eine friedliche Einigung mit einem Win-win-Ergebnis.

Um dorthin zu gelangen, entwickelte Fisher eine Theorie, die aus vier Grundprinzipien besteht. Vereinbarungen, die auf diesen Leitlinien basieren, zeichnen sich in der Regel durch eine längere Gültigkeit aus.

Menschen und Probleme getrennt voneinander behandeln

Analog zum *Eisbergmodell* spielt sich Verhandeln immer auf zwei Ebenen ab. Die eine, die Spitze des Eisbergs, ist die Ebene der Substanz, also der Gegenstand der Verhandlung. Die andere ist die Ebene des Prozesses, also wie mit dem Gegenstand kommunikativ umgegangen wird. Beim positionsbezogenen Verhandeln vermischen sich beide Ebenen. Dann rückt sich nicht selten das Ego in den Vordergrund, wodurch sich persönliche Beziehungen mit dem Gesprächsthema vermengen und daraus resultierend die Verhandlung stark beeinflusst wird. Aus diesem Grund müssen Verhandlungspartner in der Lage sein, sich in die Position des Gegenübers hineinzuversetzen. Nur dann kann erfolgreich über die Position beider Seiten gesprochen werden. Emotionen spielen in Verhandlungen immer eine große Rolle. Diese beim Gegenüber zu erkennen und die eigenen zu verstehen beugt zahlreichen Missverständnissen vor.

Auf Interessen konzentrieren, nicht auf Positionen

Gegensätzliche Positionen und dadurch entstehende Probleme werden immer von Interessen beeinflusst. Gehen wir in Verhandlungen, lassen wir uns von diesen Interessen leiten, vergessen dabei jedoch, dass auch unser Gegenüber bestimmte Interessen vertritt. Beide Seiten in Einklang zu bringen bedeutet, zufriedenstellende Ergebnisse zu erzielen. Das gelingt, indem wir uns unserer eigenen Motivation bewusst werden und das hauptsächliche Bedürfnis des Verhandlungspartners ergründen. Konkret bedeutet das, einen klar definierten äußeren Rahmen des Verhandlungsgegenstands abzustecken.

Entwickeln von Entscheidungsmöglichkeiten zum beiderseitigen Vorteil

Fisher diagnostizierte bestimmte Hindernisse hinsichtlich der Entscheidungsmöglichkeiten in Konflikten. Darunter fielen beispielsweise das Bilden vorschneller Urteile in Verhandlungen oder die Suche nach der einen richtigen Lösung. Tatsächlich gibt es zumeist mehrere Optionen, die beispielsweise in einem gemeinsamen Brainstorming erarbeitet werden können. In diesem gilt es die gemeinsamen Interessen beider oder mehrerer Parteien herauszufinden, um dadurch verschiedene Lösungsansätze zu entwerfen.

Auf der Anwendung neutraler Beurteilungskriterien bestehen

Fishers Konzept besagt, dass Entscheidungen „aus dem Bauch heraus" vermieden werden müssen. Beim sachbezogenen Verhandeln steht vor allem die Vernunft im Vordergrund. Die Verhandlungsparteien müssen gemeinsam nach objektiven Lösungskriterien suchen und dabei besonnen und nicht emotional argumentieren. Neutrale Beurteilungskriterien sind die Basis erfolgreicher Verhandlungen.

Die drei Phasen der Verhandlung

Jede erfolgreiche Verhandlung unterteilt sich in drei Phasen, die wiederum in verschiedene Teilabschnitte zergliedert werden können. Jede einzelne Phase muss vollkommen abgeschlossen sein, bevor zur nächsten übergegangen werden kann. Störungen in Verhandlungen treten immer dann auf, wenn eine der Vorphasen nicht abgeschlossen wurde.

Eröffnungsphase

In der ersten Phase geht es darum, eine positive Gesprächsatmosphäre zu schaffen. Sie ist entscheidend für die Beziehung zwischen den Verhandlungspartnern. Wenn sie auf gleichwertiger Gesprächsbasis kommunizieren, lassen sich auch leichter gemeinsame Interessen herstellen.

Angebotsphase

In der zweiten Phase muss zunächst der Bedarf des Kunden analysiert werden. Zur erfolgreichen Umsetzung kann der Verkäufer zielorientierte

Fragetechnik anwenden. Bei seiner Argumentation führt er nur die Punkte an, die der Kunde tatsächlich braucht. Bei Einwänden bleibt er ruhig, sofern er in Einwandbehandlung geschult ist.

Abschlussphase

In der Abschlussphase muss der Verkäufer Kaufsignale beim Kunden erkennen und behandeln können. Nach einer erfolgreichen Verhandlung sollte er generell einen Zusatzverkauf versuchen. Hierbei muss es sich um ein Produkt oder eine Dienstleistung handeln, das oder die als Ergänzung oder Erweiterung des erworbenen Produkts gelten. Bei der Verabschiedung gilt es zudem, mit Verstärkern und einer Bestätigung zu arbeiten. Der gute Verkäufer bekräftigt den Kunden darin, eine gute Entscheidung getroffen zu haben.

Reizformulierungen

Reizformulierungen sind unnötige Worthülsen und Konjunktive, die getroffene Aussagen verwässern. Sie verunsichern den Gesprächspartner.

- eigentlich, könnte, sollte, müsste, eventuell, üblicherweise, im Regelfall
- trotzdem, aber, dennoch, müssen

Wenn Sie Ihren Verhandlungspartner und sein Selbstwertgefühl respektieren und ein positives Gesprächsklima schaffen, wird Ihr Partner bereit sein, sich mit Ihren Vorstellungen auseinanderzusetzen. Vermeiden Sie Formulierungen, die das Klima verschlechtern.

Beispiele:
„Sie müssen schon entschuldigen …“
„Sie müssen mir doch zugeben …“
„Das müssen Sie doch einsehen …“

„Sie müssen …“ – „Sie müssen nicht …“
„Sie können doch nicht behaupten …“
„Wie können Sie so etwas sagen …“
„Das können Sie mir doch nicht erzählen …“
„Als Fachmann muss ich Ihnen sagen …“
„Da hat mir jetzt ein Experte etwas ganz anderes gesagt als Sie …“
„Bei meinen Erfahrungen …“
„Jeder vernünftige Mensch weiß doch …“
„Sie haben mich wohl nicht richtig verstanden …“
„Wie ich Ihnen schon mehrfach erklärt habe …“
„Sie irren sich, wenn Sie glauben …“
„Das trifft auf keinen Fall zu …“
„Na, aber hören Sie mal, das ist doch Unsinn …“
„Ach was, ich bin doch nicht von gestern …“
„Wenn Sie ehrlich sind …“
„Ja, das sagen Sie …“
„Unbestritten …“ – „Unzweifelhaft …“
„Sie dürfen …“ – „Sie dürfen nicht …“
„Nein, das dürfen Sie nicht!“ (Warum nicht?)
„Sie werden das nicht tun …“ – „Sie sollten das nicht tun …“

In kritischen oder angespannten Gesprächssituationen werden „Reizformulierungen“ besonders häufig verwendet. Viele Verhandlungspartner neigen in solchen Gesprächssituationen dazu, ihren Gesprächspartner belehren zu wollen. Das ist Gift für das Ergebnis eines Verhandlungsgesprächs.

KAPITEL 4
Überzeugungstechniken: Verhandlungsgeschick durch anwendbare Psychologie

Bereits seit meiner frühen Jugend spiele ich Gitarre. Mein großer Kindheitstraum war es schon immer gewesen, irgendwann die Gitarre *Gibson Les Paul* zu besitzen. In den 1960er-Jahren stieg sie zur Kultgitarre auf, die Musiklegenden wie Jimmy Page, Eric Clapton oder Paul McCartney spielten. Als ich mir die Gitarre viele Jahre später endlich leisten konnte, begab ich mich in den Laden, um sie zu kaufen. Beim Betreten des Präsentationsraums wurde ich aber nahezu erschlagen von der Vielfalt der angebotenen Modelle. Ich verlor schnell den Überblick. Die große Anzahl der Modelle zeichnete sich durch unterschiedliche Hölzer und Tonabnehmer aus, es gab verschiedenste Qualitätsstufen und Griffbrettbreiten. Die Art und Weise, wie Bünde in diese Gitarre eingelegt wurden, unterschied sich ebenfalls. Ich kenne mich zwar durchaus mit Gitarren aus, wäre in diesem Fall aber ohne Verkäufer aufgeschmissen gewesen. Da ich ja bereits die Entscheidung getroffen hatte, mir ein Modell zu kaufen, musste mir der Verkäufer in diesem Gespräch aber keine *Gibson Les Paul* mehr verkaufen. Er musste mir vielmehr beratend zur Seite stehen und dabei helfen, das für mich richtige Modell auszusuchen. Um diesen Prozess erfolgreich zu gestalten, stellte er mir zunächst Fragen zu meiner Person: Wie oft spielen Sie Gitarre? Sind Sie ein Amateur oder Profi? Wollen Sie mit der Gitarre im Studio aufnehmen oder nur zu Hause spielen? Welchen Sound finden Sie gut? Welche Bands hören Sie gerne und welche Stücke spielen Sie gerne? In der Kontaktphase waren alle diese Fragen entscheidend, um mir anschließend im Ausschlussverfahren geeignete Gitarren vorstellen zu können. So blieben als Ergebnis nur noch drei Gitarren zur Auswahl. Durch Probespielen entschied ich mich letztlich für ein Modell. Der Verkäufer kam während dieses Gesprächs komplett ohne Prospekte oder Anmerkungen der Marketingleitung aus.

Nachdem ich mich entschieden hatte, gab mir der Verkäufer noch Ratschläge zum Umgang mit der Gitarre. Weil er mich darüber informierte, welche Dienstleistungen sein Unternehmen zusätzlich anbietet (nämlich regelmäßige Pflege und Wartung der Gitarre), bin ich mittlerweile Stammkunde in diesem Geschäft. Der Verkäufer hatte mich in diesem Fall überzeugt, das richtige Instrument zu kaufen. Ich verließ das Geschäft mit einem guten Gefühl und wusste, dass sich der Händler auch über meinen Kauf hinaus um das Produkt kümmern wird. Das Verkaufsgespräch war für beide Seiten überaus erfolgreich und soll uns deshalb für eine genauere Analyse dienen.

Komponenten einer Überzeugungssituation

Jedes Verkaufsgespräch, in dem ein Produkt wirklich verkauft und nicht nur als Mitnahmeprodukt angeboten wird, besteht aus der Frage: Was bekommt der Kunde und von wem bekommt er es? Im Anschluss startet ein Überzeugungsprozess. Denn wie im Bereich der Mitarbeiterführung auch bedeutet etwas zu verkaufen, einen Menschen zu überzeugen. Dieser Vorgang zeichnet sich durch bestimmte Faktoren aus, funktioniert allerdings nach keinem Schema F. Es gibt zwar viele Verkaufssituationen, die ähnlich ablaufen, aber nur in den seltensten Fällen hundertprozentig übereinstimmen. Es ist also nicht empfehlenswert, sich in Überzeugungssituationen an einen starren Leitfaden zu halten. Es handelt sich um keine Muster, die wir immer nach dem gleichen Schema abspulen können. Dafür spielen die Grundmotivationen von Correll eine zu große Rolle. Jeder Mensch hat Bedürfnisse und Anliegen, die er befriedigen möchte. Wäre es nicht vorteilhaft, herausfinden zu können, welcher Kunde von welchen Motivationen angetrieben wird? Um Ihnen diesen Prozess näher zu erläutern, betrachten wir zunächst das Dreiecksmodell von Correll.

In diesem haben wir es mit drei Komponenten zu tun, die eine entscheidende Rolle beim Überzeugungsprozess spielen und in unmittelbarer sowie positiver Beziehung zueinander stehen müssen: das Produkt, der Verkäufer und der Käufer.[2]

Verkäufer und Produkt

Was zeichnet das positive Verhältnis zwischen Verkäufer und Produkt aus? Es ist vor allem die Identifikation des Verkäufers mit seiner Ware. Viele Verkaufsgespräche scheitern deshalb, weil er nicht oder nur unzureichend hinter dem steht, was er verkauft. Wenn diese Leidenschaft fehlt, sinkt zugleich die Bereitschaft, sich intensiv mit der Beschaffenheit, den Vor- und Nachteilen sowie Serviceleistungen rund um das Produkt zu beschäftigen.

Verkäufer und Kunde

Ein ideales Verhältnis zwischen Verkäufer und Kunde entsteht, wenn ihre Gesprächsgrundlage auf einem freundlichen und höflichen Verhältnis basiert. Aus dieser Basis heraus, die zumeist durch Small Talk gewonnen wird, lassen sich die entscheidenden Motivationen des Kunden für den Verkäufer besser ableiten.

Kunde und Produkt

Nicht nur die Beziehung zwischen Verkäufer und Produkt, sondern auch zwischen Kunde und Produkt ist entscheidend für einen erfolgreichen Überzeugungsprozess. Er muss sich durch das Angebot so weit angesprochen fühlen, dass sich der Wunsch zum Kauf wecken lässt. Ist diese Beziehung gegeben, ist es Aufgabe des Verkäufers, diese zur Grundlage seines Überzeugungsprozesses zu machen.

Woran wir einen Topverkäufer erkennen

Verkaufen auf einem Verkäufermarkt funktioniert folgendermaßen: Das Marketing stellt das Produkt und den Service entsprechend anschaulich dar und informiert zugleich den Verkäufer umfassend über alle

Dienstleistungen rund um das Produkt. Im Anschluss ist es die Aufgabe des Verkäufers, aus diesem Sammelsurium von Produktqualitäten und Dienstleistungsmerkmalen eine Argumentationskette aufzubauen, die den Käufer am Ende zur Erkenntnis bringt: „Ich will dieses Produkt unbedingt haben. Jetzt, hier und heute und das von Ihnen."

Was einen guten Verkäufer auszeichnet, ist die Tatsache, dass er die Verantwortung für den Verkaufsprozess übernimmt. Die Vorgaben aus dem Marketing haben bei ihm nur eine untergeordnete Funktion im Verkaufsprozess. Natürlich muss er gut über das Produkt informiert sein. Schließlich erleichtert dieses Wissen auch den Verkaufsprozess. Im Fokus muss aber die Konzentration auf seine verkäuferischen Fähigkeiten stehen.

Der Überzeugungsprozess im Verkauf ist also ein Ablauf, in dem der Verkäufer den Kunden dazu bringt, ein Produkt oder eine Dienstleistung kaufen zu wollen. Er entwickelt während des Verkaufsgesprächs die Idee, genau das richtige Produkt für den Kunden gefunden zu haben. Einen Topverkäufer erkennen wir daran, dass der Kunde ihn am Ende sogar fragt, ob er das Produkt denn auch erwerben dürfe. Er fragt also, ob es überhaupt möglich ist, das Produkt hier und heute mitzunehmen.

Im idealen Verkaufsprozess spielt die anwendbare Psychologie von Professor Correll eine entscheidende Rolle. Um im Gehirn des Kunden die richtigen Knöpfe zu finden, muss der Verkäufer dessen Charakter und seine Motivation ergründen. Dies gelingt ihm bestmöglich durch gezielte Fragetechnik. Denn wer fragt, der führt das Gespräch. Im Eingangsbeispiel des Gitarrenverkäufers wurde diese Fragetechnik hervorragend angewandt. Der Verkäufer stellte viele offene Fragen, um mich ins Reden zu bringen. So fiel es ihm leichter, meine Motivation zu erkennen. Nachdem der Verkäufer herausgefunden hat, welche Motivation den Kunden am meisten antreibt, muss er folglich auch in der Lage sein, auf jedes Bedürfnis einzugehen. Dies kann beispielsweise folgendermaßen aussehen:

Typ 1: Soziale Anerkennung

Beziehen Sie sich auf den Markennamen des angebotenen Produkts. Typ 1 definiert sich über Marken. Mit dem Kauf dieses besonderes Produkts steigert er sein Selbstwertgefühl, weil er sich soziale Anerkennung erhofft.

Typ 2: Sicherheit und Geborgenheit

Stellen Sie beispielsweise detailliert und genau erklärend die Lebensdauer des Produkts oder die angebotene Garantieleistung in den Vordergrund. Der Kunde muss sich mit dem Produkt wohlfühlen. Es soll ihm ein Gefühl der Geborgenheit geben.

Typ 3: Vertrauen

Bauen Sie eine authentische Atmosphäre auf, durch die Sie dem Kunden Ihre Glaubwürdigkeit vermitteln. Beim nach Vertrauen strebenden Kunden nimmt der Verkäufer deswegen eine zentrale Rolle ein. Er wird zum Mittelpunkt der Kaufentscheidung. Der Kunde soll das Vertrauen gewinnen, bei seiner Entscheidung professionell begleitet zu werden.

Typ 4: Selbstachtung

Dieser Kunde will beispielsweise aus Prinzip den richtigen Preis für das richtige Produkt zahlen. Wehe, es wäre ein Cent zu viel. Damit könnte er gar nicht leben. Demnach muss alles, was Sie sagen, haargenau eingehalten werden.

Typ 5: Unabhängigkeit und Eigenverantwortung

Dieser Typ lässt sich grundsätzlich nichts verkaufen, weil er die Entscheidungen in seinem Leben selbst trifft. Ein Verkäufer, der nun mit Druck einen Abschluss herbeiführen möchte, wird bei Typ 5 das genaue Gegenteil bewirken. Insofern empfiehlt es sich, dem Kunden einen Angebotsfächer aus verschiedenen

Möglichkeiten zu präsentieren. Aus diesen kann er selbst auswählen, welches Produkt am besten zu ihm passt und seiner ausgeprägten Individualität entspricht.

Die Ansprache des Kunden muss also immer im Sinne seiner Motivation geschehen. Nur dann kann erfolgreich ein Angebot unterbreitet werden. Der Verkäufer muss herausfinden, was das Produkt oder die Dienstleistung beim Kunden im Gesamten auslöst, welche Motivation also an erster Stelle steht. Die Kunst des Verkaufens liegt darin, den Kunden dorthin zu führen, dass dieser Entscheidungen selbst trifft. In diesem Moment wird er vom Berater wieder zum Verkäufer. Das nennt sich beratendes Verkaufen.

Die fünf Stufen des Überzeugungsgesprächs

Die fünf Stufen des Überzeugungsgesprächs nach Prof. Correll orientieren sich an den drei Phasen der Verhandlung. Sie verteilen sich wie folgt:
Eröffnungsphase: Motivation + Zielformulierung
Angebotsphase: Spontanverarbeitung + logische Verarbeitung
Abschlussphase: Abschluss des Verkaufsgesprächs

1. Stufe: Motivation

Auf dieser ersten Stufe findet der Verkäufer durch gezielte Fragetechnik heraus, welche Motivation beim Kunden an erster Stelle steht. Der Verkäufer verhält sich weitestgehend passiv während dieser Phase. Er lässt den Kunden definieren, welche Interessen diesen antreiben. Weil während der Eröffnungsphase bestmöglich eine positive Gesprächsgrundlage hergestellt werden soll, muss der Verkäufer den Kunden in seinen Ausführungen bestätigen. So wird eine Situation hergestellt, die der Profi als verkaufsfördernd bezeichnet. Wichtig ist, dass der Verkäufer die Fähigkeit besitzt, auf jede Grundmotivation die passende Antwort zu haben. Dies funktioniert nur durch regelmäßige Übung und erstklassige Warenkenntnisse. Handelt es sich um einen Dauerkunden, kann der Verkäufer beispielsweise im Kundenverwaltungssystem seines Unternehmens vermerken, welche Motivation den Käufer am meisten angetrieben hat. So müsste er nicht in jedem Verkaufsgespräch eine Selbstdarstellung des Kunden verlangen, dabei aber trotzdem beachten, dass sich Motivationen ändern können.

2. Stufe: Zielformulierung

Während das Angebot auf der ersten Stufe noch vage formuliert wurde, muss es nun auf der zweiten Stufe exakt beschrieben und konkret definiert werden. So kann das Angebot während Phase 1 als „Möbelstück" bezeichnet werden, während es in Phase 2 als „Schwebetürenschrank inklusive Schubkasteneinsatz und Einlegeböden" präzisiert wird. Das Angebot lässt sich so exakt von anderen abgrenzen. Während der Zielformulierung ist nun größtenteils der Verkäufer aktiv und der Kunde passiv. Mit der genauen Formulierung des Ziels bietet der Verkäufer Lösungsmöglichkeiten, indem er auf die genau formulierten Bedürfnisse des Kunden eingeht. Manchmal kann das schon ein Wort oder ein Satz sein, der beim Kunden etwas Bestimmtes auslöst.

3. Stufe: Spontanverarbeitung

Die Stufe der Spontanverarbeitung ist enorm wichtig für das Überzeugungsgespräch, wird aber von vielen Verkäufern oftmals gänzlich vergessen. Hierbei muss der Verkäufer dem

Kunden die Möglichkeit der Einschätzung des Angebots geben. Denn in der Regel ist festzustellen, dass selbst die kaufmotiviertesten Kunden immer einen Einwand vorbringen können, selbst wenn dieser noch so unstimmig ist. Nicht ausgesprochene Einwände können sich negativ auswirken und zum Kaufhindernis werden, sodass der Verkäufer oder sogar der Kunde selbst am Ende nicht wissen, wieso die Verhandlung gescheitert ist. Deswegen soll der Kunde auf dieser Stufe motiviert werden, Einwände zu formulieren, die im Anschluss souverän entkräftet werden. Ein kluger Verkäufer geht sogar so weit, dass er mögliche Einwände selbst formuliert. Dies gelingt ihm durch Formulierungen wie „Manche Leute sagen …", „Oft hört man ja, dass …" oder „Ein Kunde sagte über dieses Produkt zuletzt, dass …". Auf dieser Stufe ist nun der Verkäufer wieder passiv, während der Kunde aktiver wird.

4. Stufe: Logische Verarbeitung

Der Übergang von Stufe 3 zu 4 ist mehr oder weniger fließend. Die bei der Spontanverarbeitung aufgeworfenen Einwände werden bei der logischen Verarbeitung entkräftet. Das Produkt oder die Dienstleistung wird auf Basis der vorhandenen Motivation intensiv mit allen seinen Funktionsformen erklärt und dem Kunden vorgeführt. Dabei darf er das Produkt selbst ausführlich testen. Durch das Aufzählen von Vorteilen wird weiteren Gegenargumenten zusätzlich Wind aus den Segeln genommen.

5. Stufe: Abschluss des Verkaufsgesprächs

Die fünfte Stufe ist die entscheidende Phase des Überzeugungsprozesses. Hier entscheidet der Kunde über Kauf oder Nichtkauf. Bereits bei der ausführlichen Erklärung der Funktionsformen auf Stufe 4 sind zumeist erste Abschlusssignale beim Kunden erkennbar. Diese sind beispielsweise die vorsichtige Frage nach dem Preis, nach Frachtkosten, Zahlungsbedingungen oder der Garantie. Auch die sich verändernde Körperhaltung von angespannt zu locker kann ein Kaufsignal sein. Nicht nur der Preis muss auf dieser Stufe klar kommuniziert werden, sondern auch Besonderheiten, Konditionen und Zusatzleistung. Der Verkäufer muss ihm das komplette Paket erklären. Erkennt er keine Kaufsignale, kann er durch gezielte Fragen die Meinung des Kunden erfahren. Zum Verkaufsabschluss gehört vor allem das Gefühl, das dem Kunden mitgegeben wird. Der Verkäufer kann ihn beispielsweise mit einer Zusatzdienstleistung überraschen, die den Kunden gar nichts kostet. Er darf mit dem Verkaufsprozess nicht aufhören, nur weil der Kunde die Entscheidung zum Kauf schon getroffen hat. Der Verkäufer muss im Nachverkauf dem Kunden bestätigen, dass der Kauf eine großartige Entscheidung war.

Zudem holt sich der Verkäufer auf Stufe 5 die Belohnung für seine Beratung ab. Dann wird der Verkäufer auch persönlich, indem er beispielsweise den Kunden fragt, ob er mit seiner Beratung bis hierhin zufrieden war. Dabei blickt er dem Kunden tief in die Augen und nickt währenddessen leicht. Schließlich macht er sich den psychologischen Aspekt der Reziprozität zunutze. Reziprozität ist ein Grundprinzip menschlichen Handelns, nach dem wir uns verpflichtet fühlen, Gleiches mit Gleichem zu vergelten. Der Verkäufer macht dabei klar, dass er gerade für den Kunden gearbeitet und für seinen Nutzen etwas geleistet hat. Wenn der Verkäufer gut dienend und beratend arbeitet, hat der Kunde am Schluss das Schuldgefühl, bei ihm kaufen zu müssen. Das ist im Übrigen absolut gerechtfertigt. Schließlich gibt es zahlreiche Berufe (wie beispielsweise auch meinen als Trainer und Speaker), bei denen der Kunde erst Geld auf den Tisch legen muss, damit die Arbeit beginnen kann. Aber die zahlreichen Auto-, Möbel- und Handyverkäufer da draußen erhalten ihren Lohn erst nach dem Abschluss, also nach der Arbeit. An dieser Stelle ist das Gesetz der Reziprozität also völlig vertretbar.

Einleiten kann der Verkäufer diesen Prozess beispielsweise mit der einfachen Bestätigungsfrage: „Waren Sie mit meiner Beratung zufrieden?“ Das ist natürlich eine rhetorische Frage, die im überwiegenden Großteil aller Fälle mit „Ja“ beantwortet wird. War der Kunde nicht zufrieden, erfährt der Verkäufer immerhin, was er eventuell falsch gemacht hat im Verkaufsgespräch. Im schlimmsten Fall hat der Verkäufer nun keinen Abschluss, aber immerhin noch etwas für zukünftige Verkaufsgespräche gelernt.

Der Unterschied zwischen Überzeugen und Überreden

Aber ist „überzeugen“ nicht trotzdem etwas Schlechtes? Im Volksmund wird es oft im Sinne von „ich muss jemanden überzeugen, damit er etwas tut“ verstanden.

Dabei ist „überzeugen“ gar nichts Negatives. Es muss klar abgegrenzt werden von „überreden“. Beide Begriffe werden oft fälschlicherweise synonym verwendet. Überzeugen können wir nur jemanden, der noch keine oder nur eine schwache Meinung zu einem Thema hat. Mit unseren Informationen, die wir ihm an die Hand geben, können wir seinen Entscheidungsprozess beeinflussen. Letztlich trifft jedoch er die Entscheidung. Beim Überreden allerdings drängen wir unserem Gegenüber eine Meinung auf, von der er selbst nicht überzeugt ist. Wir reden so lange auf ihn ein, bis er einknickt.

Eine gute Technik für das Überzeugen ist, dass ich das Ziel meiner Überzeugungsabsicht nicht gleich preisgebe. Wenn jemand eine

Meinung hat, will er sich nur ungern vom Gegenteil überzeugen lassen. Ein großer Fehler des Gitarrenverkäufers wäre beispielsweise gewesen, wenn er mich zu einem anderen Modell geführt hätte, obwohl ich ausschließlich an einer *Gibson Les Paul* interessiert war. Beim Überzeugen kann ich argumentativ und emotional an die Sache herangehen und mein Gegenüber vom Gegenteil überzeugen. Argumente alleine sind dabei nicht ausschlaggebend. Wenn ich jemanden nur mit Argumenten überhäufe, führt eine Behauptung nur zu einer Gegenbehauptung. Liefere ich einen Beweis, liefert mein Verhandlungspartner mir einen Gegenbeweis. Weder ein Argument noch ein Beweis überzeugen. Aber die Ansammlung der richtigen Argumente und Emotionen zum richtigen Zeitpunkt ist das, was den Überzeugungsprozess ausmacht.

KAPITEL 5
Ein Einwand ist kein Vorwand

Glücklicherweise können wir heute sagen, dass das Thema Einwandbehandlung längst nicht mehr so gefragt ist wie früher. Wenn ich beratend verkaufe, weiß ich automatisch, dass ich es mit vielen Einwänden zu tun habe. Angst vor Einwänden muss nur derjenige haben, der sich nicht mit seinem Job identifiziert, nicht weiterbildet und keine Ahnung von Produktdetails und Servicedienstleistungen hat.

Alle anderen, die das jeweilige Fach-Know-how besitzen, brauchen keine Angst vor Einwänden zu haben. Denn Einwände sind der Wegweiser zum Erfolg! Aber was ist ein Einwand? Und noch viel wichtiger: Was ist der Unterschied zwischen einem Einwand und einem Vorwand?

Wenn der Kunde Fragen stellt, muss der Verkäufer herausfinden, ob es sich dabei um einen Ein- oder um einen Vorwand handelt. Wenn wir uns privat mit jemandem verabreden und diese Person sagt zu uns: „Ich habe keine Zeit", lügt uns diese Person an. Zeit haben wir schließlich alle. Wir haben auch alle dieselbe Zeit. Die Person hat nur in diesem Augenblick keine Zeit, weil sie etwas anderes macht. Die informell richtige und faire Antwort wäre: „Etwas anderes ist mir gerade wichtiger, als mit dir auszugehen." Dieses „wichtiger" kann sich aus einer Notwendigkeit oder aus Lust und Neigung ergeben. Hierbei handelt es sich um einen Vorwand und keinen Einwand. „Ich habe keine Zeit, weil …" ist eine Erklärung, wodurch aus dem Vorwand ein Einwand geworden ist. Ein weiterer Vorwand, der oft als Einwand verstanden wird, aber auf den der Verkäufer nicht mit einer Einwandbehandlung eingehen muss, ist:

„Das ist mir zu teuer!“ Wenn ich teure Produkte kaufe, sage ich das aus Prinzip, um herauszufinden, ob am Preis noch etwas zu machen ist. Fast immer bekomme ich dann auch einen besseren Preis. Das liegt daran, dass viele Verkäufer auf diese Frage nicht mit Spaß und Freude reagieren, sondern ein unangenehmes Gefühl haben und lieber Nachlass geben als in die Preisargumenation zu gehen. Mit einem Nachlass haben sie immerhin etwas verkauft, wenn auch zum schlechteren Preis.

„Das ist mir zu teuer“ ist in den meisten Fällen ein Vorwand. Die beste Reaktion auf Vorwände sind Gegenfragen: „Im Vergleich zu was bitte?“

Ein Einwand zeichnet sich durch eine konkrete Formulierung aus, während der Vorwand eine Floskel ist. Der Verkäufer muss also differenzieren können, um was es sich handelt. Bringt der Kunde einen Vorwand auf, darf der Verkäufer ihn aus diesem nicht mehr herauslassen. Zu viele Verkäufer knicken bei Vorwänden ein, weil sie nicht die rhetorischen Werkzeuge zur Hand haben. Wenn Verkäufer rhetorisch geschult sind, dürfen sie es nicht zulassen, dass der Kunde mit Vorwänden das Verkaufsgespräch abbricht. Sie müssen dem Kunden zeigen, dass sie den Vorwand vernommen haben, aber ihm helfen, einen Einwand daraus zu machen.

KAPITEL 6
Der Pitch – Die Sonderform der Überzeugungsrede

Ein Pitch geht in den allermeisten Fällen mit einer kurzen PowerPoint oder Keynote-Präsentation einher, dem sogenannten Pitch-Deck. Der Begriff stammt ursprünglich aus der Werbeagentur-Szene und beschreibt einen Ideenwettkampf zwischen mehreren Agenturen um einen Auftrag, Kunden oder Budget. Dazu präsentieren die Kontakter nacheinander vor dem Kunden Ihre Agentur und Ihre Konzepte. Der Pitch ist zumeist kostenlos für den potenziellen Kunden und bei den Kreativen entsprechend unbeliebt. Schließlich präsentiert man schon seine mehr oder weniger weit ausgearbeiteten Ideen zum Produkt, ohne sicher sein zu können, dass man am Ende für den kreativen Impuls auch bezahlt wird.

In der jüngeren Zeit, seit den frühen 1990ern, hat der Begriff einen Bedeutungswandel erfahren und steht nun verstärkt und vor allem in der Start-up-Szene für die Kurzpräsentation eines Produkts oder einer Unternehmensidee vor potenziellen Investoren oder einer Jury. Fernsehsendungen wie *Die Höhle der Löwen* oder *Shark Tank* leben davon, nichts anderes als Pitches zu zeigen. Das TV-Konzept geht im Übrigen auf das bereits 2001 erstmals in Japan ausgestrahlte Format *Dragons' Den* zurück. Wirklich neu ist die Idee also nicht mehr. Wenn Sie Kinder haben, waren Sie sicher schon einmal Rezipient eines Pitches, dann nämlich, wenn Ihre Kinder oder Ihr Kind sie in kürzester Zeit davon überzeugen wollten, warum sie genau dieses Spielzeug jetzt unbedingt haben müssen oder warum gerade jetzt zehn Minuten mehr Fernsehzeit ein Leben retten würden.

Für einen echten Pitch wäre meine Einleitung bereits viel zu lang. Denn das Hauptmerkmal des Pitches ist seine Kürze. Je nach Art des

Pitches muss der Inhalt und der Überzeugungsvorgang auf einen Zeitraum von 30 Sekunden komprimiert werden. Die maximale Länge sollte 15 Minuten nicht überschreiten. Eine sehr kurze Form des Pitches nennt man *Elevator-Pitch.* Der potenzielle Investor soll in der Zeitspanne einer imaginären Fahrstuhlfahrt – zwischen den erwähnten 30 Sekunden und maximal zwei Minuten – für die eigene Idee gewonnen werden. Der *Start-up-Pitch* hat das gleiche Ziel, nämlich Investoren zu gewinnen, ist aber zeitlich nicht so stark eingeschränkt. Dennoch sollten Sie sich auch hier eher kurzfassen. Denn das Publikum – Jury oder Investoren – hören sich im Regelfall nicht nur Ihren *Pitch*, sondern auch die Ausführungen zahlreicher Konkurrenten an. Daher ist die Aufmerksamkeitsspanne nach wenigen Minuten erschöpft. Halten Sie sich grundsätzlich an die *KISS-Regel.* Nein, nicht *Rock and Roll all Nite*, sondern „Keep It Short & Simple". Der durchschnittliche Pitch besteht aus 38 Slides, also einzelnen Präsentationsseiten. Die durchschnittliche Aufmerksamkeitsspanne reicht für zehn Slides.[3] Der kürzeste *Pitch* ist der *Twitter-* oder *High-Concept-Pitch.* In diesem wird die Idee auf einen einzigen Satz eingedampft. Ein häufiger Ansatz für einen *High-Concept-Pitch* ist die „Wir sind das X für Y"-Form oder die „Es ist, als wenn X auf Y trifft"-Form. Denken Sie sich doch einmal etwas aus: „Wir sind das *Tinder* für Hausschweinzüchter." „Es ist, als wenn *Pinterest* auf *Wikipedia* trifft."

Ein Begriff, den Sie ebenfalls kennen sollten, ist der *Speed-Pitch.* Der *Speed-Pitch* grenzt sich von den anderen Formen aber nicht durch seine Dauer, sondern durch die Organisationsform ab. Bei diesem an das Speeddating angelehnte Konzept wird der *Pitch* immer wieder wechselnden Investoren erneut vorgestellt.[4] In diesem Umfeld bekommt die *KISS-Regel* umso mehr Gewicht.

In einem Pitch finden sich alle Elemente der Rhetorik einschließlich des gezielten Einsatzes von Hilfsmitteln komprimiert. Jedes einzelne Element wird deshalb im Zusammenspiel extrem wichtig. Der Pitch lässt Ihnen keine Zeit, Fehler zu korrigieren oder Ihre Schwäche auf dem einen Feld mit Stärke auf einem anderen Feld auszugleichen. Sie verkaufen in einem Pitch nicht nur eine Idee, sondern auch sich und ihr Team. Sie müssen Begeisterung und Vertrauen wecken. Und das mit zehn bis maximal 13 Slides, mit denen Sie natürlich auch noch die wirtschaftlichen Vorteile Ihrer Idee oder Ihres Unternehmens für den potenziellen Investor darlegen müssen. Ein großer Unterschied zwischen Deutschland und dem Silicon Valley ist dabei übrigens, dass in Deutschland der „buchhalterische Anteil“ des Pitches umso stärker gewichtet wird, je höher die Summen sind, die investiert werden sollen. Die „Vision“, mit der Sie in den USA selbst noch große Investoren überzeugen können, rückt bei uns dann immer mehr in den Hintergrund. Für den sogenannten *VC* (Venture Capitalist), also den Risiko- oder Wagniskapitalgeber, geht es um Zahlen und Daten. Schließlich sollen und wollen sie entscheiden, ob sich ein Investment lohnt. Dennoch: Vertrauen Sie auf die Werkzeuge der Rhetorik und rasseln Sie nicht nur Ihre Zahlen und Fakten herunter.

Nutzen Sie die Zahlen, um eine Geschichte über Ihr Unternehmen, Ihre Lösung und Ihre Kunden zu erzählen. Jeder von uns liebt Geschichten, auch Investoren. Lassen Sie sich dazu auch im abschließenden Kapitel dieses Buches inspirieren. Was Ihre Geschichte immer enthalten muss:

- Welches Problem löst Ihre Idee?
- Wie löst Ihre Idee das Problem?
- Wer ist Ihre Zielgruppe?
- Und hier reichen nicht ein paar Worte, sondern das Ganze sollte mit Zahlen hinterlegt werden: die Größe des Marktes oder die Bereitschaft Ihrer Zielgruppe, Geld für Ihre Idee auszugeben.
- Was macht Ihre Idee einzigartig? Ja, Investoren wollen das hören.
- Wie zur Hölle wollen Sie damit eigentlich Geld verdienen? Beschreiben Sie Ihr Businessmodell!

KISS!

Beschränken Sie sich bei der Anzahl Ihrer Slides und machen Sie nicht den Fehler, die geringere Anzahl dadurch auszugleichen, dass Sie mehr Inhalt auf die einzelne Folie quetschen. „Überschreite nicht 20 Wörter pro Folie. Du hast einen Satz als Überschrift und einen Satz zur Beschreibung, das war's" sagt beispielsweise Daniel Eckler, Gründer der Männermode-App *Mylo*.[5] Folien seien keine Manuskripte, sondern visueller Wegweiser für das Publikum. Jeder im Raum soll eine Folie in dem Moment verstehen, indem er sie sieht. Und das gilt grundsätzlich für jeden Einsatz von Präsentationsprogrammen – nicht nur im Pitch.

KISS!

Wie in jeder Rede ist der Einstieg entscheidend: Sorgen Sie für einen starken ersten Eindruck in den ersten beiden Minuten. Wenn Sie überzeugende zählbare Argumente haben: Raus damit. „Ich ermutige Gründer, ihre wichtigsten Zahlen direkt am Anfang ihrer Präsentation zu zeigen. Dies sorgt für Aufmerksamkeit und verdeutlicht die Gewinnchancen, besonders wenn die Zahlen gut sind," rät Chance Barnett, *VC*-Partner und CEO von *Crowdfunder.com*.[6]

KISS!

Im Anschluss an den Pitch steht zumeist eine Fragerunde. Und im Gegensatz zu vielen Vorträgen, bei denen jeder nur froh ist, dass sie endlich rum sind, wird diese Fragerunde meist weidlich genutzt. Deshalb: Seien Sie extrem gut vorbereitet. Sie sollten Ihre Metriken und *Key Performance Indicators* (KPIs) parat haben und zu jedem Detail Rede und Antwort stehen können – auch zu Aspekten, die Sie im Pitch gar nicht explizit erwähnt haben.

KISS!

Seien Sie ehrlich. Es geht um viel Geld. Die Investoren werden es herausfinden, wenn Sie versuchen, Faktoren zu verheimlichen, oder gar mit falschen Zahlen hantieren. Und das war es dann mit Ihrer Idee.

KISS!

Erzeugen Sie ein Gefühl von Dringlichkeit. Dieser Idealzustand eines Investors wird auch mit *FOMO* umschrieben: *fear of missing out* – die Angst, etwas zu verpassen. Der Investor soll das Gefühl bekommen, dass er sofort investieren muss, bevor es ein anderer tut und sich die goldene Nase verdient. Christopher Sacca, ein legendärer amerikanischer Start-up-Investor und Berater mit wirklich guter Nase – er investierte beispielsweise frühzeitig in *Uber, Instagram* und *Kickstarter*[7] – hält *FOMO* für eines der einflussreichsten Werkzeuge, um Investoren zu überzeugen: „Sobald du die Angst, etwas zu verpassen, auf deiner Seite hast, musst du die Leute nicht mehr nach Geld fragen. Sie werden Schlange stehen, um es dir geben zu können." Zu dieser Erkenntnis ist Sacca schmerzhaft gelangt. Er verpasste es, frühzeitig in *Dropbox* und *AirBnB* zu investieren.[8]

KISS!

Kleiden Sie sich authentisch. Das ist die gute Nachricht, wenn Sie sich im Anzug unwohl fühlen. Ich habe Ihnen nahegebracht, sich immer ein bisschen besser zu kleiden als Ihr Publikum. Auf diesen Trick können Sie im Pitch getrost verzichten. Niemand interessiert sich für Ihre Kleidung.

Ich habe inzwischen wohl oft genug erwähnt, dass ich mich im beschaulichen Bamberg niedergelassen habe. Und tatsächlich hat sich hier, ganz besonders aufgrund der guten Universität und ihrer zahlreichen Informatik-Lehrstühle, eine lebendige und erfolgreiche Start-up-Szene entwickelt. Einige dieser Start-ups habe ich in Bezug auf ihre Kommunikationsstrategien beraten und im Gegenzug habe ich wiederum viel von diesen jungen Unternehmen und den jungen Unternehmern lernen können. Als ich einen der Serial Entrepreneurs aus meinem Umfeld gefragt habe, was für ihn die größte Herausforderung am Pitch ist, sagte er: „Du musst mit deinem *Pitch-Deck* aus der Masse herausstechen."

TEIL 9

MENSCHEN LESEN – MENSCHEN GEWINNEN

KAPITEL 1
Die faszinierende Welt der Körpersprache

Dass Körpersprache in der Kommunikation eine besondere Rolle spielt, haben Sie in diesem Buch bereits in vielen Teilen feststellen können. In erinnere an dieser Stelle gerne an Watzlawicks viertes Axiom (Menschliche Kommunikation bedient sich analoger und digitaler Modalitäten), die Obsttag-Geschichte mit meiner Tochter aus Teil 2 oder auch an die zehn Symptome der Körpersprache, mit denen Lügner entlarvt werden können, aus Teil 4.

Dieses Kapitel widmet sich nun in Gänze der Körpersprache, denn sie ist eines der wichtigsten Elemente unserer Außenwirkung. Nur im Zusammenspiel von Körpersprache und Rhetorik sind wir in der Lage, unsere Zuhörer auf der Bühne nachhaltig zu beeindrucken. Seitdem ich als Trainer arbeite, hat mich dieser Teilbereich der menschlichen Kommunikation sehr begeistert. Nun wirkt auf den ersten Blick die Kombination von verbaler und nonverbaler (im Speziellen Gestik, Mimik und Körpersprache) Kommunikation wie selbstverständlich. Wer andere Menschen begeistern und mitreißen will, unterstützt seine Worte mit positiven Gesten und positiver Mimik. Wer hingegen etwas Trauriges preisgibt, ist in seiner Gestik und Mimik zurückhaltender. Er lächelt nicht und bleibt ernst. Das klingt zunächst für jedermann logisch. Trotzdem sehen wir vor allem bei ungeübten Rednern immer wieder Inkongruenzen zwischen dem Gesagten und der Körpersprache. Diesen Aspekt fand ich von jeher faszinierend. Was genau passiert, wenn die verbale Kommunikation nicht der Körpersprache entspricht? Welche Merkmale der Körpersprache weisen auf versteckte Widersprüche hin? Und wie können wir Körpersprache lesen, um Menschen für uns und unsere Aussagen zu gewinnen? Schließlich macht es unsere Kommunikation effizienter, wenn wir in der Lage sind, Menschen über ihre Körpersprache zu lesen und mit der Optimierung der eigenen Körpersprache unsere Wirkung zu verbessern.

Körpersprache ist gegenseitige Wertschätzung

Vor vielen Jahren trainierte ich einen großen deutschen Maschinenbauer. Dieses Unternehmen agierte sehr erfolgreich auf dem gesamten Weltmarkt. Eines Tages begann das Unternehmen Geschäfte mit einer japanischen Firma zu machen. Diese war bekannt für ein spezielles Produkt, welches keine Entsprechung im deutschen Unternehmen hatte. Man wollte damit die eigene Produktpalette auffüllen. Bislang war der asiatische Markt aber nur ein Verkaufsmarkt gewesen. Insofern musste der Maschinenbauer erstmals auf strategischer Ebene in Japan einkaufen. Es standen also die ersten Verhandlungen mit den Japanern an. Aber „ACHTUNG!", so warnte einer der Vorstände im Vorfeld. „Die Japaner sind nun wirklich anders, das kann ich euch aus meiner Erfahrung im Vertrieb erzählen. Wir sollten uns hier ganz besonders darauf vorbereiten, wie es mit Asiaten im Vertrieb so läuft." Daraufhin engagierte das Unternehmen eine interkulturelle Trainerin. Diese Dame war die Ehefrau des ehemaligen Botschafters in Japan und war durch zahlreiche Empfänge und die Begegnung mit Persönlichkeiten des öffentlichen Lebens und Politikern in Japan natürlich mit der örtlichen Etikette mehr als vertraut. Sie war sich aller Feinheiten bewusst. In einem zweitägigen Training brachte sie dem Vorstand der deutschen Firma bei, wie man am besten mit Japanern kommuniziert. So kam es nun zu dem Tag, an dem sich beide Delegationen begegneten. Der Vorstand des deutschen Unternehmens holte den Vorstand des japanischen Unternehmens am Flughafen in Frankfurt ab. Im interkulturellen Training lernte die deutsche Delegation, dass man Asiaten nicht – wie üblich in unseren Breitengraden – mit ausgestreckter Hand entgegentritt, sondern dass man eine verbeugende Haltung in einem bestimmten Winkel einnimmt. Wir alle kennen diese Haltung: Dadurch wird dem Gegenüber gezeigt, dass dieser willkommen ist. Es ist eine Geste der Wertschätzung. Also ging der deutsche Vorstand strahlend auf die Japaner zu und verbeugte sich vor diesen. Spannend wurde die Situation deswegen, weil die Japaner ebenfalls ein interkulturelles Training absolviert hatten. So kamen sie mit weit ausgestreckten Händen auf die sich verbeugenden Deutschen zu, die das wiederum während der Verbeugung merkten und dabei ebenfalls begannen, ihre Hände auszustrecken. Das gleiche Prozedere war daraufhin auf der Gegenseite zu beobachten. Hier begannen die Japaner sich plötzlich zu verbeugen, während sie noch die Hand zur Begrüßung ausgestreckt hatten. Als neutraler Beobachter muss es wohl ziemlich interessant gewesen sein, zu beobachten, was in diesen Sekunden am Frankfurter Flughafen passierte. Zwei Kulturen, die in ihren körpersprachlichen Gepflogenheiten sehr unterschiedlich waren, erzeugten einen unfreiwillig amüsanten Moment zur Begrüßung. So komisch diese erste Begegnung auch gewesen sein mag, war sie doch eine perfekte Grundlage für die weiteren Gespräche. Schließlich merkten beide Parteien sofort, dass sich die jeweils andere auf die Verhandlungen vorbereitet hatte. Das ist eine Geste der Wertschätzung. In unserer Etikette, die sich noch immer auf den Humanisten Knigge, der 1788 das Buch *Über den Umgang mit Menschen* schrieb, beruft, finden wir ja im Grunde keine Regeln, die unser Leben versteifen sollen, sondern eine Ansammlung von Anmerkungen, wie wir unser eigenes Verhalten so gestalten, dass wir dadurch Wertschätzung für die Menschen um uns herum ausdrücken. Körpersprache ist ein zentraler Faktor dabei. Wir gewinnen Menschen dadurch, dass wir eine gute Etikette an den Tag legen. Was wir aus dieser Geschichte lernen können, ist die große Bedeutung der Körpersprache in unserer Kommunikation. Körpersprache ist vor allem gegenseitige Wertschätzung.

Die Mär von der *Mehrabian-Regel*

Kommunikation besteht nur zu sieben Prozent aus sprachlichem Inhalt. Viele Trainerkollegen erzählen das seit Jahrzehnten. Grundlage für diese Aussage ist eine Forschungsarbeit des angesehenen iranischen Psychologen Professor Albert Mehrabian. Aus seinen Untersuchungen wurde die sogenannte *7-38-55-Regel* abgeleitet, die schlussfolgert, dass die Körpersprache etwas mehr als die Hälfte der Kommunikation zwischen zwei Menschen ausmacht, 38 Prozent über Ton und Stimme transportiert wird und nur sieben Prozent über den Inhalt. Mir ist diese Schlussfolgerung schon bei meinem ersten Kommunikationstraining 1990 bei der Bundeswehr begegnet. Zahlreiche weitere Trainings beim Bund und während meiner Verkäuferausbildung sowie bei Seminaren in der *Akademie der Führungskräfte* in Bad Harzburg bedienten sich bei dieser Theorie – oder besser: bei der Schlussfolgerung. Dann passierte es. Bei einem meiner frühen Vorträge zitierte ich die Schlussfolgerung der 93 Prozent nonverbaler Elemente, um sie als Beweis für die Wichtigkeit der Körpersprache zu nutzen. Im Publikum saß ein deutscher Psychologieprofessor, der (zum Glück) nach dem Vortrag zu mir kam und sagte: Der Vortrag habe ihm „so weit ganz gut gefallen", aber er finde es fürchterlich, dass er von dieser „Trainerbande" immer und immer wieder das *Mehrabian-Beispiel* mit einer völlig falschen Schlussfolgerung höre. „Plappert ihr das eigentlich alle nach, ohne es zu überprüfen? Inzwischen gibt es das Internet und man kann ganz leicht herausfinden, was der Urheber dieser Theorie von der Schlussfolgerung hält: nämlich NICHTS!"

Das war natürlich wie ein Schlag ins Gesicht. Mir wurde plötzlich bewusst, dass die Übernahme von Schlussfolgerungen ohne wirkliche Auseinandersetzung mit dem Thema sehr gefährlich war. Mit nur ein wenig Einsatz von vernünftigem Menschenverstand merkte ich, dass diese Regel niemals verallgemeinert werden sollte. Schließlich würde sie besagen, dass ich einen japanischen Film zu 93 Prozent verstehen würde, ohne jemals zuvor auch nur ein Wort Japanisch gelernt zu haben. Denn der Inhalt würde der Regel zufolge ja nur zu sieben Prozent über die gesprochene Sprache transportiert. Aus dem Erlebnis mit dem Psychologieprofessor lernte ich enorm viel.

Seitdem verwende ich die *7-38-55-Regel* nicht mehr ernsthaft. Trotz allem sind die Ergebnisse von Mehrabian sehr interessant, weil wir viel aus ihnen lernen können. Wo liegt denn nun der Unterschied zwischen der tatsächlichen Theorie und der Schlussfolgerung der internationalen Trainerbranche?

In seinen Studien untersuchte Mehrabian den emotionalen Wert bestimmter Worte. Dabei ordnete er sie in drei Kategorien ein: positiv (zum Beispiel Liebe), negativ (schrecklich) und neutral (vielleicht). Er ließ diese Worte anschließend von Rednern in einem bestimmten Tonfall vortragen (positiv, negativ, neutral) und zeigte den Probanden zugleich Bilder von einer positiv, negativ oder neutral gestimmten Person. Dadurch wollte er herausfinden, wie die Testpersonen auf Widersprüche zwischen einer Aussage, ihrem Tonfall und der dabei eingesetzten Mimik reagieren. Denken Sie an dieser Stelle an Watzlawicks viertes Axiom und unser Beispiel mit dem Nachbarn zurück, als wir ihm beim Müllrausbringen zuriefen: „Du hast heute aber eine super Laune!“ Je nachdem, in welchem Tonfall der Satz formuliert wird, kann er sowohl positiv als auch negativ aufgenommen werden. Gebe ich dem Satz also eine eindeutig sarkastische Betonung, wird ihn nahezu jeder als negativ interpretieren. Mehrabian wollte herausfinden, was wichtiger war: der Inhalt (die Worte, die der Sprecher verwendet) oder der Ton. Beim Experiment stellte sich heraus, dass die stimmlichen Elemente schneller und stärker ins Gewicht fielen, wenn es einen Widerspruch zwischen den Wörtern und den Stimmelementen gab. Die Wörter selbst hatten kaum Einfluss. Das Problem war jedoch, dass aus Mehrabians Ergebnis eine für die menschliche Kommunikation allgemeingültige Regel abgeleitet wurde. Er selbst krümmt sich – laut eigener Aussage –, wenn er von dieser Fehlinterpretation seiner Untersuchungen hört: „Eigentlich sollte es für jeden, der einen Hauch gesunden Menschenverstand besitzt, offensichtlich sein, dass das nicht die korrekte Aussage ist. Wenn ich Ihnen beispielsweise sagen würde, dass ein Paket, das Sie suchen, sich oben im Schlafzimmer in der Kommode in der dritten Schublade von oben befindet, dann könnte ich das nicht ohne Worte. Ich könnte versuchen, darauf zu zeigen, aber das würde nur schwer den genauen Standort des Paketes bestimmen. Mit Worten kann ich das im Gegensatz dazu sehr präzise."[1]

Mit den Untersuchungen von Mehrabian erhalten wir also keine Prozentangaben, die wir verallgemeinern können. Aber bei einem so komplexen und vielschichtigen Konstrukt wie der Kommunikation war das eigentlich auch zu erwarten. Kommunikation in Zahlen auszudrücken ist nicht möglich. Dies gilt sowohl für Mehrabian als auch beispielsweise für das *Eisbergmodell.* Beide sind aber durchaus eine Hilfestellung, ein greifbarer Einstieg in die faszinierende Welt der Kommunikation. Vor allem Mehrabian verdeutlichte die Wichtigkeit des Gleichklangs von analogen und digitalen Modalitäten. Wer also die Zahlen verwendet, sollte lieber erklären, wofür sie nicht stehen.

KAPITEL 2
Mikroexpressionen

Ein US-amerikanischer Häftling wird verhört. Der kahl rasierte Kopf, ein auf den Hals tätowiertes eisernes Kreuz und der Schriftzug „Skinhead" auf den Fingern seiner rechten Hand sind eindeutige Zeichen. Es handelt sich um einen neonazistischen Straftäter, der verdächtigt wird, eine Bombe in einer Kirche platziert zu haben. Doch um welche Kirche handelt es sich? Das *FBI* bearbeitet den Mann bereits seit Stunden. Erfolglos. Die Zeit rennt. Neben dem Häftling sitzt sein Anwalt und erklärt: „Ich habe meinem Mandaten geraten, zu schweigen. Er wird nichts sagen."

Der in Handschellen gelegte Mann zieht die Mundwinkel nach oben und reibt sich die Finger. Er schweigt, zumindest verbal. Ihm gegenüber sitzt ein Berater des *FBI*, der ihn ins Verhör nimmt. Trotz des Schweigens findet dieser das Versteck der Bombe heraus. Durch geschickte Fragetechnik und genaue Beobachtung überführt er den Täter. Der Name des Mannes ist Cal Lightman. Er ist ein international anerkannter Experte für Körpersprache und in der Lage, Mikroexpressionen zu lesen.

Mit dieser Szene beginnt die Serie *Lie to me*. Cal Lightman und seine besondere Fähigkeit stehen im Mittelpunkt der Serie, die von 2009 bis 2011 auf dem amerikanischen Fernsehsender *Fox* ausgestrahlt wurde. Mit seinem Team aus Experten geht er für verschiedenste Auftraggeber der Wahrheit auf den Grund. Zwar sind Personen, Orte und Handlungen in dieser Serie frei erfunden. Doch *Lie to me* basiert auf realen wissenschaftlichen Ergebnissen des US-Psychologen Paul Ekman, der für seine Forschung im Bereich der nonverbalen Kommunikation bekannt ist.

Was sind Mikroexpressionen?

In der Körpersprache wird im Allgemeinen zwischen freiwilligen und unfreiwilligen Gesichtsausdrücken unterschieden. Gesteuert wird die Mimik des Menschen von 26 Muskeln. Im Unterschied zur Skelettmuskulatur bewegen sie keine Gelenke, sondern setzen direkt an der Haut und den Weichteilen des Gesichts an. Weil sie dadurch einen starken Einfluss auf unsere Mimik haben, werden sie auch als mimische Muskulatur bezeichnet. Denn sie sorgen nicht nur für die Bewegung von Mund, Augen, Nase und Ohren, sondern rufen auch Grübchen, Falten oder Furchen hervor. Freiwillige, bewusste Gesichtsausdrücke werden dabei Makroexpressionen genannt. Sie dauern länger an und sind in der Regel eindeutig zu entziffern. Wenn uns jemand einen guten Witz erzählt und wir herzhaft lachen müssen, handelt es sich um eine Makroexpression.

Mikroexpressionen hingegen sind Gesichtsausdrücke, die innerhalb von Bruchteilen einer Sekunde auftreten. Zumeist handelt es sich nur um eine Viertelsekunde. Sie sind unfreiwillig und können, sofern sie von anderen wahrgenommen werden, die wahren Gefühle eines Menschen entlarven. Dabei geschehen sie entweder als Ergebnis bewusster Unterdrückung oder unbewusster Verdrängung. Es handelt sich um einen Ausdruck von Emotionen, die wir zum Beispiel aus Gründen von Scham oder Täuschung nicht bewusst nach außen tragen wollen. Bei den betreffenden Gefühlen sprechen wir von den sieben Basisemotionen Angst, Ekel, Freude, Trauer, Überraschung, Verachtung und Wut. Diese Emotionen sind universell. Unabhängig vom jeweiligen Kulturkreis treten sie auf der ganzen Welt auf. Das bedeutet, dass ein von der Zivilisation komplett isolierter Ureinwohnerstamm bei diesen Emotionen die gleichen Gesichtsausdrücke zeigt wie ein Europäer oder Asiate.

Die sieben Basisemotionen

Maßgeblichen Anteil an dieser Erkenntnis hatte Paul Ekman mit seinen Forschungen, bei denen auch das Thema Lügen eine Rolle spielte.

So stellte er sich die Frage, ob es durch das genaue Studium von Mikroexpressionen möglich ist, Wahrheit und Lüge voneinander zu unterscheiden. Basis für diese Arbeit war die genaue Analyse aller sieben auftretenden Emotionen. Dafür entwickelte er im Jahr 1976 das sogenannte *FACS* (*Facial Action Coding System*), ein – frei übersetzt – Gesichtsbewegungs-Kodierungssystem, mit dem es möglich ist, Emotionen klar voneinander zu unterscheiden. Allem voran ging es ihm darum, gekünstelte von echten Emotionen abzugrenzen. Seine Untersuchung basierte auf Psychotherapiesitzungen, bei denen Zeitlupenaufnahmen von depressiven Patienten gemacht wurden. Als er zusammen mit seinem Kollegen Wallace Friesen die Aufnahmen analysierte, identifizierten sie Mikroausdrücke, die die starken negativen Gefühle enthüllten, die die Patienten zu verbergen versuchten.[2] Aber woran erkennen wir die sieben Grundemotionen?

Angst: Die Augenbrauen sind ebenso wie das obere Augenlid angehoben und zusammengezogen. Dies geht mit weit geöffneten Augen einher. Die unteren Augenlider sind dabei angespannt, während die Lippen leicht horizontal nach hinten zu den Ohren gestreckt sind.

Ekel: Diese Emotion äußert sich durch das bekannte Rümpfen der Nase. Die Oberlippe wird nach oben gezogen, während die Unterlippe nach unten gezogen wird. Die Mundwinkel zeigen nach unten.

Freude: Ein echtes Lächeln zeichnet sich immer durch Fältchen um die Augen und hochgeschobene Wangen aus. Dazu sind die Mundwinkel angehoben.

Trauer: Die oberen Augenlider hängen, während sich die Augenbrauen zusammenziehen. Die Lippenecken sind dabei leicht herabgezogen.

Überraschung: Sowohl die innere als auch äußere Augenbraue ist angehoben. Die Augen weiten sich. Der Mund ist leicht geöffnet.

Verachtung: Der Mundwinkel ist angehoben und eingezogen, aber nur auf einer Seite des Gesichts.

Wut: Die Augenbrauen zeigen nach unten und sind zusammengezogen. Das obere Augenlid hebt sich, das untere ist angespannt. Die Lippen sind verengt und aufeinandergepresst.

Mikroausdrücke entstehen, wenn wir unsere Gefühle vor uns selbst oder vor anderen verstecken wollen. Wir können Mikroexpressionen nicht verbergen oder beeinflussen. Dennoch sind sie kein verlässlicher Lügendetektor. Stets ist zu beachten, dass wir an einer Emotion nicht erkennen können, aus welchem Grund sie als Mikroexpression auftritt. Sie kann einerseits das Produkt von Unterdrückung (absichtliche Verschleierung) oder aber von Verdrängung (unbewusste Verschleierung) sein. Weiterhin ist das Verbergen einer Emotion – denken wir an den Neonazi aus dem Eingangsbeispiel zurück – noch kein Beweis dafür, dass ein Täter eine Straftat tatsächlich begangen hat. Wer Mikroexpressionen erkennen kann, ist zwar in der Lage, unterdrückte Wut oder versteckte Freude zu entlarven. Doch damit hat er lediglich einen Ausdruck erkannt und nicht das Ereignis, welches ihn auslöste.[3] So könnte sich unterdrückte Wut beispielsweise auch darin äußern, dass der Täter aus dem Verhör unschuldig ist, aber keinen Beweis dafür hat.

Trotz allem handelt es sich bei *FACS* um ein hilfreiches Werkzeug bei der Wahrheitsfindung, weshalb das System unter anderem von der *CIA* und dem *FBI* eingesetzt wird.

Das *Wizards*-Projekt

Da Mikroexpressionen nur für den Bruchteil einer Sekunde auftauchen, sind sie für die meisten Menschen kaum erkennbar. Weder werden dem Großteil von uns die eigenen Mikroexpressionen noch die von anderen bewusst. Aber gilt das für alle Menschen? Könnte ein genauer Beobachter in der Lage sein, unter anderem durch

Mikroexpressionen Täuschungsversuche zu erkennen? Dieser Frage ging Paul Ekman im Zuge des *Wizards-Projekts* nach. Im Jahr 2006 untersuchte er zusammen mit Maureen O'Sullivan die Fähigkeit von Menschen, Lügen zu enttarnen. Annähernd 20.000 Probanden wurden untersucht. Diese ausgewählten Personen rekrutierten sich aus allen relevanten Gesellschaftsschichten. Darunter befanden sich unter anderem Mitglieder des Geheimdienstes, Psychiater oder Anwälte. Aber nur sehr wenige waren in der Lage, Wahrheit und Lüge weitestgehend verlässlich voneinander abzugrenzen. Diese etwas mehr als 50 Personen bezeichnete Ekman als „Truth Wizards". An ihnen war festzustellen, dass sie – neben der Zuhilfenahme von anderen Hinweisen wie zum Beispiel der Vermeidung des Blickkontakts oder verräterischen Gesten – Mikroexpressionen benutzen, um die Wahrheit herauszufinden. Diese „Truth Wizards" erreichten Genauigkeitswerte bis zu 80 Prozent, während der Durchschnitt bei etwa 50 Prozent lag. Ein menschlicher Lügendetektor, der Täuschung verlässlich identifizieren konnte, fand sich unter diesen Personen jedoch nicht, sofern dies überhaupt ein Mensch vermag. Was die Zauberer vom Rest unterscheidet, ist wohl vielmehr natürliche Veranlagung statt jahrelanges Training. Scheinbar haben sie einen besonderen Sinn dafür, Mimik, Gestik und Körpersprache zu lesen. Ganz besonders zeugt dies wohl von einem hohen Empathiewert.

Nun arbeiten wohl die wenigsten von uns als *FBI*-Ermittler. Zwar mag es sicherlich auch Hobbydetektive unter den Lesern dieses Buches geben, aber ernsthafte Verhöre führen wir in der Regel wohl trotzdem eher selten. Wofür also ist das Lesen von Mikroexpressionen – neben der Täuschungserkennung – in unserem Alltag relevant? Ganz entschieden dient diese Kunst vor allem als Schlüssel zu verbesserter emotionaler Wahrnehmung – nicht nur von sich selbst, sondern auch von anderen. Mikroexpressionen sind ein nützliches Instrument, um Verhaltensweisen zu reflektieren. Diese Technik hilft Menschen dabei, ihre emotionale Intelligenz zu verfeinern und durch eine gesteigerte Empathiefähigkeit Beziehungen zu verbessern.

Wir haben es hier mit Fähigkeiten zu tun, die sich positiv auf unsere Kommunikation auswirken und somit hilfreiche Werkzeuge im Rhetorikkoffer sind. Mit angemessenem Training kann jeder lernen, verborgene Emotionen zu erkennen. Paul Ekman selbst entwickelte sieben Trainings-Tools, um die Fähigkeit des Lesens von Menschen zu erlernen.[4]

Bevor jemand allerdings damit beginnt, sollte er sich darüber bewusst werden, welche Motivation ihn antreibt. Mikroexpressionen erkennen zu können mag zwar etwas sein, das zur Selbstreflexion anregt, kann aber schnell ins Negative abgleiten, wenn es falsch angewandt wird. Oftmals wird der voreilige Schluss gezogen, man könne mit dieser Technik Lügen erkennen und andere Menschen manipulieren. Dass dem nicht so ist, hat das *Wizards-Projekt* bewiesen.

KAPITEL 3
Wahrnehmen und Steuern von Körpersprache

Um Dinge klarer erkennen zu können, lohnt sich oft ein Perspektivenwechsel. Manchmal ist es nötig, aus seinem Alltag herauszutreten, um sich selbst und sein Schaffen aus der Ferne zu betrachten. Deswegen finden meine offenen Rhetorikseminare auf Mallorca und in Barcelona statt. Bei diesen Seminaren handelt es sich um eine fünfteilige Reihe, bei der der Teilnehmer idealerweise pro Jahr jeweils eine Etappe absolviert. Indem ich die Teilnehmer für vier Tage in Spanien begrüße, ziehe ich sie aus ihrer gewohnten Umgebung und ihrem Alltag heraus. So entsteht ein Seminar, das beste Voraussetzungen für ein intensives, persönlichkeitsbildendes Rhetoriktraining bietet und dabei auch noch einen gewissen Urlaubscharme mit Mittelmeerflair mit sich bringt. Im Unterschied zu Inhouse-Seminaren, die ich im kompletten deutschsprachigen Raum gebe, habe ich in den vergangenen Jahren in Spanien eine spürbar höhere Leistungsmotivation bei den Teilnehmern erkennen können. Die Mischung aus hartem Training und Entspannung ist ein wirkliches Erfolgsrezept.

Wer etwas zu sagen hat, sollte reden können. Aus diesem Grund besteht der Großteil meines Grundlagenseminars aus praktischen Redeübungen. Im ersten Teil meiner Seminarreihe muss jeder Teilnehmer drei Übungen absolvieren. Dabei handelt es sich – in chronologischer Reihenfolge – um eine Vorstellungs-, Informations- und Überzeugungsrede vor dem gesamten Teilnehmerkreis. Diese Reden werden von mir auf Video aufgezeichnet und im Anschluss analysiert. Die Teilnehmer erhalten Feedback von mir, müssen sich aber auch gegenseitig beurteilen können. Worauf ich zu Beginn achte, ist weniger der Inhalt, sondern vielmehr die Wirkung. Erinnern Sie sich an die Grundlagen der Rhetorik aus dem zweiten Teil zurück: Diese aufgezählten 19 Punkte sind alle entscheidend für eine positive Gesamtwirkung. Ein zentrales Element dabei ist natürlich das Thema Körpersprache. Während des Trainings achte ich daher verstärkt auf ebenjene Wirkung. Wie gelingt es den Teilnehmern, andere Menschen für sich zu gewinnen? Wie ist das Verhältnis von Körpersprache und dem Gesagten? Stimmen Watzlawicks analoge und digitale Modalitäten überein? Strahlen sie dadurch Sicherheit aus? Vor allem bei ungeübten Rednern lässt sich in diesem Bereich zu Beginn eine Inkongruenz feststellen. Dies äußert sich hauptsächlich in Mimik und Gestik. Zwar haben wir – wie mit unserer Frage „Wohin mit den Händen?" erläutert – eine vom Unterbewusstsein gesteuerte Gestik (wir denken an den Torjubel im Stadion zurück), doch setzen wir diese als ungeübte Redner oftmals falsch ein. Dies ist in weiten Teilen auf Nervosität und die ungewohnte Situation zurückzuführen. Wir verhalten uns plötzlich anders als üblich. Dieses Verhalten wirkt inkongruent, was der Zuhörer relativ schnell merkt.

Das Steuern von Körpersprache

Wie gelingt es uns nun, Körpersprache im Seminar bewusst zu steuern? Neben der subjektiven Wahrnehmung, die ich als Trainer habe und in meinem Feedback äußere, sowie der gegenseitigen Rückmeldung der Teilnehmer setzen wir in meinen Seminaren zusätzlich auf den Einsatz von *KI*-basierten Analysen (künstliche Intelligenz). In Zusammenarbeit mit dem Münchner Unternehmen *Data73* wird die Gefühlswahrnehmung der Teilnehmer in Echtzeit gemessen. Hierbei benutzen wir ein Programm, das aufgezeichnete Videos und Livestreams auswertet. Dabei werden die Gesichter der Teilnehmer innerhalb des Videos erkannt und in Bezug auf verschiedene Gesichtsattribute (zum Beispiel traurig, wütend, verwirrt) analysiert. Das Programm wertet sowohl Makro- als auch Mikroexpressionen aus.

Zusätzlich sind wir in der Lage, nicht nur Mimik, sondern auch Gestik zu analysieren. Das Programm misst nämlich ebenso die Haltung der Hände. In welchem Körperbereich befinden sie sich? Alles brustaufwärts zählt zum positiven Bereich. Bewegen Sie Ihre Hände im Areal um den Bauchnabel herum, sprechen wir vom neutralen Bereich. Der negative Bereich befindet sich schließlich vom Gürtel abwärts. Zudem analysieren wir, ob die Hände nach oben oder nach unten geöffnet oder verschlossen sind. Auch hierbei haben wir es mit positiven (nach oben offenen) und negativen (nach unten verschlossenen) Gesten zu tun. Das Programm ist damit eine Hilfestellung, um herauszufinden, wie kongruent Mikroexpressionen, Körperhaltung und das Gesagte sind. Das sind wichtige Kennzeichen für die Gesamtwirkung. In der Zusammensetzung aus Rückmeldung des Trainers, Feedback der Kursteilnehmer und Videomessung in Echtzeit ergibt sich somit ein optimales Umfeld, um die eigene Wirkung zu verbessern.

Wie sieht das in der Praxis aus? Die erste Übung für jeden Teilnehmer ist eine Vorstellungsrede. Ohne den Teilnehmern zuvor rhetorische Werkzeuge an die Hand zu geben, müssen sie sich den anderen Mitgliedern der Gruppe präsentieren. Dabei halten viele ungeübte Redner ihre Hände unbewusst im negativen Bereich des Körpers. Durch die Auswertung der Software kann ich bei einem Vortragenden beispielsweise genau feststellen, dass sich seine Hände während der Rede zu 80 Prozent im negativen Bereich, zu 15 Prozent im neutralen und nur zu fünf Prozent im positiven Bereich befanden. Dann kann meine Rückmeldung folgendermaßen aussehen: „Du stellst dich selbst vor. Findest du, dass das die richtige Wirkung ist, wenn du dich selbst positiv anderen gegenüber darstellen möchtest?“ Natürlich nicht – weswegen wir im Laufe des Seminars intensiv an Mimik und Gestik arbeiten. Während der Informations- und Überzeugungsrede wird schließlich erkennbar, dass viele Teilnehmer beinahe 70 Prozent des Vortrags im positiven Bereich sind. Das ist ein großartiger Lerneffekt.

Selbstverständlich ist der positive Bereich kein verpflichtendes Ziel. Zweifellos gibt es Vortragsinhalte, die traurig sind. Wenn jemand eine persönliche Geschichte über einen Verlust erzählt, sehen wir viel Trauer. Dann wäre Freude im Gesichtsausdruck komplett falsch. Folglich muss auch Trauer im Gesicht ablesbar sein, um eine glaubwürdige und ehrliche Aussage zu erzeugen. Über die drei Videoübungen hinweg können wir also sehen, wie sich diese Gesichtsausdrücke während der Vorträge verbessern. Mit dem neutralen Analysetool von *Data73* habe ich hierfür ein sehr nützliches Hilfsmittel an der Hand.

In anderen Bereichen ist diese Software ebenso hilfreich. Durch die Emotionsanalyse kann nicht nur die Qualität von Vorträgen, Pressekonferenzen oder Interviews verbessert, sondern auch eine neutrale Medienanalyse geschaffen werden. Gerade in den heutigen Zeiten, in denen Wahrheit und Täuschung sowie Realität und Fiktion oft sehr nah beieinander liegen, bietet eine sachlich-objektive Sicht auf unsere Medienlandschaft vorteilhafte Erkenntnisse.

KAPITEL 4
Distanzzonen

Meistens bewege ich mich auf meinen Reise ich mit dem Auto oder Flugzeug. Nur selten fahre ich mit der Bahn. Das liegt jedoch weniger an Bequemlichkeit, sondern vielmehr an der Pünktlichkeit deutscher Züge. Einen Auftritt oder ein Seminar zu verpassen, weil Zugführer streiken oder eine Oberleitungsstörung den Verkehr lahmgelegt hat, kann ich mir nicht leisten. Natürlich können mich Verspätungen auch per Auto oder Flugzeug zurückwerfen, doch meistens kann ich dann flexibler reagieren. Doch kommen wir zur Bahn zurück, die uns in diesem Kapitel dennoch nützlich sein wird. Sie kennen das bestimmt, wenn Sie öffentliche Verkehrsmittel benutzen. Haben wir die Möglichkeit auf zwei freie Sitze nebeneinander, nehmen wir diese wahr. Sie bieten uns einfach mehr Platz. Da ich im Zug oft arbeite, kann ich mich dann gemütlich ausbreiten. Ich stelle meine Tasche auf den Nebensitz, den Laptop im Schoß, die Beine entspannt ausgestreckt. Jedes Mal, wenn der Zug anhält, blicke ich gespannt nach oben, um zu sehen, ob sich jemand neben mich setzen wird. Dabei merke ich, dass die anderen Fahrgäste ebenso agieren wie ich. Sie setzen sich nur neben mich, wenn für sie selbst kein freier Doppelsitz mehr zur Verfügung steht. Ich bin keineswegs verärgert, wenn das geschieht. Schließlich bin ich ja ein netter und offener Mensch. Und wenn die andere Person nicht gerade streng riecht oder anhaltend niesen, husten und sich schnäuzen muss, ist das Bahnfahren direkt neben ihr kein Problem. Trotzdem wird es spürbar enger, wodurch ich mich nicht mehr so wohl fühle wie zuvor. Die Ursache für diese Empfindung ist das Eindringen einer fremden Person in meine Distanzzone.

Distanzzonen nach Edward T. Hall

Entscheidend zur Erforschung dieser Distanzzonen beigetragen hat der US-amerikanische Anthropologe Edward T. Hall. Das Fachgebiet, mit dem er sich beschäftigte, nennt sich Proxemik (lateinisch: der Nächste). Es ist ein Teilgebiet der Psychologie sowie der Kommunikationswissenschaft und befasst sich vor allem mit der Rolle des Raumes in der nonverbalen Kommunikation. 1963 entdeckte Hall, dass jeder Mensch gewisse Territorien hat, in denen er sich wohlfühlt. Wir bezeichnen das gerne als Freiraum oder Wohlfühlzone, in die wir nicht jeden eintreten lassen. Vertraute Menschen lassen wir näher kommen, während fremde Personen eher auf Abstand gehalten werden. Hall unterschied dabei zwischen vier Bereichen, die jeden Menschen umgeben. Wir alle tragen sie durchweg mit uns. Sie sind damit keine festen Gebiete, die unsere Bewegungsfreiheit einschränken. In Verkehrsmitteln wie der Bahn, in Aufzügen oder auch beim Arztbesuch müssen wir das Eindringen fremder Personen in unser Territorium akzeptieren. Anders könnten wir uns im öffentlichen Raum auch nur sehr schwer fortbewegen. Wir könnten beispielsweise nie zu einem Arzt, weil uns dieser ohne das Vordringen in unsere engste Zone nicht behandeln könnte. Hall identifizierte vier Distanzzonen:

Intime Zone

Sie bezeichnet unsere Intimsphäre, die ab etwa 60 Zentimetern Abstand beginnt. In sie lassen wir folglich nur Personen, denen wir sehr nahe stehen; also Partner, Familie und gute Freunde.

Persönliche Zone

Bis zu einen Meter an uns heranrücken lassen wir in der Regel Bekannte oder Arbeitskollegen, die wir in der persönlichen Zone willkommen heißen. Auch Verkaufsgespräche finden in diesem Abstand statt.

Soziale Zone

Sie umfasst den Bereich zwischen 1,20 und 3,60 Metern. Hierbei handelt es sich um die normale Distanz, die wir in der Öffentlichkeit gegenüber anderen Menschen einnehmen; zum Beispiel wenn wir auf den Bus warten.

Öffentliche Zone

Diese Distanz beginnt ab 3,60 Meter. Sie ist ideal, wenn wir unsere Mitmenschen nicht mehr wahrnehmen und nur für uns sein wollen. Wenn wir uns im Urlaub einen schönen Platz am Strand suchen, halten wir zumeist mindestens den Abstand der öffentlichen Distanz.

Diese vier Distanzzonen, die wir um uns herum aufbauen, unterscheiden sich jedoch von Mensch zu Mensch oder vielmehr von Kultur zu Kultur. Die oben beschriebenen Werte beziehen sich vornehmlich auf Europa und Nordamerika. Grob vereinfacht lässt sich zudem ein Gefälle zwischen Nord und Süd feststellen. Nord- und Westeuropäer halten in der Regel nämlich größeren Abstand zu ihrem Gegenüber als Südeuropäer oder Südamerikaner, was in der interkulturellen Kommunikation schon mal zu Problemen führen kann.[5] Deutsche, die ja nun wirklich nicht für ihre extrovertierte und offene Art bekannt sind, haben eine relativ große Distanzzone um sich herum. So könnte beispielsweise in einem Gespräch zwischen einem Brasilianer und einem Deutschen der Brasilianer einen geringeren Abstand zu seinem Gegenüber einnehmen, wodurch sich der Deutsche bedrängt und unwohl fühlt und infolgedessen unbewusst zurückweicht. Das wiederum könnte der Brasilianer als Zurückweisung und Herabsetzung aufnehmen, was mitunter massive Kommunikationsstörungen zur Folge haben kann. Doch nicht nur Kulturen, sondern auch Charakterzüge führen zu Unterschieden in den Distanzen. Ein extrovertierter Mensch wird sicherlich geringere Distanzen als ein introvertierter Mensch haben. Ein Schritt zurück oder leichtes Abwenden ist in manchen Situationen nur dadurch begründet, dass wir jemandem zu nahe gekommen sind. Es muss nicht zwingend bedeuten, dass uns diese Person zurückweist.

Das Wissen um Distanzzonen und vor allem das gegenseitige Respektieren dieser ist sehr wichtig in der Kommunikation mit anderen Menschen. Auch für den Teilbereich der Distanzzonen gilt: Wer in der Lage ist, Körpersprache zu erkennen und zu respektieren, wird auf Dauer erfolgreicher kommunizieren.

KAPITEL 5
Was der Händedruck über uns aussagt

Unsere Zunge kennt fünf verschiedene Geschmacksrichtungen. Derweil können zehn Millionen Riechzellen auf der Nasenschleimhaut Tausende Gerüche wahrnehmen und voneinander unterscheiden. Im Innenohr befinden sich 20.000 Härchen, die Schallwellen in Impulse umwandeln, damit sie unser Gehirn als Geräusch versteht. Darüber hinaus entscheiden in unserer Netzhaut 120 Millionen Stäbchen über Hell und Dunkel. Sechs Millionen Zapfen ermöglichen es, in Farbe zu sehen. Zwei Billionen Nervenenden hingegen verarbeiten jede Berührung. Selbst im Mutterleib können wir Berührungen schon wahrnehmen, wodurch der Tastsinn der am frühesten ausgebildete Sinn eines jeden Menschen ist. Im Zusammenspiel aller fünf Sinne nehmen wir unsere Umwelt wahr. Abhängig von der Tätigkeit, die wir gerade verrichten, ist mal der eine Sinn stärker aktiv, mal der andere.

Im letzten Kapitel dieses Teils beschäftigen wir uns nun mit dem Tastsinn, der bei vielen Entscheidungen in unserem Leben eine ziemlich große Rolle spielt. Beispielhaft untersuchte dies der *Südwestrundfunk* in seiner Sendung *Die große Show der Naturwunder* mit Frank Elstner und dem Wissenschaftsjournalisten Ranga Yogeshwar.[6] Bei diesem Großversuch, der in Zusammenarbeit mit dem Haptik-Forschungslabor der Universität Leipzig durchgeführt wurde, simulierte man mit insgesamt 40 Probanden Einstellungsgespräche. Dabei schlüpfte jeder Teilnehmer in die Rolle eines Personalers, der das Einstellungsgespräch mit einem Schauspieler anschließend bewerten sollte. Unter einem Vorwand wurde einer Hälfte der Probanden direkt vor der Begrüßung ein Heiß-, der anderen Hälfte ein Kaltgetränk in die Hand gedrückt. Sie hielten es etwa 30 Sekunden lang, ehe sie auf den Bewerber trafen. Nur 40 Prozent aller Testpersonen, die ein Kaltgetränk in der Hand hielten, hätten den Bewerber anschließend eingestellt. Bei der anderen Gruppe mit dem Heißgetränk ergab sich eine erstaunliche Zahl. Nicht weniger als 100 Prozent bewerteten das Vorstellungsgespräch positiv. Sie hätten den Bewerber eingestellt. Wie aber ließ sich das auf die Getränke zurückführen? Dazu wurde im Anschluss an das Experiment Martin Grunwald, der Gründer des Haptik-Labors an der Universität Leipzig, befragt. In seinem 2017 erschienenen Buch *Homo hapticus: Warum wir ohne Tastsinn nicht leben können*[7] erklärt der experimentelle Psychologe, wie stark der Tastsinn sämtliche Bereiche unseres Lebens beeinflusst. Er erläuterte, dass wir warme Reize, die unser Körper erfährt, schon sehr früh mit positiven Gefühlen kombinieren. Manchmal braucht es nur eine flüchtige Umarmung, die uns stunden- oder sogar tagelang positive Emotionen verschafft. Von Beginn unseres Lebens an verbinden wir mit Wärme starke Gefühle. Die dadurch entstandenen positiven Emotionen, beispielsweise das Gehaltenwerden an der warmen Mutterbrust, beeinflussen die Wahrnehmung unserer Umwelt. Fühlen wir uns gut, scheinen wir wohl auch warmherziger zu urteilen. Im beschriebenen Experiment wirkte sich diese Warmherzigkeit zu 100 Prozent positiv aus. Es sei an dieser Stelle hinzugefügt, dass dieser Wert natürlich keine universelle Gültigkeit hat. Wenn Sie nun also planen sollten, beim nächsten Vorstellungsgespräch dem Personaler einen heißen Kaffee mitzubringen, ist das noch keine Einstellungsgarantie. Das Experiment zeigte aber, dass der Tastsinn – der oftmals im Schatten der visuellen und auditiven Wahrnehmung steht – Auswirkungen auf zahlreiche unserer Entscheidungen hat. Ganz besonders gilt dies für den Händedruck.

Die Bedeutung des Handschlags

Der Handschlag ist die erste körperliche Begegnung zwischen zwei Menschen und damit ein essenzieller Faktor beim ersten Eindruck. Gleichzeitig kann ein Handschlag viel über einen Menschen verraten:

Greift eine Person zu kräftig zu, demonstriert sie dadurch Stärke, aber zugleich mangelndes Feingefühl. Regt sich die Hand des Gegenübers gar nicht, kann auf Desinteresse geschlossen werden. Lässt eine Person während des Händeschüttelns eine Hand in der Hosentasche, zeugt dies gar von Unhöflichkeit.

In der westlichen Welt ist der Handschlag ein übliches Ritual beim Begrüßen und Verabschieden. Bis auf wenige Ausnahmen ist er ein gebräuchliches Mittel, das wir tagtäglich benutzen. Diese Ausnahmen sind beispielsweise die Begrüßung in einer größeren Gruppe oder die Begrüßung im privaten Rahmen bei Familie und Freunden. Wie auch bei Edward T. Halls beschriebenen Distanzbereichen ist der Handschlag kulturell unterschiedlich besetzt. Während in der westlichen Welt der kräftige Händedruck ein Zeichen für Höflichkeit, Selbstbewusstsein und Stärke ist, gilt er beispielsweise in Asien als unhöflich. In der Regel dauert er drei bis vier Sekunden und sollte fest ausfallen. Auch wenn häufig vom „Händeschütteln“ gesprochen wird, sollten Sie nie die Hand Ihres Gegenübers im buchstäblichen Sinne schütteln.

Als Ausdruck von nonverbaler Körpersprache ist der Handschlag mit fremden Personen das Eindringen in die eigene intime Distanzzone. Aufgrund der oben beschriebenen Punkte sollte seine Auswirkung auf den ersten Eindruck nicht unterschätzt werden.

Der erste Eindruck

Ob beim ersten Date, dem Bewerbungsgespräch oder einem Kundentermin: Nichts ist so entscheidend wie der erste Eindruck. Der Begutachtungsprozess, wie wir unser Gegenüber wahrnehmen, läuft innerhalb von nur einer Zehntelsekunde ab, wie Forscher der Universität Princeton im Jahr 2006 herausgefunden haben.[8] Wenn man bedenkt, dass neben der Optik auch Faktoren wie Duft, Händedruck, Blickkontakt und Wortwahl eine Rolle spielen, erscheint einem die Zeitspanne von deutlich weniger als einer Sekunde extrem gering. Eine Zehntelsekunde, in der alles richtig, aber auch alles falsch gemacht werden kann.

Die Harvard-Psychologin Amy Cuddy, die bereits seit 15 Jahren den ersten Eindruck erforscht, hat festgestellt, dass beim ersten Kennenlernen tatsächlich nur zwei Fragen ausschlaggebend sind: Kann ich dieser Person vertrauen? Kann ich diese Person respektieren?[9] Die beiden Antworten, die wie auch die Fragen ein Prozess unseres Unterbewusstseins sind, können wir relativ schnell geben. Im Bestfall sind natürlich beide Antworten positiv. Die entscheidenden Eigenschaften sind dabei Wärme und Kompetenz. Cuddy, die in ihrem Buch *Presence* erläutert, wie wir mit mehr Selbstvertrauen auftreten, erklärt uns auch, dass die meisten Menschen Kompetenz als wichtigere Eigenschaft erachten. Das ist verständlich. Wer möchte in einem Bewerbungsgespräch nicht als kompetent wahrgenommen werden?

Tatsächlich sind jedoch Wärme und Vertrauen die wichtigeren Eigenschaften. Ohne sie können wir andere nicht als kompetent beurteilen. Gerade in Bezug auf beruflichen Erfolg zählt also nicht nur die Tatsache, wie klug und intelligent wir sind, sondern noch viel mehr, ob wir anderen vertrauen können und Empathie empfinden. Dies sei, wie die Psychologin weiterhin berichtet, evolutionshistorisch bedingt. Denn in der Steinzeit ist es deutlich wichtiger gewesen zu wissen, ob das Gegenüber einen umbringen möchte oder nicht. Sekundär war hingegen die Tatsache, ob das Gegenüber ein erfolgreicher Jäger ist.

Vertrauen schafft Sympathie und diese Bekundung ist letztlich ein ganz entscheidender Erfolgsfaktor in der Kommunikation. Oft nehmen wir an, wir könnten selbst entscheiden, wem wir unser Vertrauen und unsere Sympathie schenken. Beide Punkte schaffen nicht nur gute Voraussetzungen für die zwischenmenschliche Kommunikation, sondern erhöhen auch den Einfluss auf unser Gegenüber. Treten wir also beim ersten Aufeinandertreffen sympathisch auf, können wir davon ausgehen, dass wir nicht nur mehr Zuwendung erhalten, sondern auch ernst genommen oder gar nachgeahmt werden. „Wenn Sie versuchen, Ihr Gegenüber zu beeinflussen, ohne dass Vertrauen da ist, werden Sie nicht sehr weit kommen“, stellt Amy Cuddy aber auch fest. Der Versuch kann sogar in die völlig falsche Richtung gehen. Denn ohne Vertrauen kann die Beeinflussung gar als Manipulation wahrgenommen werden.

Der Handschlag als Machtsymbol

Der Handschlag ist ein Symbol für Friedens- und Vertragsabschlüsse, er verkörpert Respekt und zeugt von guter Etikette. Doch der Handschlag dient auch der sozialen Rangbestimmung, wie im Frühjahr 2017 ganz besonders bei Auftritten des amerikanischen Präsidenten zu erkennen war. Der Handschlag ist ein Mittel der Machtdemonstration. Bei Donald Trump äußert sich dieses zweifelsohne sehr ausgefallen. Seine Machtspiele wurden bereits im Wahlkampf gegen Hillary Clinton deutlich: Während die beiden sich vor dem ersten Fernsehduell die Hände geben, tätschelt Trump den Rücken seiner Kontrahentin. Für viele Zuschauer ist es womöglich lediglich ein freundlicher Handschlag, der gar nicht weiter auffällt. Geübte Augen erkennen jedoch den wahren Sinn der Geste, denn Trump möchte demonstrieren: „Ich habe dich in der Hand und ich nehme dich nicht für voll."

Vor dem zweiten Fernsehduell ist lediglich ein kurzes Kopfnicken zur Begrüßung zu bemerken. Der Zuschauer sieht, dass sich die Fronten verhärtet haben und eisern um Stimmen gekämpft wird. Da ist nicht viel Zeit für Zutraulichkeiten!

Auch nach seiner Wahl zum Präsidenten der Vereinigten Staaten von Amerika lässt Trump nicht von seinen Spielchen ab. Er versucht bei öffentlichen Auftritten durch den Handschlag seine Macht zu demonstrieren. Schmerzhaft zu spüren bekam dies der japanische Ministerpräsident Shinzo Abe bei seinem Besuch im Oval Office im Februar 2017. Geschlagene 19 Sekunden dauerte der Handschlag zwischen den beiden Staatsoberhäuptern. Immer wieder rüttelte der amerikanische Präsident an der Hand des Ministers, tätschelte diese und zog ihn ruckartig zu sich. Die Freude in Abes Gesicht nach dem intensiven Handschlag hielt sich in Grenzen. Der Japaner war sichtlich erleichtert, als Donald Trump seine Hand losließ.[10] Dabei war Trump sicherlich bewusst, dass diese Art der Begrüßung in Japan eine grobe Unhöflichkeit darstellt.

Ganz besonderes Aufsehen erregte das Zusammentreffen von Kanzlerin Angela Merkel und Donald Trump. Bei der Pressekonferenz im Weißen Haus verweigerte der mächtigste Mann der Welt der mächtigsten Frau der Welt den Handschlag.[10] Journalisten forderten diesen zwischen Trump und Merkel. Schon während der Aufforderung schüttelte Trump als Antwort leicht den Kopf und wandte ihn demonstrativ von der Kanzlerin ab. Merkel schien sichtlich irritiert, als Trump nicht auf ihre Frage nach einem Handschlag einging und stattdessen weiterhin trotzig in eine andere Richtung blickte. War es ein Fauxpas oder ein Missverständnis? Sprecher Sean Spicer deklarierte es einen Tag danach als Missverständnis und meinte, Trump hätte die Frage überhört. Den Menschen wird es aber als peinliche Szene in Erinnerung bleiben.

Ein ganz besonderes Duell beim Händeschütteln lieferte sich Trump später mit dem frisch vereidigten französischen Präsidenten Emmanuel Macron. In diesem Fall hielt Macron die Hand des amerikanischen Präsidenten für eine längere Zeit fest, presste dabei die Lippen zusammen und blickte Trump tief in die Augen. Bei genauerem Hinsehen schien Trump sich sogar frühzeitig aus dessen Griff lösen zu wollen.[11] Später verriet Macron, dass er bewusst fest und lange zugegriffen habe. Er wollte sich damit Respekt verschaffen. Zwar störe ihn diese Logik des Kräftemessens, doch wenn Trump dieses Spiel spielen wolle, so würde er natürlich mitspielen. Aber was will Trump uns damit zeigen? Mit seinem Handschlag kommuniziert er Stärke und Macht. Durch das intensive Schütteln der Hände nimmt er sein Gegenüber für sich ein, dieser kann die Situation durch das Heranziehen kaum noch kontrollieren. Darüber, ob der Handschlag gleichzeitig ein politisches Statement ist, lässt sich lediglich spekulieren. Schließlich ist zu bedenken, dass der Handschlag von Staatspräsidenten als Symbol gilt, das gerne etwas länger andauert, um der Presse Zeit für das passende Foto zu geben.

Lieber Leser, mit nur etwas Kenntnis von Haptik und Körpersprache können wir bereits massiv beeinflussen, wie uns jemand anderes wahrnimmt. Zudem schärfen wir unseren eigenen Blick dafür, wodurch wir in der zwischenmenschlichen Kommunikation erfolgreicher und professioneller auftreten. Menschen zu lesen bedeutet nicht, sie komplett zu durchleuchten und in ihr tiefes Inneres zu blicken. Vor allem in flüchtigen Momenten ist das auch gar nicht möglich. Zuallererst sollten wir also unsere Sinne schärfen für das Konstrukt der Körpersprache in der nonverbalen Kommunikation. Nur wer in der Lage ist, seine Umwelt zu verstehen, wird seine Ziele erfolgreich kommunizieren können.

TEIL 10

HELDENGESCHICHTEN – DIE WELT DES STORYTELLINGS

KAPITEL 1
Warum wir Geschichten lieben

Das Erste, an das ich mich zurückerinnern kann, ist der Wald. Ich flüchtete vor Männern, die mich mit Maschinengewehren unter Beschuss nahmen. Ich rannte so schnell ich konnte und durch einen beherzten Sprung auf einen Baum gelang es mir, mich in dessen Krone vor meinen Verfolgern zu verstecken. Doch leider saß ich auf einem Baum, der nur kurz darauf von einer röhrenden Kettensäge gefällt wurde. Ich landete auf einem Stamm, der zum Transport in einen Fluss geworfen wurde. Dieser mündete jedoch in einen Wasserfall. Ich stürzte in die Untiefen und als ich wieder erwachte, befand ich mich völlig durchnässt in einem Sägewerk. Der Baumstamm, auf dem ich noch immer saß, stand kurz vor der Exekution. Im letzten Moment kletterte ich aus der Sägemaschine heraus, wurde dabei aber auf einen Transporter geschleudert, der mich in eine Produktionsfabrik brachte. Nur mit Unterhose bekleidet baute man um mich herum einen Holzschrank. Ich wurde in einen Transporter geworfen und so bin ich hierher gelangt.“[1] Die Kamera zoomt heraus, im Kleiderschrank wird ein halbnackter Mann vom nach Hause kommenden Ehemann entdeckt. Der Casanova erfindet eine unglaubliche Story. Die Reaktion des betrogenen Ehemannes: Er staunt über das erlebte Abenteuer und glaubt dem Mann aus dem Schrank. Die Botschaft dahinter: „Never underestimate the power of a great story!“ Diese Geschichte stammt vom französischen Fernsehsender *Canal+*. Ein weiterer Clou der Geschichte: Der Casanova ist ein Redakteur des Fernsehsenders. Überspitzt dargestellt zeigt *Canal+* mit seinem Spot, welche Kraft Geschichten haben können. Einfach gesagt: *Canal+* setzt auf Storytelling, eine der ältesten Kulturtechniken der Welt.

Bereits im ersten Kapitel dieses Buches habe ich mich mit der Macht einer guten Geschichte beschäftigt. Die Fähigkeit des Menschen, Geschichten zu erzählen, war und ist ein essenzieller Bestandteil beim Aufbau von Kultur und Identität. Es handelt sich um eine Fähigkeit, die tief in den Köpfen der Menschen verankert ist. Sie unterscheidet uns von allen anderen Spezies auf dieser Welt und war sicherlich ein wichtiger Faktor für die Erfolgsgeschichte des Homo sapiens. Doch was fasziniert uns so sehr an Geschichten? Um das herauszufinden, müssen wir in der Geschichte der Menschheit weit zurückgehen. Die Praxis des Geschichtenerzählens wird von den Menschen schon seit Jahrtausenden gepflegt und kann als ältestes und erfolgreichstes Knowledge-Sharing-System bezeichnet werden.[2] Wie sonst konnte zum Beispiel die Edda, eine im 13. Jahrhundert verfasste Mythologie-Sammlung skandinavischer Götter- und Heldensagen, eine Zeit ohne Internet und Social Media überdauern? Ganz klar – weil sich die Menschen Geschichten erzählten. Wer Geschichten weiß und wer sie erzählen kann, ist ein mächtiger Mensch. So finden wir in sämtlichen Kulturen und durch alle Zeitalter hindurch mächtige Erzählungen. Sie definieren, woher wir kommen, wer wir sind und wieso wir sind. Sie erklären uns die reale Welt, aber auch imaginäre Werte und Normen. Unser komplettes Leben ist eine Geschichte und wir sind alle Storyteller. Ein Großteil unserer Kommunikation besteht aus Geschichten. Wenn wir am Montag ins Büro kommen und unseren Arbeitskollegen vom Wochenendausflug berichten, machen wir dies nicht durch eine Auflistung von Zahlen, Daten und Fakten. Vielmehr erzählen wir eine Geschichte, die verschiedene Elemente hat, die einen Spannungsbogen aufweist und Emotionen hervorruft. Es gibt unendlich viele Bücher, Theaterstücke, Filme, Reden, Fernsehshows oder Werbespots. Sie alle erzählen Geschichten, von denen wir uns begeistern lassen. Waren es zuerst mündlich überlieferte Erzählungen am Lagerfeuer oder Zeichnungen an Höhlenwänden, begannen wir sie später aufzuschreiben und, seit Gutenbergs Erfindung des modernen Buchdrucks mit beweglichen

Lettern, auch hundertfach in gedruckter Form zu verbreiten. Heutzutage sind die Möglichkeiten, Erzählungen weiterzutragen, nahezu unbeschränkt. Aber auch ohne unsere grandiosen technischen Möglichkeiten hat der Mensch stets Wege gefunden, seine Geschichten zu erzählen. Nie gab es ein Volk ohne Geschichten, nie wird es ein Volk ohne Geschichten geben.

Warum wir erzählen

Gute Geschichten können uns motivieren, berühren und überzeugen. Wir lieben Geschichten, weil sie uns schon als kleines Kind fasziniert haben. Sie sprechen uns an, weil wir durch sie das Schicksal anderer Menschen erfahren und uns mit den Helden der Geschichte identifizieren können. Diese Identifikation befähigt uns zur Empathie und ermöglicht so erst ein zivilisiertes und soziales Zusammenleben.[3] Warum wir uns die Welt gerne durch Geschichten erklären lassen, lässt sich sogar neurobiologisch erklären. Der Mensch besitzt nämlich zwei Arten von Gedächtnissen. Zum einen das analytische Gedächtnis, das plant und argumentiert. Zum anderen das narrative Gedächtnis, das Erlebtes als Geschichte abspeichert, mit Emotionen steuert und Entscheidungen trifft. Es ist wissenschaftlich bewiesen, dass wir uns Geschichten besser merken können, weil sie im narrativen Gedächtnis direkt abgespeichert werden können. Zahlen und Fakten hingegen bleiben weniger gut haften oder werden direkt aussortiert. Bei allen Lernprozessen werden im Gehirn Verknüpfungen geschaltet. Gerald Hüther, einer der bekanntesten deutschen Gehirnforscher, spricht von sogenannten neuronalen Verschaltungsmustern, die im Gehirn aufgebaut und gefestigt werden.[4] Wie bereits beim Thema Framing gesehen, verstehen wir unsere Umwelt am besten durch die Verwendung von Bildern. Was Geschichten erzeugen, sind nichts weniger als diese Bilder. Lernen und Verstehen funktioniert nur, wenn wir neue Bilder mit bereits bestehenden in unserem Gehirn verknüpfen. Indem wir also Informationen in Form von Geschichten und nicht nur durch Zahlen, Daten und Fakten übertragen, verknüpfen sich diese Bilder, wodurch wir besser in der Lage sind, etwas im Kopf zu behalten. Geschichten helfen uns also dabei, Informationen besser zu verarbeiten. Durch Erzählungen werden unsere Emotionen angesprochen. Die dabei ausgeschütteten neuroplastischen Botenstoffe helfen unserem Gehirn, neue Verschaltungen schneller aufzubauen.

Da auch eine Rede immer dazu dient, Informationen zu vermitteln, ist das Erzählen von Geschichten eine äußerst wichtige rhetorische Kompetenz. In diesem Teil dieses Buches kommen wir deshalb zu einem der wichtigsten Werkzeuge für Ihren Koffer: dem Storytelling.

KAPITEL 2
So funktionieren Geschichten

An welchen Lehrer erinnern Sie sich aus Ihrer Schulzeit gerne zurück? War es vielleicht derjenige, der emotionslos vor der Klasse stand, unübersichtliche Tafelbilder erstellte und in eintönigem Duktus den Klausurenstoff vermittelte? Der- oder diejenige, bei der sich die 45 Minuten einer Schulstunde ins Unendliche auszudehnen schienen? Trotz aller damaligen Leiden ist es wahrscheinlicher, dass Sie sich genau wie ich an diejenigen Lehrer erinnern, die ihren Unterricht mit Alltagsanekdoten und anschaulichen Beispielen – sprich: mit Geschichten – gestalteten. Möglicherweise haben Sie einige dieser Geschichten bis heute behalten und den eintönigen Redner sogar komplett aus dem Gedächtnis verbannt. Motivieren, Berühren, Überzeugen – nur drei Punkte, die das Geschichtenerzählen ausmachen, aber auch drei Punkte, die ein guter Redner können muss.

Durch Zuhilfenahme von Geschichten erhöhen wir die Aufmerksamkeit des Zuhörers. Sie wollen begeistern? Dann schaffen Sie Bilder, mit denen sich Ihr Publikum identifizieren kann. Die dadurch ausgelöste Empathie sorgt für eine intensivere Teilhabe an Ihrem Thema. Denn erst durch Emotionen kommt die Botschaft, die Sie vermitteln wollen, im Gedächtnis Ihrer Zuhörer an. *Apple*-Gründer Steve Jobs war ein Meister in dieser Kunst und setzte ganz bewusst auf Storytelling und dessen emotionale Wirkung. Das äußerte sich nicht nur in der Vermarktung seiner Produkte, sondern auch in seinen öffentlichen Auftritten. Seine berühmteste Rede hielt Jobs aber nicht während einer Keynote von *Apple*, sondern bei der Abschlussfeier an der Stanford University 2005.[5] Der Kern von Jobs' Vortrag bestand aus drei Geschichten, darunter die seiner Adoption und wie das erste Elternpaar ihn ablehnte, weil er ein Junge war. Was sie alle gemeinsam hatten, ist die Auseinandersetzung mit dem Kreislauf des Lebens: Leben, Tod, Wiedergeburt. Steve Jobs erzählte damals Geschichten, mit denen sich jeder identifizieren kann. Nicht nur die Absolventen der Stanford-Abschlussklasse, sondern jeder, der diese Rede hört. Gute Geschichten erzählen zu können ist eine Fähigkeit, die maßgeblich zu gelungener Kommunikation mit anderen Menschen beiträgt. Dies gilt nicht nur für den Auftritt auf der Bühne. Egal wo Menschen zusammenkommen – ob auf Messen, Firmenevents oder Familienfeiern –: Wir können durch das Werkzeug Storytelling überzeugen. Lernen Sie, dieses Instrument zu spielen!

Das macht eine gute Geschichte aus

Um gute Geschichten zu erzählen, die nachhaltig wirken, gilt es allerdings einige Dinge zu beachten. Zunächst sollten wir uns immer fragen: Aus welchem Grund erzähle ich die Geschichte? Was ist meine Botschaft? Wie werde ich sie verpacken? Storytelling hat nur dann den gewünschten Effekt, wenn unsere erzählte Geschichte authentisch ist. Sie muss überzeugend und nachvollziehbar, im Endeffekt eine Abbildung der Wirklichkeit sein. Erfundene und konstruierte Geschichten hingegen drohen schnell in die Unglaubwürdigkeit abzudriften. Damit unsere Geschichte gut nachvollziehbar und für jedermann verständlich ist, braucht es daher zuallererst einen strukturierten Aufbau und eine leicht verständliche Sprache. Zentrale Zutaten sind der Spannungsbogen der Geschichte sowie eine Figur, mit der sich die Zuhörer identifizieren können. Innerhalb dieses Spannungsbogens durchläuft die Hauptfigur eine Veränderung, die den Hörern eine Botschaft mit auf den Weg geben möchte. Ein Spannungsbogen entsteht dann, wenn sich unsere Hauptfigur mit Herausforderungen und Konflikten auseinandersetzen muss und diese besteht oder auflöst. Zusammengefasst findet sich dieses Modell in der Reise des Helden wieder.

Die Heldenreise

Ein Junge ist dazu bestimmt, den mächtigsten und gefährlichsten Zauberer der Welt zu besiegen. Seine Aufgabe ist es, sowohl die magische als auch die reale Welt zu retten. Ein Mädchen wird mit einem Tornado in eine sonderbare Fantasiewelt befördert. Ihr Ziel ist es, wieder nach Hause zurückzukehren. Zwei Geschichten, die unterschiedlicher nicht sein könnten: *Harry Potter* und *Der Zauberer von Oz*. Ihre Grundstruktur ist im Kern jedoch dieselbe und beschreibt eine Heldenreise. Jede Geschichte braucht einen Helden. Ohne ihn ergibt keine Handlung einen Sinn. Seit jeher laufen große Geschichten – von Homers *Odyssee* über Shakespeares Werke bis hin zu heutigen Hollywoodfilmen – nach dem Muster der Heldenreise ab. Sie ist eine flexible Schablone, die auf jede Geschichte anwendbar ist. Wissenschaftlich untersucht hat sie der Mythenforscher Joseph Campbell durch einen umfassenden Vergleich von Mythen- und Sagengeschichten. Diese kulturgeschichtlichen Untersuchungen sind Grundlage für die Methode der Heldenreise. 1949 zeigte er, dass ein Großteil von Märchen, Sagen und Mythen eine sehr vergleichbare Struktur und im Kern die gleichen Elemente aufweist. Weil dieses Modell auf alten Geschichten beruht, hat es ein anderer weiterentwickelt und modernisiert: der US-amerikanische Drehbuchautor Christopher Vogler. Mit seiner Arbeit und der Aufstellung der Heldenreise inspirierte er unter anderem weltbekannte Regisseure wie George Lucas (*Star Wars*) und George Miller (*Mad Max*). In seinem Buch *Die Odyssee des Drehbuchautors* fasst er die Heldenreise großartig zusammen: „Derartige Geschichten spiegeln eben die Funktionsweise des menschlichen Geistes genau wider; sie sind getreue Pläne der Seele. […] Daraus ergibt sich die universelle Kraft solcher Geschichten. Von einer Geschichte, die dem Modell der Reise des Helden nachgebildet ist, geht etwas aus, das alle Menschen empfinden können, weil es dem universellen kollektiven Unterbewussten entspringt und universelle Befindlichkeiten widerspiegelt. In solchen

Geschichten geht es immer wieder um die universellen, kindlichen Urfragen: Wer bin ich? Woher komme ich? Wohin gehe ich, wenn ich sterbe? Was ist gut, was ist böse? Und was hat das mit mir zu tun? Wie wird das Morgen aussehen? Und wohin ist das Gestern entschwunden? Gibt es sonst noch jemanden da draußen?“[6]

Die verschiedenen Stationen, die ich Ihnen nun im Folgenden vorstelle, müssen nicht zwingend immer in der gleichen Reihenfolge auftauchen. Sie können auch vertauscht oder manche komplett übersprungen werden. Das Grundgerüst der Heldengeschichte bleibt jedoch erhalten, wodurch ein großer Wiedererkennungswert entsteht. Die zwölf Stationen der Heldenreise verstehen sich als Kreislauf. Zu Beginn geht der Held (natürlich kann es auch eine Heldin oder eine ganze Gruppe von Helden sein) auf eine Reise, an deren Ende er zum Ausgangspunkt zurückkehrt. Bei diesem Modell handelt es sich um die Definition nach Christopher Vogler. Nehmen Sie sich etwas Zeit und wenden Sie die Struktur auf eine Ihrer Lieblingsgeschichten an. Funktioniert auch sie nach dem Prinzip der Heldenreise?

1. Die gewohnte Welt

Die Heldenreise startet in der gewohnten Welt, in der die Ausgangssituation und der Held vorgestellt werden. Hier lebt der Held, geht seiner Arbeit nach und kümmert sich um seine Familie und Freunde. Wir lernen hier den Helden kennen, der oft als bodenständig dargestellt wird. Es ist das stinknormale Leben, das er in der gewohnten Welt führt. Alltag. Doch irgendetwas fehlt. Schließlich geschehen die großen Abenteuer nur selten in den eigenen vier Wänden.

2. Der Ruf des Abenteuers

Ein unerwartetes Ereignis reißt den Helden aus seinem Alltag heraus. Die Normalität hat ein Ende. Dieser Ruf erfolgt von außen und kann Verschiedenes sein. Es kann sich um eine Bitte handeln, um eine plötzliche Idee oder einen Schicksalsschlag. Der Ruf jedenfalls löst einen Konflikt im Helden aus und regt zum Nachdenken an.

3. Die Weigerung

Soll der Held dem Ruf folgen oder nicht? Die erste Reaktion des Helden ist zumeist eine Weigerung. Die Gründe hierfür können vielschichtig sein. Oftmals gründet die Weigerung auf Angst, weil der Held seine gewohnte Welt nicht verlassen will. Er fühlt sich wohl zu Hause. Vielleicht wird er aber auch zu Hause gebraucht und verweigert sich deswegen dem Ruf.

4. Begegnung mit dem Mentor

Nun begegnet der Held einer wichtigen Person der Geschichte: dem Mentor. Dieser hilft ihm einerseits, die Entscheidung für das Abenteuer zu treffen, und gibt dem Helden andererseits etwas Nützliches an die Hand, das dieser auf seiner Reise gut gebrauchen kann. Das kann Wissen, also eine besondere Erkenntnis, oder auch ein (magischer) Gegenstand sein. Zudem begegnet der Held weiteren Weggefährten, die ihn auf seiner Reise unterstützen werden.

5. Das Überschreiten der ersten Schwelle

Jetzt gibt es kein Zurück mehr. Indem der Held die erste Schwelle überschreitet, begibt er sich auf die Reise. Oftmals wird diese Schwelle symbolisch dargestellt, weil der Held seine alte, gewohnte Welt verlässt und in eine komplett neue aufbricht.

6. Prüfungen, Verbündete, Feinde

Nun muss der Held seine ersten Bewährungsproben bestehen. Sie dienen dazu, die Geschichte voranzutreiben. Denn eine

Prüfung ist schwieriger als die andere. Im Verlaufe dieser Prüfungen identifizieren wir uns weiter mit dem Helden. Wir erfahren seine Ängste, lernen seine Stärken und Schwächen kennen. Durch diese Hindernisse wird der Held gestärkt. Zudem trifft er während dieser Prüfungen auf Verbündete und Feinde.

7. Das Vordringen zur tiefsten Höhle

Der Held dringt zur tiefsten Höhle vor, dem entscheidenden Ort des Abenteuers. Damit nähert er sich zugleich seiner größten Angst.

8. Die entscheidende Prüfung

Hier muss der Held nun die entscheidende Prüfung bestehen. Er stellt sich seiner größten Angst.

9. Die Belohnung

Endlich. Der Held hat seinen größten Gegner besiegt, indem er sich seinen Ängsten gestellt hat. Damit hat er die alles entscheidende Prüfung bestanden, wofür er nun eine Belohnung erhält. Dieser Gewinn, der auch als Elixier bezeichnet wird, kann alles Mögliche sein. Es kann sich um einen materiellen Schatz handeln oder um eine immaterielle Erkenntnis.

10. Rückweg

Unser Held begibt sich nun auf die Rückreise. Er hat seine Abenteuer bestanden und kann sich auf dieser Reise mit der Belohnung auseinandersetzen. Was bedeutet die Belohnung? Wie wird sie ihn verändern?

11. Auferstehung

In vielen Geschichten muss sich der Held kurz vor dem Ende noch ein letztes Mal beweisen, um endgültig nach Hause zurückkehren zu können. Es ist der letzte Moment der Spannung, beispielsweise wenn ein tot geglaubter Feind noch einmal auftaucht.

12. Rückkehr mit dem Elixier
Mit dem Bestehen der letzten Prüfung kehrt der Held in seine gewohnte Welt zurück. Durch seine Reise hat er sich stark verändert. Er hat vieles gesehen und gelernt, das er nun an andere weitergibt.

Zahlreiche große Geschichten aus der jüngeren Vergangenheit basieren auf dem Modell dieser Heldenreise. Denken Sie beispielsweise an einige der großen Klassiker: *Der Zauberer von Oz*, *Alice im Wunderland*, *Star Wars*, *Der Herr der Ringe*, *Harry Potter* – aber auch traditionelle Märchen oder Mythen weisen die Heldenreise als Grundmuster auf.

Archetypen

Der Schweizer Psychiater Carl Gustav Jung gilt nicht nur als Begründer der analytischen Psychologie, sondern stellte auch die Theorie der Archetypen auf. Hierbei handelt es sich um wiederkehrende Figuren oder Charaktere, die in Mythen oder Träumen auftauchen und verschiedene Eigenschaften verkörpern. Christopher Vogler, dessen Heldenreise wir bereits kennen, hat sieben von Jungs Archetypen ausgewählt, die in Geschichten immer wieder auftauchen. Beim Betrachten dieser Archetypen gilt es zu bedenken, dass ein Charakter auch verschiedene Eigenschaften mehrerer Archetypen in sich vereinen kann.

Der Held

Zuallererst ist da unser Held. Er ist derjenige, den wir schon auf seiner Heldenreise begleitet haben, denn auch Campbell bezieht sich in seiner Heldenreise auf Jungs Theorie der Archetypen. Das Wort Held stammt vom griechischen Wort „heros“ ab und bedeutet übersetzt „schützen“ oder „dienen“. Er stellt das Wohl der Allgemeinheit über seine eigenen Bedürfnisse. Der Held ist für den Rezipienten die Identifikationsfigur. Deswegen ist er mit Eigenschaften ausgestattet, mit denen sich jeder identifizieren kann. Wir sprechen hier von universellen Eigenschaften. In einer klassischen romantischen Highschool-Komödie ist das oft die Tollpatschigkeit der Heldin oder des Helden. Natürlich braucht unser Held Merkmale, die ihn einzigartig machen und von seinen Mitmenschen abheben, beispielsweise besonderen Ehrgeiz oder Fehler, die ihn menschlich wirken lassen. Wichtig ist, dass er einen Lernprozess durchläuft und aus seinen Schwächen und Fehlern lernt, um seine Stärken besser einzusetzen. Insgesamt ist der Held der aktivste Archetyp und treibt die Handlung maßgeblich voran: Er muss an maßgeblichen Wegpunkten richtige Entscheidungen treffen. In anderen Figuren finden wir manchmal die Opferbereitschaft eines Helden. Dann nimmt er heroische Züge an, so beispielsweise *Gandalf* aus *Der Herr der Ringe*, der sich auf der Brücke von Khazad-dûm opferte, um den Dämon zu töten.

Der Mentor

Den Mentor kennen wir bereits aus der Heldenreise. Er hat die Aufgabe, den Helden auszubilden, ihn auf sein Abenteuer vorzubereiten und schlussendlich auf die Reise zu schicken. Zumeist überreicht er dem Helden einen Gegenstand, den dieser auf seiner Reise benötigt. Überwiegend ist der Mentor von positiver Prägung (zum Beispiel *Yoda* aus *Star Wars*). Er kann jedoch auch negative Charaktereigenschaften haben wie *Haymitch Abernathy* aus *Die Tribute von Panem*.

Der Schwellenhüter

Der Schwellenhüter ist – wie der Name schon sagt – ein Hüter, der den Übergang zwischen zwei Welten bewacht und darauf achtet, wer hinübergeht. Meistens ist er der Gefolgsmann des Bösen, selten der Antagonist selbst, der versucht, den Helden an bestimmten Stellen aufzuhalten. Ein Schwellenhüter repräsentiert die Hindernisse, die ein Held überwinden muss – sei es auch nur schlechtes Wetter. Bekanntestes Beispiel hierfür ist die Sphinx, die Reisenden Rätsel aufgibt und so die Würdigen von den Unwürdigen trennt.

Der Herold

Der Herold ist der Überbringer einer Botschaft, die ein Abenteuer oder bevorstehende Herausforderungen ankündigt. Er führt meistens den Ruf des Abenteuers aus. Im einfachsten Fall ist er ein Briefträger, wie Eulen bei *Harry Potter*. Herolde können gut, böse oder auch neutral sein und manchmal überschneiden sie sich auch mit den Mentoren. Der berühmteste Herold ist *Hermes*, der Götterbote.

Der Gestaltwandler

Der Gestaltwandler ist meist schwer zu entlarven, denn er wechselt häufig sein Gesicht. Das kann nicht nur durch eine äußerliche Veränderung vonstattengehen. Eine einfache Meinungsänderung oder Stimmungsschwankung ist ebenso typisch. Der Gestaltwandler kann dadurch Held und Rezipient täuschen und seine wahren Ziele verbergen. In manchen Fällen muss sich der Held selbst verwandeln, um seine Aufgabe zu erfüllen, wie etwa *Tristan*, der sich als Spielmann ausgibt, um *Isolde* den Hof zu machen.

Der Schatten

Der Schatten symbolisiert die dunkle Seite eines Menschen. Alle seine negativen Charaktereigenschaften bündeln sich in ihm. Meistens wird der Schatten vom Antagonisten, also dem Bösewicht einer Geschichte, verkörpert. Dieser muss aber nicht durch und durch böse sein, sondern kann sich am Ende auch auf die gute Seite ziehen lassen, wie es oft in Kinderfilmen der Fall ist. George Lucas spielte in seiner *Star Wars*-Saga sehr stark mit diesem Element.

Der Trickster

Der Trickster weist durch Komik auf Missstände hin und wird oft als komischer Begleiter eingesetzt. Er stutzt zu große Egos wieder zurecht und sorgt für Entspannung durch seinen Witz. In der Mythologie tritt er meistens in der Gestalt eines Hasen auf. *Bugs Bunny* kann als Trickster der 1990er-Jahre gesehen werden. Ein anderes bekanntes Beispiel für einen solchen Archetyp ist *Sam Hawkens* aus den Wildwest-Erzählungen von Karl May.

KAPITEL 3
Corporate Storytelling

Mehrere Monate anhaltende Dunkelheit und Eiseskälte. Schneemobile als hauptsächliche Fortbewegungsmittel. Von Sonne keine Spur: Herzlich Willkommen in Longyearbyen, der nördlichsten Siedlung der Welt. Hier leben mehr als 2.000 Menschen, deren innere Uhr wegen fehlender Tageszeiten über weite Strecken des Jahres stark beeinträchtigt ist. Der dreizehnjährige Torje hat Angst vor dieser anhaltenden Dunkelheit. Ein großes Problem, das nicht nur er hat, sind nämlich die Schwierigkeiten beim Aufwachen durch den Verlust jeglichen Zeitgefühls. Eines Tages jedoch erhält Torje bei einer Bürgerversammlung ein Hilfsmittel für den Kampf gegen die Dunkelheit: das Wake-up Light, ein einfacher Lichtwecker, der einen Sonnenaufgang simuliert. Woher wir diese Geschichte kennen? Vom Elektronikkonzern *Philips*, der sie uns dankenswerterweise erzählt. Denn die Geschichte von Torje und seiner Familie ist ein Produktvideo, das auf Storytelling setzt.[7]

Wie schaffen es Unternehmen, Leidenschaft und Begeisterung in Menschen für ein im Grunde banales Produkt zu wecken? Warum können manche Persönlichkeiten Massen inspirieren? Die Antwort ist ebenso schlicht wie einfach: Sie erzählen Geschichten. „Die mächtigste Person der Welt ist der Geschichtenerzähler“, sagte einst Steve Jobs und gleichzeitig war er es, der zu einem der größten Geschichtenerzähler seiner Zeit aufstieg. Schon früh erkannte Jobs, dass Storytelling aus dem Marketing nicht mehr wegzudenken ist. Wie aber stärke ich eine Marke, wenn ich kaum noch Abgrenzungsmerkmale zur Konkurrenz habe? Storytelling ist eines der Trendthemen in der Marketingbranche. Es wird als Instrument eingesetzt, um Produkte, Marken und das eigene Unternehmen mit Geschichten zu präsentieren – und das wirkt!

In einer Zeit, in der wir auf zahlreichen Kanälen mit unfassbar viel Content bespielt werden, ist es zur zwingenden Aufgabe von Unternehmen geworden, sich aus der Masse der Konkurrenz hervorzuheben. Storytelling ist dabei zu einer der wirksamsten Methoden geworden: Emotionen werden geweckt, der Rezipient wird unterhalten und behält das Gesehene und Gehörte im Gedächtnis. Die zunehmend weniger werdenden Unterscheidungsmerkmale – was beispielsweise auch im Politikbetrieb mehr und mehr beklagt wird – finden sich vor allem bei Supermarktketten wieder. Durch mangelnde Profilierung und hohen Konkurrenzdruck werden sie immer austauschbarer. Um die breite Masse zu erreichen, werden Abgrenzungsmerkmale eher ab- als aufgebaut, was dem Positionierungsprinzip (Erreichen der Zielgruppe durch Abgrenzung zur Konkurrenz) aus dem Marketing völlig widerspricht. Während *Lidl* und *Aldi* mit der Aufnahme von Markenprodukten ins eigene Sortiment gegen ihr Discounter-Image ankämpften, reagierten Supermärkte wie *Rewe* und *Edeka* mit der Einführung von eigenen Billigmarken (*Ja* und *Gut und Günstig*) sowie dem Aufbau von eigenen Marken-Discountern (*Penny* und *Netto*). Diese Strategie hat zu einer nahezu kompletten Austauschbarkeit geführt. Es ist mittlerweile egal, wo ich einkaufen gehe. Wenn sich Abgrenzungsmerkmale zusehends auflösen, hilft der Einsatz von Storytelling. Erfolgreich angewandt, schafft Corporate Storytelling eine emotionale Verbindung zur Marke, die nicht mehr durch die Qualität oder die Art der Produkte erklärt werden kann. Nur durch die mit der Marke verbundenen Emotionen bleibt ein Unternehmen im Bewusstsein des Konsumenten und hebt sich in dessen Wahrnehmung von der Konkurrenz ab, auch wenn es keine wirklichen Unterschiede mehr gibt.

Externe Unternehmenskommunikation

In der externen Unternehmenskommunikation wird Storytelling dazu verwendet, um das Unternehmen, die Marke oder ein neues Produkt besser zu vermarkten und dem Kunden einzuprägen. Die Einsatzmöglichkeiten sind durch die digitalen Optionen heute sehr vielseitig.

Videos, Texte oder Bilder können einfach auf der eigenen Homepage eingebunden werden. Ganz klassisch kann dort die Gründungsgeschichte erzählt werden. Der Werdegang eines Unternehmens wird noch immer meist tabellarisch anhand von Daten und Fakten präsentiert. Beim Storytelling aber wird packend erzählt, welche geniale Idee der Gründer hatte oder welche kuriose Geschichte hinter der Gründung steht. So wird eine Geschichte zum Mythos. Ein sehr gutes Beispiel für die Darstellung des Gründungsmythos ist *FREITAG*. Der Taschenhersteller erzählt seine Geschichte unter dem Titel *Die Freitag Story*.[8] Darüber hinaus finden sich dort weitere Geschichten rund um das Unternehmen, beispielsweise wie und warum die Macher ein biologisch abbaubares Textil zur Herstellung verwenden. Dabei wird scheinbar ganz nebenbei die Unternehmenskultur vorgestellt. Der Berliner Schokoladenhersteller *Rausch* hat seine ganze Homepage zu einem Storyversum umgebaut. Von der Gründung über die Herstellung, die Herkunft und die Produkte ist alles in Geschichten verpackt. Hinzu kommt der innovative Aufbau der Website, der den Nutzer in Action bringt: Scrollen, klicken und ziehen lautet das Erfolgsrezept.[9] Storytelling ist für die externe Unternehmenskommunikation keineswegs auf die Homepage beschränkt, sondern kann auf vielen Kanälen an die Öffentlichkeit gelangen. Doch nicht nur in der Kommunikation nach außen ist Storytelling ein hilfreiches Werkzeug. Auch intern kann es sehr zielführend eingesetzt werden.

Interne Unternehmenskommunikation

Innerhalb eines Unternehmens lässt sich Storytelling strategisch einsetzen, um Entwicklungsprozesse einzuleiten, Veränderungen zu moderieren, Projekte zu evaluieren und das Wissen verdienter Mitarbeiter zu sichern.

Change Management

Veränderungen sind immer mit Ängsten und Widerständen verbunden. Wir fürchten das Unbekannte und möchten gerne beim Bewährten bleiben. Storytelling lässt sich hervorragend dazu einsetzen, solche Emotionen offenzulegen und aufzulösen. Dabei gibt es verschiedene Ansätze, etwa eine Analyse des Veränderungsprozesses mit dem Muster der Heldenreise. Hierbei werden die Biografien der beteiligten Mitarbeiter in den Vordergrund gestellt – denn die vorhandenen Ängste liegen in den Personen und nicht in den Strukturen. Mit der Heldenreise kann das Gefühl der Entfremdung aufgedeckt und in ein neues Gemeinschaftsgefühl umgewandelt werden. Bei Change-Prozessen werden Storytelling-Methoden angewendet, die vor allem darin bestehen, Interviews mit Mitarbeitern verschiedener Hierarchieebenen zu führen und daraus eine Erfahrungsgeschichte zu entwickeln.

Leadership

Storytelling – ich wiederhole mich an diesem Punkt gern – ist eine nicht zu unterschätzende rhetorische Kompetenz. Mitarbeiter in Führungspositionen können viel in ihren Teams und für das gesamte Unternehmen bewirken, wenn sie ihre eigene Persönlichkeit mithilfe von Storytelling greifbar machen. Das gilt auch für zu treffende Maßnahmen und für Sachverhalte, die eher abstrakt sind. In Geschichten eingebettet können sie besser vermittelt werden – das schafft bei den Mitarbeitern Vertrauen und stiftet Identität.

Interne Kommunikation

Was nach außen wirkt, wirkt auch nach innen. Bei internen Magazinen, Blogs oder Newslettern lässt sich die Wirkung erhöhen, wenn man mit Geschichten arbeitet: Erzählt werden Erfahrungen und Erlebnisse der Mitarbeiter – Erfolge und Misserfolge, aus denen etwas gelernt wurde. Achtung: Diese Geschichten sollten aber nicht nur Erfolgsstorys nach dem immer gleichen Schema sein, sondern Geschichten mit Konflikten und einer Dramaturgie oder Porträts von Mitarbeitern, die etwas zu erzählen haben. Nur so stärken diese internen Kommunikationskanäle das Gefühl, auf einer gemeinsamen Reise zu sein.

Die Betreuung altgedienter und neuer Mitarbeiter

Wenn ein Mitarbeiter nach langen Jahren der Firmenzugehörigkeit geht, hinterlässt er eine große Lücke. Dabei steht die fachliche Kompetenz nicht einmal im Vordergrund: Vor allem geht ein immenser Erfahrungsschatz verloren – der sich aber durch Storytelling bewahren lässt. Dieses Erfahrungswissen kann gleichzeitig dazu genutzt werden, um neue Mitarbeiter schneller und besser in das Unternehmen zu integrieren. Sie bekommen nicht nur fachliche Anleitung, sondern werden auch mit vielen Geschichten aus dem Unternehmen konfrontiert, die ihnen ein lebendiges Bild der Werte und Kultur vermitteln. Das sorgt beim neuen Mitarbeiter für eine engere Bindung an und einen schnelleren Einstieg in das Unternehmen.

Arten von Geschichten

Unterschieden werden kann generell zwischen Unternehmens-, Marken- und Produktgeschichten. Unternehmensgeschichten werden auch als Corporate Stories bezeichnet. Darin wird die Unternehmensmarke oder die Unternehmensidentität, die Corporate Identity, dem Kunden oder den Mitarbeitern vermittelt. Diese Geschichten sind meistens in Form von Leitbildern, Visionen oder Zielen zusammengefasst. Unter Markengeschichten, auch Brand Stories genannt, versteht man die Geschichten, die mit einer Marke verbunden sind. Hierbei steht das Image der Marke, also Werte oder Eigenschaften, im Vordergrund. Das Ziel einer Brand Story ist es, den Kunden langfristig zu binden und den Verkauf zu maximieren. Beispielhaft hierfür steht der Werbespot von *Hornbach*, in dem ein Vater mit seiner Tochter leidet. Diese in schwarze Gothic-Mode gekleidete Tochter leidet in jugendlicher Schwermut an der aufgesetzten Fröhlichkeit in ihrer Stadt. Er nun streicht Haus und Grundstück ebenfalls schwarz an. Ein kurzes Lächeln leuchtet daraufhin in ihrem Gesicht auf. Ganz männlich, ganz ohne „Gesprächstralala" hat der Vater den Zugang zu seiner Tochter hergestellt. Er hat nicht einfach nur das Haus gestrichen, er hat seiner Tochter – ganz ohne Worte – gesagt: „Sieh her, ich stehe zu dir, ich liebe dich!" Die Botschaft der Marke wird perfekt vermittelt: Sag es mit deinem Projekt. Produktgeschichten sind im Gegensatz dazu da, das einzelne Produkt zu vermarkten, das bedeutet: Es wird vorgestellt und eventuell sogar erklärt.

Wie erzähle ich jetzt aber meine Geschichte? Christopher Booker, Autor des Buches *The Seven Basic Plots: Why we tell Stories* fasste sieben Arten zusammen, nach denen Geschichten funktionieren. Sie bieten sich auch für den Bereich Corporate Storytelling hervorragend an, um auf einfallsreiche Weise Marken, Produkte und Dienstleistungen zu verkaufen.

Das Monster besiegen oder David vs. Goliath

Diese Geschichte passt zu Unternehmen, die sich auf ihrem Markt gegen Riesen durchsetzen müssen oder sogar mit einer innovativen Idee die Branche revolutionieren. Beispielsweise ein Mobiltelefonanbieter, der sich gegen *Apple* oder *Samsung* durchsetzen muss, oder das Sharing-Economy-Wunder *Uber*, welches die Taxiwelt revolutionierte.

Vom Tellerwäscher zum Millionär

Das Unternehmen ist bereits der Riese im Markt? Dann muss es seinen Kunden und Angestellten zeigen, wie es seine Reise begann und welche Meilensteine es in seine heutige Position gebracht haben. Werte und Ziele des Unternehmens lassen sich dadurch hervorragend kommunizieren. Die Geschichten von Bill Gates und Steve Jobs stehen stellvertretend für diese Art der Unternehmensgeschichte. Meisterhaft umgesetzt hat dies *LEGO*. Der bekannte Hersteller des Plastiksteins erzählt in einem etwa 20-minütigen Film, wie der Gründer Ole Kirk Christiansen seine vor dem Bankrott stehende Tischlerei mit Spielzeug rettete und welche Hindernisse er und sein Erbe überwinden mussten, um die heutige Unternehmensposition zu erreichen.[10]

Die Suche

Ein Unternehmen sucht bei dem *Quest*-Plot nach etwas, wodurch sein Entwicklungsgedanke in den Fokus gerückt und Teamarbeit vermittelt werden kann. Sehr simpel umgesetzt hat das *Budweiser* mit dem Werbespot *Circus*, in dem ein Zirkuspferd nach seiner großen Liebe sucht.[11]

Reise und Rückkehr

Budweiser schickt in dieser Variante einen kleinen Hund auf eine emotionale Reise. Aufgrund seiner Neugier verlässt der Welpe unfreiwillig sein Zuhause und lernt, wer seine wahre Familie ist: die *Clydesdales* und der charmante Cowboy seiner Farm.[12] Diese Art der Geschichte kann auch in Form der Unternehmensgeschichte erzählt werden, in der der Gründer gezeigt wird, wie er seine geniale Idee entwickelte.

Komödie

Die Komödie ist natürlich humorvoll und die Basis bildet meist eine Liebesgeschichte. Beispiele hierfür sind das Video *A Love Story* von *Chipotle Mexican Grill*, in dem ein Mädchen und ein Junge jeweils auf der gegenüberliegenden Straßenseite Limonade verkaufen und aufgrund des Konkurrenzdrucks im Laufe ihres Lebens ein riesiges Geschäft darauf aufbauen.[13] In *Don't rely on fate* von *Axe* geht es um einen jungen Mann, der durch die Jahrhunderte hindurch auf der Suche nach seiner großen Liebe ist. Doch jedes Mal, wenn er die Frau seiner Träume erblickt, verschwindet sie. Am Ende findet sie ihn, weil er das Deo von *Axe* verwendet.[14]

Tragödie

Dieser Unternehmens-Plot wird verwendet, wenn sich ein Unternehmen in einer Krise befindet. Der gefallene Held muss sein Image aufpolieren und zu Fehlern stehen. *McDonald's* wird häufig mit Vorwürfen in den Bereichen Umweltschutz, Qualität oder gesundheitliche Aspekte des Essens konfrontiert. Deswegen drehte die Fast-Food-Kette einen Spot, in dem gezeigt wird, dass und vor allem wie die eigenen Pommes aus Holz hergestellt werden. Die Message lautet: Glaub nicht alles, was man dir erzählt.[15]

Wiedergeburt

Diese Art der Geschichte dokumentiert den Neustart eines Unternehmens. Wegen angeblich zu hoher Bleiwerte in *Maggi*-Produkten musste *Nestlé* 2015 in Indien die größte Rückrufaktion seiner Firmengeschichte starten. Die Vorwürfe stellten sich später als ungerechtfertigt heraus. Während der Rückrufaktion und des Versuchs, die Vorwürfe zu widerlegen, startete *Nestlé* die Marketingaktion #WeMissYouToo, in der man Kunden erzählen ließ, was oder wen sie gerade vermissen.[16]

Und wenn wir gerade bei „W“ wie in „Wiedergeburt“ oder #WeMissYouToo sind: W ist ein entscheidender Buchstabe, wenn es darum geht, große Geschichten zu erzählen. Wenn Sie sich jetzt fragen: „Warum?“, haben Sie die Antwort bereits selbst gegeben. Wer überragende und inspirierende Geschichten erzählen will, muss in der Lage sein, die richtigen W-Fragen zu beantworten. Er darf nicht nur erklären, was und wie etwas gemacht wird. Die entscheidende Frage ist das „Warum“. Warum steht ein Mensch jeden Tag auf, um das zu tun, was er tut? Was ist die Passion, Vision oder der Anspruch des Geschichtenerzählers? Dieses „Warum“ ist das, was Menschen mitreißt und inspiriert. Simon Sinek, ein britischer Journalist und Unternehmensberater, erklärte diese Frage anhand seines „goldenen Kreises“. In einem der meistgeklickten *TED*-Videos verdeutlichte er dieses Prinzip, bei dem sich alles um das „Warum“ dreht. Sein einprägsames Motto: „Menschen kaufen nicht, was man macht. Sie kaufen, warum man etwas macht.“[17] Es scheint also einfach: Die Kunst liegt darin, die richtigen Geschichten auf die richtige Art und Weise zu erzählen.

KAPITEL 4
Multimediales Storytelling

Der Begriff multimediales Storytelling bezeichnet keinen weiteren einzelnen Plot, wie wir sie im vorherigen Abschnitt kennengelernt haben, sondern die Möglichkeit, eine Geschichte mithilfe von verschiedenen Medien zu erzählen. Das hört sich zunächst kompliziert an, aber wenn Sie beispielsweise Ihren Vortrag mit Videoeinspielern auflockern oder Infografiken zur Unterstützung Ihres Vortrags nutzen, sind Sie bereits mittendrin im multimedialen Storytelling.

Multimediales Storytelling ist bisher vor allem eine Waffe des klassischen Journalismus im Kampf um Aufmerksamkeit. Viele Möglichkeiten, einen journalistischen Beitrag in einem Printmedium aufzulockern, standen bis vor wenigen Jahren nicht zur Verfügung. Sie beschränkten sich auf den Einsatz von Fotos, Infografiken und sonstigen Abbildungen. Das Internet beziehungsweise Onlinemedien bieten diese Möglichkeiten in einem viel höheren Maße. Hier können auch bewegte Inhalte wie Videos oder interaktive Elemente wie Abstimmungen et cetera in einen Beitrag eingefügt werden. Das Onlinemagazin *Journalistikon* nennt die Geburtsstunde des multimedialen Storytellings: „Vorreiter für dieses neue journalistische Genre war die *New York Times*: Im Dezember 2012 war *Snow Fall: The Avalanche at Tunnel Creek* von Reporter John Branch das nach eigenen Angaben erste Multimedia-Feature. Im Jahr 2013 wurde es dafür mit dem Pulitzer-Preis ausgezeichnet."[18]

Entscheidend ist, dass es sich bei dieser neuen Darstellungsform nicht nur um eine Abbildung beziehungsweise Übertragung des klassischen Journalismus ins Digitale handelt, die mit verschiedenen technischen Spielereien aufgelockert ist. Der Autor verfolgt beim multimedialen Storytelling immer einen Erzählstrang und setzt die jeweiligen

Medien gezielt gemäß ihrer Stärken ein, um seine Geschichte weiterzuerzählen. Von der Audioslideshow bis zum *Google-Earth*-Flug über die Region, in der der Beitrag spielt, ist alles möglich.

Multimediales Storytelling entwickelt sich parallel zu der zur Verfügung stehenden Technologie. Insofern schlägt dieses Kapitel auch den Bogen zu den immersiven Formaten, die wir im Teil *Die Zukunft der Kommunikation* bereits kennengelernt haben. Wir alle können sehr gespannt sein, welche Möglichkeiten sich aus der technologischen Entwicklung auch für die Rhetorik ergeben. Für das Corporate Storytelling ist es bereits zur Pflicht geworden. Die mehrfach ausgezeichnete Agentur *Contentkumpanei* beschreibt den derzeitigen Stand so: „Wir verstehen Storytelling als Rhetorik der Marke. Kanalübergreifend und transmedial.“[19] Im Journalismus sind die Träger von multimedialem Storytelling bisher zumeist sogenannte „Onepager“. Das heißt, alle Inhalte finden sich auf einer scrollbaren Seite, die wir von oben nach unten lesen. Entsprechend ist für diese Darstellungsform auch der Begriff „Scrollytelling“ geläufig. Mit der Definition von *Contentkumpanei* verlassen wir die Ebene des Onepagers.

Während bisher ein Journalist für seine Geschichten einen Kanal genutzt hat, dreht multimediales Storytelling dieses Prinzip um. Eine Geschichte wird auf allen Kanälen und unter Zuhilfenahme verschiedenster Darstellungsformen (Bilder, Videos et cetera) erzählt. Das heißt aber nicht, dass Sie Ihre Texte oder gar Ihre Reden und Vorträge ab sofort in ein multimediales Feuerwerk verwandeln sollen. Setzen Sie Videos oder Grafiken oder Abstimmungen nur dort ein, wo sie Ihre Geschichte unterstützen, und nur auf dem Kanal, zu dem dieser Content auch passt. Nur weil Ihnen so viele Kanäle zur Verfügung stehen, heißt das nicht, dass Sie alle bespielen müssen. Suchen Sie sich die aus, die für Sie und Ihre Geschichte passend sind.

Nur weil Sie die Möglichkeit haben, ein multimediales Feuerwerk zu zünden, heißt das nicht, dass Sie Ihre Vorträge in ein Special-Effects-Seminar verwandeln sollen. Wählen Sie zudem den Kanal nach dem Content: *Pinterest* und *Instagram* beispielsweise sind soziale

Netzwerke, die sich auf die Darstellung von Bildern spezialisiert haben. Auch wenn Sie noch so begeistert von Ihrem Audiostream oder einem Interviewmitschnitt sind – auf *Instagram* hat er nichts verloren. Setzen Sie diesen bitte auf *Soundcloud* ein – auf jeden Fall in einem Medium, das sich auf diese Art von Content spezialisiert hat. Mit einer nüchternen Infografik reüssieren Sie dagegen eher auf *Twitter* als auf *Snapchat*.

Apropos *Snapchat*: Im November 2017 setzte *BMW* als weltweit erste Marke *Snapchat Augment Trial Lense* für Marketingzwecke ein. Damit wurde der neue X2 ein Vierteljahr vor seiner Einführung auf dem Markt dreidimensional auf dem Smartphone erfahrbar. Soll keiner sagen, die deutsche Automobilindustrie sei nicht innovativ. Sicherlich sind Kampagnen wie diese außerhalb der Reichweite der allermeisten von uns. Aber sie kann uns als perfektes Beispiel für multimediales Storytelling dienen.

Festzuhalten bleibt, dass Ihnen für Ihre Erzählungen neben den klassischen Distributionswegen heute eine Vielzahl an Kanälen zur Verfügung steht. Sowohl die Anzahl der bespielbaren Kanäle als auch die Möglichkeiten, Ihren Content aufzubereiten, werden zukünftig zunehmen. Bleiben Sie „edgy“. PowerPoint ist nicht das Ende der Entwicklung. Lassen Sie sich von den neuen Möglichkeiten inspirieren, aber nicht verführen.

TEIL 11

DER WIRTSCHAFTSFAKTOR RHETORIK

Es ist Spätherbst. Ich komme gerade von einer Big-Data-Konferenz. Als Moderator einer solchen Veranstaltung befasse ich mich vorher stets mit den einzelnen Rednern: Herkunft, Reputation, Produkt, Dienstleistung. Ich überlege mir, wie ich ihnen „die Bühne machen“ kann, damit sie mit großem Applaus auf diese gerufen werden können. Ich will Vorfreude im Publikum erzeugen. Freude auf den Vortrag. Wenn meine Recherche ergab, dass jemand ein guter Redner ist, konzentriert sich meine Moderation sehr stark auf die Person. Falls nicht, lege ich das Augenmerk auf den Inhalt. Einen solchen „Inhalts-Redner“ hatte ich gerade. Nur bemerkte ich das vorher leider nicht. Er ist CEO eines großen Mittelständlers, ein gestandener Kerl um die 50. In der Kommunikation vor seinem Vortrag war er klar, verbindlich und fordernd. Ich habe ihm sofort angemerkt, dass er es seit vielen Jahren gewohnt ist, den Menschen um sich herum zu sagen, was sie zu tun haben.

In der Vorbereitung stufte ich ihn als „Inhalts-Redner“ ein. Nach dem persönlichen Kennenlernen war mir aber klar, dass ich einen richtigen Typen ansage. Er könnte ohne Weiteres sofort die Rolle des *James Bond* im nächsten Kinofilm übernehmen. Maßanzug. Sportlich. Teure Schuhe. Ich sah ihn schon am Abend mit kubanischer Zigarre und einem Rusty-Nail-Drink in einer edlen Bar stehen. Um sich herum attraktive Frauen und Businesstypen, die an seinen Lippen hängen werden, wenn er von seinem aufregenden Leben erzählt. Das waren jedenfalls die Bilder, die er durch sein Auftreten in meinen Kopf projizierte. Ansage. Applaus. Er betritt die Bühne. Was folgte, war schlimm. Für ihn – und für das Publikum. Die Vortragsbühne verwandelte diesen souveränen Mann in einen kleinen Schuljungen, der einen Strafaufsatz vorlesen musste. Bereits die erste Pointe ging daneben. Seine Folien waren überladen mit Text und wirren Grafiken.

Jeder dritte Laut war ein langgezogenes „äääh“ – obwohl er seinen Text nahezu Wort für Wort ablas. Vielleicht auch nicht. Aber er hielt sich zumindest mit beiden Händen an seinem Manuskript fest und schaffte es nicht, von seinem Zettel aufzublicken. Nachdem ich wieder Luft bekam, schaute ich ins Publikum. Vielleicht war es gut, dass der Typ den Blick die ganze Zeit auf seine Zettel gerichtet hatte, sonst hätte er mitbekommen, dass auch dem kompletten Publikum die Münder offen standen. Es war ein Desaster. Wenige Wochen vorher: eine große Messe im Umfeld von *SAP*-Programmierern in Bremen. Gemeinsam mit meinem Kunden habe ich wiederholt die Dramaturgie und Präsentation dieses Mittelständlers gestylt und auch selbst als Moderator fungiert. Mein Kunde hat seine Leads auf dieser Messe bereits nach zwei gemeinsamen Veranstaltungen gegenüber den früheren Messeteilnahmen vervierfacht, die Abschlussquote bei diesen Leads verdreifacht! Mit dem Verkaufsleiter und einem Referenzkunden gingen wir gemeinsam vor unserem Auftritt durch die Vortragsräume. Nahezu durchgängig bot sich uns das gleiche Bild. Graue Männer (99 Prozent Männer!) in grauen Anzügen (manchmal mutig in Anthrazit) vor vollgekleisterten Folien. Sie standen, mit einem Presenter in der Hand, der Leinwand zugewandt und lasen von ihren Folien ab. Ab und zu drehte sich einer um, um nachzusehen, ob noch Publikum da war. Es war braves, deutsches Publikum. Und das bleibt. Das technische Equipment war teuer und auf dem neuesten Stand. Die rhetorischen Fähigkeiten dagegen waren katastrophal.

Mit meinem Kunden haben wir uns auch angeschaut, was im Anschluss passierte. Nach einem Vortrag vor 120 Zuschauern, die ein spannender Vortragstitel in den Vortragssaal gelockt hatte, führte der Referent nur mit ganzen zwei Personen ein persönliches Gespräch. Einmal ging es um seine Dienstleistung. Einmal war es wohl ein Bekannter, denn sie unterhielten sich über Fußball. Auch ein Gang an den Messestand dieses Software-Anbieters ergab kein besseres Bild. Der Vortrag hatte keinen Impact auf die Besucherzahlen. Warum auch?

Nach der Messe saßen mein Kunde und ich noch lange an der Hotelbar und unterhielten uns darüber, welchen Sinn diese Veranstaltungen in der erlebten Form überhaupt haben. Wir wussten keine Antwort. Sicher – die machen auch ihren Umsatz. Irgendwie. Ein gutes Produkt spricht sich manchmal auch ohne Zutun eines miserablen Verkäufers herum. Andererseits haben Sie durch die Lektüre dieses Buches gelernt, dass es manchmal nur einfache Methoden braucht, um die Wirkung von Rednern deutlich zu erhöhen. Dass es wichtig ist, das Gegenüber, egal ob Zuschauer im Saal oder Gesprächspartner, in den Mittelpunkt zu stellen. Dass eine gute Vorbereitung auch Wertschätzung für das Gegenüber bedeutet. Was hätten diese Firmen an Umsatz generieren können, wenn sie mehr Zeit in die Ausbildung ihrer Präsentatoren investiert hätten? Unternehmen stecken teilweise Unsummen in Werbung, von der sie nicht einmal wissen, ob sie wirkt. Für große Marketingaktionen ist dennoch schnell Budget da. Dann werden wirklich gute Produkte – denn im Produzieren sind wir in der DACH-Region besser als im Präsentieren – von Präsentatoren vorgestellt, die keinerlei Begeisterung auf der Bühne oder im anwesenden Fachpublikum entfachen, weil sie zu sehr mit sich selbst und ihrem Lampenfieber beschäftigt sind. Dabei reichen oft zwei, drei Tage bei mir oder meinen zahlreichen großartigen Kolleginnen und Kollegen und die Wirkung verdoppelt bis verzehnfacht sich.

Wer etwas zu sagen hat, der sollte reden können!

Sie tragen Verantwortung. Ob für ein kleines Team in Ihrem Unternehmen oder für einen Großkonzern. Ob als Führungskraft bei einem Start-up oder als stellvertretender Vereinsvorsitzender Ihres Volleyballvereins: Sie investieren so viel. Und dabei spreche ich nicht von Geld. Oft reiben Sie sich auf, bringen sich ein. Sie sorgen dafür, dass der Laden läuft. Und dann diese lästigen Auftritte, bei denen Sie Ihre Institution vorstellen müssen … Lästig? Ich formuliere es bewusst drastisch, weil das oft der Eindruck ist, den manche untrainierten Führungskräfte auf mich machen. Betont gelangweilt lesen sie langweilige Folien vor. Machen Sie Schluss damit! Ich habe bisher kein Rhetoriktraining abgehalten, bei dem die Teilnehmerinnen und Teilnehmer nicht spätestens bei der dritten Videoübung richtig Spaß daran hatten, ihren Vortrag zu halten. Die Umsetzung der in diesem Buch gegebenen Tipps in dem geschützten Umfeld eines schönen Seminarraums macht Spaß. Rhetorik ist eine Kunst, allerdings eine, die durch gute Methodik und Didaktik eines geübten Trainers sehr schnell zu erlernen ist.

Stellen Sie sich vor, wie Sie nach Ihrer in Kürze bevorstehenden Beförderung oder Ihrer Wahl in das angestrebte Amt vor eine große Gruppe von Menschen treten. Ihre Aufgabe ist es nun, diesen Menschen das so lange geplante Projekt (das jetzt endlich reif genug ist, um auf den Markt zu kommen) vorzustellen. Ihre Aufregung vor dieser wichtigen Aufgabe wandeln Sie gekonnt in Vorfreude um. Sie spüren positive Energie und starten. Sie überraschen das Publikum mit einem guten Einstieg. Sie erleben das erste Staunen. Sie hören die ersten Lacher. Sie sehen die Vorfreude in den Gesichtern Ihrer Zuhörer. Sie spüren, wie gespannt die Menschen auf das sind, was da von Ihnen noch kommen mag. Sie strahlen Sicherheit aus. Souverän geleiten Sie das Publikum mit kurzen, präzisen Sätzen durch eine Dramaturgie, die Ihr Publikum die Zeit vergessen lässt. Ganze 80 Minuten später zündet die letzte Pointe. Ihre Zuschauer staunen. Sie bedanken sich und überraschen noch einmal mit einem grandiosen Finale. Hören Sie jetzt den Applaus? Spüren Sie die Begeisterung der Menschen? Diese stehen auf, rufen und klatschen, als hätte ihr Lieblingsteam gerade überraschend die Meisterschaft gewonnen. Aber es war kein Sport. Es war eine Rede. Ihr Vortrag. Ihre Präsentation. Sie schauen zur Seite. Da stehen Ihre Mitarbeiter und Mitstreiter. Sie sehen den Stolz in deren Augen. „Das war unser Leader. Unser Boss. Soeben hat er unsere Teamleistung dem Publikum verkauft.“ Und das kauft … Ihr Produkt, Ihre Dienstleistung oder es kauft Ihnen einfach Ihre Überzeugung ab. Verstehen Sie? Das ist mein Anliegen. Kommen Sie drei Tage zu mir. Mit dem theoretischen Wissen aus diesem Buch kann Ihnen niemand mehr etwas vormachen. Wenn Sie jetzt noch über Ihren Schatten springen und sich in das Training wagen, steht Ihrer Zukunft nichts mehr im Wege. Einer Zukunft als großartiger Redner, als großartige Rednerin. Als Topverkäufer, der jede Verhandlung nach vorne treibt und nicht überredet, sondern überzeugt. Als jemand, der sich von Populisten und Blendern nichts mehr vormachen lässt. Das sind Sie! Sie haben die Wahl.

Ich halte es mit Howard Gardner, für den Intelligenz die Fähigkeit ist, Dinge zu entwickeln und sie für die Menschheit nutzbar zu machen. Machen Sie Ihr Wissen und Ihre Erfahrungen nutzbar. Mit jedem gelungenen Vortrag, mit jeder grandiosen Präsentation, mit jedem guten Feedback-Gespräch und mit jeder erfolgreichen Verhandlung machen Sie die Welt einen kleinen Tick besser. Nutzen Sie Ihr Fachwissen, um Erfolge zu feiern. Nutzen Sie Rhetorik, damit die Welt von Ihrem Fachwissen und von Ihren Überzeugungen erfährt.

Ich gratuliere Ihnen von ganzem Herzen, dass Sie dieses Buch gelesen haben. Schon dadurch haben Sie viel erreicht und eine Nasenspitze Vorsprung vor denen, die sich die Zeit lieber mit anderen Dingen vertreiben.

Ich danke Ihnen aus meinem tiefsten Inneren, dass Sie mir vertraut und mein Buch gelesen haben. Bei der Umsetzung Ihrer gewonnenen Erkenntnisse wünsche ich Ihnen viel Erfolg.

Ihr

Michael Ehlers
Rhetoriktrainer

DANK

Ein Buch zu schreiben ist eine wirklich schöne, leider auch sehr zeitaufwendige Arbeit. Mein ganz besonderer Dank gilt deshalb zuallererst meiner Familie, die während der Arbeit an diesem Buch noch häufiger auf mich verzichten musste als zu „normalen" Zeiten. Danke, Alesja, Ellis und Liv Freya für die viele liebevolle Geduld und stete Unterstützung.

Ich bedanke mich bei den Mitarbeiterinnen und Mitarbeitern der *PLASSEN Buchverlage/Books4Success* für ihre Geduld und ihr Vertrauen und dafür, immer verlässliche und großartige Partner für mich zu sein. Allen voran steht Verlagsleiter Sebastian Grebe. Du hast vor fünf Jahren den entscheidenden Impuls gegeben. Du hast aus mir einen Buchautor gemacht.

Ein herzlicher Dank geht an den Content Manager meines Instituts, André Held. Gemeinsam haben wir die Idee zu diesem Buch entwickelt und Du hast diese Idee – und mich gleich dazu – mit beeindruckendem Fleiß und Engagement vorangetrieben. Deine Kreativität ist unerschöpflich. Wenn dieses Buch gedruckt vor uns liegt, sind die Anstrengungen nur noch verblichene Erinnerungen. Ich werde Deine Einsatzfreude sicher nie vergessen. Der Gedanke bereitet mir Freude und Stolz, dass Du Dich in einigen Jahren an die gemeinsame Zeit in unserem Bamberger Institut zurückerinnern und hoffentlich mit Freude an die zahlreichen gemeinsamen und enorm erfolgreichen Projekte denken wirst. Denn ich weiß, dass Dir eine beeindruckende Karriere bevorsteht.

Vielen Dank auch an Thomas Meyer. Bereits beim Bestseller *Der Fisch stinkt vom Kopf* hast Du als Cheflektor einen unglaublichen Job gemacht. Auch jetzt warst Du an so ziemlich jedem Satz in diesem Buch beteiligt. Danke für Deine Kreativität, Deine Professionalität und die ehrlichen Rückmeldungen.

Ich bedanke mich bei den Mitarbeiterinnen und Mitarbeitern der *Institut Michael Ehlers GmbH*, die alle etwas zu diesem Buch beigetragen haben. Ihr habt in stressigen Zeiten für eine ruhige und angenehme Atmosphäre gesorgt und bei der Recherche und Rohtexterstellung geholfen. Jeder einzelne Tastenanschlag war wichtig. Aber nicht zuletzt habt Ihr André und mich ertragen, wenn es mal nicht so lief. Danke: Martina, Carmen, Daniel, Ieva, Laura, Julia, Anja, Maria, Cindy, Nikita, Arista, Denise, Regine, Nicole, Jennifer und Theresa. Dieser Dank schließt auch meine Ex-Mitarbeiterin Pia ein, die sich niemals mit ihrer konstruktiven Kritik zurückgehalten hat. Ihr alle habt einen wertvollen und wichtigen Beitrag geleistet.

Ich bedanke mich bei meinen Mentoren: Rolf H. Ruhleder, Professor Dr. Werner Correll, bei Alexander Hartmann, Daniel Grill, Martin Limbeck und Stephan Heinrich sowie bei allen anderen Personen und Trainerkollegen, die mich durch ihre großartige Arbeit inspiriert haben. Ganz besonders die Kollegen vom *Club 55 – European Community of Experts in Marketing & Sales*, Genf: Ihr seid tolle Kolleginnen und Kollegen.

Danke an meine zahlreichen Kunden. Ohne Euch geht gar nichts. Eure Treue und Verbundenheit motiviert mich und uns immer wieder aufs Neue!

Ebenso bedanke ich mich bei meinem Freund Klaus Stieringer. Von Dir habe ich mir das Wichtigste abgeschaut: auch in hektischen Zeiten Ruhe zu bewahren. Du bist ein Fels in der Brandung. Mehr als nur ein Freund. Ein Bruder im Geiste und im wahren Leben.

Danke an alle Bamberger Freunde. Egal ob vom Stammtisch oder dem glorreichen Fußballverein *Post SV*. Durch meinen Beruf bin ich selten in der Heimat. Es hat für mich eine besondere Bedeutung, dass ich trotz meiner seltenen Anwesenheit immer das Gefühl vermittelt bekomme, bei Euch willkommen zu sein.

Danke an Wolfgang Heyder, den besten Manager, mit dem ich bisher zusammenarbeiten durfte. Danke an alle, die ich in dieser Dankesliste vergessen habe.

Besonderer Dank an meine Mutter Annelie Ehlers und „Opa Gerhard“. Es ist einfach großartig, dass wir immer auf Euch zählen können.

ANHANG

FUSSNOTEN

TEIL 1: WER ETWAS ZU SAGEN HAT, SOLLTE REDEN KÖNNEN

1 Peter Wohlleben: Das geheime Leben der Bäume: Was sie fühlen, wie sie kommunizieren – Die Entdeckung einer verborgenen Welt. Ludwig, München 2015.

2 Alan R. Davidson: Virology: Phages make a group decision. Nature Publishing Group. 2017.

3 Jessica Röhner, Astrid Schütz: Psychologie der Kommunikation. Aus: Basiswissen Psychologie. Springer VS. Wiesbaden 2012. S. 2.

4 Paul Watzlawick, Janet H. Beavin, Don D. Jackson: Menschliche Kommunikation – Formen, Störungen, Paradoxien. Huber. Bern 1969, 13. unveränderte Auflage, Hogrefe. Bern / Göttingen 2016.

5 Jessica Röhner, Astrid Schütz: Psychologie der Kommunikation. Aus: Basiswissen Psychologie. Springer VS. Wiesbaden 2012. S. 28.

6 Paul Watzlawick: Anleitung zum Unglücklichsein. Piper. München 1988.

7 Floyd L. Ruch, Philip G. Zimbardo: Lehrbuch der Psychologie. Eine Einführung für Studenten der Psychologie, Medizin und Pädagogik. Springer Verlag. Berlin 1974, S. 366.

8 David G. Myers: Psychologie. Springer Medizin Verlag. Heidelberg 2005. S. 610.

9 Jakob Nielsen: Community Is Dead; Long Live Mega-Collaboration. In: Nielsen Norman Group. 15. Augsut 1997 (abgerufen am 23.06.2017).

10 Michael Ehlers: Kommunikationsrevolution Social Media. Books4Success. Kulmbach 2013.

11 Seven One Media GmbH: Media Activity Guide 2016.

12 Nira Alperson-Afil: Continual fire-making by Hominins at Gesher Benot Ya'aqov. Institute of Archaeology, The Hebrew University of Jerusalem, Mt. Scopus, Jerusalem 2008. (http://img2.timg.co.il/forums/1_123164824.pdf)

13 Yuval Noah Harari: Eine kurze Geschichte der Menschheit. Aus dem Englischen von Jürgen Neubauer. Verlagsgruppe Random House GmbH. Vierte Auflage. München 2015. S. 34.

14 https://www.ted.com/about/our-organization

15 Chris Anderson: TED Talks. Die Kunst der öffentlichen Rede. Fischer Verlag. Frankfurt a.M. 2016. S. 11.

TEIL 2: PROFESSIONELLER AUFTRITT UND SICHER REDEN

1 Joschka Fischer auf dem Kosovo-Sonderparteitag in Bielefeld 1999 (https://www.youtube.com/watch?v=7jsKCOTM4Ms)

2 Peter Flume, Wolfgang Mentzel: Rhetorik. 2., ergänzte Auflage 2012. Haufe Verlag. Freiburg, S. 8.

3 Susanne Schäfer: So überwindet man Lampenfieber. In: ZEIT Wissen Ratgeber 2/2010 (http://www.zeit.de/zeit-wissen/2010/s2/psychologie-lampenfieber-nervositaet) (18.05.2010).

4 Franz Ruchti: Hilfe! Eine Rede droht. 10 erprobte Strategien gegen Lampenfieber. Books on Demand GmbH. Norderstedt 2010. S. 12.

5 Ludwig M. Eichinger u.a.: Aktuelle Spracheinstellungen in Deutschland. Erste Ergebnisse einer bundesweiten Repräsentativumfrage. Institut für Deutsche Sprache. Universität Mannheim 2009.

6 Peter Mohr: Personale Rhetorik: Als Person vor Publikum Stehen und Bestehen. Aus: Erfolgreich Vortragen und Präsentieren. Books on Demand. Norderstedt 2009. S. 29.

7 Monika Hein: Sprechen wie der Profi. Das interaktive Training für eine gewinnende Stimme. Campus Verlag. Frankfurt/New York 2014. S. 88.

8 Peter Mohr: Personale Rhetorik: Als Person vor Publikum Stehen und Bestehen. Aus: Erfolgreich Vortragen und Präsentieren. Books on Demand. Norderstedt 2009. S. 30.

9 Rolf H. Ruhleder: Rhetorik & Dialektik. Redegewandtheit. Körpersprache. Überzeugungskunst. Verlag Franz Vahlen. München 2016. 17. Auflage. S. 76.

10 Laszlo Trankovits: Die Obama-Methode. Frankfurter Allgemeine Buch: Frankfurt a. M. 2010. S. 21.

11 Garr Reynolds: Zen oder die Kunst der Präsentation: Mit einfachen Ideen gestalten und präsentieren. dpunkt.verlag. Heidelberg 2007.

12 Rolf H. Ruhleder: Rhetorik & Dialektik. Redegewandtheit. Körpersprache. Überzeugungskunst. Verlag Franz Vahlen. München 2016. 17. Auflage. S. 29.

13 Rolf H. Ruhleder: Rhetorik & Dialektik. Redegewandtheit. Körpersprache. Überzeugungskunst. Verlag Franz Vahlen. München 2016. 17. Auflage. S. 29.

TEIL 3: STEUERUNG UND FÜHRUNG DURCH ANGEWANDTE RHETORIK

1 Pressemitteilung des Gallup Instituts vom 22. März 2017. URL: http://www.gallup.de/183104/engagement-index-deutschland.aspx (Stand: 01.09.2017)

2 Werner Correll: Menschen durchschauen und richtig behandeln. Psychologie für Beruf und Familie. 26. Auflage. mvg Verlag. München 2017. S. 38.

3 Werner Correll: Motivation und Überzeugung in Führung und Verkauf. Redline. Heidelberg 2006. S. 17.

4 Werner Correll: Motivation und Überzeugung in Führung und Verkauf. Redline. Heidelberg 2006. S. 18.

5 Patrick Metz: Modernes Markenmanagement für Luxusgüter aus Sicht des Neuromarketings. Grin Verlag. München 2008 (1.Auflage). S. 11.

6 Werner Correll: Motivation und Überzeugung in Führung und Verkauf. Redline. Verlag. Heidelberg 2006. S. 48.

TEIL 4: RHETORIK IM ZEITALTER DER LÜGEN

1 In: Daily Tobacco Leaf-Chronicle. No. 179. Clarksville, Tenn., 05.12.1890.

2 vgl. Duden, Definition.

3 Klaus Wilhelm: Wir Gutgläubigen. In: Psychologie heute. April 2017.

4 Daniel Kahneman: Schnelles Denken, langsames Denken. München. Siedler Verlag. 2011.

5 https://botometer.iuni.iu.edu/#!/

6 Charles F. Bond, Bella DePaulo: Is Anyone Really Good at Detecting Lies? 2011.

7 Jeff Hancock: The Truth about Lying in Online Dating Profiles. 2007.

8 Robert Feldman: Lügner. Die Wahrheit über das Lügen. 2012.

9 Jochen Mai: Bewerbung: Falsche Angaben, Lügen und die Folgen. In: karrierebibel.de (http://karrierebibel.de/bewerbung-falsche-angaben/)

10 Karina Otte: Rechtsgrundlagen der Glaubwürdigkeitsbegutachtung von Zeugen im Strafprozess. LIT Verlag. Münster 2002. S. 97.

11 Rolf Bender, Armin Nack: Tatsachenfeststellung vor Gericht, Glaubwürdigkeitslehre und Beweislehre. 4. Aufl., C.H.Beck. München 2014, sowie Friedrich Arntzen: Psychologie der Zeugenaussage. 4. Aufl., C.H.Beck. München 2007.

12 Pamela Meyer: Wie man jede Lüge erkennt: Zeichen verstehen, Täuschung durchschauen, Wahrheit ermitteln. mvg Verlag. München 2011.

13 Jeff Hancock: The Truth about Lying in Online Dating Profiles. 2007.

14 Jeff Hancock: The Truth about Lying in Online Dating Profiles. 2007.

TEIL 5: KOMPETENZ & MACHT DURCH SPRACHE

1 Clemens Wergin: Trump spricht die Sprache eines Viertklässlers. In: welt.de (09.06.2016). Abgerufen am 04.10.2017.

[https://www.welt.de/politik/ausland/article156089909/Trump-spricht-die-Sprache-eines-Viertklaesslers.html]

2 Andrea Wille: Sprachniveau eines Grundschülers. Warum Trumps Sprache ihn erfolgreich macht. Interview mit Elisabeth Wehling. 11.10.2016. Abgerufen am 04.10.2017. (http://www1.wdr.de/wissen/mensch/trump-sprache-analyse-100.html)

3 How Donald Answer's a Question [https://www.youtube.com/watch?v=_aFo_BV-UzI&t=324s]

4 [https://www.youtube.com/watch?v=xW6N5cJjEGo&t=129s] ab Minute 2:00

5 Donald Trump's Debates: 5 Mental Tricks You Didn't Notice (https://www.youtube.com/watch?v=9LR6EA91zLo&t=340s)

6 Trump Calls Mexican's Rapists (https://www.youtube.com/watch?v=TML2cApMueU)

7 Lionel Barber, Demetri Sevastopulo, Gillian Tett: Donald Trump: Without Twitter, I would not be here — FT interview (02.04.2017). Abgerufen am 04.10.2017. [https://www.ft.com/content/943e322a-178a-11e7-9c35-0dd2cb31823a]

8 Matt Viser: For presidential hopefuls, simpler language resonates. In: Boston Globe (20.10.2015). Abgerufen am 04.10.2017.

(https://www.bostonglobe.com/news/politics/2015/10/20/donald-trump-and-ben-carson-speak-grade-school-level-that-today-voters-can-quickly-grasp/LUCBY6uwQAxiLvvXbVTSUN/story.html)

9 Elisabeth Wehling: Politisches Framing. Wie eine Nation sich ihr Denken einredet – und daraus Politik macht. Verlag edition medienpraxis. Köln 2016. S. 17.

10 WDR 5 Leonardo: Framing: Wie Sprache unser Denken bestimmt. 26.06.2017. Abgerufen am 05.10.2017. [http://www1.wdr.de/mediathek/audio/wdr5/wdr5-leonardo-top-themen/audio-framing-wie-sprache-unser-denken-bestimmt-100.html]

11 Elisabeth Wehling: Politisches Framing. Wie eine Nation sich ihr Denken einredet – und daraus Politik macht. Verlag edition medienpraxis. Köln 2016. S. 84f.

12 Jörg Matthes: Framing. 1. Auflage. Nomos Verlagsgesellschaft. Baden-Baden 2014. In: (Hrsg.) Prof. Dr. Patrick Rössler, Prof. Dr. Hans-Bernd Brosius: Konzepte. Ansätze der Medien- und Kommunikationswissenschaft. Band 10. S. 42.

13 Elisabeth Wehling: Politisches Framing. Wie eine Nation sich ihr Denken einredet – und daraus Politik macht. Verlag edition medienpraxis. Köln 2016. S. 68.

14 bild.de: Europa ist ihre letzte Hoffnung. Jeden Tag kommen tausende Flüchtlinge aus Afrika. 08.06.2014. Abgerufen am 05.10.2017. [http://www.bild.de/politik/ausland/fluechtling/fluechtlings-tsunami-ueberrollt-europa-36308786.bild.html]

15 Rupert Lay: Dialektik für Manager. Methoden des erfolgreichen Angriffs und der Abwehr. Wirtschaftsverlag Langen-Müller/Herbig. München 1999. 19. Auflage. S. 13.

16 Rolf H. Ruhleder: Rhetorik & Dialektik. Redegewandtheit. Körpersprache. Überzeugungskunst. Verlag Franz Vahlen. München 2016. 17. Auflage. S. 162.

17 Arthur Schopenhauer: Eristische Dialektik oder die Kunst, Recht zu behalten. In 38 Kunstgriffen dargestellt. Haffmans Verlag AG. Zürich 1983.

18 Rolf H. Ruhleder: Rhetorik & Dialektik. Redegewandtheit. Körpersprache. Überzeugungskunst. Verlag Franz Vahlen. München 2016. 17. Auflage. S. 166ff.

19 bundestag.de: Historische Debatten (12): Bonn oder Berlin? Abgerufen am 06.10.2017 [https://www.bundestag.de/dokumente/textarchiv/34518922_debatten12/205422]

TEIL 6: DER ÄSTHETISCHE ASPEKT DER RHETORIK

1 Heinrich Niehues-Pröbsting: Rhetorik und Ästhetik. In: Rhetorik. Ein internationales Jahrbuch. Band 18: Rhetorik und Philosophie (2010). S. 44.

2 Monika Fellenberg: Praktische Rhetorik in der Schule. Eine empirische Untersuchung verschiedener Unterrichtsmethoden zur Vorbereitung von Schülervorträgen. Wissner-Verlag. Augsburg 2008. S. 52.

TEIL 7: DIE ZUKUNFT DER KOMMUNIKATION – VIRTUELLE RHETORIK

1 https://www.theverge.com/2017/3/27/15077864/elon-musk-neuralink-brain-computer-interface-ai-cyborgs

2 https://www.nzz.ch/feuilleton/immersiver-journalismus-die-kritische-distanz-wird-ausgeloescht-ld.1292005

3 https://www.dasmagazin.ch/2016/12/03/ich-habe-nur-gezeigt-dass-es-die-bombe-gibt/

4 https://www.dasmagazin.ch/2016/12/03/ich-habe-nur-gezeigt-dass-es-die-bombe-gibt/

5 https://onlinemarketing.de/lexikon/definition-social-bots

6 http://comprop.oii.ox.ac.uk/wp content/uploads/sites/89/2017/09/Polarizing-Content-and-Swing-States.pdf

7 https://motherboard.vice.com/de/article/jpjed3/so-haben-bots-die-us-wahl-beeinflusst

8 http://www.fnp.de/nachrichten/politik/Wie-Social-Bots-funktionieren-und-was-sie-kosten;art673,2287323

9 https://arxiv.org/pdf/1701.02405v1.pdf

10 https://correctiv.org/echtjetzt/artikel/2017/09/13/wie-erkenne-ich-social-bots/

11 https://www.nzz.ch/feuilleton/immersiver-journalismus-die-kritische-distanz-wird-ausgeloescht-ld.1292005

12 https://de.wikipedia.org/wiki/Palmer_Luckey

13 http://mobilbranche.de/2017/06/interview-immersiver-journalismus

14 https://techcrunch.com/2015/02/01/what-it-feels-like/

15 https://www.nzz.ch/feuilleton/medien/nachinszenierte-nachrichten-1.18348041

16 https://altvr.com/

17 https://www1.wdr.de/fernsehen/quarks/vr-ethische-regeln-100.html

18 https://www.frontiersin.org/articles/10.3389/frobt.2016.00003/full

19 https://vrodo.de/virtual-reality-vier-ethische-grundlagen-fuer-vr-enthusiasten/

20 https://www.frontiersin.org/articles/10.3389/frobt.2016.00003/full

21 http://www.sueddeutsche.de/digital/vernetzte-welt-die-letzte-luecke-1.2802653

22 https://www.onvista.de/news/studie-messenger-apps-befoerdern-kommunikation-in-der-familie-75930801

23 http://vhs-juelicher-land.de/spezielle-formatezielgruppen/kurse-fuer-bestimmte-altersgruppen/kurse-50/kurs/WhatsApp+fuer+Einsteiger/nr/A03-130/bereich/details/kat/55/

24 https://www.presseportal.de/pm/110144/3740049

25 J. Jecker & D. Landy (1969): Liking a person as a function of doing him a favor. Human Relations

26 http://sz-magazin.sueddeutsche.de/texte/anzeigen/45070/Das-Geheimnis-der-Kommunikation-ohne-Worte

27 http://www.deutschlandfunk.de/vor-35-jahren-die-erfindung-des-emoticons.871.de.html?dram:article_id=396063

28 https://www.researchgate.net/publication/318811655_The_Dark_Side_of_a_Smiley_Effects_of_Smiling_Emoticons_on_Virtual_First_Impressions

TEIL 8: VERHANDELN UND VERSTEHEN AUF HÖCHSTEM NIVEAU

1 Lars Schäfer: Verkaufen in digitalen Zeiten: Einfach mal Mensch sein. Gabal Verlag. Offenbach 2017. 1. Auflage. S. 18.

2 Lars Schäfer: Verkaufen in digitalen Zeiten: Einfach mal Mensch sein. Gabal Verlag. Offenbach 2017. 1. Auflage. S. 18.

3 https://www.derbrutkasten.com/a/pitch/

4 https://www.saxoprint.de/b2bmanager/glossar/pitch/

5 https://99designs.de/blog/marketing-branding/kostenlose-pitch-templates/

6 https://99designs.de/blog/marketing-branding/kostenlose-pitch-templates/

7 https:/en.wikipedia.org/wiki/Chris_Sacca

8 https://99designs.de/blog/marketing-branding/kostenlose-pitch-templates/

TEIL 9: MENSCHEN LESEN – MENSCHEN GEWINNEN

1 BBC Radio 4: Word of Mouth. 2010 [http://www.bbc.co.uk/programmes/b00tdm53] (Abgerufen am 07.11.2017)

2 Paul Ekman: Ich weiß, dass du lügst. Was Gesichter verraten. Aus dem Englischen von Hubert Mania. Rowohlt Taschenbuch Verlag. Hamburg 2011. S. 23 f.

3 Paul Ekman: Ich weiß, dass du lügst. Was Gesichter verraten. Aus dem Englischen von Hubert Mania. Rowohlt Taschenbuch Verlag. Hamburg 2011. S. 454.

4 Micro Expressions Training Tools. ([https://www.paulekman.com/micro-expressions-training-tools/]) (Abgerufen am 06.11.2017)

5 Christa Heilmann: Körpersprache richtig verstehen und einsetzen. 2., durchgesehene Auflage. München 2011. S. 67.

6 Die große Show der Naturwunder. Folge 18. 15.06.2013 ([https://www.youtube.com/watch?v=2t5tOJMTnjM]) (Abgerufen am 09.11.17)

7 Dr. Martin Grunwald: Homo hapticus: Warum wir ohne Tastsinn nicht leben können. Verlag Droemer Knauer. München 2017.

8 Janine Willis, Alexander Todorov: First Impressions. Making Up Your Mind After a 100-Ms Exposure to a Face. Princeton University 2006.

9 Jenna Goudreau: A Harvard Psychologist Says People Judge You Based On 2 Criteria When They First Meet You. In: Independent.co.uk. 18.01.2016. ([http://www.independent.co.uk/life-style/a-harvard-psychologist-says-people-judge-you-based-on-2-criteria-when-they-first-meet-you-a6819501.html]) (Abgerufen am 09.11.17)

10 WATCH: Donald Trump and Shinzo Abe (Japan Prime Minister) Meet at White House (FNN) [https://www.youtube.com/watch?v=CjcIIxHspv0] (Abgerufen am 09.11.17)

10 Trump appears to ignore requests for a handshake with Angela Merkel ([https://www.youtube.com/watch?v=uLfukuEutIU&feature=youtu.be]) (Abgerufen am 09.11.17)

11 Macron-Trump Handshake Under the Microscope ([https://www.youtube.com/watch?v=VOf9FqsLfA8]) (Abgerufen am 09.11.17)

Teil 10: HELDENGESCHICHTEN – DIE WELT DES STORYTELLINGS

1 Never underestimate the power of a great story (https://youtu.be/Gd3dIXXLcdE) (Abgerufen am 12.11.2017)

2 Petra Sammer: Storytelling. Die Zukunft von PR und Marketing. O'Reilly. Köln 2014. S. 20.

3 Petra Sammer: Storytelling. Die Zukunft von PR und Marketing. O'Reilly. Köln 2014. S. 34 f.

4 na news aktuell: Interview mit Gerald Hüther. „Wir denken sehr gerne in Bildern" – Was Storytelling in unserem Gehirn bewirkt. 24.02.2017 ([https://www.newsaktuell.de/academy/wp/was-geschichten-im-gehirn-bewirken/]) (Abgerufen am 11.11.2017)

5 Steve Jobs' 2005 Stanford Commencement Address (https://www.youtube.com/watch?v=D1R-jKKp3NA) (Abgerufen am 11.11.2017)

6 Christopher Vogler: Die Odyssee des Drehbuchschreibers. Zweitausendeins Verlag. Frankfurt a. M. 2010. 6. Auflage. S. 52.

7 Philips Wake Up The Town – Arctic Experiment (https://www.youtube.com/watch?v=J7qAAid3Rk) (Abgerufen am 20.11.2017)

8 https://www.freitag.ch/de/about

9 https://www.rausch.de/tradition/familie/

10 The LEGO® Story (https://youtu.be/NdDU_BBJW9Y) (Abgerufen am 20.11.2017)

11 Budweiser „Circus“ (https://www.youtube.com/watch?v=SUhTR_3QwaE) (Abgerufen am 20.11.2017)

12 Budweiser „Lost Dog“ Superbowl 2015 Commercial THE FEELS (https://www.youtube.com/watch?v=VWeKtqWc2EA) (Abgerufen am 20.11.2017)

13 A Love Story (Chipotle Mexican Grill) (https://www.youtube.com/watch?v=DDG-kumi6Pk) (Abgerufen am 13.11.17)

14 Don't rely on fate. Discover the all new AXE (https://www.youtube.com/watch?v=8uc9z56f5YQ) (Abgerufen am 14.11.17)

15 Pommeswald (https://www.youtube.com/watch?v=hlKlCi974Jw) (Abgerufen am 20.11.2017)

16 http://lighthouseinsights.in/maggi-comeback-campaign.html/

17 TedxPuget Sound: Simon Sinek: Wie große Führungspersönlichkeiten zum Handeln inspirieren. (https://www.ted.com/talks/simon_sinek_how_great_leaders_inspire_action?language=de) (Abgerufen am 20.11.2017)

18 http://journalistikon.de/multimediales-storytelling/

19 http://contentkumpanei.com/